中国符号

中国石窟

朱辉
【主编】

李娜
【著】

河海大学出版社
HOHAI UNIVERSITY PRESS
·南京·

图书在版编目（CIP）数据

中国石窟 / 李娜著. -- 南京：河海大学出版社，2024.12. --（中国符号 / 朱辉主编）. -- ISBN 978-7-5630-9517-9
Ⅰ. K879.2-49
中国国家版本馆 CIP 数据核字第 2024PN0679 号

丛 书 名 /	中国符号
书 名 /	中国石窟
	ZHONGGUO SHIKU
书 号 /	ISBN 978-7-5630-9517-9
责任编辑 /	齐 岩
丛书策划 /	张文君 李 路
文字编辑 /	董丹钰
特约编辑 /	翟玉梅
特约校对 /	李 萍
装帧设计 /	朱文浩 刘昌凤
出版发行 /	河海大学出版社
地 址 /	南京市西康路 1 号（邮编：210098）
电 话 /	（025）83737852（总编室）
	（025）83722833（营销部）
经 销 /	全国新华书店
印 刷 /	廊坊市印艺阁数字科技有限公司
开 本 /	880 毫米×1230 毫米 1/32
印 张 /	14.75
字 数 /	359 千字
版 次 /	2024 年 12 月第 1 版
印 次 /	2024 年 12 月第 1 次印刷
定 价 /	98.00 元

序

我们知道,符号是一种标识或印记。它是人类生命活动的积淀,具备明确而且醒目的客观形式;也是精神表达的方式,承载着丰富的意义。文化符号,可以说是一个民族的容颜。

一国与他国的区别,很重要的是精神和文化。中国历史数千年,曾遭遇无数次兵燹和灾害,却总能绝处逢生,生生不息,至今仍生机勃勃,是因为我们拥有着深入血液、代代相传的强大文化基因。我们生于斯长于斯,身上都流淌着饱含中华文化基因的血液。

文化发展浓缩到一定火候,自然会拥有符号功能,产生符号意义。中华文化以其鲜明的外在表现和深刻内涵,凸显着我们的屹立于世界民族之林的独特形象。

作为符号的中华文化,遍布中华大地,也潜藏于我们的心灵。我们在很多古宅前见过"耕读传家久，诗书继世长"，这是中国家庭的古训，耕田事稼穑，丰五谷，养家糊口，以立性命；读书知诗书，达礼仪，修身养性，以立高德。类似的楹联还有很多。再说匾额，"正大光明"悬于庙堂之上，"紫气东来""和气致祥""厚德载福"则多见于官邸民宅。它们是中华景观的点睛之笔，也是我们的精神底蕴。

文化需要我们的珍视。都听过二胡曲《二泉映月》，但这首曲子也曾命悬一线。1950年，华彦钧贫病交加，栖身于无锡雷尊殿，已不久于人世，南京国立音乐院教授杨荫浏偶然间得知此曲，很快找到了阿炳，他们用当时少见却算是先进设备的钢丝录音机，录下了阿炳自称"二泉印月"的杰作。他们又录下了二胡曲《听松》和《寒春风曲》，第二天，还录下了琵琶曲《大浪淘沙》《昭君出塞》《龙船》。其时阿炳已沉疴在身，衰弱不堪，当年年底，阿炳就去世了，这六首弥足珍贵的录音就成了阿炳的稀世绝唱。这曲早已走向世界的音乐，如果不被抢救，恐怕早已湮灭。

文化是坚韧的，但文化的载体或结晶有时却也很脆弱。外国人建造宫殿主要用石头，而我们主要用木材和砖头，这也是我们的古代宫殿难以保存千年的原因之一。家具则无论中外，都是木质的，相对于我们漫长的文明，家具显然脆弱娇贵。启功先生以"玩物不丧志"誉之的王世襄先生，

精于古代家具、漆器、绘画、铜佛、匏器的研究，对明代家具和古代漆器尤有贡献。他早年在燕京大学接受西式教育，却醉心于中国古代器物，穷毕生之力，搜集了无数珍贵文物，并为它们做出了科学便捷的索引。他的代表作《明式家具研究》已成为众多爱好者的工具书，上世纪90年代出版后，有晚辈因书价昂贵有所抱怨，王世襄先生闻之，专门登门赠书，以泽后人。黄苗子先生谓其"治学凭两股劲：傻劲和狠劲"；杨乃济先生评其"大俗大雅，亦古亦今，又南又北，也土也洋"；张中行先生感叹"唯天为大，竟能生出这样的奇才"，博雅的王世襄先生当得起如此赞誉。2003年现身于公众面前的唐"大圣遗音"伏羲式琴，就是王世襄先生丰赡收藏中的一件，世人何其有幸，终于聆听到大唐盛世的悠扬琴音。

　　这样的故事还有很多。随着时代进步和科技发展，某些文化器物的实用性、功能性可能逐渐减弱乃至丧失，但是它们对人类的精神活动却具有巨大的影响，它们在创新中弥散、繁衍。研物可立志，在研究和把玩琢磨中，中华文化在现实生活和全球竞争中焕发出了新的生机。我们的传统服饰，近年来就常常成为国际品牌的流行元素；"功夫熊猫"早已成为国人自豪的网络热语；大型游戏《黑神话：悟空》2024年横空出世，成为一时之热，我们理应向明万历年间的南京书商"金陵世德堂唐氏"致以最诚挚的敬意，他们以《新刻出像官板大字西游记》之名出版了神魔小说《西游记》。没有《西游记》作者不计名利的心血，没有出版家的独到眼力，就没有在一代人的记忆中留下深刻印记的周星驰系列电影，当然也不会有在大小屏幕上闪烁的《黑神话：悟空》。《黑神话：悟空》风靡全球，还将不断孳生繁衍，这就是文化的软实力。

中华文化丰富而多元。《中国符号》第一辑含括了节气、家训、民俗、诗词、楹联、瓷器、建筑、骈文、汉字、绘画，现在摆在我们面前的匾额、家具、剪纸、科举、乐器、神话、石窟、书法、书院、篆刻等，是"第二辑"。第二辑并非第一辑的简单补充，它们均是我们灿烂文化的一部分，都是中华文化最璀璨的亮点。从文化的表现形态看，如果我们把匾额、剪纸、书法、篆刻等理解为二维表达，石窟、家具就是三维，而音乐、神话、书院、科举则是多维或制度性的，它们弥散在文明的光阴中，将伴随着漫长的时光，与我们的文明一起走向世界，走向遥远的未来。

《中国符号》第二辑的出版令人欣慰。多位专家学者贡献了学识，付出了努力。它对弘扬中华文化，帮助读者尤其是青年学生了解中华优秀传统文化，必定有所助益。

是为序。

朱辉

目录

第一章 中国石窟概述

壹

003・第一节　中国石窟的起源

012・第二节　石窟的形制与类型

022・第三节　石窟艺术的风格流变

第二章 佛国瑰宝——魏晋南北朝石窟

贰

041·第一节 神秘西域——拜城克孜尔千佛洞

060·第二节 东方艺术宝库——敦煌莫高窟

081·第三节 早期麦积山石窟艺术崛起

100·第四节 皇家寺院的兴起——云冈石窟

118·第五节 南方石窟的代表——栖霞山石窟

127·第六节 雕塑与壁画的艺术风格

第三章 王朝气象——隋唐石窟

叁

- 143 · 第一节　隋唐石窟的形制
- 155 · 第二节　龟兹佛国和库木吐喇
- 173 · 第三节　隋唐莫高窟壁画
- 193 · 第四节　水月观音的流行与周昉"周家样"
- 205 · 第五节　敦煌供养人画像
- 218 · 第六节　龙门石窟的雕塑
- 233 · 第七节　敦煌藏经洞

第四章 蜀道佛韵——五代两宋石窟

肆

245 · 第一节　大足石窟群

269 · 第二节　安岳石窟群

281 · 第三节　广元千佛崖

289 · 第四节　邯郸响堂山石窟

300 · 第五节　宋代观音的艺术风格

306 · 第六节　敦煌密宗造像

318 · 第七节　西夏石窟艺术

第五章 元代石窟

伍

333 · 第一节　元代佛教发展的多样化

339 · 第二节　藏传佛教对石窟造像的影响

349 · 第三节　西藏地区石窟

352 · 第四节　杭州飞来峰石窟群

363 · 第五节　罗汉的流行及风格特点

第六章 明清石窟

陆

373·第一节 明清石窟与水陆道场

381·第二节 山西宝岩寺

第七章 其他地区石窟

柒

391· 第一节　西藏西部古格崖洞

404· 第二节　内蒙古阿尔寨石窟

414· 第三节　辽宁义县万佛堂

第八章 文明的遗珠

捌

425 · 第一节　中国石窟艺术的审美观

431 · 第二节　符号与范式的文化意蕴

436 · 第三节　丝绸之路上的明珠

441 · 第四节　失落的文明

444 · 参考文献

第一章

中国石窟概述

第一节 中国石窟的起源

佛教僧人在巍峨的山崖上开凿出一种独特的洞窟建筑，这种被称为"石窟"的建筑形式源自古代印度，是一种重要的佛教建筑，成为人与神交流的神圣空间。考古学家发现，石窟的雏形在佛教产生之前就已存在，反映了人类对精神世界的探索与追求。随着佛教的传播，尽管初期并不提倡偶像崇拜，但对佛像的崇拜却是在释迦牟尼涅槃后 500 多年，即公元 1 世纪末逐渐兴起的。当时，位于古印度北方的犍陀罗和秣菟罗地区几乎同时出现了佛陀造像，标志着佛教艺术的蓬勃发展。佛教僧人开始大规模地利用山崖立面开凿石窟，巍峨的山体被整体利用，石窟高达百米，形成了壮观的建筑群。在山脚仰望，密密麻麻的石窟建筑如同星辰般闪耀，令人叹为观止。石窟的外部通常设有精美的门楼建筑，内部则装饰有绚丽的壁画、栩栩如生的雕塑和精致的石刻等艺术形式。这些石窟不仅为僧众提供了进行宗教仪式和礼佛活动的空间，更通过其独特的建筑风格和丰富的艺术表现，使僧众深刻感受到佛教信仰的崇高与神圣。每一处雕刻、每一幅壁画，都是信仰的体现，传递着智慧与慈悲的教义，成为人们心灵的寄托。石窟内部的主体是释迦牟尼佛陀的塑像，位置显著。在两侧设置有弟子、菩萨等塑像，共同成为僧侣顶礼膜拜的对象。除了塑像，石窟满壁的装饰性壁画是石窟艺术的重要组成部分，它在石窟寺中的作用主要有两种：一是用形象的图画向佛教徒宣传、阐述佛教义理；二是以强烈的装饰效果来渲染信徒对佛法的感受。无论从内容上还是艺术形式上，石窟、塑像、壁画三者紧密结合，构成一个相对完满、丰富又独立的宗教世界，使信徒走进洞窟犹如走进佛教天国。"人佛交接，两得相见"，在富有动感和令人赞叹的艺术世界里抒寄心志。

石窟，作为一种独特的艺术与宗教形式，最初是为僧侣和信徒提供隐居之所，以便他们进行宗教活动和修行。在幽静的山谷中，这些石窟如同大自然的怀抱，为人们提供了心灵的庇护。然而，随着岁月的流逝，石窟的功能逐渐演变，成为展示宗教艺术与建筑技术的重要场所。不同地域、不同历史时期的石窟，孕育出各具特色的艺术风格，形成了一种独特的美学样式。这些样式在时间的长河中，经历了形成、发展、传承与衰落的过程，仿佛一部生动的历史长卷，诉说着人类信仰与创造的故事。石窟中的壁画、雕塑、建筑细节，无不彰显着当时人们对宗教的虔诚与对艺术的追求，它们不仅仅是宗教的象征，更是文化艺术的瑰宝。

石窟的产生与发展与佛教的传播息息相关。早期修行者倾向于隐居和禅修，僧侣和信徒常常选择远离尘嚣的山洞作为修行之地。随着佛教的传播，宗教活动的需求日益增长，人们开始从自然山洞转向人工开凿石窟，以便进行集体的宗教仪式和宣传活动。此外，石窟还被用作存放佛教经文和艺术品的场所，后逐渐演变为传播宗教教义的重要中心。这些石窟不仅为信徒提供了进行宗教活动的空间，而且成为佛教文化与艺术的汇聚地，承载着深厚的信仰与历史底蕴。

地理环境是石窟产生的另一个重要因素，许多石窟位于便于开凿的软岩区域，如河流附近的石灰岩和砂砾岩地带。这些地带的岩石相对较软，便于雕刻和开凿，同时又足够坚固，能够支撑复杂的建筑结构。虽然大多是在山体上开凿一个个空间，但是在开凿过程中，除预留必需的使用空间外，还注重石窟的建筑构造形式。从一开始的模拟木结构的梁架结构形式到后来穹顶的内部空间形式，从简易的方形柱或圆形柱到后来的预留柱头或增加雕刻的柱子形式，体现了石窟建筑艺术的发展与进步。此外，石窟的位置通常选择在水路或陆路交通便利的地方，便于僧侣和信徒前来朝拜和参观。

石窟的建造往往需要庞大的人力和物力支持。随着古代社会经济的发展和国家对宗教的支持，石窟建造得到了充分的资金和人力保障。许多石窟项目得到了皇室、贵族和商人的赞助，这些赞助者希望通过资助石窟建造来积累功德和声望。技术的进步也是石窟产生和发展的重要因素之一。古人掌握了一系列岩石开凿和雕刻技术，使得石窟的建造成为可能。随着技术的不断完善，石窟的规模越来越庞大，设计和装饰也越来越复杂和精美，成为展示古代人民智慧和艺术成就的重要标志。

追溯古老的文明艺术史，或许我们在古埃及石窟建筑艺术中能够寻觅到其与宗教石窟的潜在联系。孟图霍特普二世和三世的陵墓建筑被认为是最早的石窟原型之一，在中王国时期的底比斯地区这些陵墓被凿建于山岩洞中，其布局包括前殿和后堂，前殿用于祭祀，后堂则是停放尸体的圣堂，形成了崖前崇拜空间与崖中安葬区域的结构组合，彰显了古埃及独特的建筑风格。在建筑艺术方面，这些石窟以精巧的设计和巧妙的空间利用著称，充分利用了自然岩石的形状和特性。随着拉美西斯二世在公元前 13 世纪建起阿布·西姆贝尔石窟神庙，石窟建筑达到了新的高度，展示了宏大的规模和精美的雕刻。该神庙分为大小两个神殿，前方雕刻有近 20 米高的巨大神像，内部则装饰着丰富的浮雕，表现出神话故事和法老的伟大成就。公元前 5 世纪，波斯帝国先后建造的大流士一世、泽克西斯一世、阿它克泽克西斯一世、大流士二世等波斯亚克美尼斯诸帝王的陵墓，就是在著名的帕塞波利斯宫殿之北约 23 千米处的断崖上悬空开凿的石窟，被称作那克修依斯塔姆摩崖墓群，摩崖墓室被认为是早期石窟的雏形。这一切都产生在佛教和佛教建筑出现之前。这些早期的石窟建筑不仅是厚葬文化的象征，更是古代文明中建筑与雕刻艺术的巅峰之作，充分展示了人们在建筑和艺术上的创造力与传承，为后来的宗教石窟艺术奠定了基础。

在佛教发源地印度北部喜马拉雅山脉地区，僧侣们选择远离城市喧嚣，在崇山峻岭深处的幽僻之地，在山崖悬壁上开凿石窟。那里气候温和，森林茂密，依山傍水，风光旖旎，是僧侣们遵照佛教修行教义，遁世隐修礼佛之地。佛教创始人释迦牟尼在此地讲经说法，旨在帮助修行者远离世俗烦恼，专注于内心的修炼和智慧的增长。佛教僧人选择在山野中开凿石窟，源于释迦牟尼的教导。释迦牟尼通过自己的苦志修行，最终成道，成为众生的指引。因此，僧徒们以他为榜样，追求同样的成就。他们深知，孤独与静谧是修行的必要条件，为了避开风雨和野兽的侵扰，许多僧人开始在山中凿窟，创造出一个个宁静的修行空间。石窟因此而生，成为僧徒们修行与冥想的圣地，它承载着释迦牟尼的智慧与教诲。

早期石窟在佛教发展初期发挥了重要作用，主要供僧侣辩经说法、修行，尤其是作为"雨安居"（雨季修行）和"夏安居"（夏季修行）的居住场所。与后期石窟不同，早期石窟缺乏佛像和经卷,更像是集体宿舍和讲演厅的结合体,提供了一个适合僧人共同学习与修行的环境。经典《佛说长阿含经》卷一记载,释迦牟尼活着的时候住过的石窟就有舍卫国的祇树华林窟、俱利窟,摩揭国北毗陀山因陀罗窟,罗阅祇毗呵罗山七叶树窟,这些地方成了佛教徒修行与集会的重要场所。早期石窟的建筑形式通常是在一个大石窟中开凿出多个小房间,并设有集会用的大厅。至今,印度北部地区仍保存着许多早期石窟的遗迹。

唐代高僧玄奘在《大唐西域记》中有关石窟的记载达 397 处。如卷十一中记载:"国东境有大山,叠岭连嶂,重峦绝巘。爰有伽蓝,基于幽谷。高堂邃宇,疏崖枕峰;重阁层台,背岩面壑,阿折罗阿罗汉所建。"据考据,"爰有伽蓝,基于幽谷"中的"伽蓝"是印度最著名的石窟——阿旃陀石窟寺,据说是因为该寺院门外所立的石像,与阿旃陀石窟寺门外的石像形制相仿。

石窟早期形制布局在《大唐西域记》卷二中有详细记载:"城西南二十余里至小石岭,有伽蓝,高堂重阁,积石所成。庭宇寂寥,绝无僧侣。中有窣堵波,高二百余尺,无忧王之所建也。伽蓝西南,深涧峭绝,瀑布飞流,悬崖壁立。东岸石壁有大洞穴。瞿波罗龙之所居也。门径狭小,窟穴冥暗,崖石津滴,磎径余流。昔有佛影,焕若真容,相好具足,俨然如在。近代已来,人不遍睹,纵有所见,仿佛而已。至诚祈请,有冥感者,乃暂明视,尚不能久。昔如来在世之时,此龙为牧牛之士,供王奶酪,进奉失宜。既获谴责,心怀恚恨,即以金钱买花,供养受记窣堵波,愿为恶龙,破国害王。即趣石壁,投身而死,遂居此窟,为大龙王,便欲出穴,成本恶愿。适起此心,如来已鉴,愍此国人为龙所害,运神通力,自中印度至龙所。龙见如来,毒心遂止,受不杀戒,愿护正法。因请如来:'常居此窟,诸圣弟子,恒受我供。'如来告曰:'吾将寂灭,为汝留影。遣五罗汉常受汝供。

正法隐没，其事无替。汝若毒心奋怒，当观吾留影，以慈善故，毒心当止。此贤劫中当来世尊，亦悲愍汝，皆留影像。'影窟门外有二方石。其一石上有如来足蹈之迹，轮相微现，光明时烛。影窟左右多诸石室，皆是如来诸圣弟子入定之处。影窟西北隅有窣堵波，是如来经行之处。其侧窣堵波有如来发爪。邻此不远有窣堵波。"从这些描述中可知，小石岭佛影窟的空间布局形式有石室，即石窟，"窣堵波"即佛塔。佛塔用于收藏佛舍利，即遗骨。"窣堵波的主要形式是一个坟起的半圆堆，用砖石造成，梵文名安达（Anda），其义为卵，其下建有基坛（Mēdhi），顶上有诃密迦（Harmika），义为平台，在塔周围一定距离处建有石质的栏楯（Vēdika），在栏楯的四方，常饰有四座陀兰那（Torana），义为牌楼，这就构成所谓陀兰那的艺术。"[1] 有关佛塔，在《大唐西域记》卷十二《二十二国》中亦有记载："弗栗恃萨傥那国东西二千余里，南北千余里。国大都城号护苾那，周二十余里。土宜风俗，同漕矩吒国，语言有异。气序劲寒，人性犷烈。王，突厥种也，深信三宝，尚学遵德。"弗栗恃萨傥那佛塔位于阿富汗Mes Aynak遗址，考古学家发现了写于7世纪前后的佛教经典的部分抄本，古代遗址中发现抄本的情况比较罕见，它印证了这里曾是繁荣的佛教城市。

石窟建筑的初创期，以"毗诃罗式"为主要建筑形态，其设计以一个宽敞的方形窟室为主体，正面设有入口，左右壁和后壁上开凿的小支洞则为空间增添了通透感与灵动性。这种布局不仅优化了采光与通风，也使得僧侣在修行时能够与自然环境保持紧密联系，这种形制体现了建筑空间与自然环境的有机结合。毗诃罗窟的立面设计简洁而庄重，前方的柱廊不仅具有

---

[1] 常任侠. 印度与东南亚美术发展史 [M]. 上海：上海人民美术出版社，1980：12.

结构支撑的功能，还在空间上形成了流畅的过渡，增强了内部方厅的开放感。方厅周围的小方室以相等的尺度布置，既满足了僧侣的居住需求，又在空间上形成了有序的层次感。在一些较大型的毗诃罗窟中，方厅内的列柱设计增强了纵深感，同时留有专门供奉佛像的小室，进一步加强了空间的宗教氛围。窟顶通常为平面，内部则可根据环境特点进行雕刻和彩绘装饰，使得空间在视觉上更具吸引力。这种毗诃罗式石窟不仅满足了比丘们远离尘嚣、专心修炼的愿望，还巧妙地顺应了自然气候的规律。在山林中开凿的石窟，为僧侣提供了遮风避雨的场所，同时也让僧侣在清新空气中度过炎热的夏季，形成了一个理想的修行环境。随着建筑理念的演变，出现了"支提窟"，又称"塔庙窟"或"中心柱窟"。这种新形制内部建有覆钵式佛塔，象征着释迦牟尼的存在，体现了对佛陀的崇敬。支提窟初期为小规模的马蹄形结构，后期逐渐演变为宽阔的方形，内部设有供奉佛舍利的佛塔，采用砖和石两种材料，展现了对建筑材料与环境的深刻理解。这些设计不仅反映了宗教信仰的深厚底蕴，更展示了建筑空间与自然环境之间的和谐共生。

  石窟经过数百年的艰苦挖掘逐渐形成，从最初简朴的避世修行居所逐渐孕育出后来精致的礼拜窟。石窟的发展遵循由简到繁、由小到大的建造规律。从公元 2 世纪早期的石窟没有太多的塑像和装饰，简约的洞穴没有壁上雕刻，到公元 5 世纪石窟内部装饰变得更加丰富和复杂，也变得更加绮丽，建筑、壁画和雕塑艺术成为创作的核心。建筑、壁画和雕塑艺术在石窟中相辅相成，共同构建了丰富的宗教和文化空间。建筑提供了宗教活动的功能性空间；壁画通过生动的叙事和美学价值帮助信徒理解教义，同时记录社会生活；雕塑则增强了宗教氛围，展示了高超的艺术技艺，反映了社会结构与文化认同。

中国石窟自公元3世纪开凿，5到8世纪兴盛，16世纪后衰落。今天新疆地区的三仙洞和克孜尔石窟被认为是中国最早的石窟。后来随着佛教东渐，佛教又与汉族儒道文化以及地方民俗相融合，使西北方的黄河流域、内蒙古东北地区、西南川蜀及江南一带的大片区域开凿的大量石窟在缓慢的时间推移中形成了具有中国本土化审美特色的石窟风格。中国石窟是中国文化艺术的重要载体，它在这片广袤大地上生根发芽，盛开出璀璨的艺术之花，被誉为"石壁上的史书"。

石窟的建造和佛教东传有紧密联系。西汉初年，佛教尚未在中国广泛传播。佛教最早传入中国的确切时间尚有争议，但普遍认为是在公元58年到75年之间，即东汉明帝时期。据《后汉书》的记载，东汉明帝有一夜梦见一位高大的金色人物从天而降，飞入宫中。明帝醒后感到非常好奇和困惑，便召集朝臣讨论这一梦境。汉明帝的谋士告诉他，这位"金人"可能是西方的佛陀。于是，明帝派遣使者前往西域，寻求佛法。使者们经过长途跋涉，最终到达西域，并与当地的佛教徒接触。他们学习了佛教教义，并带回了佛教经典和僧人。这些僧人中，最著名的是摄摩腾和竺法兰，他们被认为是第一批正式传播佛教到中国的印度僧人。他们抵达洛阳后，被安置在白马寺中，这是中国历史上记载的第一座佛寺，标志着佛教正式传入中国。当然，传说或真或假，不能考证。学者吕澂在《印度佛学源流略讲》中谈到佛教初传："佛教初传的具体年代，很难确定。后世关于这个问题，曾有种种的说法，一般采用的，就是见诸记载而事实上也有可能的，乃是西汉哀帝元寿元年（公元前2年），大月氏使者伊存口授博士弟子景卢以佛经的材料。认为这就是佛教传入的开始。"裴注《三国志》引前人鱼豢《魏略·西戎传》和范晔《后汉书》载，明帝永平八年（65年）诏亡者奉缣帛若干赎罪时，明帝兄弟楚王英（封于彭城，未在宫内，自己也有亡者之感）即奉缣纨三十匹赎罪。牟子《理惑论》中即有一段："昔孝明皇帝梦见神人（《后汉书》作金人），身有日光，飞在殿前……于是……遣使者张骞……等十二人，于大月支写佛经四十二章。"（以上虽与史实不符，仍具佐证意义）"传说去西域月氏求法，也有关佛像，这与历史事实相吻合。永平八年正当贵霜王朝，其时受到希腊人的影响，开始创制佛像并创造出犍陀罗风格，在此之前，印度只有象征性的脚印、法轮等图案，并无佛像。其所以当时会重视佛像，则与信仰有关。"[1] 英国人类学家马雷特说："宗教，它不仅是灵感的，而且是灵感的现实；不仅是思想的，而且是生活的；它解决需要与自由间的问题，是用一种'善意'去获取和授予的。"石窟艺术让我们又回到历史长河中，看见那一个个不为人知又真实的时代，它最直观地显现历史。一个民族的文化往往隐含在丰富多样的艺术形态里，而种种艺术形态又归于时代的显性因素和现象。艺术气质代表了时代的气质，也决定那个时代人的气质，对于民族文化脉络的探索便由此展开。有位哲人说过："艺术是文化的花朵。"艺术是文化的代表和精髓。艺术形态是时代的特定话语，每个时代又有其不同的艺术形态。在漫漫的中华民族文化历史中，对时代的划分恰恰也是对艺术形态与特点的划分，历史的推进和演变是艺术史修正和变更的过程，更是那个时代人的内心需要变化过程的体现。在艺术史上，有着庞大、繁复组成部分的石窟艺术作为一种独特的形态和现象，有它自身存在的必然性和持久性。石窟作为宗教的外化表现形态，从一而终地诠释着宗教教义，可以这样说，石窟艺术是宗教的附属品。然而

---

[1] 吕澂. 印度佛学源流略讲[M]. 上海：上海人民出版社，2018：4.

谁会想到它的存在使得我们对艺术的认识因寻找到可深入探究的现实依据而显得更为丰富和深刻。

第二节　石窟的形制与类型

石窟建筑的空间设计是一种独特、宏伟的形式，展现了古代工匠在巨大岩石中开凿空间的非凡技艺。其空间结构在设计中至关重要，与宗教体验和艺术表现有紧密联系。通过精确的空间布局，建筑师能够创造出适合礼拜和冥想的环境，例如用高耸的大佛窟与排列有序的佛殿窟增强神圣感并引导信众的视线。明窗和前后室空间的巧妙设计将自然光间接地引入，使得壁画和雕刻在不同光线下呈现出变幻莫测的、神秘的视觉效果，增强了宗教礼仪的庄重感。此外，石窟的空间形态反映了不同历史时期和地域文化的特征，更体现出各地域各民族对石窟空间的独特理解与地形利用。因此，石窟的空间结构不仅是功能性的体现，更是文化和艺术的深刻载体。

石窟的建筑空间形态，被学术界称为类型与形制，通过对石窟进行碳-14的测定和石窟内部形制的分析，可以探究出石窟的历史分期和发展脉络。不同类型的石窟，有其不同的建筑空间式样和特点。对于石窟建筑、壁画和雕塑而言，石窟的建筑形制演变时间漫长，变化少，相对比较稳定，当然也会出现偶然现象，比如依照山形地貌随机开凿。学者马世长先生认为："石窟中的各类不同性质的洞窟，皆是古代僧人根据宗教活动与生活需要而凿建的。它们的出现和存在，是有其特定的历史原因的。考古学的研究，则是透过石窟中不同使用功能洞窟的外在形态与其所蕴含的宗教文化内涵，来探寻佛教石窟的产生、发展及其演化规律和特征的。……石窟的建筑空间形态……同时又受到不同历史阶段、不同民族、不同地域的固有文化传统的制约与影响。而石窟的建筑空间形态,所显示出的诸多时代或地域特点和变化,也是我们在研究中不应忽视的问题。"[1] 根据宗教归属、用途功能、艺术风格、地理形态、历史时期等因素,石窟可分为不同的类型。按宗教归属,石窟可以分为以下几种类型。1. 佛教石窟:是最为常见的石窟类型之一,与寺院、佛塔组成大型的佛教场所,也称为石窟寺。佛教石窟是佛教寺院的一种辅助和补充形式,内部通常雕塑有佛像、菩萨像、罗汉像等佛教人物像,以及绘有描绘佛教故事的壁画。这些石窟不仅体现出佛教信仰,也是研究古代佛教艺术和历史的重要资源。中国著名的佛教石窟有敦煌莫高窟、龙门石窟、云冈石窟、麦积山石窟等。2. 道教石窟:较佛教石窟更为少见,但在中国有一定分布,如云冈石窟的部分洞窟中含有道教元素。道教石窟中的雕刻和壁画主要描绘道教神祇、仙人和道教经典故事。3. 印度教石窟:主要分布在印度,如埃洛拉石窟和埃勒凡塔石窟等。这些石窟中的雕刻和壁画主要反映印度教的神祇和神话故事,展现了印度教文化和艺术的精髓。4. 祆教(拜火教)石窟:主要分布在伊朗和中亚地区,与佛教石窟相比较为少见。这些石窟通常用作祆教的祭祀场所,反映了古代祆教文化和信仰。5. 基督教石窟:在欧洲和中东地区有分布,如土耳其卡帕多西亚地区的岩石教堂。这些石窟通常包含有基督教的象征元素,如圣像及相关故事的壁画,是早期基督教徒传播教义和修行的场所。

---

[1] 马世长. 中国佛教石窟的类型和形制特征——以龟兹和敦煌为中心 [J]. 敦煌研究, 2006 (6): 43-53.

●埃洛拉石窟第 16 窟凯拉萨神庙全景

　　按地理形态分为四种基本类型。1. 山洞型：这种类型的石窟多开凿在山体或峭壁中，如著名的敦煌莫高窟、云冈石窟等。这些洞窟内部通常雕刻有佛像、菩萨像及绘有各种壁画，且常伴有复杂的结构设计。2. 崖壁型：此类石窟多见于较为陡峭的岩壁上，如龙门石窟等。这些石窟的开凿难度较大，但由于其特殊的地理位置，常能形成壮观的佛教圣地景观。3. 独立型：这种类型的石窟是在独立的巨石或岩块上开凿而成，如麦积山石窟。这些石窟在视觉上往往给人以强烈的立体感和震撼力。4. 综合型：综合型石窟融合了多种建造技术和艺术风格，如天龙山石窟，不仅有崖壁型的特点，同时也包含有独立型和山洞型的元素。

以佛教石窟为例，按照其历史时期可以分为以下几种类型。1. 早期石窟：主要分布在印度，如阿旃陀石窟，反映了佛教初期的艺术风格。2. 中期石窟：随着佛教的东传，中国的佛教石窟开始兴起，如北魏时期的云冈石窟。随着佛教艺术进一步发展，出现了更为复杂和多样化的艺术形式，如开凿于北魏后期的龙门石窟。3. 晚期石窟：出现了规模宏大、雕刻更为精美的石窟，如大足石窟。

按艺术风格石窟可分为以下几类。1. 犍陀罗风格：从印度北部和巴基斯坦到阿富汗东部一带，古代属犍陀罗地区。犍陀罗佛教石窟艺术受到古希腊、罗马艺术的影响，注重人物形象的真实性和动态感，但犍陀罗地区没有现存石窟，只有一些寺院遗迹。其艺术风格多见于深受其影响的中亚和中国西部一些地区的石窟造像。2. 中亚风格：佛教石窟受到印度文化和西亚文化的双重影响，形成了独特的西域艺术风格，如阿富汗的巴米扬石窟造像。3. 克什米尔风格：影响藏传佛教艺术风格的形成，如"古格样式""西夏样式"。4. 中国本土风格：中国佛教石窟融合了中国本土的文化和艺术特色，形成了具有鲜明中国地域特点的汉传佛教艺术风格，如"云冈样式""凉州样式"等。

按用途功能石窟可分为以下几类。1. 修行石窟：主要用于僧侣的修行和冥想，内部结构相对简单。2. 礼拜石窟：用于举行宗教仪式和礼拜活动，通常内部雕刻有佛像，绘有壁画，往往对其内容题材和布局有着直接的影响和限制。3. 纪念石窟：为了纪念特定的佛教人物或事件而建造，可能包含特定主题的雕刻和壁画。

每种类型的佛教石窟都有其独特的文化背景和艺术价值，是研究佛教历史和艺术的宝贵资源。

综合性石窟：一些石窟综合了多种宗教与功能元素。1. 墓葬石窟：这类石窟主要作为古代贵族或重要人物的墓葬之用，墙上可能雕刻有入葬者生前场景、仪式活动等。中国的敦煌西千佛洞就包含了一些墓葬石窟。2. 居住用石窟：在某些地区，石窟也作为居住之用，尤其是在地形崎岖、建筑材料稀缺的地区。这类石窟可能较为简单，但也有必要的生活设施。3. 宫殿石窟：少数石窟被建造为皇室成员或贵族的宫殿，这类石窟通常装饰华丽，雕刻精细。如我国西藏阿里地区古格王朝的红殿和白殿，这类建筑是政教合一的象征。石窟作为人类文化遗产的一部分，不仅体现了古代人民的宗教信仰和艺术成就，也为现代人提供了了解和研究古代文明的窗口。大量的佛教石窟遗迹表明，相当一部分石窟是和佛教寺院相毗邻的，说明其间存在密切的联系。这似乎暗示出，某些宗教活动是需要在石窟中进行的。如我国新疆库车市东北部的库车河两岸的苏巴什佛寺遗址附近，几座石窟主要是禅窟，它们应是寺院僧人禅修的场所。又如陕西彬州大佛寺石窟，除大佛窟之外有上百个似蜂窝状的僧房窟。再如河南安阳的灵泉寺石窟，礼拜窟仅两座（大住圣窟和大留圣窟），而大量的摩崖龛则是纪念僧尼的影像龛，其功能接近于影窟。如从若干影像塔下或龛内置放僧人骨灰舍利的情况看，影像龛在性质上又近似于瘗（yì）窟。

石窟按其内部布局特点主要有以下窟形。

1. 中心柱窟：又称塔庙窟或塔柱窟，源自印度的支提窟形制，其早期是在石窟内凿建一座覆钵形佛塔。随着这一建筑形式传入中国，它逐渐演变为中心四方柱的结构。中心柱石窟是佛教石窟中的一种典型形式，其显著特点是在石窟中心位置设有一根柱子，围绕这根中心柱布置佛像，绘有壁画，形成独特的宗教礼拜空间。中心柱不仅是建筑的支撑点，更是信仰与宇宙之间的连接纽带。中心柱象征着佛教宇宙观中的宇宙轴，代表着通往神圣世界的道路。信徒在进入石窟时，往往会感受到一种超越日常的氛围，仿佛置身于一个神秘而庄重的空间。在这个空间中，光线的变化与几何的对称设计相辅相成，增强了空间的神秘感。石窟内部的壁画和雕刻常具有深刻的宗教寓意，展现了佛教教义与哲学思想。这些艺术作品不仅带来视觉上的享受，更是信仰的具象化，激发信徒的思考与冥想。在这样的空间中，信徒们通过礼拜与冥想，寻求与神灵的连接，体验一种神秘的宗教感受。此外，中心柱的设计使得整个空间在视觉上形成了一种集中与引导的效果，信徒的目光自然聚焦于此，增强了礼拜的仪式感。围绕中心柱的布局象征着宗教仪式与信仰围绕宇宙中心展开，营造出一种神圣而神秘的空间体验，使得每一次礼拜都充满了仪式的庄重感与神秘感。中心柱石窟不仅是宗教信仰的体现，也是建筑与神秘文化交织的空间，丰富了信众的精神生活与宗教体验。

2. 大像窟：源自中亚阿富汗地区巴米扬大像窟的形制，作为一种独特的建筑形式，其结构特点主要体现在木构前殿、甬道、主室与后室。历史上，许多大像窟曾设有前室，通常为木质结构，大多现已不存。主室通常有甬道，与木构建筑相连，形成一条通往主室大佛的连接通道。这种布局不仅深化了空间的使用，也使得信徒在进入石窟中神圣的礼拜区域时产生秩序感和仪式感，增强了宗教体验的直接性和沉浸感。主室通常是大像窟的核心区域，承载着高达十几米甚至几十米的巨大雕像或其他宗教雕塑，而后室则常用于存放经文或供奉物品，形成了一个完整的宗教空间。大像窟在石窟寺中扮演着重要的中心角色，是信徒朝圣和进行宗教活动的主要场所。大像窟的造像工艺同样令人瞩目，工匠们使用精湛的雕刻技艺将石材转化为栩栩如生的佛像和宗教图案。这些雕像通常具有细致的面部表情和丰富的服饰细节，展示了高超的艺术水平和深厚的宗教内涵。尤其是那些高达十几米的雕像，更是令人震撼，象征着信仰的伟大与庄严。工匠们还善于利用光影效果增强雕像的立体感和神秘感，使得整个空间充满了灵性，更显得庄重。大像窟的设计体现了对空间和光线的巧妙利用。主室的高度和宽度经过精心计算，以容纳巨大的雕像并创造出一种宏伟的气势。石窟内部的光线变化通过窟口和明窗的反射，营造出神秘而庄重的氛围，增强了信徒的宗教体验。整体的对称性和几何形状不仅体现了古代建筑师的高超技艺，而且反映了当时人们对宇宙秩序和美学的理解。除了新疆克孜尔大佛窟和库木吐喇大佛窟，甘肃武威天梯山石窟被认为是北凉时期最早建造的大佛窟。"金人丈大"确定了大佛造像的崇高指向，不仅强调了佛造像的巨大体量，而且传达了其崇高的精神象征。佛像的尺寸通常与其所承载的宗教意义密切相关，巨大的佛像能够给人以震撼的视觉冲击，激发信徒的敬仰与崇拜之情。在许多文化中，庞大的雕像常常被视为神圣的象征，代表着超越凡人的力量和智慧。佛像的高度与其所传达的教义也有密切关系。佛教强调超越世俗的烦恼，追求内心的宁静与智慧。通过"金人丈大"的形象，佛教徒能够更深刻地体会到佛陀的伟大和教义的深邃，从而激励自己在修行的路上不断前行。"金人丈大"描述还可以引发对空间和环境的思考。巨大的佛像往往位于开阔的寺庙或山顶，象征着人类对自然和宇宙的敬畏。在这样的环境中，信徒不仅能感受到佛像的庄严，也能体会到自身的渺小并产生对更高存在的向往。"金人丈大"不仅仅是对佛造像外观的描绘，更是对其精神、文化和宗教意义的深刻反思。通过这一形象，信徒们得以在巨大的佛像面前沉思、仰望，感受到信仰的力量与智慧。

3. 涅槃窟：涅槃意指超脱生老病死和轮回之苦后达到不生不灭的境界，享受永恒的极乐。涅槃窟作为这一思想的具体体现，不仅是宗教信仰的场所，更是佛教艺术的杰出代表，承载着深厚的文化内涵。涅槃像是涅槃窟的核心，通常体现出体态柔软、神情安详的特征，给人一种超脱世俗的宁静感。这种卧像的形制多为横长方形，象征着佛陀的无尽慈悲与智慧。莫高窟第 158 窟、张掖大佛寺、安岳石窟中的卧佛都是典型的涅槃像。释迦牟尼涅槃像的设计通常是在高大的平台上，形似睡榻，释迦牟尼安然卧睡于其上，仿佛在沉睡中传递着深邃的教义。空间整体布局也极为讲究，佛像身后雕刻着众多弟子，壁面则绘制着菩萨、罗汉、天龙八部及飞天等，这些形象不仅丰富了涅槃像的艺术表现形式，更增强了涅槃窟的宗教氛围，使得每一位参观者都能感受到佛教思想的深刻与博大。通过细腻的雕刻和生动的绘画，涅槃窟不仅传达了佛教的核心理念，也引发了人们对生命意义的深刻反思。

4. 佛殿窟：又称佛坛窟，其空间形制通常呈现出方形或横长方形，窟内正壁开大龛、设坛，造像集中布置在佛坛上，这种设计使得空间更具包容性与庄重感。其窟顶的样式多样，包括纵券形、横券形、穹隆形以及斗形覆叠式藻井等，体现了工匠们高超的建筑技艺和对空间的巧妙利用。特别是在敦煌石窟中，佛殿窟的空间形态经历了不断的演变，逐渐形成了一种模仿世俗生活中的帷帐设计帷帐龛的理念。方形覆斗顶的结构不仅与墓葬中的方形覆斗顶墓室相似，更通过装饰与结构的结合，营造出一种如同身处于帷帐般的氛围，使信徒在此能够感受到神圣与宁静。这种设计意图在敦煌莫高窟第285窟中尤为明显，窟顶的帷帐纹饰及四角垂悬的流苏，生动地表现出古人对空间的独特理解与宗教情感。

5. 殿堂窟：通常呈方形平面，顶部为覆斗顶，四角略凹进，常绘制四大天王，营造出庄严的宗教氛围。窟中心设有佛坛，上面塑有菩萨像，坛周围留有通道，方便信徒参与宗教活动，充分体现了其宽敞的空间设计理念。殿堂窟内部的雕刻和壁画极为精美，展示了丰富的宗教故事和神话传说，艺术家在石窟内部结构和外观装饰上均下足了功夫，形成了独特的建筑风格。这些特征使殿堂窟不仅成为信仰的体现，更成为古代工匠智慧与艺术创作的结晶，深刻反映了当时社会的宗教信仰与文化交流。

石窟按照功能主要有以下几种类型。

1. 僧房窟：其布局特点体现了实用性和宗教功能。入口通常为长条形的平顶或券顶门道，后壁设有略呈方形的券顶小室，原装木门使空间更加私密。门道后方的左侧或右侧开有短甬道，通向主室。主室内部为券顶设计，顶壁与墙体相接处呈现简单的叠涩出檐，营造出简洁而庄重的氛围。主室一侧设有灶，方便僧侣的日常烹饪，灶对面则砌有矮炕，供僧侣休息。前壁中部开窗，提供自然光线，增强空间的舒适感。功能上，僧房窟为僧侣提供了一个安静的生活和修行环境，适合冥想、诵经及其他宗教活动。虽然没有塑像和壁画，但墙面涂饰层次丰富，反映了僧侣的修行生活。这些设计和功能的结合，使僧房窟成为僧侣日常生活和精神修炼的重要场所。

2. 禅窟：供僧尼进行禅修的石窟，其性质与寺院的禅房相同。

3. 影窟：又称为纪念堂，与寺院中的影堂相似，比如莫高窟第 17 窟藏经洞是典型的纪念窟。

4. 瘗（yì）窟：储藏和埋葬僧尼与世俗信徒骨灰及尸骨的墓葬窟，比如麦积山第 43 窟西魏乙弗氏皇后的瘗窟。

5. 仓储窟：专门用于存储粮食、生活用品和水等物的空间。仓储窟一般位于僧房窟附近，便于生活用品等的取用。

6. 讲堂窟：专门用来讲经布道的空间。

7. 礼拜窟：石窟的主体窟形，是僧侣和世俗信徒进行供养与礼拜活动的场所。

前殿堂建筑与窟檐建筑在洞窟整体设计中扮演着重要角色。前殿堂通常与后部洞窟同时建造，形成一个统一的建筑空间，这使得前殿堂成为洞窟形制不可或缺的部分。这种设计不仅扩大了宗教仪式的场所规模，还增强了石窟的庄重感和整体性。窟檐建筑具有独特的建筑艺术审美格调。比如敦煌莫高窟保存有第 196、427、444、431、437 窟等五座木构窟檐建筑，木构窟檐为三开间四柱结构，和栈道相通。云冈石窟第 9、10 双窟前石柱石刻门楣，麦积山石窟"散花楼"的十六国北朝时期的仿木构石雕均为窟檐建筑。这些窟檐建筑和栈道不仅展示了巧妙精湛的技术工艺，而且为石窟增添了丰富的视觉层次和文化内涵，成为其最具特色的组成部分。"我们知道，开窟的基本工序是首先选择洞窟崖面位置，然后是石匠们开挖砂石开凿窟型，再是画工们进行壁画的绘制，并有塑匠们塑彩塑，而木匠们进行窟前殿堂与窟檐建筑应属最后一道工序，因为只有这样才不会妨碍洞窟内的各项工作，也便于窟内采光效果。其实完全意义上的晚唐五代宋时或更早时期修建有同时代窟前殿堂或窟檐的洞窟的建造，只有当各自每间木构窟前建筑竣工落成之时，才标志一所洞窟的完全建成。因为作为一个完整的洞窟，窟内窟外合而为一均作为一个不可分割的整体而事先设计规划，相互之间密不可分。这也是佛教石窟在莫高窟不断发展并渐序完全中国化的标志之一。"[1] 修建石窟是一个庞大的工程，聚合人力、物力、财力种种因素，从多样化的石窟形制和类型可以看出，石窟形制经历了多次变化和发展。这些石窟形制的变化同时也反映了宗教、社会和艺术发展的历史进程，展示了石窟建筑师对宗教生活和艺术的关注与表达。

第三节　石窟艺术的风格流变

佛陀曾说："艺术创作是人心的天才之举。"根据印度人的信仰，艺术创作，如绘画、雕塑或某种综合艺术形式，是充满想象力的天才之举，更是心灵作用的产物，艺术是对永恒价值的创造性表现。[2] 在石窟造像的研究中，我们一次次地感受宗教个体神性与人性的撞击，徘徊在神性中的人性表现和人性中的神性追寻里。不论如何，艺术的魅力在宗教造像上的展现似乎压倒了人们对神性的神往和人性的矫正。如此，古老的佛教经典便是源头，它告诉人们佛陀的意志，就佛陀的教义创造视觉图像，确切地说应该是佛涅槃之前的叮嘱和嘱托。它也来自一部重要的佛经造像理论经典——《佛说造像量度经》。在之后的发展演变中造像的理论变得尤为重要，它成为僧众们探索艺术的动力。这里面包含对宇宙万物奥义的探索。当然过程尤其

---

[1] 郑炳林，沙武田. 敦煌石窟艺术概论 [M]. 兰州：甘肃文化出版社，2005：62.

[2] 苏西玛·K. 巴尔. 印度艺术 5000 年 [M]. 张霖源，欧阳帆，译. 成都：四川美术出版社，2017：7.

艰难，需要演算，用数据支撑原理。不知道他们又是如何将对人体的理解和自然中的树神崇拜联系起来的？

佛教又被称为像教，非常重视"像"的作用，信众将供奉圣像作为重要的修行途径。在汉传佛教图像中，对于佛陀圣像的表现，从肉髻、面相、衣、手印到姿态、项光、背光、底座等均有着较为固定的样式要求，不但体现出佛陀的庄严和神圣，还展现了佛陀内在的慈祥、宁静之美。同时，佛像的绘画与制作也有着严格规定，精确至鼻宽、眼珠、耳叶等具体部位的形状比例。佛教艺术中另如金刚力士、天女、童子以及诸天神王也大多有着各自明确的身份和性格，人物形象鲜明，其造像突出表现艺术性和造型性。

中国石窟的艺术风格因时代与地域不同而迥异。在新疆、甘肃等早期受佛教影响的石窟群中，明显存在着三种风格：西域风格、本土风格、中原风格。这三种风格一般的发展演变规律是首先接受外来西域风格中犍陀罗、秣菟罗和克什米尔的影响，经过很长一段时间的融合，本土艺术家将西域元素和本土元素进行艺术改造从而形成本土艺术风格，中原风格带有强烈的地域民间元素和审美取向。它们各具风采，在每个发展时期都能体现出时代审美特性。

公元1世纪前后，印度佛像时代来临，佛教艺术风行于中亚、西亚。犍陀罗国位于今中亚阿富汗东部和巴基斯坦西北部，在这里，佛教艺术与希腊、罗马、波斯艺术融合形成具有地域特点的犍陀罗风格。之后佛教东传，并沿着古代丝绸之路进入西域，进而形成"西域风格"，石窟艺术在辽阔的西域大地上扎根开花。由于受不同的毗邻关系和民族文化交流的影响，石窟艺术分别在西域的三个不同地区又表现为三种不同的西域风格。

于阗样式：天山南麓以于阗为中心，这里的石窟艺术风格兼具雅利安人的雕塑风格和印度教艺术及犍陀罗风格。斯坦因在尼雅、丹丹乌里克发现须达那太子施象的故事画和有翼天使，民丰县出土的汉代蓝印花布上有中国龙和希腊式菩萨，都明显地反映了波斯、希腊和印度艺术交织在一起的佛教艺术向东流传的趋向。

龟兹样式：魏晋南北朝时期是西域佛教的鼎盛时期。其间，西域境内开凿了 500 余座大规模的石窟，绘制了数目惊人的壁画，兴建起雄伟壮观的佛寺，"龟兹样式"的艺术风格随之风靡各个石窟寺。此时，众多龟兹石窟坐落在如今的新疆各地，成为宝贵的文化存留和历史遗迹。以拜城、库车为中心的古龟兹国境内寺院和石窟颇多，如著名的克孜尔石窟、库木吐喇石窟、森木塞姆石窟等，大体创建于两晋南北朝时期。人物面相、身材比例、姿势动作、衣冠服饰、表现手法、形式风格都直接受到犍陀罗风格特别是阿富汗巴米扬早期佛教艺术的影响，但又具有龟兹壁画的特色。龟兹样式明显带有犍陀罗"一图一景"式的佛传图，菱形格和山水画都是这一时期的独特创造。人物特征带有欧洲古典人物的高鼻深目，龟兹本土的人物却面相丰圆，眉、眼、鼻等五官比较集中，肢体健壮而着龟兹地区民族衣冠。变体的凹凸晕染法，出现了两侧染、一面染和素面等形式，发展成龟兹样式朴拙浑厚、明艳华丽的艺术风格。

高昌样式：高昌古国位于新疆吐鲁番盆地境内，自前凉张骏建郡以来，高昌多为汉人政权，中原汉文化根深蒂固，儒家思想深入人心。佛教艺术自龟兹传入高昌之后，受到中原汉文化艺术的影响，比如吐峪沟石窟与高昌故城等石窟寺的汉风壁画与于阗样式、龟兹样式不完全相同，而与敦煌早期壁画的题材和风格相似。它们具有共同的汉文化色彩。

中国西藏地区藏传密教的石窟艺术来自阿里地区以西、和印度接壤的克什米尔地区的艺术，学界称之为"克什米尔样式"，它的传入影响了西藏吐蕃时期的密教风格和西夏石窟艺术。古格故城和瓜州东千佛洞是这一风格样式的直接体现。

北方各地石窟受本土思想文化、风俗习惯、人物特征、地理环境等因素影响而形成的艺术风格，带有明显的地域性，由此学界一般称为"敦煌样式""凉州样式""云冈样式""龙门样式""麦积山样式"等。西域风格在敦煌"落户"之后，为了适应敦煌各族人民的思想观念、风俗习惯和审美情趣，莫高窟除了受到本土汉晋儒家文化的熏陶和河西地区魏晋墓室壁画风格的感染，在北朝石窟里，壁画的题材内容和形式风格又受到龟兹样式和高昌样式的影响，与此同时也有来自于阗样式和凉州样式的影响，这也是"敦煌样式"风格多样化和复杂化的主要原因。比如菩萨的造型特点突出，其面容丰润，鼻梁挺拔且与额头相连，眉毛上扬，眼睛大而明亮，嘴唇饱满。身体短而结实，展现出明显的凹凸感，整体姿态显得稚嫩而生动。上身半裸，披着宽大的长巾，穿着裙子，服饰风格多为龟兹、波斯、印度或其混合形式。面部的立体感通过明暗对比、干湿变化、圆圈叠加以及细致的描绘手法得以表现，色彩浓烈，明亮而质朴，展现出一种生动而细腻的艺术风格。当然，样式表征不止于人物，还包括意境创造，即在人物、事件的交织中所形成的意境。北朝晚期壁画艺术中蕴含着两种截然不同的意境，一种展现深沉的悲剧色彩，诸如佛传故事中那些震撼人心的场景——佛陀以头赠人、割肉贸鸽、千遍施舍头颅等，这些具象而生动的描绘，无不激发着观者深邃的哲理思考。另一种意境则体现禅定的宁静，四壁之上，尽是陷入沉思冥想中的禅定佛像与菩萨，他们神态庄严，威仪整饬，心中无念，六根清净，面对世间万物皆能保持超然物外的心境，完美诠释了禅定的高远境界。这既是禅学在流传过程中北方修行者思维与实践的独特风貌，也是西域艺术风格深邃内涵的生动体现。

由于内容与形式上的诸多变迁，天宫伎乐在意境创造上展现出了一种崭新的风貌，其豪放不羁、自然流畅的姿态，以及金刚力士那健壮有力、强悍无匹的形象，为静谧的石窟增添了几分生动的意趣与力量的韵律感。这些变化不仅丰富了石窟的艺术表现形式，更使得整个空间在静与动、柔与刚的对比中，呈现出一种独特的魅力与活力。在主题鲜明的壁画中，既描绘了悲剧性的残酷场景，例如萨埵舍身喂养猛虎、沙弥坚守戒律而自杀等，也展现了喜剧性的愉悦情节，如释迦佛降伏魔障、难陀被迫出家修行、须摩提女虔诚邀请佛祖等。这些画面依据故事情节，巧妙地展现了人物的性格特征，多种审美情感交织在一起，构成了丰富多彩的意境。这种艺术风格既未全然模仿西域的艺术模式，也尚未受到中原佛教艺术新风尚的影响，对于这种新兴的地域性艺术特色，学术界将其命名为"敦煌样式"。实际上意指河西魏晋汉文化影响下的带有西域佛教艺术特点的风格。如莫高窟十六国早期的三窟，在洞窟的布局设计，壁画所呈现的内容，人物的形态塑造、精神风貌，以及艺术表现手法上，尽管已经融入了汉族绘画的元素，且这三窟各自展现出独特的艺术风格，但它们并未脱离西域佛教艺术的框架，仍旧归属于西域风格，并且在装饰性方面表现得更为突出。壁画在构图上采纳了汉晋时期流行的横卷式连环画形式，人物以平行排列展现，背景涂以土红色，并以山峦叠嶂、树木葱郁、汉式宫殿与宅院建筑作为人物活动的背景，同时配以解释内容的文字榜题，进一步发展了"左图右史"的布局方式。在描绘世俗故事的画面中，人物开始穿着胡帽配以汉装的本土服饰。菩萨的面容逐渐变得清瘦，竖眉变为平眉，大眼睛也转变为更为秀气的眼形。身材则日渐修长，有的甚至超过七个头高。人物姿态显得落落大方，神情中透露出豪放不羁，体现了华戎交会中人物的特殊风采。故事画中建筑风格和人物风格出现不和谐感，讲法图中还出现了汉式的子母阙。画面中，西域的菩萨端坐在中原的宫殿之中，而在天宫伎乐的楼阁序列里，除来自西域的圆拱门之外，还出现了中原样式的殿堂式门楼，东西元素交织，错落有致。与嘉峪关新城七号魏晋墓中的四壁上方、天宫楼阁绘制方法一致，武威天梯山塑像壁画和金塔寺的人物造像充分体现出西域与本土风格的交融。

在北魏孝文帝改革、实行汉化之前，北方石窟艺术多属具有鲜卑游牧民族特点的"云冈样式"。人物面庞圆润，鼻梁挺直，面含微笑，身形健硕且衣物纹理紧贴身形。在太和十八年（494年），北魏孝文帝推行了一系列汉化政策，其中重要的一项便是提倡穿着汉族服饰，同时禁止穿戴鲜卑族的传统服装。这一举措不仅深刻影响了当时社会的文化风貌，也在佛教艺术领域引发了显著的变革。特别是在云冈石窟、龙门石窟以及北方其他石窟的造像艺术中，这一变化体现得尤为明显。随着汉化政策的深入，南朝士大夫的形象及衣冠服饰开始在这些石窟中广泛流行，成为一种新的艺术风尚。这些形象以面容清癯、骨骼秀美、鼻梁挺直、嘴角含笑为特点，体态则显得既健壮又不失文雅，衣物纹理细腻贴体，展现出一种超凡脱俗的气质。这种艺术风格在绘画史上被称为"秀骨清像"，它起源于东晋时期的著名画家顾恺之与戴逵，至南朝刘宋时期的陆探微而达到成熟。"秀骨清像"不仅是对人物外在形态的一种描绘，更蕴含了当时社会的文人雅士对于理想人格的追求。在石窟造像中，这种风格的应用使得佛教人物呈现出一种既神圣又世俗、既超脱又亲和的独特魅力，极大地增强了佛教艺术的表现力。同时，这也反映了在民族文化融合的大背景下，佛教艺术如何巧妙地吸收并融合汉族文化的元素，创造出具有时代特色的艺术新风貌。因此，"秀骨清像"不仅是绘画史上的一个重要概念，也是研究北魏时期汉化政策对佛教艺术影响的重要窗口。这种形象是东晋南朝时期注重玄学清谈的士大夫文人风采的反映。太和改制后，云冈石窟兴起"秀骨清像"风，名士形象盛行。孝文帝迁都洛阳，龙门石窟宾阳三洞承袭南朝特点，同时，云冈样式西传麦积山，促进艺术交流。此过程展现了南北朝艺术风格的融合与创新，形成"麦积山样式"。

在北魏晚期至西魏的历史长河中，南朝风格的艺术浪潮席卷了中原及西北地区，其演变历程构成了一部丰富多彩的文化交流史。起初，随着太和改制的推进，云冈石窟率先迎来了艺术风格的转折，南朝士大夫的典雅形象开始在石窟中崭露头角，他们以条方脸形、广额长颈、褒衣博带的姿态，展现了南朝文化的独特韵味。这一变革如同春风化雨，迅速影响了龙门石窟，尤其是宾阳三洞的建造，使得南朝风格在中原地区牢牢占据了一席之地，成为石窟艺术的主流。随后，麦积山石窟作为南朝风格西传的重要驿站，其第115窟等多个窟室的壁画彩塑，均呈现了南朝士大夫风貌的佛陀形象，标志着南朝风格已深入西北腹地。与此同时，庆阳北石窟寺、泾川南石窟寺以及炳灵寺石窟，相继接纳并发展了这一风格，人物形象逐渐呈现出条长脸形、方额直鼻、秀眼含笑等特征，南朝风韵愈发鲜明。天梯山石窟、张掖马蹄寺石窟、张掖文殊山石窟等，亦不甘落后，纷纷在重层壁面中保留了南朝风格的壁画，进一步证明了南朝艺术风格在西北地区的广泛渗透与深远影响。及至孝昌年间，元荣任瓜州刺史，携南朝文化入驻敦煌，莫高窟随即成为南朝风格与敦煌本土艺术交融的新舞台。在这里，前期云冈、龙门的新风格与后期典型的"秀骨清像"风格并存，共同演绎了南朝风格在莫高窟的独特篇章。尽管南朝风格在莫高窟从未全面占据任何一个洞窟，但它作为一股清新的外来风尚，与敦煌风格和平共处，相互辉映，共同塑造了莫高窟艺术的多元面貌。南朝风格的演变，不仅体现在人物面相的清瘦秀丽、服饰的飘逸洒脱上，更在于其带来的道家神仙思想、宇宙空间描写等新元素，为静谧的佛国元素增添了灵动与变幻，展现了"宇宙中鼓动万物的'气'的节奏与和谐"之美，为后世艺术的发展留下了宝贵的文化遗产。

时代风格的演变确实反映了佛教艺术流传方向的变化，佛教艺术起源于印度，但在进入西域（如今天的新疆地区）后，便逐渐融入了西域各民族的文化特色。西域的佛教造像开始展现出独特的民族风采，如人物面部的轮廓、服饰的款式等，都受到了西域文化的影响。当佛教艺术继续向东传播至敦煌时，它又与当地的汉文化发生了深刻的交融。敦煌石窟中的造像和壁画，既保留了西域佛教艺术的一些特征，如丰腴圆润的人物形象，又融入了大量汉文化的元素，如服饰的款式、图案的设计等，形成了独特的胡汉交融模式。

北魏时期的云冈石窟，尤其是早期的昙曜五窟，虽然是由凉州沙门主持修建的，但其造像风格依然深受西域佛教艺术的影响。这些造像不仅在造型和衣饰上带有西域特色，而且在人物的精神面貌上也透露出鲜卑人的风采。这种风格的形成，正是佛教艺术自西向东流传过程中与当地文化交融的结果。麦积山石窟位于甘肃秦岭西缘，地近中原，因此南朝风范在向西传播过程中首先来到了这里。然而，在西秦和北魏之初，西域风范在麦积山石窟中同样浓厚。这表明麦积山石窟的佛教艺术既受到了南朝文化的影响，又保留了西域佛教艺术的传统。这一时期的造像风格在继承北魏晚期风格的基础上进一步发展，形成了更加世俗化、本土化的特点。造像形象更加圆润饱满，服饰和衣纹的处理手法也更加贴近现实生活。这种风格的变化正是佛教艺术在流传过程中与当地文化不断交融、创新的结果。云冈石窟中的造像，如第20窟中的露天大佛，不仅体形高大、气势恢宏，而且在面部表情、服饰细节等方面都展现出了独特的艺术魅力。这些造像既保留了西域佛教艺术的传统特征，如袒右肩袈裟的穿着方式，又融入了鲜卑人的风采和精神面貌，如坚毅的眼神和挺拔的身姿。这些细节的处理无不体现出佛教艺术在流传过程中的演变和创新。

　　西魏时期的艺术风格，尤其是在敦煌石窟艺术中，展现出了多元交融与创新发展的特点。在莫高窟第285窟中，西域风格与中原风格相互交融。西壁壁画是西域风格的延续。西壁的人物造型保持了北魏时期本土化的西域风格。这些人物形象往往脸庞圆润，鼻梁挺直，上身裸露，下着长裙，采用层层叠晕的晕染方法，展现出浓郁的西域艺术特色。表现手法上也延续了西域风格，注重细节刻画和立体感的营造，使得人物形象更加生动立体。色彩运用上，西壁壁画采用了西域特有的凹凸晕染技法，使得画面色彩丰富而富有层次感。其他三壁则完全采用了传自中原的南朝"秀骨清像"风格。这些人物形象往往面相清瘦，身材修长，衣袍宽大，衣带飘举，展现出一种超凡脱俗的气质。线条画法更注重线条的流畅感，体现人物内在精神的传达，以平涂式晕染为主，使得画面显得清新雅致。窟顶部天体部分采用了两种表现手法并用、两种风格交错杂糅的方式。这种处理方式不仅使得画面更加丰富多彩，也反映了当时艺术家们对多元文化的包容和融合能力。西魏艺术风格的形成与发展离不开文化的交融和碰撞。正是多元文化的交流和融合为敦煌石窟艺术注入了新的活力和灵感,使得其成为中华民族多元文化交融历史的一个缩影。

●莫高窟第 428 窟(局部)

北周时期,是中国历史上一个文化交融、艺术风格多元发展的时代。此时,中原正流行南朝梁著名佛教画家张僧繇所开创的"面短而艳"的"张家样"新风格。这种风格以人物面部短小精悍、色彩艳丽为特点,给人一种焕然一新的感觉。后来,这种风格辗转传到了秦州,对当地的佛教艺术产生了深远影响。当时秦州大都督李允信在麦积山大造佛窟,广泛采纳了张僧繇的新风格,使得麦积山的壁画和彩塑形成了统一而鲜明的艺术特色。建平公于义是北周时期的一位重要人物,他从中原西来,担任瓜州刺史的职务。于义不仅是一位政治家,更是文化艺术的推动者。他双管齐下,一方面从东面引进了中原风格,将张僧繇的新风格引入敦煌;另一方面,他又从西面引进了西域风格——龟兹样式,为敦煌艺术注入了新的活力。在于义的推动下,敦煌艺术呈现出了多元并存、融合创新的繁荣景象。敦煌第428窟是建平公于义时期开凿的一座重要石窟,它集中体现了北周时期敦煌艺术的多元风格特点。在这个石窟中,同时存在着三种不同特点的壁画:自北魏以来一脉相承的敦煌造型,中原风格的世俗人物,龟兹样式的佛、菩萨造型。自北魏以来,敦煌石窟艺术就形成了自己独特的造型风格。这种风格在第428窟中得到了很好的继承和发展。石窟中的人物形象、服饰装束、色彩运用等,都保持了敦煌造型的传统特色,展现出一种古朴而庄重的艺术美感。在第428窟的故事画中,世俗人物的形象具有鲜明的中原风格特点。这些人物面部短小精悍、色彩艳丽,与张僧繇的新风格相呼应。他们的服饰装束、生活场景等,都反映了当时中原社会的风貌和习俗,为敦煌艺术增添了浓厚的生活气息。龟兹样式是西域地区的一种佛教艺术风格,它以圆脸、高鼻、白眉棱、白鼻梁、白下巴为特点,给人一种威严而神秘的感觉。在第428窟中,佛、菩萨的造型就采用了龟兹样式。这些形象不仅具有西域地区的特色,还融入了敦煌艺术的元素,形成了独特的艺术风格。同时,这些形象的身躯短壮,姿态朴拙,几乎完全回归到敦煌石窟创建时期的风格,展现了北周时期敦煌艺术的多元性和包容性。除第428窟的三种风格并存外,北周时期的敦煌艺术还呈现出其他风格,如十六国时期的西域样式。在建窟之初的十六国时期,敦煌艺术就受到了西域样式的影响。这种样式以古拙朴质和真实生动为特点,给敦煌艺术带来了独特的艺术魅力。例如,莫高窟第275窟《出游四门》中的老人和出城门的骑马的太子,就具有浓厚的民间艺术的稚拙美;而第272窟献舞的供养菩萨,则手势灵动、舞姿婀娜,还保留着明显的印度风情。北周时期,敦煌艺术在融合中原、西域等多种风格的基础上,进行了大胆的创新。在造型上，敦煌艺术汲取了中原和西域地区的优秀元素，形成了自己独特的艺术语言；在色彩上，敦煌艺术运用了丰富的色彩和对比强烈的色调，使得画面更加生动鲜艳；在构图上，敦煌艺术注重画面的整体效果和节奏感，使得整个石窟艺术呈现出一种和谐统一的美感。

公元 5 世纪末，中亚与印度的佛教及其艺术因北匈奴的袭扰而渐趋衰落，反观中国，佛教及其艺术却迎来了前所未有的繁荣。这一繁荣的转折点，在于北魏孝文帝实行汉化政策并迁都洛阳，自此，洛阳一跃成为中国的佛教文化中心，赢得了"佛国"之美誉，吸引了众多外国沙门前来交流与学习。在洛阳这一佛教文化的沃土上，佛教与玄学、儒学、道家思想相互融合，催生出具有中国特色的佛教及佛教艺术。这一融合过程不仅保留了佛教的精髓，还巧妙地吸收了南朝佛教艺术的思想与风格，进而形成了一种全新的中原风格。这种风格以其独特的魅力，沿着古老的丝绸之路向西传播，展现了中国佛教艺术的深远影响力。中原风格的回流，成为佛教艺术传播史上的重要篇章。它不仅抵达了敦煌这一佛教艺术的宝库，还远播至高昌，甚至渗透到了于阗等地。在这些地方，中原风格的人物形象被广泛接受并融入当地的艺术创作中，形成了中原风格回流的清晰脉络。从中我们可以看到佛教艺术在流传过程中如何与当地文化发生交融与创新，进而形成各具特色的艺术风格。这一过程不仅极大地丰富了佛教艺术的内涵与表现形式，还为我们今天研究和欣赏这些宝贵的文化遗产提供了丰富的素材与独特的视角。

美国艺术史家夏皮罗提出："风格，意指某个艺术家或一个群体的经久不变的形式，有时也指个人或群体的恒常的要素、特性和表现。这个术语也运用于个人或整个社会的行为，例如说到'生活方式'或者'文化格局'。"[1]风格作为艺术创作中重要的组成部分,不仅是艺术家的个人表达,更是文化、社会与历史的反映。风格是艺术家及其所处文化的指示物,它反映了艺术家在特定社会环境中工作的情形。这种反映不仅体现在艺术作品的形式与技法上,还揭示了当时社会的潜在文化观和规范价值。例如,某一时期的艺术风格可能体现出对宗教信仰的重视,或对人文主义的追求,这些都与当时的社会背景密切相关。风格的确定可以帮助我们理解不同历史时期的思想潮流和社会变迁,揭示出特定时代人们的价值观和审美倾向。风格通过形式上的情感联想在群体中进行沟通。艺术作品的风格能够传达宗教、社会或伦理生活的某种价值观,使观众能够在情感上与作品产生共鸣。比如,某些风格的艺术作品可能通过其简约或复杂的形式,引发观众对生命、信仰或道德的思考。风格不仅是对传统的继承,也是创新的基础。艺术家在创作中常常会融入个人的独特视角和情感,这种个性化的表达使得风格不断演变。风格的变化反映了艺术家对自身文化背景的反思与回应,推动了艺术的发展。风格是动态变化的,拒绝被简单地分类到固定的组别中去。艺术的发展是一个渐进的过程,划分古代艺术时间的界限没有意义,风格的转变往往是渐进的、交融的。艺术本身就是一个不断演变的过程。风格不仅是艺术作品的外在表现,更是文化、社会和历史的深刻体现。它通过情感联想、文化反映和创新表达,成为艺术家与观众之间沟通的重要工具。风格的动态性和复杂性使其成为理解艺术及其背后文化的重要维度。

石窟艺术中的佛像往往表现出一种静谧疏离的状态,强调

---

[1] 夏皮罗. 艺术的理论与哲学:风格、艺术家和社会[M]. 沈语冰,王玉冬,译. 南京:江苏凤凰美术出版社,2016:50.

内心的宁静与超然。艺术家通过细腻的雕刻和作品沉稳的姿态，传达出一种超越尘世的疏离感。这种风格不仅符合佛教教义对造像的具体范式要求，如"三十二相""八十种好"，也与观众的审美需求相契合，促使人们在观赏时进行深层的反思与冥想。石窟艺术形象系统遵循天人谱系，如应用元代的《元代画塑记》和清代的《造像量度经》等方法论。艺术家能提供多样化风格的原因，一方面是画派的影响，也就是继承风格的过程；另一方面是不同艺术家在创作石窟艺术时，会结合个人的理解与技艺，形成多样化的风格。这种多样性使得石窟艺术能够反映出不同历史时期、地域的文化与宗教思想的交融。例如，某些地区的石窟艺术可能更注重细节与装饰，形成西域风格，而另一些地区则可能强调简约与庄重，比如云冈样式的石雕。石窟艺术的创作受到了佛教教义的深刻影响，强调内心的觉悟与对生命本质的理解。这种教义与一般审美态度的契合，使得艺术作品在形式上追求简洁与深邃，避免了引起好奇或欲望的元素，石窟艺术中的审美静观不涉任何会唤起好奇或欲望的东西，从而使观众能够专注于内心的感受与思考。石窟艺术往往与自然环境紧密结合，艺术家通过对自然的观察与理解，创造出与周围环境和谐共存的作品。这种对自然的洞察不仅丰富了艺术的表现形式，也提升了作品的精神内涵，使其更具文化深度，因此对大自然的洞察是艺术创造的必要基础。石窟艺术的风格反映了创作时的社会文化环境。艺术家在特定的历史背景下，受到当时社会价值观、宗教信仰和文化习俗的影响，形成了独特的艺术风格。石窟艺术既有着明确的艺术发挥空间，又要遵循艺术发展的规律。宋代李廌在《德隅斋画品》中记载了艺术家的创作过程："唐赵公祐所作。予远祖相国卫公为浙西观察使幕中僚也。世俗画佛菩萨者，或作西域相，则拳发虬髯，穹鼻䫌目,一如胡人;或作庄严相,妍柔姣好,奇衣宝服,一如妇人,皆失之矣。公祐所作三十二相八十种,好丑皆具,而慈悲威重,有巍巍天人师之容。笔迹劲细,用色精密,缣素暗腐而丹青不渝,真可宝也。"李廌对赵公祐所绘制佛像赞赏有加,艺术家赵公祐可以随类造像和敷彩,艺术追求写实,技术造诣深厚。同时,艺术风格也成了文化交流的载体,传递着社会的伦理价值与信仰。石窟艺术的风格并非一成不变,而是随着时间的推移而不断演变。艺术家在继承传统的基础上,融合新的表现手法与思想,推动了风格的创新与多样化。这种变化反映了社会的动态性以及对艺术的不同需求。石窟艺术的风格特点是多种因素交织的结果,包括艺术家的个人风格、宗教教义的影响、对自然的洞察以及对文化环境的反映。虽然石窟艺术在不同地区和历史时期展现出多样的风格,但其背后的宗教象征体系保证了这些风格在核心内容上的一致性。不同文化背景下的石窟艺术可能在表现手法和细节上有所不同,但它们都围绕着同一宗教主题展开,形成了一种独特的风格。通过对这些因素的分析,可以更深入地理解石窟艺术的风格演变。石窟艺术的创作深受佛教象征体系的影响,艺术家通过对经典故事、佛教教义和宗教人物的表现,创造出丰富的视觉素材。例如,佛陀的形象、菩萨的姿态以及各种法器,都是宗教象征体系的具体体现。这些意象不仅具有宗教意义,还承载着深厚的文化内涵,使得艺术作品具备了更高的审美价值。

宗教象征体系还为石窟艺术的创作提供了评价标准。艺术作品的成功与否,常常取决于其是否忠实于宗教教义和象征意义。观众在评价这些艺术作品时,会考虑其宗教表达的准确性和深度。因此,艺术作品不仅需要在形式上吸引人,更要在内容上具备宗教的真实性与深刻性。顾炎武在《日知录》里是这样具体论述的,"谢在杭《五杂俎》曰:'自唐以前名画,未有无故事者。'盖有故事,便须立意结构,事事考订,人物衣冠制度,宫室规模大略,城郭山川,形势向背,皆不得草草下笔。非若今人任意师心,卤莽灭裂,动辄托之写意而止也。余观张僧繇、展子虔、阎立本辈,皆画神佛变相,星曜真形,至如石勒、窦建德、安禄山有何足画?而皆写其故实。其他如懿宗射兔、贵妃上马、后主幸晋阳、华清宫避暑,不一而足。上之则神农播种、尧民击壤、老子度关、宣尼十哲,下之则商山采芝、二疏祖道、元达锁谏、葛洪移居。如此题目,今人却不肯画,而古人为之,转相沿仿,盖繇所重在此,习以成风。要亦相传法度,易于循习耳"。

石窟艺术是集宗教性、历史性、艺术性于一体的综合性艺术,以佛教题材为主,通过雕塑和壁画形式展现佛教故事与神话。石窟的建造跨越了多个朝代,反映了不同历史时期的社会文化、宗教信仰和艺术风格。石窟艺术在雕塑和壁画技法上都达到了极高水平,展现了古代艺术家的高超技艺和创造力。由于地域和时代的不同,各大石窟在艺术风格、雕刻手法和主题内容上都有所差异,展现了丰富的多样性。风格即面貌,中国的石窟风格表达中国艺术的审美观,是世界文化遗产的重要组成部分。

第二章

佛国瑰宝——魏晋南北朝石窟

第一节 神秘西域——拜城克孜尔千佛洞

新疆天山南麓的塔里木盆地北沿一线，曾是佛教文化的圣地，承载着无数信仰与智慧的结晶。随着历史的车轮滚滚向前，今日的库车与拜城依旧保留着厚重的文化底蕴。这里西接疏勒，东邻焉耆，犹如一条连接欧亚大陆的文化纽带，穿越千年，见证了商贸的繁荣与人文的交流。在这片土地上，丝绸之路上的驼铃声依稀可闻，商贾往来的足迹深深刻印在每一寸土地上。龟兹的地理位置不仅使其成了东西方文化交汇的枢纽，遍布四处的佛教遗址也为后世的文化艺术研究提供了丰富的历史资料。

如今沙雅、新和、拜城、轮台四县及阿克苏市、库车市，依旧在这片历史的沃土上延续着辉煌的文化传统。古老的寺庙遗址、蜿蜒的河流与巍峨的山脉交织成一幅美丽的画卷，诉说着龟兹古国的辉煌与沧桑，也成为历史文化学者心中的圣地。在龟兹的土地上，佛寺遗存如星辰般闪烁。其中规模较大的有两处：一处位于库车西南约 25 千米的色乃当东寺与西寺遗址，它们静静地坐落在渭干河的东西两岸，如同两位守护神，傲然矗立，沿河而上便是新疆第二大石窟，即神秘的库木吐喇石窟；

另一处则是库车城北约 20 千米的苏巴什佛寺遗址，其依偎在北山南侧，库车河如丝带般穿流其间，轻轻拂过两岸的山坡地，苏巴什佛寺遗址被分为东西两部分，其中心矗立着一座巍峨的塔，周围环绕着若干庙宇和佛窟，河东与河西各自有三座塔，宛如晨曦中的守望者，构成了一个以塔庙为核心的建筑群，静谧而庄严，仿佛在向世人诉说着那段辉煌的历史，展现着信仰的光辉。

龟兹石窟主要集中在库车和拜城。库车为古代龟兹的王城，在它的周围有库木吐喇、克孜尔尕哈、玛扎伯哈、森木塞姆石窟。拜城有克孜尔、台台尔和温巴什等近十处石窟。这些石窟融建筑和雕塑为一体，在洞窟形制、壁画内容、艺术风格等方面都反映出佛教艺术的西域面貌，其中开窟数量最多、壁画保存最丰富者，又以克孜尔和库木吐喇石窟为代表。

克孜尔石窟位于拜城县克孜尔乡东南 7 千米木扎提河北岸雀尔达格山的峭壁上，东南距库车市区 67 千米，西距拜城县城 60 千米，位于库车、拜城之间。克孜尔石窟被称为中国最早的石窟，代表公元 3 世纪到 9 世纪佛教石窟艺术的最高水平。克孜尔石窟内容丰富，位置重要，既是龟兹石窟的典型代表，又是联系中亚和东方佛教遗迹的纽带。它处在葱岭以西阿富汗巴米扬石窟群和新疆以东诸多石窟群之间，无论从特殊的地理位置及地质地貌特征角度，还是从佛教历史文化发展角度，它都具有承前启后、承上启下的重要意义。

公元 3 至 4 世纪，在佛教传入之前及之后很长一段时间，当地民众信仰原始自然宗教，随着印度佛教僧侣顺着丝绸之路东传宣教，同时带来大量佛经并展开译经活动，龟兹佛教日渐繁盛。龟兹作为西域佛教中心，汇聚了众多西域高僧，包括鸠摩罗什。今天克孜尔千佛洞中心广场塑有一座现代主义写实风格的鸠摩罗什铜身雕像，像高3米，基座高1.8米，为当代敦煌学者闫玉琨等先生设计。这尊塑像呈现出西域式的"曹衣出水"之姿，鸠摩罗什像着贴身僧衣，坐在华丽的莲花束帛宝座上，微微低头，似乎沉浸在深邃的思索之中。塑像背对东方，面朝西方，双手自然垂放，无拘无束，仿佛在与天地对话。其身躯雄健有力，散发出一种沉静而稳重的气息。神情安详，仿佛世间的纷扰在他面前都化为无形。面部的五官雕刻得细致入微，神态栩栩如生，传达出一种超然的智慧与宁静。头部的轮廓与身体的线条相得益彰，手与脚的比例和谐，展现出一种完美的写实手法。每一处细节都仿佛在诉说着佛教深刻的奥义，令观者不由自主地沉醉于宁静与庄严之中。这尊塑像的艺术风格倾向于世俗生活，鸠摩罗什的坐姿就参考了克孜尔壁画中思维菩萨的姿势，表现出闲适、充满意趣的姿态，但不失高僧"秀骨清像"之庄严气质。其身形又具备新1窟内彩塑涅槃佛像"曹衣出水"的样式特点，新1窟的彩塑佛像是目前新疆石窟中唯一留存的泥质塑像。

据《出三藏记集》卷十四《鸠摩罗什传》记载，鸠摩罗什"还龟兹，名盖诸国"。僧祐《罗什传》载，"什道震西域，声被东国"。《出三藏记集》卷十一《比丘尼戒本所出本末记》载："王新僧伽蓝九十僧，有年少沙门，字鸠摩罗，才大高，明大乘学，与舌弥是师徒,而舌弥阿含学者也。"龟兹佛教小乘，但也有大乘。公元359—385年,鸠摩罗什在龟兹宣扬大乘佛教教义。《高僧传》卷二《晋长安鸠摩罗什传》记，罗什"广诵大乘经论，洞其秘奥，龟兹王为造金师子座，以大秦锦褥铺之，令什升而说法"。又记当时"西域诸国咸伏什神俊，每至讲说，诸王皆长跪座侧，令什践而登焉。其见重如此"。在西域各国高僧中，鸠摩罗什成就最大。公元401年，鸠摩罗什在长安开始了中国历史上规模宏大的译经活动,主持完成佛教典籍《妙法莲华经》《佛说阿弥陀经》《金刚经》等 35 部之多,约 425 卷。这是第一次系统且正确地向中原地区介绍了佛教大乘空宗理论,使大乘佛教文化思想在中原地区得以广泛传播。

公元 4 至 7 世纪是龟兹佛教发展的鼎盛时期。公元 7 世纪初,唐代高僧玄奘西行求法途经龟兹国,《大唐西域记》卷一这样记载当时的情况:"屈支国(龟兹),东西千余里,南北六百余里,国大都城,周十七八里。宜穈麦,有粳稻,出葡萄、石榴,多梨、柰、桃、杏。土产黄金、铜、铁、铅、锡。气序和,风俗质。文字取则印度,粗有改变。管弦伎乐,特善诸国。服饰锦褐,断发巾帽。货用金钱、银钱、小铜钱。王屈支种也,智谋寡昧,迫于强臣。其俗生子以木押头,欲其匾匧也。伽蓝百余所,僧徒五千余人,习学小乘教说一切有部。经教律仪,取则印度,其习读者,即本文矣。"梁代的《高僧传·鸠摩罗什传》和《晋书·西夷传》等文献记载,龟兹地区的僧尼人数已超过一万,境内有众多的石窟、佛寺和塔庙,总数达到千余所。这里的僧尼不仅数量庞大,而且在宗教活动中扮演着重要角色。葱岭以东及塔里木盆地周边各国的达官贵人、王族妇女以及普通百姓纷纷前来龟兹,接受佛教的戒律和教义。无论是高贵的王宫贵族,还是普通的百姓,无论老少,他们都虔诚地向释迦牟尼佛供奉,寻求精神的寄托和心灵的安宁。当时佛教兴盛,国力强盛,龟兹盛产金、银、铜、铁,丰富的金属材质便于制造佛像。这时,立佛雕像盛行起来并成为当时的一种造像形制,《大唐西域记》中也详细记载了当时龟兹佛教的盛况:"或有斋日照烛光明。大城西门外路左右各有立佛像,高九十余尺。于此像前建五年一大会处。每岁秋分数十日间,举国僧徒皆来会集。"《出三藏记集》载:"拘夷国寺甚多,修饰至丽。

王宫雕镂，立佛形像，与寺无异。"目前可以移动的立佛像已不知所终，只在主尊像外围上方的壁面，凿出许多严格按照菱形格分布的小孔。这些小孔应该是用于摆放和固定佛像的。位于山体中部空洞、深邃的大型窟龛告诉我们：第47、48、77、139窟等六座石窟都曾是直接在正壁塑像的大像窟龛，沿袭了巴米扬东、西大佛像的习俗传统，对敦煌石窟、天梯山石窟、炳灵寺石窟等中原一带的石窟发挥典范作用。这些大佛像是如何风靡一时又消失的，是值得深入探索的问题。克孜尔石窟内雕塑基本不存，虽然经历了三次疯狂的盗掘和破坏，目前壁画遗存仍很丰富，残存有壁画的石窟80余个，壁画总面积约一万平方米。

克孜尔石窟共349个，历经初创期魏晋南北朝、发展期南北朝时期、繁盛期隋唐时期和衰落期宋元时期四个阶段。石窟形制以中心柱为主，包括大像窟、方形窟、僧房窟、龛窟、异形窟洞窟类型及由上述洞窟类型组合形成的多种洞窟形式。壁画内容丰富，主要有释迦牟尼佛说法图、佛涅槃图、佛传故事画、本生故事画、因缘故事画、供养故事画、供养人像、裸体伎乐飞天、乐舞图、佛塔、法器、山水画、动植物图案、装饰纹样，以及反映当时龟兹民众生产和生活的场面，如犁地，牛耕，制陶和毛驴、骆驼驮运的情景，还有大量劳动者形象。本生故事画共有题材135种，画442幅，分别绘于36个窟内。现已究明、识别72种，画约340幅，约占壁画总数的77%。内容包括摩诃萨埵投身施虎、尸毗王为救鸽割肉施鹰、月光王施头、猕猴王舍身救群猴等佛陀化作动物、植物实施善行的丰富多样的故事。故事中神奇又跌宕起伏的情节，在壁画中表现得如真实一般。本生故事、因缘故事和佛传故事是围绕着释迦牟尼佛本身来讲的，反映释迦牟尼前世（"本生"）、今生（"本行"）以及最后涅槃的事迹，表现小乘佛教经典《四阿含经》说一切有部"惟礼释迦"的观念。此派的基本教义是"三世实有"和"法体恒有"，讲究通过出世四度的修行，进入"灰身灭智，捐形绝虑"的涅槃境界。小乘佛教注重个人修养，崇尚阿罗汉果和佛陀一生的成功经验并将佛陀生前的事迹用传奇故事加以神化传达，结合印度宗教灵魂转世之说，采纳许多民间故事，创造出有关佛陀的"本生""因缘""佛传"等神话，以图传意，用图画讲故事的形式宣传深刻的佛教思想，这也成为当时最简单有效的宣传和发展小乘佛教思想的方式。克孜尔石窟发展早期以小乘佛教为主，中期繁盛期为大乘佛教，这和鸠摩罗什崇尚大乘佛教有直接关系。因此，石窟壁画中也有体现法藏部思想及大、小乘佛教交杂的内容。

  在龟兹样式的壁画中，最突出的典型样式是位于主室顶部的菱格画。它以菱形作为基础单位，设为外框，内画小型坐佛，外框周围以波浪线绘制连绵的山峦，围绕一周，它象征佛教中的极乐世界须弥山。菱格画的显著特点是极富美感和秩序感，具有装饰画风格，尤其是它富于规则感的近似图案的四方连续纹样的色彩组合，巧妙地将佛教的轮回、因缘等思想用视觉图像的方式合理地安排在以须弥山为中心的大千世界之中。菱格画与千佛有相同的表现特征，具有严整划一的装饰趣味。这种形式既可以作为图案界线划分间隔，又呈现连续纹样的整体统一效果。在东千佛洞西夏石窟第2、4窟中我们发现也有相似形制的菱形石绿色方块。这种形式演变趋于简单化，在佛教汉化过程中又被换成了中国青绿山水画的样式。

●克孜尔石窟第 17 窟券顶本生故事壁画

  龟兹壁画的造型观念，不仅表现出龟兹佛教艺术本土化特点的内在精神，而且综合体现了古希腊、古罗马等西方的宗教美学思想，并且是集古希腊和古罗马造型艺术中绘画的明暗法原则和印度佛教哲学思想为一体的新型典范。大多数壁画展现了独特的龟兹风格，给人以强烈的视觉冲击。其绘制手法多样，常常以线条直接勾勒出形状，线条粗细均匀，既劲健又流畅，仿佛能感受到艺术家在作画时的力量与灵动感。就像"屈铁盘丝"般细致，或如"曹衣出水"那样优雅，给人一种生动的印象。"屈铁盘丝"指力度均匀、粗细相等的线条，这种线条能表现出笔触坚道、起落严密等视觉特点。唐代张彦远在《历代名画记》中记载："画外国及菩萨，小则用笔劲紧，如屈铁盘丝，大则洒落有气概。"在某些作品中，艺术家采用了凹凸晕染法，以赭红色从物的边缘开始，逐渐向内减淡，营造出一种层次感和立体感，仿佛画面中的人物和景物都在呼吸，活灵活现。此外，还有一些壁画则以线条勾勒出清晰的轮廓，再用纯色进行平涂，这种技法与中原的勾勒风格相近，却又自成一体。与敦煌石窟的壁画相比，克孜尔石窟的壁画更具立体感，细腻的笔触和丰富的色彩使得每一幅作品都仿佛在诉说着故事。每一笔、每一色都传递着深厚的文化底蕴和艺术魅力，令人沉醉其中，仿佛置身于一个神秘与美丽的幻境。壁画在东西文化交流中所产生的造型理念则显得十分独特，绘画技法的运用体现了对线、形、色等元素的精妙掌控，形成了一种独特的艺术语言。这种技法不仅承袭了犍陀罗写实风格的凹凸晕染法，其在大幅壁画上利用金箔贴饰更使壁画的表现力得以进一步增强，展现出一种跨越时间与空间的艺术传承。龟兹样式通过丰富艳丽的色彩组合，创造出一种明快且具有视觉冲击力的效果。石青、石绿、土红、金黄以及棕、白等多种颜色的对比运用，不仅使壁画的色彩层次分明，更有效地突出了主题，使造像的轮廓鲜明而生动。这种色彩的运用不仅增强了视觉吸引力，更在情感表达上增添了深度，使观者在欣赏过程中能够感受到艺术作品所表达的本土化内涵与精神气韵。此外，壁画中所采用的线条与形状的组合，也反映了艺术家对空间与形态的独特理解。通过精细的线条勾勒与形状的构建，塑造出了一个个生动的场景，仿佛让历史中的画面瞬间在观者眼前复苏。这种对细节的关注与对整体构图的把握，进一步强化了龟兹样式艺术风格的独特性与魅力。

公元 3 世纪末至 4 世纪中叶为初创期，这一时期的代表洞窟为第 47、118、92、77 窟等。

发展期（4 世纪中～5 世纪末）的代表洞窟有第 27、38、99、17、110 窟等。

第 38 窟始凿于公元 4 世纪，它和第 39、40 窟是一组洞窟，形制为中心柱窟、僧房窟和方形窟。其中第 38 窟为中心柱窟，其是礼佛的主要场域。该窟又因主室南北壁面上方共绘有 14 组共 28 个伎乐天人，而被誉为龟兹乐舞的"音乐之窟"。主室正壁有佛龛，龛内两侧各置一立佛，壁面绘制有本生故事、因缘故事、佛传故事、天相图、弥勒说法图、天宫伎乐图、涅槃图等内容题材。其中的人物与神兽宛如从神话中走出来，给人以真切的视觉享受。

日天与月天被描绘成被四只大雁环绕的太阳与月亮，象征着光明与宁静，大雁仿佛在空中翱翔，带来温暖与安详。火天的形象则是一位身穿僧衣、袒露右肩的男子，头顶光辉，赤足而立，散发着一种神秘而强大的气场。他的身体两侧各画出四条火舌，似乎在燃烧着无尽的热情与力量，象征着生命的炽热与活力。金翅鸟的形象更是引人注目，它是一种连体神兽，拥有两个鸟头、两身鸟羽和一条鸟尾，浑身散发着威严与神秘。从它的头与脚来看，似乎是一只雄鹰，嘴里叼着一条弯曲的蛇，寓意着力量与智慧的结合，象征着天与地的交融。而紧那罗的形象则是一位裸露上身的半身女人，头上长着角，双眼圆睁，仿佛在凝视着远方，嘴巴大张，似乎在吟唱着动人的旋律。她双手握着一条彩带，象征着艺术与美的流动。壁画中更是绘有多组女性弹奏乐器的形象，音符在空气中飘动，仿佛可以听到那悠扬的乐声，散发着古老而神秘的文化气息。杨亦舒在《克孜尔石窟第38窟、171窟〈天相图〉的异同》一文中认为："日天、月天的刻画借鉴了古希腊神话人物的形象——坐着双轮战车，扬起一只手，但他们身穿战袍的形象又吸收了波斯文化的元素。人面鸟身的金翅鸟形象最早出现在古希腊神话中（在希腊神话中有一种人面鸟身的怪物哈尔帕），在传入古印度后变成了守护佛法的神兽，并传入克孜尔。紧那罗、火天的形象来自古印度佛教文化。这种多种文化并存的现象在克孜尔大量存在，

●克孜尔第 77 窟天人头像

并形成了克孜尔石窟壁画的一大特征。"[1] 整个《天相图》不仅是视觉的盛宴，更是对生命、力量与美的深刻诠释，令人沉醉于其神秘而富有灵性的艺术魅力之中。《天宫伎乐图》大多以"两人一龛一组"的壁画形式出现，共 14 对 28 人，这些伎乐天人均做胸像，人物胸部以下仿佛在窗户后面，这些女性形象丰腴华丽，她们头戴宝冠，服饰上挂满璎珞，圆脸如银盘，五官小巧而秀丽，肤质白皙而细腻，她们在愉悦的氛围里以优雅的姿态弹奏各种奇特别致的乐器，如五弦琵琶、曲颈琵琶、三弦琵琶、阮咸、竖箜篌、凤首箜篌、竖琴、答腊鼓、腰鼓、鸡娄鼓、羯鼓、大鼓、堂鼓、铜钹、碰铃、横笛、排箫、单管箫、唢呐、角、法螺等，这些乐器共 3 类达 22 种之多。《天宫伎乐图》《娱乐太子图》等歌舞壁画集中地反映了龟兹乐舞的盛况。第 39 窟是一座方形的洞窟，穹顶高耸，空间开阔，内部没有佛龛和壁画，主要用于讲经。这种设计体现了其功能的专一性，提供了一个简洁而神圣的环境，适合僧侣和信徒进行教义传授与讨论。穹顶的构造不仅增强了空间的声学效果，也为讲经活动创造了良好的听觉体验，使每一个词都能在空旷的空间中回响，深入人心。相较之下，第 40 窟则是一个功能更为生活化的僧房窟。洞内配备了生活设施，壁炉的设置不仅用于取暖，更是营造出一种温馨的氛围，让修行者在寒冷的季节中感受到一丝温暖。床的存在则为禅修和休息提供了必要的空间，体现了对修行者身心的关怀。床的设计简洁而实用，鼓励信徒在此静心沉思，进行内省与修行。这三种洞窟的组合，形成了一种和谐的建筑功能体系，共同服务于信徒的观像与禅修需求。讲经窟为信徒提供了学习与交流的场所，而僧房窟则为他们的日常生活与修行创造了舒

---

[1] 杨亦舒. 克孜尔石窟第 38 窟、171 窟《天相图》的异同 [J]. 书画世界，2023（1）：71-72+75.

适的环境。这样的布局不仅反映了对宗教活动的重视,也展示了古代建筑师对空间利用与功能设计的深刻理解,为信徒提供了一个既能学习又能修行的理想场所。

在新 1 窟的后通道,后壁上静卧着一尊庞大的佛涅槃塑像,尽管其头部已然残缺,但那身躯依然雄伟,长达 5.3 米,高约 80 厘米。佛像以侧卧的姿态,右胁而卧,袈裟紧裹着身躯,犹如水波轻拂,衣褶疏朗而自然,塑成条梭状的凸起,尽显古代艺术的巧妙。然而,令人遗憾的是,塑像的头部已不复存在,仿佛在诉说着岁月的无情与流逝。尽管如此,这尊卧佛的气势依然不减,与西通道内的立佛在技法、风格和施彩上完全一致,形成了一种和谐的艺术对话。在这狭小的后通道中,这具壮硕的佛涅槃像显得格外庞大,仿佛要充盈整个空间,给人以强烈的视觉冲击。古代艺术家巧妙地利用了这种"体积感",营造出一种心理上的压迫感,令观者不禁心生敬畏,深刻体会到佛教所传达的深邃哲理与宁静力量。正是这种对比——空间的局促与佛像的宏伟,形成了鲜明的转折,令人在凝视之际,既感受到佛陀的安详,又体会到生命的沉重与思考的深邃。这样的艺术表现,不仅是对技艺的展现,更是对人心的触动,给人留下了难以磨灭的印象。在后通道的顶部,三位飞天采用较为写实的手法展现龟兹本土人物的特点。由于过度追求凹凸画法的圆柱体效果,四肢和躯干都显得粗壮而富有立体之感,飞天似乎需要通过浮力与自身的重力相抗衡才能达到飞升的效果,使人内心产生巨大的心理落差。她们头戴单珠宝冠,华丽的宝缯在后方轻轻飘扬,长发披肩,显得自然而优雅。上身袒露,颈间佩戴着简单的项圈,竹制腕饰增添了一丝灵动。飞天的上半身挂满璎珞,光彩夺目,燕尾式的帔帛缠绕于身,展现出细致的工艺。腰下的裙裤轻盈,帛带的末端巧妙地挽成结,整体增添了和谐的美感。她们手持花钵，从空中撒下宝花，花瓣缓缓飘落，仿佛为周围增添了一份宁静与美好。由于身形庞大，这三位飞天展现出一种沉稳、优雅的气质，给人以深刻的视觉印象。

第110窟为中心柱窟，其形制由前室、主室和后室构成，展现了复杂而精致的空间布局。主室两侧壁各开设二层列龛，中心柱四面开龛，体现了"多佛"思想，强调了佛教信仰的广泛性与多样性。这一窟被认为是佛传故事壁画数量最多的窟，丰富的艺术表现使其成为研究佛教艺术的重要场所。主室正壁壁画以"帝释窟说法"为主题，龛外左侧居中的乾闼婆，头挽五个发髻，怀抱琵琶，右手挟琴，左臂高举，掌心向上，仿佛刚刚拨完琴弦，姿态优雅动人。壁画生动刻画出了其神情与气质。乾闼婆上方的两位女性天人，一位裸体，另一位则身着龟兹女装，可能表现的是乾闼婆的王妃，展现了女性之美与神圣的结合。下方绘有乾闼婆跪拜礼佛的场景，表现了对佛教信仰的虔诚与尊重。龛外右侧居中的为帝释天及其妃子，男性天神双手合十，女性天神双手举于胸前，他们均坐于方座上，形成一种和谐的视觉平衡。帝释天头戴华丽的髻珠宝冠，头巾后垂，身着结裙，饰有璎珞、花绳、臂钏与手镯，呈现出一副静心闻法的模样。上方的两位天人面部被烟熏黑，增添了神秘感。下方的天人跪拜礼佛，可能象征着对帝释天的虔诚与崇敬。在券顶与两侧壁、前壁及上方半圆形壁面连接处，均施以一层叠涩，形成了层层堆叠的视觉层次感。窟内的装饰不仅体现在塑像的开凿上，更通过壁画的布局展现出鲜明的宗教主题和艺术风格。券顶中脊绘制的天相图，展示了驾驶双轮车的日神，象征着光明与生命。立佛的形象与飞翔的金翅鸟，传递出灵性与超越的理念。两侧的券腹则绘制了数排坐佛，底部半菱格内则生动地描绘了树木、禅定的比丘以及模仿禅定的猕猴等，形成了一个和谐的生态圈，暗示着人类与自然的密切联系。主室的左右壁和正壁通过方格式的连续构图,讲述了佛传故事,近地面处的多幅壁画更是以佛本生故事为主题,展现出佛教的教义与智慧。正壁上方的半圆形壁面则是一幅气势磅礴的降魔成道画,生动地再现了佛陀降伏魔军的壮丽场景,象征着内心的挣扎与最终的胜利。前壁窟门两侧的壁画虽多有损毁,但右下部依然残存着四身跪姿、穿短靴的供养比丘,体现了对佛教信仰的虔诚。左龛左侧的佛本生故事与上方半圆形壁面的弥勒菩萨兜率天说法图,进一步渲染了整个空间的宗教氛围。通过空间的巧妙布局和细腻的艺术表现,这些壁画与雕塑共同构成了一幅生动的宗教画卷,既反映了当时的信仰与文化,又传递出深邃的宗教哲理和人文照护。学者姚律在《克孜尔石窟第110窟及其佛传壁画研究》一文中对该窟佛传故事内容做了详细的描述,正壁和左右壁"共绘60幅连续方格佛传壁画。在每排佛传壁画的上沿,皆辟有一横条白色榜题栏,既将上下排分隔开,又在栏内墨书龟兹文题记,以说明画面的情节内容。而每幅画面左右之间,又有上下走向的分界条框,内绘植物形图案。再算上正壁上方半圆形壁面大幅降伏魔军画面,全窟总绘佛传壁画61幅","佛传故事画从右侧壁上排最外端开始画起,然后转向正壁、左侧壁上排,再依次回到右侧壁中排和下排,一直画到左侧壁下排最外端一幅结束,宛如连环画本徐徐展现","故事画以摩耶感梦开头,接下来的情节,按时间顺序大致是:相师释梦、树下诞生、七步宣言、二龙灌顶、参诣天祠、阿私陀仙人占相、宫中娱乐、习学书数、掷象出城、与诸王子比试角力、射箭、断树、娶耶输陀罗为妻、四门出游路见老人与病人、目睹死人(一具全身白骨像)与得遇僧人、树下观耕、娶密伽阇为妃、请求父王允许出家、出家前夜、夜半逾城、白马吻足、车匿作别、尼连禅河洗浴、二女献糜与梵天净光天子引导、龙王赞叹与刈草人（帝释化身）、献吉祥草（或曰诣菩提场）、与刈草人在菩提树下铺座位（或曰准备菩提座）、降伏魔女、二商主奉食与四天王捧钵、梵天劝请与路遇邪命外道优波伽、鹿野苑初转法轮、耶舍出家、降伏火龙（或曰降伏三迦叶）、频毗娑罗王皈依、舍利弗与目犍连出家、为净饭王说法、毗舍离城留钵、拘尸那迦城最后说法（或曰佛移巨石）等，结束是涅槃入灭"[1]。壁画中的人物线条流畅，纤细简洁，反映了古代艺术家的精湛技艺。这种线条被称为"屈铁盘丝"，它的运用不仅增强了人物形象的生动感，还体现了艺术家对形体与空间的敏锐把握。流畅的线条使得人物动作自然，情感丰富，仿佛瞬间就能捕捉到动态美。这种高超的技艺不仅展示了艺术家个人的才能，也反映了当时艺术创作的整体水平。作为克孜尔石窟中较为特殊的洞窟，第110窟的壁画布局与题材趋向自由多变，意味着艺术家在创作时并未受到严格的形式限制，而是根据主题与情感的需要，灵活运用各种表现手法。这种自由度使得每一幅壁画都独具特色，能够更好地传达故事的深意与情感。例如，在"帝释窟说法"的场景中，艺术家通过不同人物的姿态与表情，展现了多样的情感状态，增强了叙事的层次感，强调了佛的"最后身"思想观念。"最后身"思想观念是佛教中关于佛陀最终形态的理念，强调了涅槃与解脱的终极追求。这一思想通过人物的姿态、表情和整体氛围得以体现。艺术家通过细腻的表现手法，传达了信徒对佛陀的崇敬与向往之情，营造出一种神圣而宁静的氛围。整体而言，第110窟不仅是佛教艺术的杰出代表，更是人类精神追求与美学探索的结晶，令人沉浸于其神秘的艺术魅力之中。

---

[1] 姚律. 克孜尔石窟第110窟及其佛传壁画研究[J]. 文化艺术研究，2023（6）：99-111+116.

第 17 窟的中心柱窟，以其独特的建筑结构和丰富的壁画内容，展现了宗教与艺术的完美结合。天顶呈现接近半圆的纵向拱形券顶，构成了空间的高度与深度，使得整个窟内显得庄严而神秘。窟内由前室、主室、左甬道、右甬道和后甬道组成，前后室通过通道相连，形成了一种流畅的空间布局，便于信徒朝圣与参拜。主室呈方形，正壁中部设有拱形佛龛，成为整个空间的视觉焦点，象征着佛教信仰的核心。后室左通道的"卢舍那佛壁画"则是自然崇拜的体现，描绘了日、月、山、树等元素，反映了人类与自然的和谐共生。壁画中，蓝绿色的佛涅槃图表现了佛教重大事件，菱格花纹的山峦与肌体健壮、双腿修长的抽象人物，展现了美与力量的结合，象征着生命的延续与重生。本生故事画则以五排菱格状的佛教故事图呈现，内容丰富且寓意深远。第一排描绘了四兽供养仙人、龟王救众商、快目王施眼等故事，展现了慈悲与救赎的主题；第二排则包括穷人背恩、跋摩羯提施乳济人等情节，强调了施与受之间的因果关系；第三排中，尸毗王舍身贸鸽、伯叔杀龙救国等故事，展示了勇气与智慧的结合；第四排则讲述了睒子孝养父母、月光王施头等情节，强调了孝道与责任的重要性；第五排的鸽子王焚身济人等故事，进一步延续了奉献与救助的主题。通过这些壁画，观者不仅能够领略到佛教故事的深刻内涵，还能感受到视觉艺术的魅力。每一幅画作都如同一扇窗，透视出古代信徒的精神世界与道德追求，展现了佛教文化的深厚底蕴与艺术表现的精湛技艺。这种宗教与艺术交融的壁画形式，不仅丰富了信仰的内涵，也为后人提供了珍贵的文化遗产，成为研究佛教艺术与思想的重要资料。

繁盛期（6～7 世纪）代表洞窟有：第 163、205、8、100、184 窟等。

第 163 窟《善爱乾闼婆王及其眷属》壁画约绘制于公元 6 世纪，生动地展现了乾闼婆作为佛教护法神的形象。乾闼婆通常被视为善音乐的象征，常以伎乐天人和飞天的形态出现在佛教石窟壁画中。善爱乾闼婆王为佛涅槃前最后度化的外道之一。画面中，善爱乾闼婆王与其妻子恭敬地向佛陀献作伎乐供养，场景传递出庄重与虔诚。两位角色的姿态优雅，神情专注，仿佛在用音乐表达对佛陀的崇敬与感恩。背景的细致描绘与色彩运用，营造出一种和谐的氛围，仿佛让人感受到乐音在空气中流淌，传递着超越时空的灵性。

第 205 窟的壁画如同历史的交响曲，生动地展现了龟兹王托提卡与王后斯瓦扬普拉芭的华丽形象。前室中，国王与王后及其家人的画像熠熠生辉，画面中央的托提卡王显得威严而庄重，他身穿长大衣，前额短发中分，背后齐颈的发型更添几分英俊。他的右手高举着熏炉，散发着淡淡的香气，左手握着短剑，背后则挎着一把拖地的长剑，仿佛在守护着王室的尊贵与荣耀。头后闪烁的项光，犹如神圣的光环，映衬出他的王者风范。而王后斯瓦扬普拉芭则显得优雅而端庄，身高略低于国王，头戴长毛圆皮帽，披肩的长发轻柔地垂落，宛如春日的微风。她的上身内穿紧身衣，外套半袖紧束腰的大翻领，勾勒出她婀娜的身姿；下身则是一条拖地的长花裙，裙面绣有六边形格的套花图案，宛如盛开的花朵，绚丽而富有生机。双手持着花绳带，带子从颈后绕向胸前，再优雅地垂至膝部，增添了几分妩媚与高贵。她头后的项光同样闪耀，恍若女神的光辉，照亮了整个空间。画面的另一部分描绘了三位年轻人，或许是亲王与太子。年龄最大的那位身后同样有项光，显得神采奕奕，其余两人则稍显矮小，无冠无项光，似乎在静静地守护着王室的荣耀。三人均佩戴着长剑，腰间还有短刀的装饰，显示出他们的英武与勇敢。所有男性的装束皆为紧腿马裤和尖头靴,展现出一种刚毅而洒脱的气质。这幅壁画不仅是对王室荣耀的礼赞,更是对那个时代文化与艺术的生动再现,让人仿佛穿越时空,感受到那份辉煌与尊贵。

第 8 窟壁画原有超过 300 种因缘本生佛传故事画,现多已不存。第 100 窟的飞天呈 V 形,大型乐舞图中的人体姿态呈现三屈法式,人物服饰均贴金箔。以上现已不存,只留圆形的脸庞。

第 188 窟是一座大像窟,位于谷东区岩壁上的一方形窟,窟中绘有 12 身立佛,故此窟取名为"十二立佛窟"。窟内有以龟兹独特的菱形格形式描述的佛教因缘、本生故事,菱形格底色多运用佛青、石绿、白色和黑棕色等。和壁画人物相比,这些故事画中的人物为当时社会民众,体现长而炎热的西域夏季的风土人情特点。

第 184 窟壁画中人体姿势多样,为了表现佛教故事内容,艺术家在绘画方法上采用"一人多形",即同一个人物呈现不同的姿势。该窟乐舞图中乐器多达 20 种,其艺术风格呈现为成熟的、具有本土特征的"龟兹样式"。

第 189 窟《鹿野苑说法图》中的菩萨、比丘等听法者都侧身向佛,表情平静恬淡,双鹿抬首望佛,显出认真听法的神情。

衰落期代表洞窟为第 129 窟,开凿于约公元 8 世纪,位于谷内区,有前室和主室,前室呈平面方形,中间为道,通向主室。主室亦呈平面方形,有大型壁画,穹隆顶已不存,又名为"小穹隆顶窟"。主室穹隆顶为浮雕圆形,高出天顶壁面,圆形绘满天宫伎乐图,直径约 150 厘米,九身坐姿天人女像头部朝向中心环绕一周。每个天人头顶都有华盖。她们形象相仿,头略向左偏转,交脚坐。每一位天人坐姿呈三角形,形成上小下大之感。天人们有的弹奏龟兹乐器,有的双手合十祈祷,有的手捧舍利盒。

壁画风格为写意派，没有区分线条和晕染，在作画过程中艺术家已经将天人形象熟记于心，呈一气贯之，一笔呵成之妙。这种圆形穹顶伎乐天人壁画形式在库木吐喇石窟的新1、新2窟和第21窟体现得淋漓尽致，其中13尊伎乐、供养菩萨造像的艺术造诣和色彩格调更加成熟，是"龟兹样式"的壁画杰作。

学者任平山在《克孜尔石窟龛像的形式与象征》一文中对克孜尔佛像的特殊形制做了论述，他认为："可移动尊像安置入龛后，和龛壁绘制的佛光，以及其他壁画如菱格山峦、胁侍人物等，构成绘塑结合的景观。尽管如此，尊像并不固定于墙体。乃至尊像消失后，佛龛内仍存较完整的辅助性壁画。"[1]虽然这些雕像只留下密密麻麻、空洞的凹槽，我们只能联想圆雕佛像和悬塑泥像存在时的样貌，但是透过墙壁四周的壁画我们可以想象克孜尔石窟艺术的辉煌。除了可移动的佛像，须弥山作为其背景的主体，宛如天国佛土的象征，展现出一幅青绿山水的绝美画卷。山、水、花、树交错相映，营造出一种超然脱俗的境界，仿佛人间的繁华与尘世的喧嚣在此刻消散，只留下诗意盎然的山林胜境。这种独特的表现手法在我国石窟壁画中尤为珍贵，令人叹为观止。对须弥山的描绘数以万计，细致入微的树木则以10厘米的高度标起，有五六万棵之多。若将那些小巧玲珑的花草计算在内则难以计数，恰如"妙画十万山，巧绘十万树"的美誉。画工们运用各种技法，将灵山、翠鸟、细草、鲜花巧妙配置，诗情画意在壁上跃然呈现，仿佛每一笔都在诉说着天国的美好与宁静。动物画则分为两类，第一类为经图，源自佛经中的故事，如本生故事与因缘故事，展现了鸟兽与人（神）和谐共处的场景，传递着深邃的宗教寓意。第二类则是纯

---

[1] 任平山.克孜尔石窟龛像的形式与象征[J].美术学报，2023（1）：69-74.

装饰性的动物画，常见于主室券顶、两甬道顶部及后室顶部等不显眼之处。这里的鸟兽种类繁多，鸟类如孔雀、鹦鹉、蓝鹊、鸬鹚、白鹇、鹌鹑和竹鸡等十余种，兽类则有狮、虎、犬、豹、牛、羊、猴、鹿、马、兔、象、骆驼等数十种。这些生动的动物形象，宛如在壁面上欢快游弋，赋予了整个空间以生命与灵动，令人仿佛置身于一个充满生机与灵性的艺术殿堂。

克孜尔石窟壁画中的图案，广泛分布于中心柱形窟、毗诃罗窟、方形窟内，图案都巧妙地融入了空间的每一个角落，涵盖了前后室、中心柱、佛龛，以及拱券顶、平棋顶、穹隆顶和套斗顶等结构。这些图案不仅装饰了石窟的内部空间，也赋予了其深厚的宗教与文化内涵。现存的图案中，尽管有些已完全脱落，但仍可辨识出 50 余种独特的纹样，主要包括二方连续的屋檐形图案，日、月、雁组成的对称式图案，以及二方连续的四出忍冬图案等。这些图案形式以二方连续和四方连续的动植物纹样为主，既起到边框修饰的作用，又增强了整个空间的视觉层次感。从图案学的角度来看，动物纹样呈现出简洁而抽象的形态，体现了艺术家对形状的高度概括与提炼，传达出一种生动而富有象征意义的意境。相对而言，植物纹样则通过细致入微的写实装饰，展现了自然界的美丽与生命的繁荣。这种对比不仅丰富了视觉层次，也提升了墙壁的装饰性效果，形成了一种和谐统一的美学体验。整体而言，克孜尔石窟的图案不仅是艺术的体现，更是文化与信仰的交汇，反映了古代工匠对美的追求与对宗教理念的深刻理解。

第二节　东方艺术宝库——敦煌莫高窟

敦煌，位于甘肃省西北部，河西走廊的最西端，犹如一颗璀璨的明珠，闪耀在历史的长河中。越过阳关，便是神秘的西域，正如诗句所言，"西出阳关无故人"，这里土地广袤，气候干旱，却承载着无数游牧民族的故事与变迁。在汉代之前，敦煌是游牧民族的聚居地，乌孙人和月氏人均在此定居，他们在敦煌与祁连山一带活动，形成了独特的文化与经济体系。随着历史的演变与更替，秦朝末期，月氏人的势力迅速崛起，击败乌孙，迫使他们迁往天山以北。此时，匈奴人也在冒顿单于的领导下强势崛起，征服了月氏，敦煌乃至河西走廊再次成为匈奴人的活动区域，整个北方及西域都在他们的控制之下，严重威胁着汉王朝的统治。公元前121年，西汉军队在河西成功打败匈奴，河西走廊重新纳入西汉的统治版图。公元前111年，西汉在敦煌设郡，敦煌与酒泉、张掖、武威并称"河西四郡"。这一历史节点不仅标志着敦煌的政治地位得到提升，也为其后续的发展奠定了基础。敦煌，作为西域进入河西走廊的门户，成为一个军事重镇。在地理位置上，其如同一个交通要塞，成为中原与西域之间政治、经济与文化交流的中心。这里汇聚了不同民族的文化，成为多元文化的交融地。佛教的传播、丝绸之路的商贸活动，甚至各类文化艺术形式在此交汇，形成了独特的敦煌文化样式。历史的风云变幻，赋予了敦煌不可或缺的角色，使其成为东西方文明交流的重要桥梁。在这片土地上，历史的痕迹与文化的脉络交织成一幅绚丽的画卷，诉说着人类共同的文明故事。敦煌不仅是地理上的交会点，更是历史与文化的汇聚地，承载着千年流转的记忆与智慧。

敦煌石窟群包括莫高窟、西千佛洞、榆林窟、东千佛洞和肃北五个庙石窟等五处石窟群，现存洞窟共800多个，壁画6万平方米，帛画近千幅，彩塑3 000余身，写本文献5万多件及大量织染刺绣。从4世纪到14世纪，在长达一千多年中，敦煌石窟的营建历经北凉、北魏、西魏、北周、隋、唐、五代、宋、西夏、元等多个朝代,元代以后逐渐没落。敦煌石窟是世界上保存数量最多、时间延续最长、艺术水平最高的文化遗迹之一。敦煌石窟艺术包含古代建筑、雕塑、壁画三个部类,尤其是壁画艺术代表了我国古代石窟寺壁画的辉煌成就,它弥补了美术史中魏晋南北朝时期的史料。它不仅仅是佛教发展的结果,更证明了中国五千年历史长河中有翔实的史料真迹留存。

莫高窟位于敦煌宕泉河北出口冲开的鸣沙山最东麓的断崖上,崖面东向,南北长约2 000米,山高40至50米。石窟分南北两区,南区长约1 000米,北区长约700米,石窟现存有30多米高的大佛和小到不足1立方米的佛龛,形式多样,内容丰富,石窟排列分布在崖面五层,错落相间。现编号的492个洞窟中,保存有4.5万多平方米壁画、3 000多身彩塑和五座古代木构窟檐,其中保存有中国最早的唐代木构窟檐。所以,莫高窟是我国也是世界上现存建筑规模最大、佛教内容最丰富、修建延续时间最长的佛教艺术和历史文化宝库。

位于第156窟前室北壁的题记以及敦煌遗书中编号为P.3720的《莫高窟记》,是对修建莫高窟这一佛教历史事件最早的文字记录。这些珍贵的文献不仅见证了莫高窟的开创历程,也为我们了解这一文化瑰宝提供了重要的历史依据。建于公元698年,即唐武周圣历元年的《李君莫高窟佛龛碑》(又名《圣历碑》)上亦有建窟记载,碑云:"莫高窟者,厥初秦建元二年(366年),有沙门乐僔,戒行清虚,执心恬静。尝杖锡林野,行至此山,忽见金光,状有千佛,遂架空凿岩,造窟一龛。次有法良禅师,从东届此,又于僔师窟侧,更即营建。伽蓝之起,滥觞于二僧。复有刺史建平公、东阳王等,各修一大窟。而后合州黎庶,造作相仍。"敦煌文书P.2691《沙州城土境》记载:"从永和八(九)年癸丑岁初建窟,至今大汉乾佑(祐)二年乙酉岁,算得伍佰玖拾陆年记。"莫高窟开凿于前秦建元二年(366年)。继僧人乐僔和法良建寺修窟之后,竺法护、竺法乘等一批从事佛经翻译和修禅活动的高僧大德,特别是竺法乘,晚年带领弟子们从长安西返敦煌,长期集体坐居山林进行苦修。又《高僧传》卷十一记载,敦煌著名禅僧法献"少苦行,习禅定。后游江左"。公元668年,道世和尚编撰的佛教典籍《法苑珠林》在《敬佛事篇第一·北凉河西王沮渠蒙逊》中记述沮渠氏"敬佛"事迹:"今沙州东南三十里三危山,崖高二里,佛像二百八十,龛光亟发。"10世纪前期的敦煌文献S.3929《董保德功德颂》载:"爰自乐僔遥礼,法良起崇,君臣缔构而兴隆,道俗镌妆而信仰。"北魏、西魏、北周时期朝廷派到敦煌的统治者东阳王元荣、建平公于义亲自修建大窟,并组织社会各阶级力量大力营造莫高窟。自此敦煌地区佛事盛隆。

敦煌石窟发展历史可分成五个阶段:十六国北朝、隋朝、唐朝初期、唐朝中后期、五代西夏元代时期。敦煌石窟的发展历程反映了历史、宗教与艺术的深刻交融。从美术发展情况来看,敦煌石窟的五个阶段与敦煌佛教历史发展相关联,艺术风格发展也各有其自身的时代性和规律性。从十六国北朝时期开始,莫高窟的营建标志着佛教艺术在敦煌的兴起,随着时间的推移,石窟内的佛像和壁画逐渐丰富,展现出不同历史阶段的艺术风格与宗教信仰。在这一过程中,政治变迁与民族融合推动了艺术形式的多样化发展,尤其是在北朝时期,石窟的形制、雕刻技法与壁画题材不断创新,体现了当时社会对宗教的崇敬与对美的追求。每一个石窟不仅是宗教信仰的载体,更是历史文化的见证,它生动地记录着人们的精神世界与时代变迁。十六国北朝时期是莫高窟营建的第一个阶段,主要分为四期:

公元366—439年的十六国前秦至北凉、440—534年的北魏、535—556年的西魏、557—581年的北周。莫高窟北朝时期的石窟共36个,大部分位于南区,这些窟占据了南区崖壁较好的位置。莫高窟中最密集的区域有上下五层,北朝洞窟大部分位于二、三层。

第268、272和275洞窟被称为"北凉三窟",集中展现了十六国北凉时期独特的艺术风格与佛教小乘教义,三个石窟南北相连,各具特色,体现了这一时期佛教艺术的多样性与丰富性。

第268窟以其平棋顶结构,展现了一个四室组合的禅窟。中央为长方形大厅,后壁开设的小龛内供奉着一尊交脚菩萨泥彩塑像。早期的弥勒菩萨像,都取交脚倚坐之姿,这一坐姿是该时期雕像的鲜明特征。弥勒佛是释迦牟尼佛的继任者,将在未来娑婆世界降生成佛,此塑像蕴含了《弥勒下生经》《观弥勒菩萨上生兜率天经》等宗教教义。菩萨的塑像体魄强健,比例适中,神态自然,流露出恬静超俗的气质,表现出佛教的静谧与内省。窟顶装饰着连续的浮塑平棋图案,精美的工艺反映了工匠们高超的技艺与对细节的无尽追求。南北两侧壁各开设的两间小室,作为古代僧人禅修的空间,营造出浓厚的宗教氛围。这些小室不仅是冥想与修行的场所,更体现了西域克孜尔石窟和库木吐喇石窟中小乘佛教禅窟形制的传统,彰显了禅修"内观"文化的深邃内涵。在这个空间场域中,僧侣们通过静坐与冥想,与内心的宁静相融合,感受着超越尘世的智慧。

第275窟被誉为"牺牲窟",该窟呈梯形,两面坡顶,甬道通向纵长方形的主室,主室的盝顶设计巧妙。外楣为城阙形制,背光呈火焰纹,正壁为兜率天宫的弥勒菩萨圆雕造像,其像高达3.34米,是十六国北朝时期敦煌石窟中最高的塑像,佛身巨大,没有佛龛,这也是敦煌石窟中独特之例。南北壁的上部巧

● 莫高窟交脚弥勒菩萨

妙地开设了两个阙形龛和一个双树龛，双树龛中浮雕出一棵菩提树。其树冠部分向中央倾斜，优雅地取代了传统的龛帽，形成了一种独特的视觉效果，仿佛树木在静谧中低语。树干和枝叶的浮雕设计极具装饰性，细腻的纹理与生动的形态交相辉映，给人以强烈的艺术冲击。龛的两侧和上缘绘有火焰纹装饰，象征着灵性与觉悟的升腾。中央的双树之间留有一个空隙，恰如其分地形成了尖形龛顶，增添了整体的层次感和动感。随着佛教教义的不断本土化，这种双树龛的形制逐渐演变为一种固定的教义符号，承载着深厚的文化内涵与信仰，继续在艺术与宗教的交汇中绽放光彩。龛内分别塑有交脚弥勒菩萨与思惟菩萨，形成左右均衡的和谐布局。交脚弥勒菩萨头戴宝冠，冠上浮雕化佛，面容丰圆，神态恬静，仿佛在传达着内心的宁静与深邃的智慧。手作与愿印，上身半裸，束以羊肠裙，坐于狮子座上，象征着威严与慈悲的结合。其背后有头光与三角靠背的装饰，增强了塑像的庄重感。整体来看，塑像体魄强健，比例适中，神态自然，恬静超俗，完美体现了宗教艺术的深厚底蕴与工匠的高超技艺，令人心生敬仰之情。

　　西壁的菩萨塑像周围环绕着胁侍菩萨和供养菩萨壁画，菩萨双手合掌，恭敬而虔诚地跪坐于绚丽的莲花之上，仿佛一朵盛开的花朵在清晨的阳光中闪烁着宁静的光辉。她的上身赤裸，展现出一种自然的纯净与神圣；腰间系着轻盈的长裙，裙摆随风轻扬，宛如水波荡漾，增添了几分灵动之美。菩萨的头上披着宽大的巾帕，柔和的布料轻轻垂落，勾勒出她优雅的轮廓，仿佛在诉说着无尽的慈悲与智慧。此时的她似乎与天地融为一体，双手合掌的姿态不仅是对宇宙的敬仰，也传达出内心的平和。莲花下的每一片花瓣都在静默中见证着这份庄严与虔诚，菩萨的身影在这神圣的氛围中显得愈加圣洁，仿佛是世间所有美好的象征，带来无尽的祝福与安宁。南壁中部描绘了佛陀的传世故事，包括"太子四门出游"、"目睹生老病死的苦楚"和"决心出家修道"等情节，南壁下部则绘有供养菩萨及垂幔，彰显了信仰的虔诚。北壁中部则呈现了佛本生故事，诸如《毗楞竭梨王身钉千钉》《虔阇尼婆梨王剜身求法燃千灯》《尸毗王割肉贸鸽》《月光王施头》《快目王施眼》等，下部为供养菩萨及三角垂帐纹。画面中各幅间没有明显界线，一般是用一个或两个画面表现一个本生故事，大都选取该本生故事中最有代表性的情节来表现，并自成一个独立画面，内容多属施舍与布施，画面突出主要人物，构图简洁而紧凑，生动地传递出佛教的无私奉献与牺牲精神。壁下则描绘了男供养人，着当地多民族服饰，有汉装和胡汉混合装。供养人作一排，面部向佛，依次站立或行进，这种排列形式进一步增强了肃穆、庄严的宗教氛围。窟顶四坡上绘制的飞天和千佛，形成了向上的延伸感，象征着对天空与佛法的追求。这些洞窟不仅是艺术的展示，更是修行与信仰的场所，装饰与结构展现了北凉时期艺术家的创造力。通过对空间与光影的巧妙运用，营造出超越现实的神秘氛围。由于该窟绘制了数量众多的佛传故事和佛本生故事，因此被称为"牺牲窟"。

第272窟被称为"殿堂窟"，其内部平面呈方形，覆斗顶的设计使整个空间显得庄重而神圣，仿佛为信仰的交流提供了一个理想的场所。窟内构建了一个大型的说法场面，西壁中央开设的圆拱形龛内，泥彩塑坐佛端坐其中，头顶装饰着华丽的花树宝盖，展现出浓厚的西域艺术风格。窟顶中央的方形藻井，内有浮塑叠涩式井心，象征着佛法的源泉，散发出神秘的光辉。侧壁的壁画则明显分为三段，天宫伎乐的华美场景在上方展现，中间则是大面积的千佛，象征着无量的智慧与慈悲，底部则绘有精美的装饰纹样，增添了整体的层次感与视觉美感，左右壁的对称布局更显和谐与庄重。佛龛两侧的伎乐飞天数量众多，姿态各异，构成了该窟的一大特色。佛龛两侧各绘四排小菩萨，每排五身，生动地捕捉了供养菩萨的舞动瞬间，仿佛在诉说着信徒们对佛法的虔诚与热爱。供养菩萨的姿态多样，有的持花，有的徒手，或坐或跪于莲台之上，皆以舞蹈状展现出听佛说法时的欢欣鼓舞，热烈的氛围仿佛跨越了时空。特别值得一提的是，这40个小菩萨的舞姿各不相同，完美保留了古代40种舞蹈动作的精髓，展现了舞蹈艺术的多样性与生命力。然而，岁月的流逝使得人物身上的色彩与线条发生了微妙的变化，浅褐色线条逐渐加深，显得粗犷豪放，仿佛在诉说着历史的变迁和时光的印迹。

莫高窟北魏时期共有12个洞窟：第259、254、251、257、263、260、265、487、431、435、437、248窟。其中第254、251、257窟是典型的中心柱窟，第487窟为多室禅窟。北魏时期佛龛的形式渐渐形成一定的规范。中心柱窟一般都为四面开龛，浮雕出龛梁和龛柱装饰，龛梁的两端塑出龙首或其他兽首，龙回首向上，造型呈几何样式，尤其生动，而浮塑的龛柱也在柱头加束帛等装饰，这种动物装饰样式传承了金塔寺石窟中心柱窟的龙首样式，以龙首装饰龛柱是这一时期的特点。龛楣所绘的装饰图案趋于丰富，较多地绘制忍冬、莲花、化生及火焰纹。如第254窟中心柱正面的佛，龛梁的两端各有一个龙首，龛梁可看作是龙的身体。龛梁上部的中央绘出正从莲花中出来的化生形象，两侧绘翻卷的忍冬纹。龛楣的边缘绘火焰纹，这样的龛楣图案是北魏到西魏时期的流行形式。龛柱也是浮塑出来的，其上部仿佛是先用一块布覆盖然后用线扎住的样子，称为"束帛装饰"，这样的形式是北朝龛柱经常采用的。北魏的龛形基本上沿袭北凉时期的样式，这一时期的色彩风格也更加素雅简净，以蓝、紫、白等色彩为主。

第257窟形制独特，前部采用人字披顶，后部为平棋顶，中央矗立着一根塔柱，营造出庄严而神秘的氛围。柱子东向面开设了一座大龛，内塑倚坐佛说法像，传递着佛法的智慧与慈悲；而外侧雕刻着一尊天王像，象征着护法的力量与保护。南北向面各开阙形龛，龛内塑有菩萨像，展现出佛教信仰的丰富内涵。南侧开设的双树龛和北侧的圆券龛，均塑有禅定佛像，仿佛在引导信徒进入宁静的冥想境界。西面也开有圆券龛，龛内塑禅定佛像，进一步增强了空间的神圣感。窟顶的人字披椽间绘有莲花供养菩萨，后部平棋顶则装饰着莲花童子、飞天及忍冬图案，营造出一种灵动而祥和的氛围，让人仿佛置身于天界的美好之中。窟壁的壁画则分为三段：上部描绘天宫伎乐的华美场景，中部展现千佛与佛经故事，底部绘制药叉。药叉可变多形，呈丑陋状，此处却描绘为憨厚可爱的人形，《大唐西域记·迦毕试国》记载："其中多藏杂宝，其侧有铭，药叉守卫。有欲开发取中宝者，此药叉神变起异形，或作师子、或作蟒蛇、猛兽、毒虫，殊形震怒，以故无人敢得攻发。"西壁中段则生动地再现了本生故事《九色鹿王本生》和《须摩提女因缘》的情节，北壁中段前部绘有说法图，后部则描绘了《须摩提女因缘》的故事情节，展现了佛教故事的深邃与感人。南壁中段前部则是立佛的庄严形象，后部则以《沙弥守戒自杀》和《弊狗因缘》的故事为主题，特别是沙弥守戒的故事，以长卷式构图呈现，生动地描绘了沙弥出家、随师受戒、化缘求生、美女求爱的情节，直至沙弥自杀、焚化，造塔供养等，这一系列故事内容映射出"尔时世尊，殷勤赞叹持戒之人，护持禁戒，宁舍身命，终不毁犯"的宗教思想。在这一长卷中，山峦的轮廓巧妙地将画面自然分割成若干相对独立的小画面，每个小画面共同表现了故事的发展过程，赋予了这幅作品连环画的特质。这种长卷式构图不仅是敦煌最早的构图形式，也继承了汉代以来广为流行的艺术表现手法，如汉代的武梁祠、高台画像砖、酒泉市博物馆藏画像石等，均展现了横长形带状布局的美学。敦煌壁画的长卷式故事画，正体现了中国传统艺术形式对外来佛教艺术的成功改造，尤其是在山水景物的表现上，山峦与树木在画面中占据了重要位置，反映出中国独特的山水审美思想，赋予了作品更深的文化内涵与自然气息。

第 263 窟南壁的三佛说法图，是早期壁画中独一无二的杰作。画面中央三身立佛庄严屹立，象征着过去、现在与未来，展现出佛教时间观念的深邃与智慧。两侧各有一身胁侍菩萨，恭敬地陪伴着佛陀，进一步增强了画面的层次感与宗教氛围。上部两侧则各有一身飞天，轻盈飘逸，仿佛在空中翩翩起舞，表现出一种超凡脱俗的神圣气息。北魏洞窟的说法图展现了多样的表现手法，在中心柱及各壁中，配合彩塑的佛像，描绘出大量的菩萨与天人形象，营造出一种热烈而庄重的氛围。特别是北壁的鹿野苑说法图，佛像两侧的供养菩萨，皆以舞蹈姿态呈现，仿佛在为佛陀献上虔诚的礼赞。这些菩萨通常头戴三面宝冠，后方有光环，象征着尊贵与神圣。上身半裸，长裙随风飘动，项饰华美，臂饰精致，手腕上佩戴着手镯，飘带从双肩披下，形成了优雅动人的线条。另一类菩萨则没有头冠，上半身几乎没有装饰，仅以飘带环绕双臂，展现出一种简约而纯粹的美感。在印度，菩萨本身具有双重身份：一重是贵族，华丽的衣饰与丰富的装饰彰显其高贵地位；另一重是修行者，身着简单的袈裟，束发不戴头冠，体现出对物质的超脱与内心的追求。敦煌北魏壁画中不同服饰的菩萨，显然受到了印度及中亚文化的影响，展示了佛教艺术在传播过程中融合与演变的丰富性。这种多元的艺术表现，不仅是对宗教信仰的生动诠释，也是对文化交融的深刻反映。每一笔每一画，都蕴含着深厚的宗教情感与文化内涵，构成了一幅幅动人的历史画卷，展现了佛教艺术的博大精深与无尽魅力。

第 254 窟作为中心柱窟，其独特的建筑结构与丰富的艺术装饰令人叹为观止。前部的人字披顶设计，南北两端模仿汉式传统木构建筑形式，承托着精美的木质斗拱，东西两披上浮雕的椽子，生动地装饰着手持莲花与忍冬的天人图案，仿佛在诉说着天国的祥和与美好。石窟的后部为平顶，中央矗立着方形塔柱，连接着窟顶与地面，形成了空间的视觉焦点。中心柱四面开龛，东向面开设一大龛，内塑交脚弥勒佛像，佛像两侧原有的胁侍菩萨各二身，尽管现存一身破损，但依然可以感受到那种庄严与慈悲的气息。洞窟四壁的最上层，环绕着一周天宫伎乐图，色彩鲜艳，生动地再现了天界欢愉与吉祥的场景。中段则绘制了大量的千佛，旁边以榜题标明佛的名号，共计1235身，象征着佛教的普遍性与包容性。南北壁的西侧与中心柱相对的位置，各画有说法图，西壁中央则描绘了白衣佛说法图，在洞窟前部的南北壁中段，生动地绘制了本生故事与佛传故事，南壁前部阙形龛下的降魔变图，展现了佛陀面对魔障的坚定与勇气。紧邻其西侧的《摩诃萨埵舍身饲虎》的本生故事，深刻地传达了无私奉献的精神。北壁前部阙形龛下则绘制了大幅因缘故事图，如"难陀出家的因缘故事图"，西侧则是《尸毗王本生故事》，体现了因果法则的深邃。洞窟四壁所绘的千佛、说法图与故事画的下方，装饰着一条由方格纹、菱形纹等几何纹样与变形的莲花、缠枝忍冬纹等植物纹样交织而成的连续性装饰带，视觉效果和谐统一。在四壁最下层，即装饰带下方，绘有数身药叉像，增添了邪恶与威严、神秘的宗教氛围。洞窟东壁门上方开有一方形明窗，透出自然光线，门与窗的南北侧均画有千佛，象征着光明与智慧的普照。洞窟甬道北壁上，残存的隋代画说法图一铺，虽历经岁月，但仍能感受到那份宗教的虔诚与艺术的魅力。《尸毗王本生故事》中，尸毗王的形象以西域式画法呈现，身体略呈"S"形弯曲，展现出强健而富有力量的体态。其手与足的姿势流畅自然，体现了人体的完美比例。面部表情沉静而从容，传达出尸毗王内心的慈悲与宽容，细腻的动态与表情刻画揭示了人物内心深层的情感世界，堪称龟兹样式人物画的杰出代表。在菩萨与天人的表现上，身体与衣饰、飘带形成的流动感，超越了以人体真实性为主的中原式审美意识。北魏时期的菩萨形象通常上身半裸，仅以璎珞与披巾装饰，然而画家巧妙地避免了印度和西域风格中丰腴的造型，取而代之的是苗条、纤细、飘逸的形象。这种表现手法与汉画中女性的表现手法相似，展现出一种优雅而清新的美感。有些菩萨的头与身体比例达到1∶8甚至1∶9，身上的飘带则多呈"S"形，强调了姿态形式美的装饰倾向。这种表现手法已非单纯写实，而是追求一种视觉上的美感。菩萨身上与飘带顶端的尖角愈发尖锐，衣纹流畅而富有动感，营造出一种生动的视觉效果。线描多采用铁线描法，色彩上则以石青、石绿与土红巧妙搭配，形成强烈的视觉冲击力。北魏菩萨的造型特征明显，身体修长，头部微微低垂，腰部较细，立像通常朝一个方向挺立，双腿分开，姿态挺拔而自信。这种形象不仅展现了艺术家的高超技艺，更是对宗教信仰与人文精神的深刻理解和表达。整体而言，这种表现手法通过细腻的线条与色彩的运用，构建出一种超越现实的美感，反映出北魏艺术家在宗教题材中融入了丰富的文化内涵与审美追求，形成了独特的艺术风格，令人叹为观止。整体而言，第254窟壁画艺术不仅是佛教艺术的瑰宝，更是文化与信仰交融的见证，展现了古代艺术家对宗教信仰的深刻理解与表达。每一个画面、每一处细节，都蕴含着丰富的宗教哲学与人文情怀，构成了一幅幅动人的历史画卷。

在第251、254、260等窟内的中心柱壁面上，有影塑浮雕塑像。影塑是一种浮雕形式，略高于壁面，其通过人物造型和光影效果共同作用,形成一定的立体感。上面的天人或双手合十,或持花,或双手抱膝,姿态各异,散发出一种恬静而虔诚的气息。飞天的形象束发无冠,头顶光环,形成一种轻盈而神秘的氛围,仿佛在传递着天界的祥和与美好。第435、248窟的影塑浮雕则展现了更为丰富的艺术表现形式。在这些窟的正面上部中央,常见一佛二菩萨或二飞天的影塑,修筑者在此处不仅延续了胡跪天人的传统,更在特定的位置上增加了重要的宗教象征,体现出对佛教信仰的深刻理解与敬仰。第437窟的飞天形象则表现出飞动的姿态,动态感十足,飞天仿佛在空中翩翩起舞,展现出一种灵动而优雅的美感。从这些飞天的形态及服装样式上可以看出,其造型承袭了金塔寺石窟"V"形伎乐飞天的传统样式,同时又受到麦积山石窟和云冈石窟浮雕风格的影响。这些飞天的服饰流畅而富有层次感,衣袂飘扬,形成一种动态的视觉效果,仿佛在诉说着天界的欢愉与灵动。在第248窟、435窟、254窟和263窟等洞窟的人字披顶上,绘制着一个个轻盈飞动的飞天形象。这种装饰风格承袭了北凉的传统,在北魏时期逐渐形成了一种规范的形式。每个洞窟的四壁上部环绕着绘制的天宫伎乐,营造出一种神秘而又华丽的氛围。在这一时期,古乐演奏乐器也得到了极大的丰富。琵琶、箜篌、法螺、腰鼓、横笛、竖笛等乐器纷纷登场,尤其是琵琶与腰鼓等乐器,展现出多样化的形式与演奏技艺。琵琶的流畅音色与腰鼓的节奏感相得益彰,构成了古乐演奏中丰富的音响层次。这种音乐与视觉艺术的结合,不仅增强了宗教仪式的氛围,也为观者带来了身心的愉悦。飞天的动态与乐器的多样化共同营造出一种生动的场景,仿佛在诉说着天界的欢愉与人间的和谐。整体而言,这些艺术表现形式深刻反映了北魏时期文化的繁荣与多元,展现了艺术家在音乐、建筑与绘画等领域的卓越创造力与审美追求。

西魏第285窟主室呈覆斗顶形状，平面为方形，中央现存一座元代所建的方形坛台，显得庄重而神秘。洞窟正面中央开设一大型龛，内塑佛像，周围两侧各有一小龛，供奉着禅僧像，营造出一种宁静而肃穆的氛围。主室的南北壁各开四个小禅室，为僧侣们提供了坐禅修行的空间，体现了对修行生活的重视。窟顶中心的方井绘制了华盖式藻井，增添了空间的层次感与装饰性。四披上则绘制了中国传统神话中的诸神与佛教护法神形象，其中有摩尼宝珠、力士、飞天、雷公、乌获畏兽、伏羲、女娲等形象。画面中央为二力士共举莲花摩尼宝珠，宝珠两侧的伏羲、女娲均人首、人身、蛇尾，腹部各绘一圆轮，身着大袖袍服，披长巾，手持规、矩和墨斗。其两侧及下方绘乌获等各种形象。在这些形象之间，云朵、花朵点缀其间。画面于繁复中统一，装饰感极强，让观者在艺术世界中体会丰富的中原文化内涵与多元化的宗教信仰。四披下部环绕绘有36位禅僧在山间、草庐中坐禅的场景，周围则绘制着各种野兽及捕猎的场景，生动地展现了自然与人类的和谐共存。西壁龛外壁面上部绘制了诸天外道形象，包括日天、月天、诸星辰、摩醯首罗天、毗瑟纽天、鸠摩罗天、毗那夜迦天及供养菩萨等，题材内容沿袭克孜尔石窟的龟兹样式，展现了宇宙自然观的浩瀚与神秘。南壁上段通壁绘有11身持乐器的伎乐飞天。有的持乐器奏乐，悠扬的音符在空中回荡；有的则在空中撒下花瓣，宛如春风拂面，轻盈而灵动，均朝着石窟正壁的方向飞翔。他们的面相清瘦，额头宽广，颈部纤细，眉目间透出一股舒朗的气质，仿佛是超凡脱俗的存在。他们身材修长，姿态舒展，衣带在微风中飘扬，犹如云端的仙子，映衬出一种无拘无束的优雅。壁画色调清新明快，仿佛捕捉到了晨曦中的第一缕阳光，给人以宁静而又愉悦的视觉享受。线条秀劲洒脱，运笔疾速，流露出一种自然的韵律感,仿佛每一笔都在诉说着飞天的轻盈与灵动。其风格独特,典型的中原式"秀骨清像"飞天,既表现了艺术家的精湛技艺,又传达了对超然境界的向往与追求。飞天们不仅是艺术美的化身,更是向往极乐的象征,承载着人们对美好与和谐的向往。他们在空中翩翩起舞,仿佛在传递着佛教的智慧与慈悲,邀请着观者一同进入那宁静而神圣的境界。伎乐飞天不仅是视觉的盛宴,更是心灵的洗礼,展现出音乐与舞蹈的和谐美感,更展现了艺术与宗教交融的深刻内涵。南壁中段描绘的《五百强盗因缘》故事画,以长卷式连环画的构图展现了一系列生动的情节,长达6米,采用序列和收尾结合的叙事性绘画形式。这种结构实质上是闭合式的,绘画体系自身表现出深刻的含义,旨在讲述一个完整的故事。故事的主要人物围绕着一系列事件展开,形象生动,意在表现彼此的行为与反应。画面开头便展现了在自然风景之中,绿色的山峦背景下,强盗们手执利剑与盾牌,身着圆领长袖的胡服,形象饱满,充满戏剧张力,官兵则身着铠甲,坐骑全副武装,英勇无畏地与500个强盗展开激战,充分展现了北朝时期骑兵的装备与战斗场景,仿佛将观者带入了那个动荡的历史时代。随着画面的展开,观者可以看到官兵征剿、强盗被俘、国王审讯、挖眼放逐等一系列情节,生动地再现了强盗们在山中受苦的场景。而后,眼睛复明、佛陀说法、出家为僧、深山修行等情节则进一步深化了故事的内涵,体现了"放下屠刀,立地成佛"的思想。在这幅画作中,建筑物、山石、树木既分隔了画面,又成为联系全局的纽带,构建出一个完整而和谐的叙事空间。观者作为旁观者,无法成为画面的组成部分,但故事的叙述并不依赖于观者的参与,而是通过画面的构造与情节的发展,自然引导观者感受故事中蕴含的深刻哲理。这幅作品是对人性救赎与佛教教义的深刻反思。通过生动细腻的笔触,艺术家成功地将宗教思想与历史叙事融合,展现了佛教文化在社会变迁中的重要作用。整体而言,这幅叙事性绘画不仅带来视觉的享受,更带来心灵的启迪,传递着深远的哲学思考与人文关怀。禅室之间壁面自东向西绘制了《化跋提长者姊缘》《度恶牛缘》《沙弥守戒自杀缘》《婆罗门施身闻偈》等因缘故事画。这些故事画也同样采用了长卷连环画与单幅画的表现形式,情节与自然环境紧密结合,展现了佛教教义与日常生活的交融。忍冬花边巧妙地划分了上层故事画与下层药叉的界线,增添了画面的层次感与装饰性。最下段则生动地绘制了五身药叉,有的托举,有的挥臂跳跃,有的立掌运气,有的俯首练武,姿态各异,动作灵动,营造出一种充满活力与力量的氛围。这些药叉的形象不仅是艺术的表现,更是对护法神灵力量的崇拜与敬仰。画面中的情节生动,姿态多样,充分体现了艺术家的巧思妙想。每一幅画作都蕴含着深刻的寓意,传递着佛教的智慧与哲理。艺术家通过细腻的笔触与生动的构图,成功地将故事与人物情感融入自然环境之中,使得每个场景都仿佛在诉说着一个个动人的故事。这种结合不仅增强了故事的叙述性,也使得观者在欣赏艺术的同时,能够感受到佛教教义的深邃与广泛。通过对自然环境的描绘,艺术家巧妙地反映了人与自然的和谐关系,展现出一种超越时空的精神追求。整体而言,这些故事画不仅是视觉的享受,更带来心灵的洗礼,体现了佛教艺术在形式与内容上的高度统一与完美结合。

西魏时期的人物形象趋向于清瘦,佛像的袈裟也表现出飘逸的特征,衣纹贴体,呈现出"曹衣出水"的风格,佛像袈裟则呈双领下垂式,露出内里的僧祇支,内衣则有打结的带饰,带饰露在外,这是当时流行的"褒衣博带"式佛衣样式。这些细节不仅反映了时代的审美趣味,也展现了石窟艺术的演变与发展历程。窟内的发愿文题记，标注着"西魏大统四年"（538年）与"大统五年"（539年），这是莫高窟现存最早的洞窟纪年，是研究这一时期艺术与文化的重要依据。第285窟以其独特的艺术风格与丰富的宗教内涵，展现了西魏时期文化的繁荣与多元，成为佛教艺术史上的一颗璀璨明珠。

北周石窟：敦煌莫高窟保存北周石窟共14个，西千佛洞也保存了4个北周洞窟，五个庙石窟中也看到北周壁画残痕，北周时期出现了形制上规模较大的中心柱窟，影塑则多为千佛。有的洞窟在人字披两披画出横卷式故事画。

北周第428窟是一个大型的中心柱窟，也是莫高窟北朝时期最大的洞窟。据《李君莫高窟佛龛碑》记载，北周王室贵族建平公于义曾在莫高窟造一大窟，时间为公元565—576年其任瓜州刺史期间，学界推测第428窟即为当时于义主持开凿的窟。此窟中心柱四面佛两侧均以圣树菩提树来装饰，北周石窟的供养人像数量最多，仅第428窟就达1198身，其中僧尼占了相当大的比重，共有699身，世俗男女供养人499身。前部人字披顶，此窟壁画内容丰富多彩，四壁连环绘15铺说法图，包括降魔成道图、宝塔品、卢舍那法界人中像等，各面壁画如同一部生动的史诗。北壁绘有说法图15铺及降魔变等；西壁则展现金刚宝座塔、涅槃变、二佛并坐的庄严场景；南壁以说法图和卢舍那佛为主题；东壁则呈现出佛本生故事画，本生故事表达的是释迦牟尼佛得道前所做的众多慈悲之事。其中《萨埵太子舍身饲虎》和《须达拏广行布施》采用了三段横卷式的构图，巧妙地表现出连续的情节。《萨埵太子舍身饲虎》的故事共描绘了14个情节，构图设计新颖，画面叙事顺序清晰。整幅作品分三段式，从上至下呈"S"形走向。每个场景通过一座座平列的山峦巧妙地分隔开来，山峦、树木与房屋不仅是人物活动的场所，更因其背景的相连，使得一个个独立的故事情节交织在一起，形成了完整而连贯的长卷式画面。须达拏太子本生故事，描绘了叶波国太子须达拏乐善好施、有求必应的故事情节，这幅作品同样为上中下三段，从上至下呈"Z"形走向。这些故事画中的山峦造型简洁，红、蓝、黑等几种颜色交错排列，形成起伏的波状曲线，极富装饰性。这种装饰性的山峦与汉代画像石中的山峦相得益彰，展现了对汉代以来山水表现形式的继承与发展。通过人物行进的方向，巧妙地暗示着故事发展的顺序，而山水、树木则将一个个场景分隔开来。与此同时，起伏绵延的山峦又将这些故事情节紧密联系在一起，形成内容完整、构图均衡的长卷连环画，置身其中，观者仿佛被带入了一个生动的故事世界，感受到每一个情节的张力与情感，仿佛能听到萨埵太子为慈悲而牺牲的悲壮之声，感受到每一笔每一色所传递的深邃意蕴。整体而言，这不仅是视觉的享受，更带来心灵的启迪，展现了艺术家对人性与信仰的深刻思考。

　　南壁的卢舍那佛身着土红色的袈裟，衣袂飘逸，姿态端严，表情自然，嘴唇微启，仿佛在宣讲着深邃的佛教哲理。袈裟上细致地描绘了佛教的三界——欲界、色界与无色界，以及六道轮回的内容，生动地展现了人类的命运与精神世界。在画面的上部，坐佛与飞天相映生辉，象征着天道的庄严与祥和。胸前则画有须弥山，山巅上伫立着五座宫殿，各坐一位神祇，显得神秘而高远。山前的阿修罗，裸露上身，身着红色短裤，双臂高举，手托日月，仿佛在与宇宙的法则抗争，彰显出阿修罗道的力量。衣袖及腹部处的山峦勾勒出一幅生动的人间图景，山间点缀着许多房舍，人物或坐于房内，或立于房外，或在林间修行，或在田间耕作，或相拥而泣，或奏乐欢歌，描绘了人世间的爱欲与劳苦，深刻反映了人间道的复杂与多彩。这些场景如同生活的缩影，展现了人们在追求幸福过程中的点滴。次下方则是鸟、猴、马等各种动物，象征着畜生道的生灵，提醒着人们对生命的尊重与珍惜。而在衣裙下摆处，画有刀山，刀山之中六人裸体，举手投足，似在挣扎，痛苦的表情令人心痛。裸体的人象征着无奈与绝望的饿鬼道，而刀山则是地狱道的象征，传达出深重的因果法则与轮回的痛苦。整幅画作通过层次分明的构图与细腻的笔触，将佛教教义与人间百态融为一体，仿佛在引导观者思索生命的意义与轮回的真谛。每一笔每一色都充满了智慧与哲理，令人不禁沉浸于这幅艺术作品所传达的深刻内涵之中。

第 290 窟为一大型中心柱窟，四面塑像与壁画皆为北周时期所建，中心柱东向龛是一个大圆券龛，里面有一佛二弟子（阿难和迦叶），佛像着土红色通肩袈裟，质地厚重，衣角呈三角形，以阶梯式的手法塑出衣纹。龛外两侧有胁侍菩萨。龛柱上缠绕着浮塑的莲花枝叶，梁两端浮塑龙首。龛上方原有影塑千佛，龛下绘有一排供养人像，最底部是力士，奋力托举中心柱龛。在窟顶人字坡东、西两坡，以连续 6 个长卷画面，生动地描绘了 87 个场面的佛传故事，作品总长达 27.5 米，完整地呈现了释迦牟尼从诞生到涅槃成佛的全过程。这一作品不仅是北朝故事画的鸿篇巨制，更在敦煌壁画中独树一帜，成为石窟佛教艺术中的珍贵遗产。画面中，太子在宫中生活的情景栩栩如生，展现了古代宫廷的奢华与活力。太子与宫女们共同参与的相扑、箭射七鼓等活动，生动再现了古代宫廷乐舞的欢快场景，那悦耳的乐声与欢笑声仿佛至今回荡在耳畔。此外，画面中还有观耕的场景，农民们辛勤耕作，展现了丰收的希望与真实的生活。这些情景不仅展示了古代社会的多样生活，也体现了人们对幸福与安宁的向往。通过巧妙的构图与细腻的笔触，艺术家将宗教故事与世俗生活融为一体，形成了一个生动而和谐的画卷。每个场景都充满了细节与生机，仿佛在诉说着佛教教义与人间百态之间的深刻联系。这一系列画作不仅是对释迦牟尼一生的礼赞，更是对人类情感与生活的深切观察，令人感受到艺术与信仰交融的力量。

北周时期，龟兹样式的减少与中原样式的渗透，标志着艺术风格的重大转变，体现了对人体形态与空间的简化，使得作品在视觉上以一种更为直接而清晰的方式进行表达。扁平化的风格使得菩萨形象的轮廓更加鲜明，细节的减少反而突出了人物的精神气质。这种艺术手法强调了线条的流畅与形状的简洁，使得菩萨的神态与表情更加突出，传达出一种内敛而深邃的情感。菩萨形象的汉化过程，反映了艺术家对传统文化的吸收与再创造，展现了文化交融的丰富性。衣着服饰的简化不仅在于形式上的变化，更在于对人物精神内涵的深刻挖掘。简化的服饰使得菩萨的形象更加贴近民众，增强了其亲和力与可接近性。这种变化不仅使得菩萨形象更人性化，也反映了当时社会对宗教信仰的认同与向往。这一时期的艺术风格变迁，体现了文化交流与艺术发展的互动关系。中原样式的渗透使得菩萨形象在形式与内涵上都发生了变化，艺术家通过对传统元素的重新解读，创造出具有时代特征的新艺术语言。这种新艺术语言不仅丰富了佛教艺术的表现手法，也为后续的艺术发展奠定了基础。北周时期的菩萨形象带来艺术风格的演变，反映了文化交融、艺术创新与精神表达之间的复杂关系，展现出历史背景下艺术发展与时代审美相融合的多元化深度。"这个时代的所谓'中原风格'是在北魏后期由于孝文帝改革而接受了南朝方面的影响，以龙门石窟为中心的中原佛教艺术又传入敦煌。但在敦煌却并没有全面接受中原风格，而是在中原风格的影响下，艺术家们更大胆地采用了中国式的审美精神和艺术手法来表现佛教艺术。而敦煌本来就有着深厚的汉文化传统，因此敦煌艺术中的某些汉文化因素并不完全是因孝文帝改革以后由中原新传入的，而是本土特有的。"[1]敦煌研究院原院长樊锦诗在《中国敦煌壁画全集 3 北周》中撰文："北周的壁画较为写实，更注重刻画人物的内在气质，改变了从北魏晚期到西魏那种过分夸张以至矫揉造作的神态，给人以敦厚、稳重之感，这样的美学精神及表现方法，为隋唐壁画艺术那种质朴、雄强、生机勃勃的艺术气质开了先河。"[2]

第三节　早期麦积山石窟艺术崛起

麦积山位于丝绸之路的重要城市天水市东南 45 千米处，依偎在西秦岭的小陇山林海边缘。这里石山耸立，松林层叠，涧水潺潺，四季更迭，景色如诗如画，令人心旷神怡。然而，曾经这片美丽的土地却是兵家必争之地，历史的风云在此交汇，留下了无数英雄豪杰的传奇。如此宁静的外表下，隐藏着岁月的激荡与斗争的痕迹，仿佛在诉说着不同时代的故事。

学者李西民先生在《麦积山石窟史略及其雕塑源流》一文中讲道："天水历史悠久，经济文化发达，是丝绸之路东西往来和陕甘蜀道南北交汇的咽喉，历来为兵家相争之地，仅天水当地就有古文化遗址一百余处……它为传说中的伏羲、女娲氏之生地，并有卦台山遗址；周孝王时，因嬴非子为周王室牧马有功而封为秦地，秦始皇的祖先由此地发兴；汉代有隗器皇城遗

---

[1] 赵声良. 敦煌石窟艺术简史[M]. 北京：中国青年出版社，2015：103.
[2] 中国敦煌壁画全集编辑委员会. 中国敦煌壁画全集 3 北周[M]. 天津：天津人民美术出版社，2021：7.

址和汉忠烈纪将军祠，又是飞将军李广、营平侯赵充国的故里；三国时，有诸葛亮六出祁山的历史遗迹和渭水、街亭、木门道古战场；两晋南北朝时代，有杨氏仇池国故城遗址和麦积山、拉梢寺、千佛洞等石窟群和佛教胜地；到了唐朝，为李渊、李白、李思训祖居之地，杜甫的《秦州杂诗》也是他流寓此地时所作。"毋庸置疑，古代天水是中原文化的最早发祥地之一，就这一点我们可追溯到1958年发现的秦安大地湾遗址，遗址的出土表明中国最早的文明已在秦地生根发芽，遗址中发现的陶罐是古代先民所创造的艺术审美和文明之花的象征。如果说彩陶显示了古代先民对泥土的创造智慧，其制作技术也经历了从简到繁、从粗到精、从单一到成熟的风格发展过程，从而成为古代文明的重要表征，那么麦积山石窟艺术就是先民们对石头的创造智慧的显现。先秦人对于石、土、水、火、木的利用技艺精湛，在每一方面都体现了科学思维。除了石窟艺术，我们还可以从汉代石雕的艺术表现手法及特点看出它们之间在传统雕刻技术上的相互关联。今天，天水市伏羲庙、女娲祠、南郭寺、清水县赵充国墓、陇西县李氏宗祠、秦安大地湾遗址、甘谷县大像山及武山县水帘洞摩崖石刻等，伴随着流传至今的众多诗歌文学作品和石刻碑铭文献，生动地展现了古秦州辉煌而悠久的历史文化底蕴与人文情怀。《淮南子》和《史记》中提到的伏羲、女娲"生于成纪（天水）"的记载，昭示着神话故事与宗教传说在那个时代成为文化传播的重要载体，以口耳相传的方式在民间代代流传，深入人心。此外，天水地区出土的六七千年前的原始陶塑人像，更是雕塑艺术萌芽的有力证明。"羲皇故里"的美誉，正是这一切辉煌历史的真实写照，无法动摇。

宋本《方舆胜览》云："麦积山，后秦姚兴凿山而修，千龛万像，转崖为阁，乃秦州胜境。"早期石窟寺的开凿选址与佛教教义有密切联系，从丝绸之路上众多石窟寺的位置看，地理特点皆为两山相夹，间有水流，山多为石山，顺丝绸之路往西走，石质越疏松，伴有沙砾。四周山林茂密，宁静和谐，是僧侣们修行的僻静佳所。但麦积山并没有刻意追求"两山相夹，间有水流"这一意境，而是独选一山，且面向东西方向不同崖面凿龛开窟。因山质为石，便有了"水从天上来"的奇特景观，它是国内唯一一个采用独特山形以独立山体开窟的石窟寺，是中国魏晋南北朝时期造像保存最完整和最丰富的大型石窟遗址。其在窟龛形制、造像题材与风格、壁画内容与技法等方面充分融合当时各种外来文化艺术因素，为探讨和研究这一时期不同地域、不同国家和不同民族之间文化艺术的交流与互动提供了真实例证。同时，麦积山石窟也展示出魏晋时期石窟造像多元化的时代艺术特征。

麦积山自古为佛教圣地，是高僧大德隐修之所。《秦州天水郡麦积崖佛龛铭》载，"度杯远至，疏山凿洞"，杯度被认为是在麦积山隐修的第一位高僧，《高僧传》卷十《神异下》记载："杯度者，不知姓名，常乘木杯度水，因而为目。初见在冀州，不修细行，神力卓越，世莫测其由来。"除此之外，公元5世纪初，唐代沙门玄高也曾在此隐修。《高僧传》卷十一《释玄高传》载："高乃杖策西秦，隐居麦积山，山学百余人，崇其义训，禀其禅道。时有长安沙门释昙弘，秦地高僧，隐在此山，与高相会，以同业友善。"麦积山成为陇右著名的禅修之地。

麦积山海拔1742米，山势陡峭，宛如一座巨大的垂直屏障，令人心生敬畏。山的形态如同农家秋收后堆积的麦秆，因此得名"麦积山"。石窟巧妙地开凿于峭壁之上，高处的洞窟与地面之间可达六七十米，十余层洞窟重叠交错，以栈道相连，形成了独特的视觉盛景。麦积山的山体巍峨挺拔，所雕凿的石窟在

●麦积山第62窟正壁造像

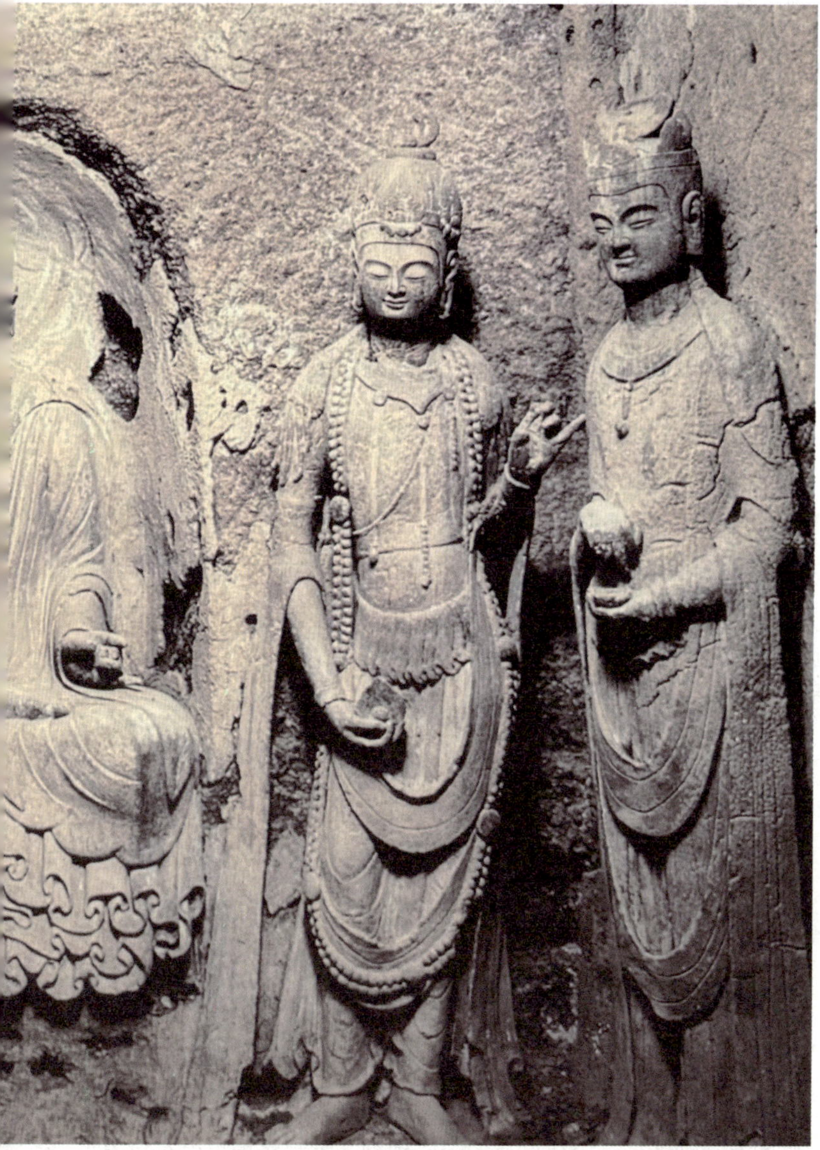

山巅，工程的艰难与险峻可见一斑。南宋嘉定十五年（1222年）刻《四川制置使司给田公据碑》，碑文上对麦积山的独特山形有很具体的描述："伏睹本寺，继传名相，历劫胜因，群山围绕，中间突起一峰，镌凿千龛，现垂万象。上下万仞，中有三泉，文殊、普贤、观音圣水，万民祈祷，无不感应。"可见当时皇家建窟工程量之浩大，难度之艰巨。宋《太平广记》载："青云之半，峭壁之间，镌石成佛，万龛千室，虽自人力，疑其神功。……六国共修，自平地积薪，至于岩巅，从上镌凿其龛室神像。功毕，旋拆薪而下，然后梯空架险而上。"石窟开凿于距山基三四十米至七八十米的悬崖绝壁之上，仿佛悬挂于空中，令人惊叹不已。往来其间，全凭临空的栈道，栈道蜿蜒曲折，交错于各层洞窟之间，宛如一条通往天际的灵动之路。然而，古时的工匠们并未被这险峻的环境所吓倒，他们巧妙地运用榫卯相接的方法，构建了木架构的梯子，形成了一张繁复而坚固的阶梯网，贯穿于整个麦积崖壁。这一切，既是对自然的挑战，也是人类智慧的结晶，展示了古代工匠的非凡技艺与勇气。

麦积山石窟是与敦煌、云冈、龙门、大足、克孜尔等石窟齐名的中国著名石窟，历经后秦、北魏、西魏、北周、隋、唐、五代、宋、元、明、清等十余个王朝，有长达1 400多年的开凿、营建和修缮历史。麦积山石窟以泥塑冠绝于世，被誉为"东方雕塑陈列馆"，被雕塑艺术家刘开渠先生赞誉为"我国历代的一个大雕塑馆"。

关于麦积山石窟的开凿时间和发展分期，我们可在学者魏文斌先生和孙纪元先生的文字中获知一二。魏文斌先生在《麦积山：历史、建筑、雕塑与文化交流》一文中对麦积山的开凿时间有详细考证：宋代以后的一些碑刻文献都将麦积山石窟的开凿指向5世纪初的后秦时期。位于东崖第3和第4窟之间崖面上刻有南宋绍兴二年（1132年）题记："麦积山阁胜迹，始建于姚秦，成于元魏，约七百年，四郡名显。……"南宋嘉定十五年（1222年）《四川制置使司给田公据碑》载："始自东晋起迹，敕赐无忧寺□□□给田供瞻，次七国重修，敕赐石岩寺，大隋敕赐净念寺，大唐敕赐应乾寺，圣朝大观元年于绝顶阿育王塔旁，地产灵芝三十八本，蒙秦州经略陶龙图具表进上，奉敕改赐瑞应寺。"南宋祝穆在《方舆胜览》卷六十九"天水军"条中载："麦积山在秦州东南百里，状如积麦，为秦地林泉之冠。姚秦时建瑞应寺，在山之后，姚兴凿山而修，千龛万象，转崖为阁，乃秦州胜景。"《麦积山开除常住地粮碑》载："按广舆记称，麦积山为秦地林泉之冠，其古迹系历代敕建者，有碑碣可考。自姚秦至今一千三百余年，香火不绝。"以上文献表明麦积山石窟的开凿当始于十六国后秦时期。[1] 学者孙纪元先生在《麦积山石窟雕塑艺术》一文中讲："东晋十六国时，沮渠蒙逊'据有凉土，三十余载'，天水之'乞伏炽磐跨有陇西，西接凉土'，北魏太武帝拓跋焘灭北凉之后'徙其国人于京邑，沙门佛事皆俱东，像教弥增'。……石窟内发现最早的题记，一处是第78窟佛坛下供养人画像中有'仇池镇'墨书题记，'仇池镇'建于北魏太平真君七年（446年）。……另一处是第115窟景明三年（502年）九月十五日施主张元伯发愿文一条，为麦积山石窟最早有纪年的题记。"孙纪元先生据此认为麦积山于东晋十六国时期开窟，石窟艺术发展于北魏文成帝拓跋濬复兴佛法前后。

　　麦积山石窟现存221个，雕塑造像多达1万余身，壁画覆盖面积约1 000平方米。整个石窟群由山体的东崖、西崖和王

---

[1] 魏文斌. 麦积山：历史、建筑、雕塑与文化交流[M]//《丝路之魂：敦煌、龟兹、麦积山石窟》编辑委员会. 丝路之魂：敦煌、龟兹、麦积山石窟. 成都：四川人民出版社，北京：商务印书馆，2018：266.

子洞三部分构成，其中西崖142个，东崖56个，而王子洞窟区则包含20个，另外还有3个残空窟。值得一提的是，第74、78窟为双窟，乃是麦积山最早的石窟之一。麦积山石窟的形制多样，北魏时期以方形、三壁二龛窟和三壁三龛窟为主流，而到了西魏时期，方形窟、横长方形窟、三壁三龛窟以及崖阁式窟纷纷流行开来。北周时期更是创新，出现了三壁一龛和三壁七龛的新形式。

《中国美术全集》所收入之麦积山石窟图录表明，魏晋南北朝时期开窟数量众多，占石窟总量的三分之二。北魏晚期又是麦积山开窟造像的一个高潮阶段，营建于这一时期的石窟有近60个，约占北魏石窟总数的三分之二。北魏前期代表洞窟为第51、74、78、165、90、100、128、144、148、80、70、71、77窟等。

第74、78窟开凿于前秦时期，窟内面积大，在窟龛三壁分别塑"三世佛"——"过去佛"迦叶佛、"现世佛"释迦牟尼佛和"未来佛"弥勒佛。主佛两侧塑胁侍菩萨。正壁主佛头顶饰水波纹高肉髻，呈殊胜相，表示智慧和圆满。眼目稍向外突出，鼻梁修直，薄唇，肩宽背直，大耳垂肩，面部棱角分明，双目平视前方，眉目中流露出庄严、肃穆的气质，右手作无畏印，左手作与愿印，手指间相连，身穿右肩袈裟，衣纹平直而贴体，采用排列整齐、深浅有别的阴刻线，有"曹衣出水"之风貌，两腿结跏而坐，形态庄重又不失自然，神情安详而不失威严，是早期佛塑像的典型特点。"过去佛"和"未来佛"相对而坐，头略微下低，目光俯视。整个洞窟内的造像体魄雄健，充满了粗犷的力量感，造型简洁，带有西域犍陀罗风格特征，是早期石窟中彩塑的杰作。

在艺术创作中，整体效果至关重要，作品的和谐与统一是其成功的标准。通过巧妙的设计，艺术家能够使每一个细节都与整体相辅相成，形成强烈的吸引力。发纹的设计尤为引人注目，规律的波纹如同流水般在雕塑的表面流转，赋予作品一种动态的生命感。这种流动感不仅提升了视觉上的美感，也让观者感受到艺术的活力。鼻部的处理则体现了几何体的抽象美，简化的形状使得雕塑更具理想化特征，符合魏晋时期的审美标准。艺术家通过"鼻高不见孔"的手法，强调了形式的纯粹与简约，展现出对美的深刻理解。手部的塑造同样值得关注，厚重而沉稳的设计使得整体效果更加突出。

北魏早期雕像在实与虚的处理上展现出独特的艺术风格，手部的简化使得头部更为细腻，人物性格得以鲜明展现。这种处理方式不仅增强了视觉上的层次感，也让作品更具表现力。菩萨的形象设计则巧妙地展示了女性的柔美，与佛的男性特征形成鲜明对比，增强了视觉上的对立与和谐。衣褶的阴刻线条如同流水般流动，展现出丝质面料的细腻与优雅，赋予雕塑一种轻盈感。为了突出佛的至高地位，雕塑家有意将两侧的菩萨身形设计得稍低，这种艺术表现手法不仅突出了主题，也让整个作品在视觉上更具层次感和深度。通过这些细致的设计与处理，艺术家成功地将情感与主题融入作品之中，形成了一种独特而深刻的艺术风格。

第 74 窟胁侍菩萨保存较完整，除彩绘部分剥落之外，塑像本身无损坏，手法细腻，做工精致，人物呈现女性化特点，身形修长，线条简练，塑像轮廓清晰优美，姿态生动自然，依然是"曹衣出水"的表现风格，人体与衣纹紧贴的感觉仅仅是通过简略的浅阴刻线实现。自佛像发展伊始，工匠们就异常注重头部刻画，对于身形及手势采用大手笔简化表现。因此，菩萨的女性内在主要表现在头部，其神态安详、平静、亲切、随和，脸上洋溢着幸福与美好。同样，第78窟主佛东侧的胁侍菩萨，面形方圆，眉骨突出，眼角细长，鼻梁高直，充满了西域风情。洞窟正壁左右两侧上面位置各开凿一个小龛，耳龛内分别塑交脚菩萨和思惟菩萨。交脚菩萨坐在束帛座之上，双腿在脚腕处交叉，双手在胸部相叠；思惟菩萨头偏于右侧，且以右手相托，同时右脚腕搭在左腿上，呈现出一种思考模式。窟内伎乐飞天采用独特的"薄肉塑"制作方法，人物身体与墙壁紧贴，飞动的裙摆和飘带似有清风吹拂，形态若隐若现，一派天上人间景象。诗意的美完全浸透在每一根极浅的阴刻线无尽地游走中、飘带的飞舞摆动中，以及圆融且饱满的皮肤的呼吸中。双窟均体现了中国北方少数民族朴实雄健的形象特征，发纹具有汉民族的装饰性，其禅定姿势也因民族化而由交脚式变换成盘腿式。半浮雕式的三身菩萨，作高发髻，袒身露臂，斜披的天衣络腋和羊肠大裙紧裹形体，这种近似裸体的流线造型其实就是对"曹衣出水"风格的完美体现。

可以说，麦积山石窟北魏前期的造型样式在"曹衣出水"风格的运用上达到高峰。完美、和谐、多样、统一，在动与静的线性表现与虚与实的体面转折之间体现得淋漓尽致。观者在感受到较浓的异国情调和西域味道的同时，又不时能找出汉民族传统文化的痕迹，有一种亲切之感。这两窟主佛脸型方圆饱满，眼大而长，面带微笑，体格健壮，地区性色彩浓烈，人物面貌已全部汉化，几何处理方法下棱角分明，但较之后成熟时期的作品还是略显生涩刻板，程式化严重，不够生动、自然、活泼。这也充分表明当时工匠们在制作过程中对佛的理解，即佛就是至高无上的，平凡渺小的人在佛面前必须承认佛的神圣。从另个侧面我们又能推断出，那时期的宗教是纯粹的、浓郁的，人们带着无上的敬仰匍匐于佛的脚下顶礼膜拜。但这一时期尤为出色的是衣纹与人体结构关系的处理，在刻画内在精神和运用流畅阴刻线来表现柔软、轻薄、丝绸般质感方面，其艺术手法达到了巅峰。

北朝晚期代表洞窟为第127、133、135、26、27、4窟。除了大量塑像，壁画内容也非常丰富，其中一些经变画和本生故事画保存相对完整，尤其是第127、135、26、27等窟的大型经变画，如西方净土变、维摩变、涅槃变、法华变等是国内石窟现存最早、最完整的大型经变画，对研究中国经变画的发展演变具有十分重要的价值。第133、135、127窟开凿于北魏晚期麦积山石窟西崖段，因其内部空间大，造像内容多，并称"西崖三大洞窟"。

第133窟开凿于北魏晚期，又称为"万佛洞"，由横长方形前室和两个纵长方形后室组成，整体呈"业"字形，窟内除顶部绘制壁画外，其余墙壁之上刻有数十排高不足10厘米、被称为影塑的小型浮雕坐佛，排列整齐划一，数量达万余，故而取名为"万佛洞"。窟内塑北魏彩塑小沙弥，现存麦积山数量最多的石质碑刻，其中千佛碑、佛传故事碑、造像碑等都是难得一见的碑刻精品，艺术价值极高。小沙弥造像高不足一米，面部方圆，额头宽阔饱满，五官聚焦于中下部，眼睛细长微眯，挺拔的鼻子和嘴唇成为最细致的刻画处，俨然一位年少稚子。他的面容憨厚，透着一丝童趣，他低头，垂目，侧耳，满心欢喜地会意微笑，似乎是在专心聆听佛陀的教诲，又似乎是听懂了佛法以后了然于胸，脸上流露出的喜悦与羞涩生动而真实。小沙弥身体造型简洁，身穿棉质微厚实的简便僧衣，前襟披挂于左手处，阴刻线雕刻衣纹，左手轻握衣角，姿态自然，情感饱满。小沙弥的会心一笑如同一缕温暖的阳光，照耀着每一位信众，带来了通往佛国净土的希望。这微笑承载着人们对安宁与美好生活的向往。小沙弥以其纯真的笑容向世界展现了东方的深邃与温柔。他的微笑如同一幅艺术画卷，蕴含着宗教的哲思，带来情感的共鸣，激发着人们对生命的反思与对未来的憧憬。在这静谧的石窟中，他的存在仿佛有一种永恒的力量，提醒着世人珍惜当下，追求内心的平和与喜悦。

第 135 窟又称为"天堂洞"，是麦积山西崖现存位置最高的洞窟，离地面高达 80 米。五代诗人王仁裕作诗《题麦积山天堂》描绘绝境之巅："蹑尽悬空万仞梯，等闲身共白云齐。檐前下视群山小，堂上平分落日低。绝顶路危人少到，古岩松健鹤频栖。天边为要留名姓，拂石殷勤身自题。"该窟门上部设有三个呈三角形的明窗，透过窗户洒入的光线为整个空间增添了一丝神秘的色彩。窟内共有 17 尊造像，正壁中央设有一座大龛，左右两侧各有一小龛，构成了和谐的整体布局。大龛内塑有一尊佛与两位菩萨，为北魏风格。佛像高达 1.23 米，顶上高肉髻，目光俯视，长方形的面庞显得庄重而威严。细颈削肩，双手施无畏、与愿印，尽管手指略有残缺，却依然传达出强烈的慈悲之情与强大的力量。外披的双领下垂袈裟，有温暖庇护之用。左右两侧的菩萨身高均为 1.38 米，体躯扁平，贴壁而塑，微微前倾的姿态似乎在专注地聆听佛法。菩萨的顶上束有扇形高髻，脖颈细长，肩头削窄，展现出优雅的姿态。前额宽广，两颊略显消瘦，肩部装饰着圆形饰物，增添了几分灵动。双目半睁，嘴唇轻启，微笑的神情中透出一丝虔诚，恭敬地表现出对佛法的专注与倾听。这种"秀骨清像"型造像，既体现了佛教艺术的深邃内涵，也展现了信仰所带来的宁静与美感，令人感受到一种超越尘世的灵性气息。窟室前部矗立着一尊佛与两位菩萨的石雕造像，佛像高达 1.9 米，雕刻自整块坚硬的岩石，石质细腻，工艺精美。主佛的头顶饰有漩涡纹高肉髻，面相长圆，显得庄重而慈祥。

他身披宽博的袈裟，袈裟上的衣纹雕刻流畅自如，仿佛在微风中轻轻摇曳。他赤足稳稳站立于仰覆莲台之上，展现出一种超然的气质。特别值得一提的是佛像双手的雕刻，工匠在此处独具匠心。左手施无畏印，手掌独立下垂，这在石雕过程中对受力的要求极为严格。为了应对这一挑战，工匠巧妙地在手掌背后和衣袖之间雕刻了一朵莲花，同时在拇指与食指之间雕刻了一个莲子。这不仅解决了雕刻的受力问题，更增添了装饰效果，使整尊佛像更显生动与灵动。

第 127 窟形制为覆斗形，呈横长方形的平面布局，帐形顶，为麦积山石窟中壁画最为丰富的洞窟之一。三壁各开一龛，供奉三尊佛像，其余壁面则被精美的壁画所覆盖，展现了佛教艺术的繁荣与多样性。壁面分别绘制西方净土变、维摩诘经变、涅槃经变、地狱变、睒子本生、十善十恶、帝释天出行、七佛等内容，体现了汉传佛教净土宗教义的广泛传播和信仰的深厚。这些壁画不仅是宗教故事的再现，更是信徒对教义的艺术表达。"西方净土变"是这一系列壁画中的核心，生动地描绘了阿弥陀佛端坐于佛座的庄严形象。左右的观世音菩萨与大势至菩萨则象征着慈悲与智慧，构成了净土宗教义的核心。廊下弟子呈八字形排列，形成了和谐的视觉结构，增强了画面的层次感与动态感。背景中的殿堂宝盖与阙楼对峙，象征着佛国的庄严与神圣。画面中大树参天，树下的"乐舞图"则展示了佛教文化中音乐与舞蹈的融合。两名乐伎手持木槌，奋力敲击鼓面，表现出一种欢快的氛围。中间的伎乐天人轻舒长袖，舞姿优美，展现了艺术家对动态美的把握。对各乐器的细致描绘，如箫、笙、筝等古典乐器，使得整个画面充满了生机与活力。众多弟子及信众虔诚面佛而立，体姿各异，展现了不同的情感与信仰体验。这种多样化的人物刻画，不仅体现了艺术家的观察力，也反映了信徒在宗教仪式中的投入与虔诚。每一个细节都传达出对佛教的敬仰与期盼，描绘了一个欢乐、祥和的佛国净土世界。这幅壁画不仅是视觉的盛宴，更是对佛教理想世界的生动描绘。它通过丰富的细节与生动的人物形象，讲述了一个关于信仰、和谐与幸福的极乐世界。北壁的《涅槃经变》以其长达 8 米的宏大尺寸，成为北魏时期最大的一幅涅槃经变画。画面中央，佛陀与两位菩萨在宝盖和圣树的映衬下，显得庄严而神圣。两侧壁面通过山石、河流和树木的分割，采用连环画的形式，生动地展示了《大般涅槃经》中的重要情节，如八王分舍利、荼毗入棺、众生结集举哀、临终说法、金棺起棺等，构成了一幅叙事丰富的宗教画卷，展现了涅槃的核心思想，表达了对佛陀的敬仰与追思。通过严谨的构图与独特的绘画技法，壁画体现出南北朝时期中国传统山水画"人大于山、水不容泛"的审美意境。艺术家将深厚的宗教内涵与生动的视觉表现相结合，使观者在欣赏美术的同时，感受到信仰的力量。"画面中，人物装束呈现出中西杂陈的风格，有的骑骆驼，有的乘轿舆"，展现了多样的文化交融。"宽袍大袖与胡服小冠"的对比，体现了历史的流动与文化的碰撞。"动静结合、错落有序的布局"，使整个画面生动而富有层次感，增强了叙事的张力。尤其在动物的描绘上，继承了汉代的绘画风格，表现出奔放与矫健，展现了艺术家的高超写实技艺。这种细腻的表现不仅增强了画面的生动性，也反映了艺术家对自然的观察与理解，赋予了画作以生命。在众多人物中，每个角色的姿态与表情都传达出不同的情感，形成了强烈的共鸣。无论是悲伤的举哀，还是虔诚的倾听，都让观者感受到那种历史与文化的交融。这种多样化的人物刻画，使画面更加生动。这幅涅槃经变图不仅是视觉艺术的展示，更是对佛教信仰与文化的真实再现。它通过丰富的情节与细致的人物描绘，讲述了一个关于生命、死亡与涅槃的故事，令人深思。这幅画作以其深厚的宗教内涵与精湛的艺术表现，成为麦积山石窟壁画艺术的瑰宝。[1] 西魏、北周以及隋代洞窟形制"帐形窟"成为主流，反映了汉代建筑室内的传统形制，如第15、141、4、12等洞窟。第1、2、3、4、5、43、44、49、28、29、30等石窟外部的崖阁建筑形式是北朝时期的仿木构建筑遗存。

第43窟俗称"魏后墓"，据推测为西魏文帝元宝炬的皇后乙弗氏的陵墓"寂陵"。形制为瘗窟，外观作附崖的仿木结构建筑三间，有单檐庑殿顶式殿堂，前檐三间四柱，檐柱内有廊，廊后凿一平面马蹄形穹隆顶敞口大龛。该窟为麦积山石窟中最特殊和最有代表性的西魏崖阁式建筑。建筑精工富丽，呈现出大型仿木结构的飞檐阁，内部供奉着皇后乙弗氏的塑像。此塑像可能为宋代重修，塑像呈结跏趺坐的姿态，施无畏印，造型精美，令人叹为观止。塑像的头部作右旋纹高肉髻，面型丰圆，眉目清秀，端庄典雅，嘴角微微上扬，被誉为"东方微笑"。这种微笑传递出一种温暖与和谐，展现了典型的秀美温润造像风格。衣裙层次分明，极富垂感，装饰强烈，继承并发展了北魏后期深阴刻线的艺术手法，衣纹则呈现流畅的水波状，既富于变化又舒畅自然，形成了动态的美感。塑像的面部特征，如前额变窄、眼小、鼻梁平直，显然是古代匠师根据当时世俗妇女的形象进行的刻画。这种细致的表现不仅反映了古代匠师对时代审美的把握，也体现了对女性形象的尊重与理解。另有说法认为，此塑像是完全按照文皇后的形象塑造的，赋予了她完美的形象，使后人得以怀念。这尊塑像不仅是视觉艺术的展示，更是对皇后品德的赞美与颂扬。它通过细腻的细节与生动的表

---

[1] 孙晓峰. 麦积山石窟北朝造像艺术源流浅析 [J]. 石河子大学学报（哲学社会科学版）. 2023, 37 (2): 93-100.

情，展现了一个宽厚仁慈、品德贤淑的皇后形象，让观者在欣赏之余，感受到一种深厚的文化与历史底蕴。皇后乙弗氏的形象，承载着人们对她宽厚仁慈、贤淑品德的纪念，体现了对女性美德的崇高追求。塑像的存在，不仅是一种信仰的表达，也是一种文化的传承。这座塑像以其精湛的艺术表现和深刻的文化内涵，彰显了对世俗美德的追求与尊重。"西魏塑像风格整体趋向于更为细腻，更为精致，造像工艺趋于成熟，塑像无论头或手、脚、衣裙等各个部位都展现出精湛的制作技艺且趋于完美。艺术处理继承前代经验基础上进一步完善，造像更为坚实，因此西魏无论是主佛或是弟子、菩萨都从现实生活当中汲取元素，人物形象与佛国世界已相距甚远。工匠们展现的完全是关于人的现实世界和内心世界。"[1]

第4窟，别称"散花楼"或"上七佛阁"，是北周时期（557—581年）秦州大都督李允信为其亡父祈福所建的"功德窟"。这座洞窟以其庞大的规模和独特的建筑风格，成为麦积山石窟艺术中的璀璨明珠。其形制为七间八柱的仿宫殿式庑殿顶崖阁建筑，体现了当时建筑工匠的高超技艺。这种设计在宋代建筑著作《营造法式》中被称为吴殿或五脊殿，旨在优化水道的疏通方式，反映出古代工匠对实用与美观的双重追求。洞窟的平面呈横长方形，规模宏伟，是麦积山石窟中最为壮观的一处。佛龛铭文《秦州天水郡麦积崖佛龛铭》详细记载了此窟的历史，使其成为麦积山诸窟中为数不多的明确见于史籍的杰出代表。这不仅是对宗教信仰的表达，更是对历史的铭刻，承载着深厚的文化底蕴。在这座宏伟的洞窟内，原本有八根柱子，但如今仅存两柱，柱与柱之间形成了七个佛龛。每个龛内的墙壁上雕

---

[1] 李娜.试论麦积山石窟早期塑像的语言元素及其内在意蕴[D].兰州：西北师范大学，2011.

刻着"天龙八部[1]"护法,现存的七部护法以其威严的姿态守护着这片神圣的空间。这些护法的形象不仅展现了精湛的雕刻技艺,而且象征着佛教的保护与庇佑。

  第4窟不仅是一个宗教场所,更是信仰与艺术交融的空间。每一尊护法、每一根柱子都承载着信徒虔诚的期盼,形成了一种生动的宗教叙事。艺术学和视觉艺术的视角则揭示了其在形式与内容上的和谐统一,宏伟的庙宇与细致的雕刻共同营造出一种庄严而神圣的氛围。第4窟现存842身塑像,其中包括757身影塑小佛像、8身浮雕塑像和77身圆雕塑像。这些雕塑不仅数量庞大,且艺术表现形式多样,展现了北周时期石窟艺术的辉煌成就。尤其值得一提的是,飞天形象的"薄肉塑"与壁画的完美结合,使得此窟在中国石窟艺术中独树一帜。"薄肉塑"是一种创新的浅浮雕艺术形式,它将雕塑与绘画相结合,以达到既有雕塑感又具有人物飘逸特点的视觉效果。飞天的面部、手脚等裸露部分,均用一层薄泥精心雕塑而成,微微凸起于画面之上,形成了生动的立体感。而其余部分则通过精美的彩绘呈现,形成了鲜明的对比,增强了整体的视觉冲击力。这种技法不仅体现了艺术家的高超技艺,也反映了对宗教信仰的深刻理解。飞天形象常常被视为佛教的守护者与使者,象征着灵魂的升华与超越。飞天的姿态优雅,动态十足,仿佛在空中翩翩起舞,传递着一种超脱世俗的灵性之美。其面部与手部采用"薄肉塑",展现出细腻的质感与生动的表情,而身体与飘带部分的壁画则以丰富的色彩与流畅的线条加以表现,营造出一种动感与韵律。立体的形象还使整个画面更具层次感,吸引观者的目光,带来深刻的视觉体验。飞天"薄肉塑"的艺术创造

---

[1] 八部:佛教守护神,包括一天众、二龙众、三夜叉、四乾闼婆、五阿修罗、六迦楼罗、七紧那罗、八摩呼罗伽。

融合了多种艺术元素，既有传统的中国绘画平面性要旨，又吸收外来艺术立体凹凸造型的元素，形成了独特的美学风格。这种多元化的艺术表现形式，反映了历史时期文化交流的丰富性与复杂性。飞天的形象不仅是视觉的享受，更是情感与精神的表达。它在历史的长河中，成了人们追求美与信仰的象征，激发着观者的想象与思考。飞天形象通过"薄肉塑"与壁画的结合，生动地诠释了古代艺术家对生命、信仰与美的深刻理解，成了文化传承与人类精神追求的永恒象征。回廊两侧的耳龛下各塑一尊金刚力士像，均为宋代泥彩塑作品。金刚力士在佛教中作为佛的侍卫，护持正法，利益众生。源于印度的金刚力士在传入中国后形象逐渐演变，直到唐代形成固定样式。左侧的力士身高4米，体态健壮，双唇紧抿，上身赤裸，下身穿短裙，展现出强烈的力量感。他紧握双拳，肌肉粗犷有力，细腻的天衣与雕塑的肌肉形成鲜明对比。短裙上有细致的金粉装饰，腹部肌肉夸张而生动，体现了古人对人体结构的深刻理解。金刚力士的姿态稳健，展现出一种动态的力量感，他既是佛教的护法神，也是民间生活的守护者，融合了宗教情感与世俗愿望。

麦积山石窟，作为中国佛教艺术的瑰宝，蕴藏着丰富的历史与文化，其展现了中国传统雕塑技艺与外来艺术的完美融合。犍陀罗和秣菟罗风格，作为外来艺术风格的重要代表，深刻影响了北魏早期的塑像创作。犍陀罗风格源自古印度，以细致的雕刻和生动的表现而著称，常用于佛教塑像的制作；而秣菟罗风格则更注重装饰性与线条的流畅。这两种风格在北魏时期的塑像中得到了巧妙的承袭，尤其在造型与面部表情的处理上，展现出一种独特的和谐美感。

曹衣描，亦称"曹家样"或"曹衣出水"，是中国绘画中独特的造型风格，其起源可追溯至古代波斯艺术。随着佛教的传播，这一风格在中原地区发展成熟，成为雕塑艺术的重要表现手法。曹衣描以线条为主，强调形体轮廓与动态，形成了鲜明的线性美学。这种风格在魏晋时期广泛流行，深刻影响了后来的隋唐佛教绘画，使得中国传统艺术在吸收外来元素的同时，保持了自身的独特性。古代波斯艺术因长期受古希腊的影响，形成了独特的细密画艺术语言。波斯的细密画与线描技法为曹衣描的发展提供了丰富的源泉，展示了东西方艺术的互动与交融。

凹凸法作为古希腊雕塑艺术中的一种重要技法，通过精妙的凹凸处理，使人物形象更加立体真实，富有生动气韵。佛教艺术在传入中国的过程中，为中国传统的"以线造型"艺术法则增添了新的内涵。北朝时期的塑像，体现了对人体美与人性美的深刻理解，反映了宗教与艺术的紧密结合。

麦积山石窟北魏早期的塑像，不仅是宗教信仰的具象表达，更是人对自身身体认识的艺术表现。这些塑像在体格、肌肤、身姿和神采等方面，充满了感动人心的力量，展现了古代匠师对人体美的深刻洞察。其在细节处理上极为讲究，骨骼的阳刚之气与肢体的阴柔之美和谐交融，形成了一个整体，赋予塑像以生命的气息。如第123、121窟西魏时期的弟子塑像多以现世人物为蓝本，尤其是十五六岁的少年形象。这种现实主义的表现手法，使得塑像在艺术上更具生动性与真实感，超越了单纯的宗教象征。第43窟"寂陵"中皇后乙弗氏的塑像在展现女性美的同时，创造出了栩栩如生的现实人物形象，彰显了古代艺术家对女性形象的尊重与理解。这种超然于宗教的表现形式，使得塑像在艺术史上占据了重要的地位。

麦积山北魏早期塑像艺术是外来与传统风格交融的典范，通过对犍陀罗、秣菟罗风格的承袭与对曹衣描的发展应用，北魏塑像不仅展示了宗教信仰的深厚内涵，也深刻反映了对人性与美的追求,成为中国艺术史上一道绚丽的风景。

第四节 皇家寺院的兴起——云冈石窟

云冈石窟,坐落于山西省大同市西 16 千米的十里河北岸,它绵延约 1 千米,沿着北山的轮廓,开凿出大小不一的洞窟,窟群的西侧,约 3 千米外,便是吴官屯石窟,继续向西约 15 千米,则是焦山石窟。这一系列的石窟,构成了一条长达 15 余千米的佛教艺术长廊,展示了中国古代雕刻艺术的辉煌成就。云冈石窟始建于北魏文成帝时期,历史悠久,见证了公元 5 世纪至 6 世纪间中国佛教石刻艺术的巅峰。这里现存主要石窟 45 个,千余个小龛,雕刻着超过 5 万尊栩栩如生的佛像,每一尊雕像都蕴含着深厚的宗教信仰与艺术造诣,仿佛在诉说着千年的故事。在十六国北朝之际,北魏的国都平城即今天的大同,成了佛教文化传播的重要中心。据《魏书·帝纪》记载,太武帝拓跋焘于公元 439 年灭十六国最后一个国家北凉后,开始营建宫室,建立宗庙,社稷之地焕发出新的生机。随着佛教信仰者的增多,各地的沙门纷纷东来,带来了丰富的宗教思想与艺术风格。这种文化的交融与碰撞,不仅推动了佛教艺术的繁荣,更催生了云冈石窟这一举世闻名的艺术瑰宝。在这里,山川与人文交织,雕刻与信仰相融,云冈石窟不仅是中国四大石窟之一,更是古代佛教石窟艺术的杰出代表,承载着信仰与艺术的元素,成为后人瞻仰与研究的圣地。每当阳光洒落在这些古老的石窟上,细腻的雕刻在光影中闪烁,仿佛在向世人诉说着那段辉煌而神秘的历史。

云冈,古称"武州塞"或"武州(周)山",在历史的长河中承载着重要的地理与文化意义。武州川(今十里河)从西方蜿蜒而来，穿过两座巍峨的山脉，最终在东侧的山口处奔腾而出，这条河流不仅是大自然的杰作，更是古代人类活动的见证。云冈的地理位置尤为重要，在那个战火纷飞的时代，武州塞不仅是商旅往来的通道，更是兵员调动与战略部署的关键所在。沿着这条河流，商队的马车载着货物，士兵们则整装待发，准备迎接未知的挑战。两山之间的景色壮丽，河水清澈见底，映衬着青山的巍峨与苍翠。这里曾是历史的交汇点，见证了无数英雄的故事与传奇。

云冈不仅是地理上的重要节点，更是文化交流的桥梁。汉人与匈奴人在此交锋、交易，文化的碰撞与融合在这片土地上悄然发生。山川的呼唤与河流的低语，见证着历史的变迁与人们的奋斗，这里成了后人追寻的历史印记。北魏郦道元《水经注》卷十三《㶟水》记："《庄子》曰：雅，贾矣。马融亦曰：贾，乌也。又按《瑞应图》，有三足乌、赤乌、白乌之名，而无记于此乌，故书其异耳。自恒山已北，并有此矣。其水又东北流注武州川水。武州川水又东南流，水侧有石祇洹舍并诸窟室，比丘尼所居也。其水又东转径灵岩南，凿石开山，因岩结构，真容巨壮，世法所希。山堂水殿，烟寺相望，林渊锦镜，缀目新眺。川水又东南流出山，《魏土地记》曰：平城西三十里武州塞口者也。自山口枝渠东出入苑，溉诸园池苑。有洛阳殿，殿北有宫馆。一水自枝渠南流东南出，火山水注之，水发火山东溪，东北流出山，山有石炭，火之，热同樵炭也。又东注武州川，径平城县南，东流注如浑水。又南流径班氏县故城东，王莽之班副也。""然京邑帝里，佛法丰盛，神图妙塔，桀峙相望，法轮东转，兹为上矣。其水自北苑南出，历京城内，河干两湄，太和十年累石结岸。夹塘之上，杂树交荫。郭南结两石桥，横水为梁。又南径藉田及药圃西、明堂东，明堂上圆下方，四周十二户九室,而不为重隅也。室外柱内,绮井之下,施机轮,饰缥碧,仰象天状,画北道之宿焉,盖天也。每月随斗所建之辰,转应天道,此之异古也。加灵台于其上,下则引水为辟雍,水侧结石为塘,事准古制,是太和中之所经建也。如浑水又南与武州川水会,水出县西南山下,二源翼导,俱发一山,东北流,合成一川,北流径武州县故城西,王莽之桓州也。又东北,右合黄水,水西出黄阜下,东北流,圣山之水注焉,水出西山,东流注于黄水。黄水又东注武州川,又东历故亭北,右合火山西溪水,水导源火山,西北流,山上有火井,南北六七十步,广减尺许,源深不见底,炎势上升,常若微雷发响,以草爨之,则烟腾火发。"由此可知云冈武州山佛法盛况,开窟造像盛极一时。此地也是北魏旧都盛乐(位于今内蒙古和林格尔县西北)与平城之间的官驿要道,也是北魏皇室行宫。

《史记·匈奴列传》一百一十卷记:"匈奴自单于以下皆亲汉,往来长城下。汉使马邑下人聂翁壹奸兰出物与匈奴交,详为卖马邑城以诱单于。单于信之,而贪马邑财物,乃以十万骑入武州塞。"所以"武州塞"从汉代起,就是北方边防的要塞。《魏书·高祖纪》载:"秋七月辛亥,行幸火山。壬子,改作东明观。诏会京师耆老,赐锦彩、衣服、几杖、稻米、蜜、面,复家人不徭役。悉万斤国遣使朝贡。闰月丁亥,幸虎圈,亲录囚徒,轻者皆免之。壬辰,顿丘王李钟葵有罪,赐死。萧道成角城戍主请举城内属。八月丁酉,诏徐州刺史、假梁郡王嘉赴接之。又遣平南将军郎大檀三将出朐城,将军白吐头二将出海西,将军元泰二将出连口,将军封匹三将出角城,镇南将军贺罗出下蔡。甲辰,幸方山。戊申,幸武州山石窟寺。"又记"夏四月丙寅,蠕蠕国遣使朝贡。丁卯,幸白登山。壬申,幸崞山。乐安王良薨。诏复前东郡王陆定国官爵。五月乙酉,车驾祈雨于武州山,俄而澍雨大洽。蠕蠕国遣使朝贡"。《魏书·礼志》记:"太宗永兴三年(411年)三月,帝祷于武周、车轮二山。初清河王绍有宠于太祖,性凶悍,帝每以义责之,弗从。帝惧其变,乃于山上祈福于天地神祇。及即位坛兆后,因以为常祀,岁一祭,牲用牛,帝皆亲之。"北魏显祖和高祖曾六次行幸武州山,其中四次专去武州山石窟。另外两次分别是去北苑中的鹿野苑石窟和方山,所以说武州山是北魏拓跋氏皇室的佛教"灵山"。

关于云冈石窟的开凿历史,《魏书·释老志》中有详细的记述:"和平初,师贤卒。昙曜代之,更名沙门统。初,昙曜以复佛法之明年,自中山被命赴京,值帝出,见于路,御马前衔曜衣,时以为马识善人。帝后奉以师礼。昙曜白帝,于京城西武州塞,凿山石壁,开窟五所,镌建佛像各一。高者七十尺,次六十尺,雕饰奇伟,冠于一世。昙曜奏:平齐户及诸民,有能岁输谷六十斛入僧曹者,即为'僧祇户',粟为'僧祇粟',至于俭岁,赈给饥民。又请民犯重罪及官奴以为'佛图户',以供诸寺扫洒,岁兼营田输粟。高宗并许之。于是僧祇户、粟及寺户,遍于州镇矣。昙曜又与天竺沙门常那邪舍等,译出新经十四部。又有沙门道进、僧超、法存等,并有名于时,演唱诸异。"《续高僧传》载:"昙曜,北魏僧。籍贯、生卒年均不详。年少出家,原在凉州修习禅业,为太子拓跋晃所礼重。北魏太武帝废佛教,北地经像零落,佛事断歇,沙门多还俗,师独坚固道心,俨然持守其身。太子再三亲加劝喻,仍密持法服器物,不暂离身,闻者叹重之。"

昙曜五窟,又称"皇帝洞",因内部雕刻有五位北魏皇帝的像而得名。研究者多根据《魏书·释老志》所记北魏佛教有天子即是当今如来的传统,以及文成帝即位后所造石像"令如帝身。既成,颜上足下各有黑石,冥同帝体上下黑子"的敕令,推测昙曜五窟的大佛像为仿效北魏五位皇帝的形象而造。昙曜五窟洞窟主像"按昭穆制辈次排列规则和次序,太祖居中,左昭右穆,父昭子穆,那么第 20 窟对应的是太武帝（408—452 年,北魏第三位皇帝）,第 19 窟对应太祖道武帝（371—409 年,北魏开国皇帝）,第 18 窟对应明元帝（392—423 年,北魏第二位皇帝）,第 17 窟对应未继位就夭折了的景穆帝（428—451 年）,第 16 窟对应当朝的文成帝（440—465 年）,其中第 16 窟最初应设计在第 20 窟的西侧,即今第 21 窟位置,由于那里的石质出现了问题,开凿大窟一事不堪胜任,无奈改到现址。第 16 窟也因此成为五窟中完工最晚的洞窟"[1]。云冈石窟大规模开凿巨型佛像,这一工程耗费巨资,反映了统治阶级对心理安慰的迫切需求,导致了社会矛盾的加剧。太和十八年（494 年）孝文帝迁都洛阳,云冈石窟的皇家开窟结束。

　　按照开凿时间和发展云冈石窟可分为三期：第一期为文成帝复兴佛教,始建石窟,代表窟为昙曜五窟,即第 16、17、18、19 和 20 窟。第二期为太和十八年孝文帝迁都洛阳前,此时佛教最盛,代表石窟为第 7、8 窟,第 9、10 窟,第 5、6 窟,第 1、2、3 窟,第 11、12、13 窟,其中第 3 窟为云冈最大的石窟。第三期为孝文帝迁都洛阳以后,这一时期均为贵族和平民建造的小窟龛。昙曜五窟以马蹄形平面布局,穹隆顶的设计不仅美观,更蕴含着力学原理,展现出卓越的抗压能力。每个石窟皆设有一扇明窗,位于顶部,门则在下方,形成了独特的空间层次感。外壁刻满了千佛,象征着佛教的普遍性与包容性。穹隆的构造灵感源自鲜卑游牧民族的毡房,其既体现了民族文化的传承,又在功能上实现了对自然环境的适应与利用。这种

---

[1] 赵昆雨. 不可错过的云冈 [M]. 南京：江苏凤凰美术出版社, 2022：208-209.

设计不仅增强了石窟的稳定性，而且使得内部空间更加宽敞明亮，营造出一种庄严、神圣的氛围。五座主佛像高达 10 米以上，堪称巨佛，巍峨耸立，令人心生敬畏。尤其在第 20 窟内，主佛像身后的墙壁上凿有低窄的隧道，体现了武威天梯山大像窟"凉州样式"和新疆克孜尔大像窟"龟兹样式"的造型特点与工艺。这两种形制在空间布局与光线引导上达到完美的和谐，既满足了宗教仪式的需求，又提升了整体的设计美感。

第 18 窟主尊立佛高 15.5 米，佛像昂首站立，身躯雄壮，气势宏伟。佛像右臂下垂，手已崩毁，左手挽衣襟置于胸前，手足缦相。最为奇特的是外衣袈裟上石刻有浮雕千佛，佛手中呈花瓣状的衣端上面纵向雕刻了坐长茎莲的化生像。此一身披千佛袈裟的佛雕像是国内唯一一例。刘宋元嘉年昙摩蜜多所译《佛说观普贤菩萨行法经》中载："释迦牟尼佛，举身毛孔，放金色光，一一光中，有百亿化佛。诸分身佛，放眉间白毫大人相光，其光流入释迦牟尼佛顶。见此相时，分身诸佛一切毛孔，出金色光，一一光中，复有恒河沙微尘数化佛。"主立佛的两侧各有一位胁侍菩萨，宛如忠诚的护法，静静守护着佛陀的庄严。菩萨头戴莲花纹三珠冠，象征着纯洁与智慧，冠下束发垂肩，流露出一种优雅而恬静的气质。其眉眼细长清秀，鼻翼俏媚，薄唇含笑，仿佛在向世人传递着慈悲与宁静的气息。在菩萨立像的外侧，东西两壁各雕刻着一个胁侍立佛，双双相对，形成了和谐的空间对称。胁侍佛的头顶上方均罩有华盖，其上雕刻的一个个小方格竟然都镌刻着各色飞天的飞舞细节，立佛赤脚踩踏莲座，显得更加高贵与神圣。这种设计不仅体现了工匠的精湛技艺，更在视觉上营造出一种超凡脱俗的意境。主佛的后壁环绕着释迦牟尼佛的十大弟子像，采用薄肉塑浅浮雕手法，展现出独特的艺术风格。弟子们的头部呈现出立体感，生动而富有表情,而身体则巧妙地融入石壁,仿佛与自然融为一体,体现了艺术家对空间与形态的深刻理解。窟门内是雕刻千佛的壁画和小龛,小龛内双佛并坐,这种场景依据《法华经》中释迦牟尼讲经说法的场景。该窟的明窗大于窟门,主佛的面容正对着明窗,阳光透过窗棂洒入,仿佛为佛陀披上了一层神圣的光辉。这种方位学的考量,不仅引导了光线进入,更使得信徒在朝拜时能够感受到佛陀的庇佑与启迪。第 18 窟以其精美的佛衣千佛雕刻和巧妙的空间布局,体现大乘佛教早期的五方佛之一东方阿閦佛信仰。

第 19 窟以释迦牟尼坐像为中心,高达 16.7 米,巍峨壮观。佛像结跏趺坐,展现出一种宁静和智慧。衣纹设计简洁明快,轻薄贴体,袈裟边饰折带纹,细致入微,边缘雕刻着环状忍冬纹,象征着生命的延续与永恒。这尊佛像是"昙曜五窟"中最大的佛像,也是云冈石窟的第二大像,承载着无数信徒的敬仰与崇拜。在主窟的周围,三世佛分别置于东西两个附窟中,附窟的地面高出主窟丈余,形成了层次分明的空间布局。洞内雕刻着过去佛与未来佛,均善跏趺坐,身高均为 8 米,给人以强烈的视觉冲击与宗教的庄严感。这样的设计不仅体现了方位学的巧妙运用,也使得信徒在朝拜时,能够感受到时空的流转与佛法的永恒。西壁的窟前石壁虽已坍塌,但依旧保存着释迦牟尼佛与其儿子罗睺罗相见的故事场景。这一雕刻像被誉为云冈最早的佛教故事图像,生动地再现了父子之间的深情,蕴含着深刻的宗教寓意与人文关怀。石窟的四壁影塑千佛,数量超过 4 000 尊。

第 20 窟是云冈石窟雕刻艺术的代表,也是云冈石窟的象征。形制上现为露天龛,呈椭圆形平面,释迦牟尼佛静坐于云冈石窟之中,宛如一座巍峨的山岳,结跏趺坐,身姿挺拔,高达 13.7 米,给人以无与伦比的震撼。其高耸的肉髻如同一顶庄严的冠冕,面部丰圆,轮廓柔和,鼻梁高挺,眼睛内含琉璃珠,八字胡,唇薄而微翘,透出一丝宁静而深邃的微笑,令人心生亲切之感。佛像体格健壮魁梧,肩膀宽厚,耳垂如同垂落的珠帘,轻盈而富有灵性,映衬出佛陀的庄严与慈爱。佛身着覆肩袒右式袈裟,从里到外依次

● 云冈石窟佛头

为里层安陀会,中层郁多罗僧(通体披覆),外层僧伽梨(通体披覆),衣纹流畅,线条细密排列,采用平直的雕法,侧重于整体造型,大面结构,仿佛在微风中轻轻起舞,展现出一种无形的力量与优雅。背后的火焰纹如烈焰般燃烧,华丽而生动。双瓣莲花纹和供养菩萨层层交织,为这位伟大的佛陀披上神秘的光辉。飞天浮雕环绕其侧,宛如仙子在空中翩翩起舞,带来了一丝灵动与生机。这些细腻的雕刻,描绘着对佛教的虔诚信仰

与美好愿望。大佛两侧原有一佛二菩萨造像，佛像现已不存。整体造型雄伟壮丽，佛像具有犍陀罗风格和西域及凉州造像的特点。云冈石窟的佛像在造型上更加多样化，既有传统的佛教元素，又融入了当地的风俗与文化。例如，部分佛像的面部明显带有鲜卑族的容颜特征，展现了民族融合的特色。这种新型佛像样式不仅继承了旧有佛像的服饰外观，还模拟了当时帝王的容颜风貌，体现了文化的交融与创新。

第19、20窟因其精细的造像工艺和丰富的佛教故事浮雕而闻名。佛像风格各异，体现了北魏时期佛教艺术的多样性与变迁。造像艺术气势粗犷和雄浑。造像既反映出犍陀罗风格、西域以至凉州造像的特点，又同时依照了鲜卑族容颜，具有面阔高鼻、深目、肤色偏白的外貌特征，五官立体，显得英俊。这些佛像不仅在外观上模仿了当时天子的形象，还在服饰上借鉴了西方传统，形成了一种新型的佛像样式。这种艺术风格既参考了前代的经典，又融入了新的创意，展现出鲜明的特色，构成了"云冈样式"的初期特征。

第16、17窟属于第一期开凿晚期的一组大型窟，展现了云冈石窟艺术的辉煌。特别是第17窟的交脚弥勒佛像高达15.6米，雄伟而庄严，仿佛是一座屹立于时空之中的精神灯塔。其右臂袒露，左肩斜披络腋，衣纹边缘的折带纹细腻入微，彰显了雕刻师对细节的执着与把握，但这并不仅仅是艺术技法的体现，更是对信仰深刻理解的反映。虽然佛座已不存，但那狮子座所象征的威严与力量依然在这尊佛像中清晰可见。胸前的蛇形纹饰，作为早期交脚佛服饰的特征，既体现了佛教艺术的传统，亦暗示了生命的轮回与变化。该像庄严而肃穆，令人心生敬畏。然而，这种敬畏不仅源于佛像的外在形态，更是对其内在精神的感知。弥勒佛的面容慈祥，长圆的面形虽然因风化而略显模糊，但那种温和的神态依然清晰可见,仿佛在传递着无尽的慈悲与智慧。弥勒佛的主佛两侧设置盝形帷幕龛,龛内为一尊高6.7米的立佛,东壁立有同样形制的高5.3米的坐佛,佛像保存完整,风格为北魏早期典型风格。菩萨头戴华丽的花冠,身着大裙,嘴角微微上扬,面带温柔的微笑,手托腮部,呈现出一种悠然自得的"舒相坐",被誉为云冈最美的思惟菩萨,仿佛在沉思中传递着智慧与慈悲。龛内上方的飞天手持宝珠,身着飘逸长裙,仿佛在翩翩起舞,其轻盈的姿态彰显了自由与灵动。下方的供养天人则以虔敬的姿态出现,头束高髻,颈佩璎珞,双手持物于胸前,面含微笑,流露出一种恬静与安详的神情。她丰盈的体态与翻飞的帔帛相得益彰,增强了整体的动态感,体现了艺术形式的丰富性与工匠对细节的精致追求。三世佛、菩萨、飞天共同营造了和谐的宗教氛围,他们相辅相成,共同带来一种神圣的庇护感。整座石窟延续了早期三窟的形制与风格,其文化符号显示出佛教艺术在历史发展中的连续性与传承。明窗东壁刻有《太和十三年比丘尼惠定造像记》,该造像铭记成为研究云冈石窟历史发展的实证。

第16窟的主佛高达13.5米,巍峨而庄重。其右手高举于胸前,施展着无畏印,传达出一种超然的宁静与力量;左手自然下垂,拇指与中指轻轻捏成说法印,似乎在向世人传递着智慧与教诲。佛身披褒衣博带式的袈裟,胸前结带,外衣宽大,体现了北魏太和年间对汉魏传统服饰的继承与创新,既显得典雅,又蕴含着深厚的文化底蕴。南壁窟门的东、西两侧各有一大型尖拱龛,龛内各安置着一尊坐佛,静谧而神圣。两侧壁皆刻有形态各异的伎乐飞天形象,这些形象栩栩如生,动态优美,展现了北魏雕刻师的高超技巧,还有形态各异的乐器,如琵琶、笛子、钟、鼓等。东龛的龛楣外雕刻着六身伎乐飞天,她们手

●云冈石窟第20窟及西部窟龛

第二章 佛国瑰宝——魏晋南北朝石窟 ‖ 111

持钹、腰鼓、义觜笛、法螺、排箫与齐鼓,这些乐器来自萨满教等多种民间宗教。除了击钹的乐伎,其余五位乐伎的发饰均为梳后辫,展现出浓厚的北方少数民族装饰特色,既体现了地域文化的多样性,又增强了整体艺术表现的生动性。这些造像不仅展示了当时乐器的形态和演奏方式,而且反映出音乐在佛教仪式中的重要地位。无论是人物面部表情的细腻刻画,还是衣物褶皱的流畅表现,都显示出北魏雕刻师高超的技艺。特别是对于伎乐飞天的刻画,乐伎既有飘逸脱俗的气质,又不失生动活泼的神态,充分体现了北魏时期雕刻艺术的高峰。

  第16窟还以其精美的佛教故事浮雕而闻名。两侧壁上雕刻着精美的佛教经典故事。其中最著名的浮雕故事《维摩诘经变相图》,依据大乘佛教经典之一《维摩诘经》刻画,讲述了居士维摩诘以智慧辩才向众生传播佛法的场景。维摩诘通常被描绘成饱读诗书、精通要义的文人形象。另一个重要的浮雕故事是《弥勒下生图》。弥勒佛被视为未来的佛,将在人间再次降临,拯救苦难众生。在这幅浮雕中,弥勒佛下生为王子的场景被生动地刻画出来,展现出一种超越时空的神圣感。浮雕中的弥勒佛面相庄严,表情慈祥,双目微闭,似乎在沉思着未来的使命。其身姿挺拔,衣袍飘逸,仿佛在微风中轻轻摇曳,传达出一种宁静与力量。众生则欢喜迎接,面露笑颜,手持鲜花,仿佛在庆祝这一神圣的降临。人们的姿态各异,有的双手合十,虔诚祈祷;有的则欢呼雀跃,流露出对未来佛降世的热切期盼。这种生动的场景不仅体现了人们对弥勒佛的深厚信仰,更体现了人们对未来美好生活的渴望与向往。此外,从艺术风格角度来看,《弥勒下生图》和《维摩诘经变相图》等浮雕佛传故事展示了北魏时期石刻师的精湛技艺和石刻艺术的独特风格,浮雕的层次感与光影变化增强了整个场景的立体感。造像作品中展现了波斯风格的服饰与具有希腊化特征的面部表情，同时也融入了中国本土艺术的元素，如云纹、莲花等传统吉祥图案，以及进行了符合中国审美的比例和线条处理。这些不同文化元素的融合，成功地体现了一次艺术风格的创新。第16窟的佛传故事浮雕作品是中国古代佛教艺术的杰出代表。

第7、8窟作为云冈石窟第二期中开凿最早的双窟，承载着北魏鼎盛时期的文化与艺术精髓。这一时期，孝文帝与冯太后共同执政，佛教的传播与国家的政治背景交织在一起，形成了独特的艺术风貌。双窟窟口崖面上原有四层木构楼阁，上面雕饰斗拱的窟檐，双窟和"释迦多宝双佛对坐"的设计理念体现了这一政治背景，象征着佛教思想和政治制度的交融。主佛为三世佛，壁面有多层繁复布局的石雕、分栏长卷式浮雕佛传故事和本生故事。窟内小龛体现中国汉式殿堂形式的布局，雕刻帷帐流苏，画面旁附刻榜题，兽面、飞天、植物等图案，使观者能体会到雕塑家在竭尽全力地在方寸之内表达真、善、美的宗教信念，完全表现出了佛教艺术的中国化，窟顶为平棋藻井，凹槽内刻团状莲花，与飞天环绕装饰，赋予了中国传统纹样以佛国仙境的浪漫情怀。拱门上雕刻长方形帷幕龛，龛内雕六身供养人像，中式发髻高耸，面容亲切，身披璎珞，束身薄衣，身形比例恰到好处，这时期飞天和供养人都处于向"秀骨清像"风格过渡的阶段，因此形象仍有丰腴协调之美。窟内壁面布满了浮雕，生动地讲述了佛陀的本生故事及佛传故事，层次分明、分段布局，仿佛在诉说着一个个动人的传奇。在这幅宏伟的石窟画卷中，交脚弥勒、维摩诘与文殊等菩萨，以及护法诸天，众多供养天人，交相辉映，构成了一个神秘而和谐的宗教宇宙。壁面上千佛的图案和大型供养人行列，犹如繁星点缀夜空，呈现出华丽的视觉效果。这些雕刻不仅是艺术的体现，更是信仰的寄托，展现了当时人们对佛教的虔诚与向往。与昙曜五窟相比，双窟在整体布局、造像风格及形制特点上更加多样，反映出国家强盛人们积极崇佛的氛围。因具有细腻的艺术手法与深厚的宗教内涵，双窟成为北魏中期佛教艺术的时代杰作，承载着厚重的历史与辉煌的文化。

第9、10窟为双窟，约始建于公元484年，到489年完成。双窟前殿的设计体现了汉式与西域艺术风格的完美融合，展现出一种独特的建筑美感。两根通顶的八角形石柱屹立于殿中，柱面上雕刻着十层佛龛，细腻而富有层次感，仿佛在诉说着悠长的岁月，展示着对宗教的虔诚。雕刻的千佛分层而立，承托着狮与象的形象，象征着力量与威严，石柱则以大象为基础，稳固而庄重。前后室的结构遵循汉式殿堂布局，展现出严谨的对称美，形成了一种气势宏伟的空间感。双窟的主像释迦牟尼与弥勒佛，恰如其分地位于中心，周围胁侍菩萨静静守护，营造出一种神圣的氛围。窟顶的方格内雕刻着盛开的莲花与飞天，生动地表现出佛教的理想与信仰。四壁分层布龛，造像题材多源于《法华经》，使得整个空间充满了宗教的智慧。"释迦多宝双佛对坐"的主题尤为流行。明窗两侧则雕刻着坐莲菩萨与骑象普贤，形成了右旋礼拜通道，兼具实用与美观的功能。此外，八夜叉的雕塑力道十足，其体魄健硕，单手承托横枋，展示出力量与神秘的结合，仿佛在守护着这片神圣的空间。第10窟前室北壁拱门上部雕刻须弥山，佛经中须弥山为极乐世界，画面中山峦叠嶂，装饰性极强，富有繁华富丽之美。连绵起伏的山峦宛如巨龙蜿蜒而上，山腰处，两条神龙交缠在一起，似在争斗，又似在嬉戏，展现出一种生动而又神秘的力量。山间，林木葱郁，苍翠欲滴，阳光透过树叶洒下斑驳的光影，微风拂过，带来阵阵清新的气息。动物们在林间欢快地奔跑，或跳跃，或追逐，仿佛在与自然共舞，一片生机勃勃。在这一幅壮丽的画卷外侧，阿修罗神单腿盘坐，身姿优雅而威严。他的多头多臂如同星辰般璀璨，各自托举着日月，象征着光明与黑暗。每一只手臂都蕴含着无穷的力量，仿佛在守护着这片神秘的天地。阿修罗的目光深邃而坚定，透出一种超然的智慧，似乎在俯瞰着这片山川，赋予了这幅画卷灵动与神秘的气息。

第 11 窟是云冈石窟中的中心柱窟，其东壁上层雕刻的《太和七年邑义信士女等五十四人造像记》可追溯至公元 483 年，乃云冈石窟现存最早且文字最多的题记，全文共 337 字，记载邑义信士女等五十四人开龛造像的事件。"太和七年，岁在癸亥，八月卅日，邑义」（"」"表示碑文断行位置，下同）信士女等五十四人，自惟往因不积，生在」末代，甘寝昏境，靡由自觉。微善所钟，遭」值圣主，道教天下，绍隆三宝，慈被十方，」泽流无外。乃使茕夜改昏，久寝斯悟。弟」子等得蒙法润，信心开敷，意欲仰酬洪」泽，莫能从遂。是以共相劝合，为国兴」福，敬造石庙形象九十五区及诸菩萨。」愿以此福，上为」皇帝陛下、太皇太后、皇子，德合乾坤，」威逾转轮；神被四天，国祚永康；十方归」伏，光扬三宝，亿劫不隧。又愿义诸人，」命过诸师、七世父母、内外亲族，神栖高境，」安养光接；托育宝花、永辞秽质；证」悟无生，位超群首。若生人天，百味天衣，」随意飡（餐）服；若有宿殃，堕洛三途，长」辞八难，永与苦别。又愿同邑诸人，从」今已往，道心日隆，戒行清洁，明鉴」实相，晕扬慧日。使四流顷竭，道风」堂扇；使漫山崩颓，生死永毕。佛性明」显，登阶住地，未成佛间。愿生生之处，」常为法善知识，以法相亲，进止俱游。」形容影响，常行大士，八万诸行，化度」一切，同善正觉，逮及累劫先师七世父。"题记的上方雕刻有一尊弥勒坐像、两尊坐佛像、释迦多宝双佛坐像以及三身供养菩萨坐像，整体排列的小龛则有90个，左右为穿着鲜卑服饰的男女供养人列像，生动展现了当时的宗教信仰与社会风貌。窟内中心塔柱分上下两层，下层四面均雕刻四方立佛，正壁立佛的两侧立两位胁侍菩萨，细颈瘦腰，体现出北魏后期"秀骨清像"式的人物风貌，神态依然温雅，展现出精湛的雕刻技艺。西壁大龛内雕刻的七身立佛，波状发式，丰润面型和高大形体，华衣飘逸，代表了北魏中期与后期的造像风格。值得注意的是，皇家在这一时期已停止开凿工程，开启民间信众造像的风潮，体现出云冈石窟艺术发展后期本土化和民间化的审美特色。

第12窟的前室北壁最上层雕刻着十四身天宫乐师，他们分别演奏着齐鼓、排箫、琵琶、横笛、琴、五弦、筚篥、箜篌、腰鼓、义觜笛和法螺等多种乐器。这些乐师的动人姿态在门楣上一组伎乐飞天的雕刻中展现得淋漓尽致，他们动作连贯而气韵奔放，仿佛将观者带入了一个音乐盛宴。窟顶的逆发形伎乐飞天体格丰腴，体现了北方少数民族的身形特点，彰显出鲜明的地域文化特色。该窟内乐器的雕刻形制、演奏方式以及乐队的组合形式，集中体现了北魏宫廷乐队的风貌与当时的音乐制度，为研究中国古代音乐史提供了珍贵的资料。因此，该窟被誉为"音乐窟"，反映了当时社会对音乐的崇尚与理解，揭示了古代文化中音乐与政治、宗教、社会生活之间的紧密关系。

第13窟被称为穹隆顶式大像窟，主像为交脚弥勒佛，高达13米，头戴华丽的宝冠，颈部装饰有悬铃项圈和璎珞，胸前佩戴着蛇形饰物，双手握持珠宝，显得庄重而威严。在其右手臂肘下，雕刻着一位身材健硕的力士，约1.8米高，四臂奋力向上托举，气势如虹，仿佛能拔山扛鼎，展现出力量与勇气。原雕的底部仅见双足踏莲，东壁龛像则以殿堂飞阁、流苏帷帐和神龙跃动的形象，尽显汉代风格的细腻与优雅。窟内的雕刻经过清代的包泥彩绘，色彩鲜艳如新，然而古风却已不存，反映了历史的变迁。第9、10、11、12、13窟合称为"五华洞"，因后世施以泥彩绘而显得异常绚丽。这些洞窟的营造恰逢北魏政治改革与文化更新的时代，汉风愈加浓厚，体现出鲜明的中国化与民族化特色，这些洞窟成为研究这一历史时期艺术与文化的重要窗口。

第3窟是云冈最大的石窟，史称"灵岩寺"。石窟为前后两室，断崖高25米，窟内深50米。中上部凿有12个方孔。后室雕一佛二菩萨像，从雕造手法判断，应为北魏中后期向隋唐的过渡作品，该窟开凿时间长，终未完成。

云冈石窟的佛像造型具有鲜明的特征，充分体现了北魏艺术风格与社会历史、文化背景及技术进步之间的密切关系。在北魏早期作品"昙曜五窟"中，佛像的衣纹流畅自然，细致入微，展现出雕刻师高超的技艺。衣服通过精细的雕刻手法表现出动态感，仿佛在微风中轻轻摇曳。佛像的面部表情庄严肃穆，眼神中流露出慈悲与智慧，使得佛像更具生动感，并传达了佛教所倡导的精神内涵。此外，云冈石窟的佛像还融合了西域文化的元素，如高鼻深目的面部特征，体现了多元文化的交融。在布局设计方面，云冈石窟的空间安排极具艺术性，充分体现了雕塑形式与空间使用的关系。石窟通常采用单室方形或长方形平面设计，中央供奉主尊佛像，两侧则是菩萨、天王等配像，形成层次分明的视觉效果。这种布局不仅符合佛教的宗教仪式需求，也使得整个空间显得庄重而神圣。装饰形象如莲花、宝珠和飞天等，进一步增强了空间的宗教氛围，象征着佛教的神秘与美好。这些装饰元素巧妙地与佛像结合，营造出一种和谐统一的艺术效果，反映了当时艺术家对宗教信仰的深刻理解。云冈石窟的艺术风格在历史的演变中不断发展，尤其在北魏中期艺术水平达到巅峰。随着北魏平城建都后汉文化的变迁，石窟的艺术风格逐渐向更加细腻和生动的方向发展。此时的佛像不仅在形象上更加写实，动态表现也愈加生动，反映了当时社会对艺术的更高追求。雕刻作品如第 20 窟的释迦牟尼佛，以其宏伟的体量和细腻的雕刻技艺，成为中国佛教艺术的巅峰之作。总体而言，云冈石窟不仅是历史与文化的缩影，更是中国古代艺术发展的重要里程碑，揭示了艺术与社会、文化和技术之间的复杂关系。

第五节 南方石窟的代表——栖霞山石窟

在魏晋南北朝时期，佛教的传播与士大夫的关系密切。随着东晋南迁，佛教逐渐在长江中下游地区盛行，吸引了许多高僧与名士参与。这一时期，玄学清谈成为士大夫贵族阶层的重要交流方式，佛教思想也在其中得到了重视。尤其是在十六国时期，中原地区的僧人如道安与鸠摩罗什，通过对义学的阐释，进一步推动了佛教的发展。尽管在 413 年鸠摩罗什去世后，北方的战乱导致佛教徒南下，但南北佛教在此时并未显著分化。然而，北魏太武帝的灭法政策导致沙门南迁，直至文成帝复法，孝文帝将政治文化中心迁至洛阳，沙门为求自身解脱，益重禅观，南北佛教的差异才逐渐显现。南方佛教宣教更注重义理与谈论。首都建康成为南朝政治、经贸、文化中心，吸引许多东南亚、印度的佛教僧侣及商人通过海上丝绸之路来进行宗教文化和艺术的交流。寺院也蓬勃发展，形成了以巨型建构为主的寺院建筑形制。这一时期，佛寺有栖霞寺、皇兴寺、道场寺、瓦官寺、龙宫寺等，高僧佛陀跋陀罗、法显、慧观、慧严等都来这些地方弘法。《南史》卷七十《循吏·郭祖深传》载，南朝幕僚郭祖深上书梁武帝云："都下佛寺五百余所，穷极宏丽。"江南的佛寺数量众多且宏丽，少凿石窟，以南京栖霞山石窟和剡溪石城山石窟为代表。这一时期的佛教教义不仅影响士大夫的思想，也对石窟艺术的发展产生影响。

《栖霞寺修造记》载："金陵名蓝三，牛首以山名，弘济以水名，兼山水之胜者，莫如栖霞。"《南朝佛寺志》记，栖霞寺至"唐高祖改为功德寺……南唐号妙因寺。宋太平兴国中号普云寺，景德初仍为栖霞禅寺，元祐中改严因崇报寺，又号虎穴寺。然至今人皆呼之为栖霞"。隋代高僧释保恭所撰《蒋州栖霞寺请疏》载："所居栖霞寺，宋代明征君之所建立也。镌山现像，疏岩敞殿。似若飞来，无惭涌出。"栖霞寺，是金陵的名胜之一，山水相依，宛如人间仙境。然而，历史的变迁却让它经历了多次改名，从唐高祖时期的功德寺，到南唐的妙因寺，再到宋代的普云寺，直至元祐时的虎穴寺，名称虽多，却始终承载着厚重的信仰。在这片灵秀的土地上，栖霞山的自然景观与庄严的寺院形成鲜明对比。栖霞山不仅是信徒朝圣的地方，更是文人墨客吟咏的对象。正如隋代释保恭所言，"镌山现像"，"似若飞来"，令人充满好奇又心生敬畏。同时，尽管岁月流转，栖霞寺的文化积淀却未曾消逝。那些具有时代特征的石窟艺术展现着它在历史长河中的不朽魅力。栖霞寺，既是信仰的寄托，也是文化的象征。

在南朝萧齐时期，山东的名士明僧绍选择隐居于摄山。他与法度关系融洽，遂将自己的宅邸改建为精舍，供法度居住，这便是如今的栖霞寺。明僧绍曾在梦中见到一幅辉煌的景象：夜晚，石壁散发着光芒，无量寿佛及宏伟殿宇的形象赫然显现。受到这一神秘梦境的启发，他计划在石壁上凿刻佛像，然而未及实施便不幸去世。其子仲璋继承了父业，决心完成这一伟业，便出资进行大规模的雕刻工程。他在千佛崖的石壁上镌刻出一尊高达三丈一尺五寸（10.5 米）的无量寿佛，座高四丈（13.3 米），此外还雕刻了高三丈三尺（11 米）的菩萨像，以及十余处其他造像，这些作品成为今日无量殿即第 19 窟的造像。南朝陈的江总在《摄山栖霞寺碑》中记载了这一历史，提到齐明僧绍之子仲璋与法度师共同铸造安置无量寿佛和二菩萨的龛位。此后，隋文帝将佛舍利分送至此，并下令建造栖霞寺舍利塔。唐代时，继续在千佛岩的西岩、北岩及千佛岭开凿石窟，雕刻佛像，并多次进行装饰和修缮。唐高宗亲自撰写的《摄山栖霞寺明征君碑》铭刻于此，而唐武宗时期曾毁坏佛像，后由宣宗重建，南唐时期再度重修舍利塔及无量寿佛殿等诸多窟龛，完善周边环境。这一段历史不仅展现了佛教文化在南朝至唐代的发展历程，也体现了人们对信仰的执着与对艺术的追求。

《摄山栖霞寺明征君碑》部分原文如下："南齐征君明僧绍者，平原人也。……齐建元元年（479 年），又下诏征为散骑侍郎，又不就。……遂届南京。负杖泉邱，游眄林壑，历观胜境，行次摄山。神谷仙岩，特符心赏……有终焉之志。……永明元年（483 年），又征为国子博士。征君隐居求志，义越乎由光，不降凝心，迹高于园绮。凿坏贞遁，漱石忘归，鹤版载临，豹姿逾远。俄有法师僧辩，承风景慕，翼徒振锡，翻然戾止。……因即邻岩构宇，别起梵居。耸崿飞柯，含风吐雾，栖霞之寺，由此创名。……安居顷之，辩师迁化。……征君积缘登妙，至感入微；尝梦法身，冠于曾巘。……又睹真颜，于岩之首。……于是拜受嘉征，愿言经始。将于岩壁，造大尊仪；乃眷为山，未遑初篑。遽而西州智士，与晓岳而俱倾东国高人，随夜星而共没。琼瑶落彩，峰岫沉晖，永明二年（484 年），奄迁舟壑。第二子临沂公仲璋，顾慕曾峦，既崩心于岵望，徘徊曩构。更泣血于楹书，遂琢彼翠屏，爰开叶座，舍兹碧题，式建花宫。上宪优填之区，仰镂能仁之像。校美何充之宅，遽兴崇德之闱。逖彼萧宗，大宏释典。文惠太子及竟陵王，或澄少海之源派，朝宗于法海；或茂本枝之颖发，萌柢于禅枝。咸舍净财，光隆慧业。时有沙门法度，为智殿之栋梁；即此旧基更兴新制。又造尊像十有余龛。"栖霞寺创于高士明僧绍与僧辩法师，开龛造像则始于明僧绍和法度禅师。永明元年明僧绍卒，其时窟像"有创造"。其后，僧绍子仲璋与法度经营雕造，得文惠太子，豫章、竟陵、始安诸王之助，始"光隆慧业"。

栖霞山石窟现存石窟佛龛共252个，造像551尊，分布在千佛岩、千佛岭和纱帽峰三个区域。千佛岭石窟区位于千佛岭南侧岩壁和纱帽峰周围，现存大小窟龛200多座，造像300余身。千佛岩石窟区位于下部岩壁，在位置上与栖霞寺和舍利塔连成一片，现存大小窟龛共计90座，造像200余身。千佛岩第19窟是南朝最大的石窟。栖霞山千佛岩石窟是南京地区唯一的六朝佛教石刻遗迹，栖霞寺是集石窟群、舍利塔和栖霞寺院于一体的综合性佛教建筑群。

自南朝始建至近代民国时期的一千余年，这一佛教史迹经历了复杂的历史发展过程，分为三个历史阶段。第一阶段自南朝齐代到南唐时期。这一阶段由明仲璋、法度具体负责建造，并得到齐室贵胄的资助。公元511年临川靖惠王萧宏为栖霞造像"复加莹饰"，僧祐为栖霞大佛"准画仪则"。栖霞寺的佛教建筑全面创制，栖霞寺由此日益隆盛，并逐步形成窟殿、寺院、佛塔、御碑相结合的综合性宣教格局。第二阶段自北宋太平兴国时期到明代成化年间，是栖霞寺佛教史迹承先启后的过渡期。第三阶段为明成化之后至清朝，这一阶段石窟发展走向衰落，只在原址上补修。

栖霞山石窟形制多为单室敞口窟，穹隆顶，正壁有佛坛，部分石窟佛龛保存有明代补砌的砖石门壁。这些石窟造像中除了第19窟造像只受较少破坏，其他造像均已不存原貌风韵，部分石窟简述如下。

第19窟，亦称为"三圣殿"或"无量殿"，依山而建，采用石材筑成，平面呈横椭圆形，且没有前壁。龛内的平面呈现出"几"字形坛台，中间雕刻着无量寿佛，超过10米，左右是观音、大势至菩萨立像，组成"西方三圣"。这些雕像宏伟而庄严，是千佛岩中的一颗颗明珠。无量寿佛大像的造型尤为精美，其面容丰满端庄，双肩宽厚平直，身着U形领口袈裟，呈结跏趺坐的姿态，手势为禅定印。雕刻师以娴熟的技艺塑造出一个君临大众、庄严慈祥的圣者形象，令人肃然起敬。第19窟下面佛龛雕刻着迦叶多宝双佛坐像，两侧各有一位菩萨。迦叶和多宝佛均身着通肩服装，姿态端庄，底部雕刻着莲座，身形高大且宽阔，右肩上有弧形的装饰。《摄山栖霞寺明征君碑》中提到"沙门法度，为智殿之栋梁"，可以推测出这个龛可能是法度所造的"尊像十有余龛"之一。第19窟为由中心向东南、西北方向开凿，窟龛布局井然有序，尊像大小不一、高低错落，形成了一幅壮观的景象。第19窟不仅是千佛岩最早开凿的第一大像窟，也是南朝时期具有标志性特征的重要石窟，其形制和大像的特点为研究南朝石窟的形制与造像特征提供了重要依据。

第8窟位于千佛岩的东南角，地理位置优越，岩壁高耸且直立，石质坚硬，视野开阔，环境优美，清泉与绿树相得益彰。该窟的龛形制规范统一，顶端呈穹隆形，平面则为横椭圆形，窟口外敞，属于大中型窟，是千佛岩石窟中最为规整的一类。平面与立面的造型一致，内部空间高敞、尺度适中，坛座设计简洁，通常在正壁设通壁高坛，坛前两侧设有莲座，体现出一种简约而庄重的宗教氛围。在造像方面，第8窟主要以结跏趺坐的佛像为主，反映出当时的宗教信仰和艺术风格。造像组合主要分为"一铺三身"和"一铺七身"两类，其中以"一铺三身"即一佛二菩萨的形式最为常见。这种布局不仅强调了佛教的核心信仰，也展现了菩萨在信仰体系中的重要地位。佛像的服装呈现出长椭圆形垂缘大衣和通肩大衣两种样式，以长椭圆形垂缘大衣为主。佛装的衣摆宽大，垂覆在坛座前，上身的衣纹呈波浪形，轻薄贴体，显示出一种动态美感；而覆坛的衣纹则呈多层竖褶，繁复而柔软，增强了视觉的层次感。菩萨的上身巾带交叉，下部衣纹则呈现多层三角形外敞样式，进一步丰富了造像的细节和表现形式。整体而言，第8窟的造像不仅在形式上体现了南朝后期"曹衣出水"的风格特征，也通过细腻的服装设计和空间布局，传达出深厚的宗教意蕴，反映了当时社会对佛教信仰的重视与崇拜。

栖霞山南朝后期石窟造像主要以阿弥陀佛、弥勒佛和千佛为主，还有释迦佛、多宝佛、七佛、胁侍菩萨、飞天等内容。每窟造像数量不尽相同，但基本布局通常是"一佛二菩萨"或"一佛二弟子二菩萨"或"双佛并坐"等，"双佛并坐"延续云冈石窟的传统形制。服饰展现出"褒衣博带"的中原本土服饰特点，三种典型的中原佛装样式分别是"长椭圆形垂缘式"、"通肩式"和"左右缘对称下垂式"。其中，长椭圆形垂缘式大衣的衣纹在上身颈下前胸缠绕，呈现出下垂的竖椭圆形；而左右缘对称下垂式则使衣缘对称地垂于胸、腹两侧，有的著作称之为"双领下垂式"。褒衣博带式的服饰轻薄飘逸，给人一种灵动的感觉。雕刻技法也逐渐细化，使得佛造像的头部表现得更加清晰。南朝佛像面相以慈善、亲和为本，既有瘦长劲健的质感，又不乏圆润方正的温和细致。这种衣饰风格源自雕塑家对中原本土衣

●栖霞山石窟

●栖霞山千佛岩石窟

饰特点的模仿。南朝时雕塑人才辈出,《宋书·隐逸传》中提到的戴颙,字仲若,其父戴逵和兄戴勃均隐遁于世,艺术声名显赫。戴逵及子戴颙特别擅长雕刻,宋世子曾在瓦官寺铸造丈六铜像,完成后面容得瘦削,工人无法修整,便请教戴颙。戴颙指出:"非面瘦,乃臂胛肥耳。"工人据此调整,随之解决瘦弱的问题,众人无不称赞其巧妙智慧。唐代张彦远在《历代名画记》中提及戴逵的才华,称其幼时聪慧博学,常以白瓦屑和鸡卵汁制作小碑,文才出众,擅长谈论和弹琴。《晋书·隐逸传》也对戴逵的多才多艺给予了高度评价。在南北朝时期,继戴氏父子之后成名的雕塑家还有俞祐,他以善于雕刻巨型石雕而著称,尤其是制作南明山宝相寺的弥勒大龛像,使他名留青史。司马达是南朝梁国人,曾将中国的造像术介绍到日本,成为日本佛教造像的鼻祖,因而在日本雕塑史上享有盛名。雷卑,南朝齐国名匠,被誉为"戴氏父子之后的第一人",其所做释迦像受到当代学者沈约的欣赏,并为其作铭。释法悦则以铸造铜像而闻名,传说中他曾铸造丈六铜像,可见其技艺之高超。

　　梁思成先生在《中国雕塑史》中讲:"江南雕刻,于五代吴越王钱弘俶时颇盛,南京栖霞寺,杭州灵隐寺,烟霞洞遗物尚多。栖霞寺舍利塔八相图,手法精详,为此期江南最要作品。八相为(1)托胎,(2)诞生,(3)出游,(4)逾城,(5)降魔,(6)成道,(7)说法,(8)入灭。塔身高约五十尺,雕饰至美,堪称杰作。其八相特征在富于画风,《摄山志》称有顾恺之笔法焉。总之宋代雕塑之风尚盛,然不如唐代之春潮澎湃,且失去宗教信仰,亦社会情形使然也。"[1] 梁思成先生提到的"江南雕刻"在五代时期就已经尤为盛行,特别是在吴越王钱弘俶的统

---

[1] 梁思成. 中国雕塑史 [M]. 天津:百花文艺出版社,1998:166.

治下，南京的栖霞寺和杭州的灵隐寺等地留下了大量珍贵的雕刻遗物。栖霞寺的舍利塔八相图，以其精细的手法和丰富的艺术表现形式，成为这一时期江南雕刻的代表作品。这八相图分别描绘了佛陀一生中的八个重要阶段：托胎、诞生、出游、逾城、降魔、成道、说法和入灭。每一个阶段都蕴含深厚的佛教意蕴，展现了佛陀从降临人间到觉悟的历程。塔身高约五十尺，雕饰精美，堪称雕刻艺术的杰作，体现了当时工匠们的高超技艺和对佛教文化的深刻理解。值得注意的是，这些雕刻不仅在技法上追求精致，更富有画风，《摄山志》更是称赞其有顾恺之的笔法。顾恺之作为东晋时期的著名画家，以细腻的画风和生动的表现力著称，这为栖霞寺的雕刻加深了文化深度，增添了更多的艺术价值。尽管宋代的雕塑风尚依然盛行，但与唐代那种春潮澎湃的艺术氛围相比，显得略为平静。这一时期的雕刻艺术虽然在形式和内容上有所创新，但随着社会的变迁和宗教信仰的淡化，雕刻的主题和表现手法也逐渐受到影响，反映出当时社会情形的复杂性。总之，江南雕刻在五代时期发展繁荣，尤其是栖霞寺的舍利塔八相图，展现了佛教艺术的独特魅力和深厚的文化底蕴，成为后世研究和欣赏的重要遗产。这一时期的雕塑家们不仅继承了前人的技艺，更在佛教艺术的创造与传播上，作出了不可磨灭的贡献。

第六节　雕塑与壁画的艺术风格

魏晋南北朝在历史进程中扮演了举足轻重的角色。这个时期，无论是政治层面还是文化艺术领域，都发生了深刻的变革，并呈现出前所未有的兴盛之姿。尤其是在美学层面，魏晋南朝培育了一种独树一帜的审美风格，并且对后代产生了持久的影响。

●栖霞寺千佛岩碑

● 栖霞寺三圣殿

魏晋南朝的美学精髓可凝练为"清谈"与"玄学"思想的交融并蓄,这两股力量深刻塑造了时代的审美风貌。"清谈"不仅是士大夫间文雅交流与辩说的体现,更展现了对个性释放与心灵自由的深切向往;而"玄学",则融合道家、儒家及佛教思想之精髓,构筑起一套超脱物质、追求形上审美与精神意境的哲学体系。在此背景下,文学创作秉持"文以载道"的原则,强调艺术作品需兼具艺术美感与哲学深度,诗歌、文赋等体裁展现出寓意深远、奥妙无穷、超凡脱俗的风貌。如陶渊明之田园诗,淡泊名利,追求本真,透露出恬淡纯粹的审美追求;而魏武诸子如曹操、曹丕、曹植,其诗篇则展现出从容奔放、超脱尘嚣的气质,彰显了魏晋文学不拘一格、超越凡俗的张力。在绘画领域,魏晋南朝时期同样经历了艺术的飞跃,画匠们愈发注重描绘情景意境与神韵之美,追求线条的优雅流畅与质朴简洁。这一时期的石窟壁画,便是这种审美观念的生动体现:自然山水与佛教人物并重,既展现了对自然美的热爱,又传达了佛教的超脱与慈悲,通过细腻的笔触和巧妙的构图,营造出超凡脱俗的意境,佛像、菩萨像的塑造则注重内在气质的展现,微妙地传达出深邃的佛教哲理,展现丰富的情感世界。综上所述,魏晋南朝的美学精髓在于对个性释放、心灵自由的追求,以及对超脱于物质的精神意境的向往,这种审美观念深刻影响了文学创作与绘画艺术,使得这一时期的作品呈现出独特的艺术魅力与深厚的文化内涵。

"只有真正传达了佛教思想或用于佛教仪式或佛事活动的作品,才可以被看作佛教艺术作品。"[1] 石窟艺术中雕塑和壁画占主导地位。魏晋时期的石窟雕塑艺术是中国雕塑史上一个重要

---

[1] 巫鸿. 早期中国艺术中的佛教因素(2—3世纪)[M]// 礼仪中的美术:巫鸿中国古代美术史文编(下). 北京:生活·读书·新知三联书店,2005:289.

的转折点。在此之前，中国雕塑主要受到汉代雄浑质朴风格的影响，而此后则逐渐融入了佛教艺术的元素，形成了独特的风格。这一时期的石窟雕塑艺术不仅是中国雕塑艺术的重要组成部分，也是佛教艺术东传并与中国本土文化融合的重要见证。魏晋南北朝石窟雕塑在塑造上注重形体的比例、动态和表情的刻画。雕塑家们通过精细的写实雕刻技艺，将佛、菩萨等形象塑造得栩栩如生，既体现了佛教的庄严神圣，又融入了人间的温情与柔美。龙门石窟中的武士立像，因仰视角度大且难以正面远观，采用了上身大下身小的比例设计，这体现了雕塑中的视角原理：雕塑作品需根据特定观赏环境和条件调整造型，以适应人的观看角度和心理需求，从而有效诱导审美心理，实现最佳的艺术效果。同时，他们还巧妙地运用光影效果，通过形体的凹凸起伏和衣纹的流动，增强了雕塑作品的空间感和立体感。类型、风格多样，既有受到古印度犍陀罗艺术和笈多艺术影响的深目高鼻、衣纹厚重的佛像，又有逐渐汉化、呈现"褒衣博带""秀骨清像"特点的佛像。这种风格的多样性反映了当时社会文化的多元融合和佛教艺术的不断创新。

雕塑在心理上给人以宁静、庄严的感受。佛像的慈悲面容、菩萨的温婉姿态以及力士的威猛形象，都传递出一种超越世俗的精神力量。雕塑创作需考虑安置地观赏条件，与环境相协调。雕像竖立要注重视角，30°～45°仰角显崇高，超60°则高不可攀。纪念雕塑置高台，造崇仰心理；平视或俯视，则显亲近。云冈石窟的佛像雕刻，巧妙地将宏伟佛像安置于石窟深处，于入口上方精心凿壁以透光。此设计运用宗教学、雕塑学原理，借由有限的空间布局，引导观者仰望那束穿透黑暗、照耀佛像的光线。光线与佛像的互动，不仅增强了空间的层次感，还赋予了佛像超凡脱俗的神圣气质，使得佛的伟大与崇高在石窟内

● 栖霞山景 1

●栖霞山景2

展现出来。在这一过程中，实体的佛像仿佛向虚空转化，引领着观赏者的心理体验由物质层面上升至精神层面，实现了视觉感受与心灵感悟的深刻交融，充分体现了空间学、光线以及视觉心理学的精妙结合。环境是为人而存在的，不同环境产生不同的心理反应，为雕塑作品创造特定的观赏条件，这是形成景观审美感受的重要原因之一。

在雕塑艺术中，质材的审美价值、色彩的运用、触觉与视觉的交互作用，以及雕塑与环境的关系，共同构成了雕塑作品丰富而深刻的内涵。雕塑质材自身便具有不可忽视的审美价值。以云冈石窟为例，其佛像雕刻多采用坚硬的石材，如石灰岩等。这些石材不仅耐磨耐久，能够历经千年而不朽，更以其独特的质感、色泽和纹理，为佛像赋予了庄严、神圣的气质。石材的冰冷坚硬与佛像的慈悲温暖形成鲜明对比，却又在雕塑家的巧手下和谐共生，展现出雕塑质材独特的审美魅力。虽然云冈石窟的佛像以素色为主，但在雕塑艺术中，色彩的运用同样重要。佛教雕刻中，色彩常被用来增强佛像的表现力，如金色的佛身象征着光明与智慧，红色的袈裟则寓意着热情与慈悲。超级写实主义作品更是通过精细的色彩运用，使雕塑作品达到以假乱真的效果。色彩不仅丰富了雕塑的视觉层次，还能使观者产生情感共鸣，提升作品的审美体验。雕塑作为三维空间中的艺术形式，能够直接作用于人的触觉。云冈石窟的佛像虽不可触摸，但观者在仰望其宏伟身姿时，仿佛能感受到石材的质感与重量。这种触觉感受非真实存在，而是视觉心理化的结果。正如里斯·卡彭特所言，雕塑主要通过视觉引发触觉感受，使观者在心理上产生与雕塑作品的接触感。触摸虽非雕塑鉴赏的必要手段，但却能加深这种心理感受，使观者对雕塑作品的理解更为深刻。云冈石窟的佛像雕刻于山体之中，与周围的山川地貌融为一体，形成了独特的空间美学。雕塑的轮廓、体量与地景、建筑的配合至关重要。在云冈石窟中，佛像的雄伟身姿与山体的磅礴气势相得益彰，共同营造出一种庄严而神圣的氛围。此外，雕塑作品还需考虑光线的变化对视觉效果的影响。云冈石窟入口上部的凿壁透光设计便是巧妙地利用了光线来增强佛像的表现力，使观者在有限的空间内感受到佛的伟大与崇高。以云冈石窟第20窟的大佛像为例，该佛像高约14米，面部丰满，高肉髻，眉眼修长，嘴角略带微笑，双耳垂肩，双手做禅定状。其造像质材选用石灰岩。佛像衣纹厚重凸起，线条简洁流畅，既体现了魏晋南北朝时期雕塑艺术的风格特点，又融入了佛教艺术的精髓。此外，该佛像还巧妙地利用了石窟内的光线变化来增强视觉效果。当阳光透过凿壁照射在佛像上时，佛像仿佛被赋予了生命般熠熠生辉，使观者在心灵上受到极大的震撼和洗礼。这一实例充分展示了雕塑艺术在质材选择、色彩运用、触觉与视觉交互作用以及与环境关系处理等方面的独特魅力。

这些雕塑作品不仅成了人们的精神寄托和心灵慰藉，而且在一定程度上影响了当时人们的宗教信仰和审美观念。雕塑的审美价值在于其独特的艺术魅力和深厚的文化内涵。这些雕塑作品不仅体现了当时雕塑家们的精湛技艺和创新精神，也反映了佛教艺术的发展与繁荣。同时，雕塑家们还通过对形体的塑造、表情的刻画和光影的运用，营造出一种超凡脱俗的意境，使人在观赏过程中感受到一种精神上的升华和净化。

魏晋南朝时期是中国绘画史中难以忽视的重要阶段，那时朝政虽然屡见更迭，但文化和艺术却开花结果，尤其是佛教人物画，成为那段历史时期的文化象征之一。魏晋至南朝时期，随着佛教的广泛传播和逐渐深入人心，佛教与当地文化融汇，佛教人物画的题材得以兴起。艺术家将佛教神话故事，佛像、菩萨、罗汉的故事，佛教东传中的故事等，逐步转化为极具独创性且丰富多彩的视觉艺术作品。其形式在继承传统的基础上，融合了佛教艺术、外来文化以及本土审美观念，形成了独具特色的艺术风格。在构图上打破了传统绘画单一视角的限制，采用了散点透视法，使得画面能够自由地展现多个场景和情节。同时，画家们还善于运用分层构图，将不同时间和空间的画面巧妙地组织在一起，形成一个连贯而富有层次感的整体。这种构图方式不仅增强了壁画的叙事性，也使得画面更加生动、丰富。

壁画以经变画、说法图、佛传故事、本生故事等为主要题材，画家们通过精心的场景设计和情节安排，将这些故事生动地展现在观者面前。画面中的人物、动物、建筑等元素被巧妙地组织在一起，形成一个个既独立又相互关联的画面单元。这些单元之间既有明确的分隔线，又通过色彩、线条等视觉元素相互呼应，使得整个画面既和谐统一又富有变化。

壁画在色彩运用上极为大胆和丰富。画家们善于运用各种鲜艳的色彩来营造画面的氛围和表达情感。他们不仅使用了传统的矿物颜料，还引入了植物颜料，使得画面色彩更加鲜艳明快。同时，画家们还通过色彩的对比和协调，使得画面呈现出一种既和谐又富有张力的视觉效果。

线条是石窟壁画中的重要造型手段之一。魏晋南北朝时期的画家们在线条的运用上展现出了高超的技巧和极强的表现力。他们通过粗细、长短、曲直等不同的线条变化，生动地刻画出人物、动物、植物等物象的形态特征和动态变化。同时，画家们还善于运用线条的疏密、虚实等手法来表现画面的空间感和层次感，使得画面更加生动而富有立体感。

魏晋南北朝时期的石窟壁画在技法上不断创新和融合。画家们吸收了外来绘画技法，如凹凸法渲染等，并将其与中国传统绘画技法相结合，形成了独具特色的艺术风格。同时，画家们还善于运用各种绘画材料和工具，如壁画颜料、毛笔、刻刀等，使得画面呈现出丰富的肌理效果和装饰美感。由于地域、民族、文化等多种因素的影响，魏晋南北朝时期的石窟壁画呈现出多样化的艺术风格。例如，新疆地区的石窟壁画受到了中亚地区犍陀罗画风的影响，形成了独特的"龟兹风"；而甘肃地区的石窟壁画则吸收了中原地区汉族画风的特点，形成了汉风浓郁的壁画艺术。此外，还有一些石窟壁画在融合多种风格的基础上形成了独具特色的艺术风格。

石窟壁画并非孤立存在，而是与其他艺术形式如雕塑、建筑等相互关联、相互影响。石窟壁画与雕塑艺术相结合，共同构成了完整的佛教艺术空间；与建筑艺术相结合，则使得石窟成为具有独特审美价值的建筑形式之一。

《世说新语》中载："庾公造周伯仁。伯仁曰：'君何所欣说而忽肥？'庾曰：'君复何所忧惨而忽瘦？'伯仁曰：'吾无所忧，直是清虚日来，滓秽日去耳。'"清与瘦，是魏晋时期对人物体貌特征的最高标准，追求飘洒、超逸脱俗的清瘦仪态是魏晋文人崇尚内在精神的表现，以张僧繇、曹仲达为代表的佛教画家传承和发扬了谢赫提出的绘画"六法"标准，追求"气韵生动"的审美格调，采用"骨法用笔"，遵循"应物象形"、晕染"随类赋彩"、"经营位置"中的画面构图、临摹和创作结合的"传移模写"绘画创作规律。曹仲达擅长人物、肖像及佛教图像的绘制，尤其精于外国佛像。他创造的"曹家样"，以细密的线条表现衣服褶纹贴身，形成"其体稠叠，而衣服紧窄"的独特视觉效果，仿佛人物刚从水中出来，因此得名"曹衣出水"。这种风格不仅展现了曹仲达高超的绘画技艺，也为佛教人物画增添了一种新的艺术表现形式。曹家样自创立以来，便受到了广泛的认可和推崇。在唐代，它与其他三种样式（"张家样""吴家样""周家样"）并称为当时佛教绘画的四大样式。这种风格的传播不仅限于绘画领域，还影响了雕塑等其他艺术形式，为中国古代艺术的发展注入了新的活力。

在曹家样的影响下，佛教人物画的表现手法得到了极大的丰富。画家们开始更加注重线条的运用和衣纹的表现，通过细密的线条勾勒出人物衣物的质感和动态，使画面更加生动逼真。这种手法不仅增强了画面的视觉效果，也提高了佛教人物画的艺术感染力。画面中，抽象与写意的色彩交织，不仅展现了艺术家们对解脱与超然世外精神性质的深刻理解，还通过流畅的人物线条、绰约的形态以及宁静而慈悲的神态，生动诠释了佛陀与菩萨的神圣性。张僧繇与陆探微的佛教题材壁画，更是这一时期的杰出代表，它们在造型、气韵、布局上均呈现出若即若离、空灵脱俗的神韵，令人叹为观止。

在魏晋南北朝时期的佛教人物画中，中国传统艺术线条的独特魅力得到了淋漓尽致的展现。画面中，线条不仅流畅自如，更蕴含着深邃的意趣和气韵，展现出一种超凡脱俗的艺术境界。艺术家们以"一气贯注""气机流畅"的笔法，将线条的韵律和节奏把握得恰到好处，使得整个画面仿佛被一股无形的力量所贯穿，充满了生命力和创造力。各线条间相互呼应，形成了一个和谐而统一的整体。这些线条不仅勾勒出人物的形象和轮廓，更通过细腻的笔触和微妙的变化，传达出人物内心的情感和神态，使得画面中的人物栩栩如生，呼之欲出。

在技法上，艺术家们巧妙地运用了"一画生多画"的技法，以简洁的线条勾勒出丰富的画面内容。这种技法不仅展现了艺术家们高超的绘画技艺，更使得画面在统一中生出无穷的变化，充满了艺术的魅力和感染力。审美追求体现在刚与柔、量与度的相辅相成上，艺术家们通过巧妙的笔触和色彩运用，将刚劲有力的线条与柔美细腻的色彩相结合，形成了一种独特的艺术风格。同时，他们也注重画面的力量感和节奏感，通过合理的布局和构图，使得画面既具有视觉冲击力，又富有艺术美感。这些作品不仅展现了艺术家们高超的绘画技艺，更传达了深邃的精神追求和审美理念，值得我们细细品味和珍藏。

中国传统艺术在石窟艺术种类中不时强化着时间与空间意识，时空交错一体、交相并呈，体现出塑像既结实又空灵、既具象又虚幻的艺术造型。石窟艺术中的佛、菩萨、飞天等形象将佛性元素和中华艺术线描技艺完美结合，不但塑造出衣服的华美质感，又在内在意蕴中体现本土文化"天人合一"的哲学根源。

石窟艺术作为艺术与宗教的完美融合，展现了真、善、美的最高境界。它以真挚的情感、丰富的想象和自由的形式为特色，运用既离奇又不失比例与均衡的手法，于夸张变形中蕴含深意。在"天人合一"的哲学根基上，石窟艺术呈现出独特的"飞动之美"，彰显了宇宙情趣，成为古代中国传统艺术的典范与象征。

第三章

王朝气象——隋唐石窟

第一节 隋唐石窟的形制

隋代莫高窟的洞窟形制体现了佛教建筑与宗教思想的深刻融合，它沿袭北朝石窟的形制"中心柱窟"并有很多创新，主要形制为"中心柱窟"和"覆斗顶窟"。

"中心柱窟"是窟内中间竖立一个方形大柱子，连通地板与天顶，意味着天地的宇宙视野。柱子分上下几层，三层或者两层，或是不分层。四面开龛或是三面开龛，圆雕或半浮雕佛像及弟子、菩萨像置于龛内。

"覆斗顶窟"是天顶部中心与东、南、西、北4个坡面形成的漏斗形空间，漏斗顶部最中心凹入部分呈方形，被称为"四方藻井"。井心绘以装饰性极强的莲花、龙纹、凤纹，以及海藻、藤蔓类植物等，取以水克火之意，象征着水源的丰盈与生命的延续，被视为生命之源，也象征着纯洁与再生。这种设计反映了古人崇敬与依赖自然的观念。

"中心柱窟"以莫高窟第302和303窟隋代石窟为典型代表。这两座洞窟的中心柱被巧妙地塑造成须弥山的形状，是中心柱的变化之一，上部为圆形七级倒塔，下部由方形两层台座组成，共承倒塔，台座上层四面各开一圆券形龛，展现了建筑师对佛教宇宙观的深刻理解与艺术表现。须弥山在佛教中被视为宇宙的中心，是各种世界层次的交汇点。其结构设计上，底部为方形塔，四面开龛造像，体现了佛教对多元信仰的包容性与对信徒的引导。根据《起世因本经》的描述，须弥山的观想世界分为多个层次，从阿鼻地狱到欲界、色界和无色界，象征着灵魂从堕落到解脱的旅程。这一层层叠加的结构，不仅反映了佛教的教义内涵，也为信徒提供了一种清晰的修行路径。隋代对中心柱的创新，正是其崇尚佛教教义的体现，反映了当时社会对宗教信仰的重视与对精神世界的探索。通过建筑形式的变化，隋代石窟不仅在物质层面创造了壮丽的空间，更在精神层面为信徒提供了一个通往解脱与成佛的神圣场所。这种建筑与宗教思想的结合，展示了隋代文化的深邃和丰富，为后世的佛教建筑发展奠定了基础。

第 302 和 303 窟的中心柱设计展现了隋代佛教建筑的独特魅力，其特点不仅在于形态的创新，更在于其具有深刻的宗教象征意义和艺术表现力。首先，中心柱被巧妙地塑造成须弥山的形状，底部为方形塔，象征着宇宙的中心。这一设计反映了佛教宇宙观的核心思想，强调了信仰的导向性。其次，柱的上部呈现出圆形倒山形，以六层阶梯状向下收进，这一结构不仅符合经典描述，更在视觉上营造出一种层次分明、逐渐升华的效果。信徒在此处仿佛能感受到从世俗到神圣的升迁变化，激发内心的向往与追求。再次，四面开龛造像的设计，使得柱体成为多尊佛像的承载者，增强了整个空间的神圣氛围。在须弥山与方形塔的连接处，浮雕出四条龙，象征着力量与保护，加强了视觉的冲击力，为整个结构注入了神秘的生命力，仿佛在守护着每一位信徒的心灵。每一层的边缘贴有影塑千佛，进一步强化了佛教教义的深度。这种细腻的装饰不仅是艺术的体现，更是对信徒精神世界的引导,鼓励他们在修行中不断追求更高的境界。最后,设计师在光影运用上的巧妙安排,使得整个中心柱窟在不同光线下展现出多样的面貌,增强了空间的神秘感与庄重感。光线的流动仿佛在诉说着佛教的无常与永恒,邀请信徒在此静心思考。通过这样精妙的设计,隋代莫高窟不仅在建筑艺术上达到了新的高度,也为信徒提供了一个永恒的精神归宿。综上所述,第302和303窟的中心柱不仅是一件建筑艺术品,更是佛教思想的具象化表现,深刻地反映了隋代对信仰的崇尚与对精神世界的探索。每一个细节都在传达着一种超越时空的力量,吸引着无数信徒前来朝圣与冥想。

隋代第305窟形制为"佛坛窟"与"三龛殿堂窟"的结合,主室的顶部为覆斗顶,在洞窟中央有一座高高的佛坛,佛坛上有塑像。窟顶为巨大的"三兔莲花"纹伞盖藻井。该洞窟的设计巧妙地融合了"佛坛窟"与"三龛殿堂窟"的形制,形成了一种独特的宗教空间。主室的顶部是覆斗顶,空间上给人一种向上升的感觉,仿佛在诉说着古老的佛教智慧,使人产生崇拜与肃穆之情。在洞窟的中央,耸立着一座高高的佛坛,佛坛上供奉着精美的塑像,静静地注视着前来朝拜的信徒。鲜艳的彩塑为清代重修,在静默中传递着慈悲与智慧。洞窟的顶端装饰着巨大的伞盖藻井,中央的"三兔莲花"图案生动而富有象征意义,三只兔子围绕着莲花,寓意着繁荣与生生不息。这一细腻的设计不仅展示了工匠们高超的技艺,更为整个空间增添了神秘而祥和的气氛。光线透过洞窟的缝隙洒入,映照在佛坛与塑像上,形成了柔和的光影交错之感,营造出一种令人心灵宁静的氛围。每当信徒走入这个神圣的空间,他们都能够感受到从世俗到神圣的转变,仿佛在这里找到了内心的归宿与安宁。在这样的环境中,信徒们不仅是参与者,更是这一神圣仪式的见证者，心中充满了对佛教教义的崇敬与向往。结合"佛坛窟"与"三龛殿堂窟"形制的洞窟并不常见，但可以找到一些相似的建筑实例。云冈石窟的部分洞窟同样融合了佛坛与龛位的设计，展现了隋代佛教建筑风格。龙门石窟同样有一些洞窟在结构上结合了佛坛和多龛的形式，体现了当时对佛教信仰的重视。这些实例虽然在具体形制上可能有所不同，但都体现了佛教建筑在空间布局和宗教象征上的深刻内涵。

隋代第 427 窟主室的中心柱正面贴壁塑出一佛二菩萨的三尊像，在南北两壁前部的人字披下部，也各塑出高大的三尊像，与中心柱正面的三尊像共同构成三世佛（过去佛、现在佛和未来佛）。洞窟前部这两组高大的佛像形成了十分震撼人心的宗教环境。中心柱不仅是建筑的支撑，更是宗教象征的核心。正面不开龛的处理，使得三尊像显得尤为突出，强调了佛教信仰中的三世佛的重要性。这种布局使得信徒在进入洞窟时，首先感受到的是时间的延续与佛教教义的深邃。南北两壁前部的人字披下部塑造的高大的三尊像，与中心柱的三尊像形成强烈的视觉对比。这种高大的佛像通过其规模和细致的雕刻，能够引发信徒的敬畏与崇拜之情，从而增强宗教体验的情感深度。该窟的雕塑风格体现了隋代佛教艺术的特点，融合了前期艺术风格并有自身的创新。三尊像的塑造不仅展示了匠人们技艺的高超，也反映了当时社会对宗教信仰的重视与对艺术的追求。这种文化传承在视觉上形成了一种连贯性，使得信徒能够在历史与信仰的交汇中找到归属感。

中心柱南、西、北三面的龛位塑造了一佛二弟子的形象，进一步丰富了叙事层次。这种安排不仅强调了师徒关系的教义意义，也在视觉上形成了一个完整的宗教叙事框架，使信徒在观赏的同时能够思考佛教教义的深刻内涵。整个洞窟的设计鼓励信徒与空间互动。信徒在不同位置观看佛像，能够体验到不同的视觉效果，有不同的情感反应。这种互动性增强了信徒的参与感，使得宗教体验不仅是静态的观赏，更是动态的心灵交流。隋代第427窟通过巧妙的空间布局、震撼的视觉效果和深刻的文化内涵，构建了一个富有宗教象征意义的环境，提升了信徒的宗教体验。

隋代第420窟形制为三壁三龛窟，主室的顶部为覆斗形顶，南、西、北壁各开一龛，因此被称为"三龛窟"，正面主龛还采用双层龛的形式。佛龛平面呈阶梯状向内部收进一层，平面如"凸"字形，看起来就多了一个层次。隋代第420窟沿袭北魏龛窟的形制并有创新，在艺术上更加注重繁复性和装饰性。双层龛往往可以在龛内塑造较多的佛像，由原来的一佛二弟子二菩萨增加为一佛二弟子四菩萨以组合。双层龛的形式直到初唐仍很流行。隋代第420窟作为三壁三龛窟，其设计和结构都蕴含着深厚的宗教意义。主室的覆斗形顶与三壁三龛的布局相结合，形成了一个多层次的空间。这种阶梯状的龛结构象征着信仰的逐步提升与灵性的发展，使信徒在此空间中仿佛经历了一种从世俗到神圣的升华，体现了佛教教义中追求启蒙与解脱的核心思想。正面主龛采用双层龛的形式，能够容纳更多的佛像，从而增强了宗教叙事的复杂性与丰富性。将一佛二弟子与四菩萨以组合呈现，强调了佛教的众生平等观念和慈悲精神。这种设计不仅丰富了信仰内容，也使得信徒在观赏时能够感受到佛教教义的广泛性和深刻性。三龛的设置为整个空间营造了神圣的氛围。信徒在进入洞窟时，面对多个佛像的排列，能够感受到强烈的宗教仪式感。这种空间布局能够增强信徒的敬畏之心，使其在心灵上更容易与佛教信仰产生共鸣。通过双层龛的设计，更多的佛像不仅是艺术的展示，更是教义传播的载体。每一尊佛像及其弟子、菩萨的形象都承载着特定的教义与故事，信徒在参拜时可以通过观察和思考，深化对佛教教义的理解与认同。双层龛直到初唐仍在流行，显示出这一设计在佛教建筑中的重要性与影响力。三龛窟的空间布局体现了佛教建筑的演化发展，其三壁三龛的设计反映了佛教建筑从简单到复杂的演化过程。早期的佛教建筑多为简单的洞窟或平面结构，而三龛窟通过引入多个龛位和层次，展示了空间利用上的精细化与艺术化。覆斗形顶与阶梯状龛的结合，增强了空间的层次感。这种设计使信徒在进入时能够感受到神圣的氛围，体现了佛教对空间的宗教象征意义的重视，反映了建筑设计在宗教体验上的演变。三龛窟的布局不仅满足了佛教仪式的需要，还提供了更多的展示空间，使不同的佛像和菩萨能够并存。这种多功能性的设计体现了佛教建筑在满足宗教需求上的灵活性与适应性，反映了佛教文化传播的广泛性。双层龛的形式允许更多佛像的塑造，体现了佛教艺术在表现形式上的丰富性与多样性。这种艺术演变不仅是技术上的进步，也反映了宗教思想的深化和社会对佛教信仰的重视。

通过龛内不同佛像的组合，三龛窟能够实现更为复杂的宗教叙事。这种叙事性布局使信徒在参拜时能够更深入地理解佛教教义，体现了佛教建筑在传播宗教思想上的演化。此外，三龛窟的设计也反映了不同地区文化的融合。随着佛教的传播，建筑风格与技术不断吸收地方特色，使佛教建筑在不同历史时期和地域背景下展现出独特的风貌。综上所述，三龛窟的空间布局不仅是佛教建筑形式的具体体现，更是其演化发展的重要标志，展现了佛教信仰与艺术表现之间的深刻联系。这种形式反映了隋代佛教艺术的繁荣，并为后来的佛教建筑风格奠定了基础，体现了宗教文化的传承与发展。

隋代晚期至初唐的第244窟，以覆斗形顶的殿堂设计而闻名，主室呈方形，展现出一种独特的空间布局。西、南、北三壁上均贴壁起佛坛，塑像安置于佛坛之上，形成了一种庄重而神圣的氛围。在这三面墙壁上，均可见一佛二菩萨的布局，北壁的主尊则是装扮为菩萨的弥勒菩萨，象征着他居于兜率天宫的威严与慈悲。这种一佛二菩萨的布局不仅表现了时间的延续，也体现了佛教对过去、现在与未来的轮回观念。此外，洞窟的平面虽为方形，但其顶部设计却呈现出多样性。有的窟顶前部为人字披顶，后部则为平顶；而有的则相反，前部平顶，后部人字披顶。这种设计沿袭了北魏时期中心柱窟的传统，巧妙地将人字披顶与平顶结合，然而却不设中心柱，极大地扩展了内部空间，使得信徒在此空间中能够感受到一种开阔与自由的气息。在窟内，西壁上的龛造像表现出丰富的艺术风格。有的龛内开设了精美的造像，有的则保持了简洁的设计，但正壁上塑出的佛像却显得格外引人注目。这些佛像不仅是艺术的结晶，更是宗教信仰的具象化，信徒在观赏时，能感受到佛教教义的深邃与力量。从宗教学的角度来看，这种布局不仅是对佛教信仰的尊重，还反映了对灵性升华的追求。艺术视觉上，佛像的排列与空间的设计相辅相成，营造出一种和谐而庄严的氛围，使得信徒在此不仅能感受到宗教的神圣，更能在心灵深处与佛教教义产生共鸣。整体而言，第244窟的设计与艺术表现，深刻地体现了隋代晚期至初唐时期佛教建筑与艺术的发展和繁荣。

莫高窟现存隋代石窟多达80个。虽然隋代国运短祚，只维持了不到40年，但是隋代石窟无论在规模形制还是雕塑壁画上都属于大型窟和艺术精品。其洞窟的形制对北朝以来的中心柱窟和覆斗顶窟都有所继承，同时又在不断变化。隋代是一个充满创造力的时代，艺术家们似乎在尝试佛窟形式的各种可能性并有独创。

唐代前期的敦煌石窟形制承隋余绪，还有一些大型中心柱窟，但覆斗顶窟已成为这个时代最流行的窟形。隋代那种双层龛也逐渐被大型敞口龛所取代。也有少数特别的窟形，如大像窟和涅槃窟等。初唐的一些洞窟还保持着隋代的风格，洞窟为方形平面，覆斗顶，正面开一敞口，设双层龛，如初唐第57、322窟等。龛岩延伸至左右两侧，以安置天王或力士塑像，初唐328、329窟和盛唐第45、217窟等中都有所体现。这一形式从初唐到盛唐都是最流行的窟形。中心柱窟的形式是北朝流行的窟形，延续到隋代变成须弥山漏斗形，至唐代演变为以覆斗顶形制为主。

初唐第332窟，形制为覆斗顶窟，正壁开双层龛，内塑一佛、二弟子、二菩萨、二天王像共七身。其他三壁绘以壁画弥勒说法图，阿弥陀经变、说法图，药师说法图。双层龛的设计和覆斗顶的空间感，象征着灵性升华，并引导观众的视线自然聚焦至中心佛像。双层龛创造了视觉上的层次感，代表着天人之间的界限，强调佛教的神圣性与崇高地位，同时体现了教义的传承与传播，形成集体修行的信仰共同体。覆斗顶向上延伸，意味着灵性与精神的升华，引导信徒追求更高的境界，同时也传达出保护与庇佑的意义，仿佛为佛像和信徒提供关怀与护佑。这两者的结合不仅增强了空间的神圣感，还深刻反映了弥勒信仰的核心理念，强调信徒与佛陀之间的联系与互动。

初唐第328窟的设计展现了深厚的宗教信仰与精湛的艺术技巧。该窟呈方形平面，顶部为覆斗藻井顶，中央配有团花井心，四周绘制千佛，富有层次感，营造出一种庄严的氛围。正壁开设平顶敞口佛龛，佛、弟子、菩萨和天王七身像按照传统的纵向对称方式布局，体现了佛教艺术的规范与和谐，强调了信仰的集体性和神圣性。南壁绘制的《观音经变》和北壁的《观无量寿经变》通过生动的图像叙事，将佛教经典故事传达给信徒，增强了宗教教育的效果。前壁门两侧的观音与地藏菩萨图像，进一步丰富了整个空间的宗教内涵。平顶设计使龛的顶部显得简洁而稳重，与覆斗顶形成鲜明对比，传达出一种安宁与和谐的感觉。宽敞的开口不仅便于展示内部佛像，增强了视觉的开放性，还体现出佛教信仰的亲近感与包容性。整体而言，平顶敞口龛不仅具备实用功能，更在视觉与宗教层面上，体现了佛教的平和与深邃，彰显了佛教仪式的庄严感。

大像窟，又称大佛窟，是唐前期引人注目的洞窟，尤其以莫高窟第96窟、第130窟和榆林窟第6窟的巨大佛像而闻名。第96窟建于延载二年（695年），内有高达35.5米的北大像，因其高度超过崖壁顶部，故在佛像外部修建了保护性的窟檐。该窟檐历经多次重修，唐代时为四层重檐，五代重修后增至五层，清末（1898年）重修为七层，民国时期再次修缮，最终形成现存的九层楼结构。第130窟建于开元、天宝年间，内有高26米的南大像，窟顶为覆斗顶。该窟除东壁下部开门外，在靠近大佛头部和腹部的位置各设有一个明窗，使得自然光线能够透入，照亮大佛的头部和身体，增强了视觉效果。此外，在第130窟前发现了规模较大的殿堂遗址，表明在营建大佛的同时，也修建了与洞窟相连的佛寺殿堂，形成前殿后窟的结构。大像窟继承了古印度犍陀罗时期大佛造像的传统。巴米扬石窟有东西两个大佛像，分别高38米、54米。玄奘在《大唐西域记》中对阿富汗地区的巴米扬大佛这样描述："城东二三里伽蓝中有佛入涅槃卧像，长千余尺。"大佛像通常展现了国家经济的强盛，以及工匠精湛的雕刻技艺。佛像细致入微的面部表情和衣饰纹理，体现了唐代艺术的高度发展和审美追求。大像窟不仅是宗教信仰的体现，还象征着佛教的威严与慈悲，吸引信徒前来朝拜，增强信仰的凝聚力。大佛像与周围空间布局紧密结合，通常与洞窟的整体结构相协调。明窗如同基督教教堂天顶的"上帝之光"，营造出庄严肃穆的宗教氛围。这些佛像往往反映了不同文化的融合，尤其是在丝绸之路沿线，艺术风格和宗教理念的交流促进了多元文化的发展。作为重要的文化遗产，巨大佛像见证了历史的变迁，记录了当时社会、经济和宗教的状况，具有重要的考古和历史研究价值。这些佛像也吸引了大量游客，成为文化旅游的重要资源，同时也为教育和研究提供了丰富的素材，促进了人们对佛教文化的理解与传播。对信徒而言，巨大佛像不仅是他们崇拜的对象，更是精神寄托，象征着希望、平安和解脱，具有深远的心理和情感影响。由此可见，大佛窟在宗教、艺术、文化和社会等多个层面发挥着重要作用。大佛窟中的一系列设计与建造不仅展示了当时佛教艺术的辉煌，也反映了宗教信仰与建筑艺术的紧密结合。

唐代中后期的洞窟形制仍以覆斗顶窟为主，其中盝顶形龛的覆斗顶窟尤为盛行。盝顶形龛是模仿中国木结构建筑的龛形，在洞窟正面开设的方形空间顶部设计盝顶，是犍陀罗的建筑风格。该形制平面呈矩形，顶部多为平面浅浮雕，楣分数格，格内雕佛、飞天、供养人像及装饰性图案，盝楣下施帐帷，通常设有马蹄形佛坛，佛像安置于佛坛上，代表洞窟为第159、231、112、156窟。虽然盛唐时期已初步出现盝顶形龛，但其真正流行是在中唐以后。盝顶形龛的出现不仅反映了艺术风格的演变，也标志着唐代佛教艺术的进一步发展。龛顶及龛沿的装饰图案常见垂幔纹和垂角纹，垂幔纹在四角画出长长的流苏，使藻井具有华盖的意义，体现了唐代艺术的精致华丽与装饰的多样性。盝顶形龛的泛化是时代发展的趋势，宗教意义让步于形式意义。其作为一种普通龛形被广泛接受，而不再限定于某一题材或被赋予特殊含义，反映出宗教艺术在形式上的适应与演变。盝顶形龛独特的结构设计和艺术表现，不仅为空间增添了层次感，加强了视觉冲击力，还营造出浓厚的宗教氛围，其装饰意义逐渐超越建筑样式的象征意义，这一系列变化展示了唐代佛教艺术的成熟与多元化，进一步推动了宗教信仰表达方式与审美力的发展。

榆林窟中唐时期的洞窟多为中央佛坛窟，代表洞窟为第25、15窟。第25窟是一个规划十分严整的洞窟，有甬道和完整的前室，主室为方形平面，覆斗顶，顶部一面为坡形，中央设方形佛坛，现仅存一尊清代彩塑坐佛，在前甬道两侧各有一个方形的小耳室，现编号为24窟、42窟。壁面绘弥勒变，密教"八大菩萨曼荼罗"，观无量寿佛经变，文殊变，普贤变，观音、势至、地藏等菩萨单身像，毗琉璃天王和毗沙门天王。第25窟壁画内容丰富，精致美观，是榆林窟唐代中期艺术成就最高的洞窟。

莫高窟在晚唐时有中心佛坛的洞窟较多，如第16、85、196窟等，均为大型洞窟，有的洞窟主室平面达200平方米。在前室与主室之间有较长的甬道，主室中央设马蹄形佛坛，佛坛前部中央有踏道，坛后有背屏与窟顶相连。第16窟是一个大型覆斗顶窟，主室设马蹄形佛坛，后有通顶背屏，坛上塑像为清代重塑。四壁绘有千佛，画面色彩鲜艳，线条清晰明确，保存甚好，为高僧洪䛒生前主持营建。宽大的场域空间使得佛教徒可以在这个洞窟内，一边诵读千佛名号，一边围绕中心佛坛右旋，绕塔观像。

从宗教心理学的角度来看，这些大型洞窟的设计旨在创造一种庄严的宗教氛围。首先，宽大的空间和长甬道的布局，使信徒在进入主室时感受到一种逐步增强的敬畏感。这种空间的安排不仅有助于增强信徒的宗教体验，还鼓励他们进行反思与冥想，建立与圣人的连接。其次，主室中央的马蹄形佛坛及背屏设计，结合了视觉艺术原理。马蹄形佛坛的造型不仅具有象征意义，还通过其独特的几何形状引导信徒的视线集中于佛像，增强了佛像的视觉权威性。坛上塑像与四壁的千佛绘画形成鲜明对比，色彩鲜艳、线条清晰的画面有效地吸引了信徒的注意力，增强了视觉冲击力，令信徒在观赏过程中感受到一种视觉上的震撼与内心的宁静。最后，仪式心理学的分析则揭示了信徒在洞窟内的行为模式。信徒在佛坛前诵读千佛名号，并围绕中心佛坛右旋的仪式性行为，体现了他们对佛教教义的尊重与虔诚。这种动态的仪式参与不仅增强了信徒们的共同体感，还通过重复的身体动作和声音，深化了他们的宗教体验，形成了一种强烈的精神共鸣。综上所述，莫高窟通过空间布局、视觉艺术的表现以及仪式参与的宗教实践，营造出一种浓厚的宗教氛围，提升了信徒的心理归属感，促进了信徒的精神升华。

莫高窟第 17 窟为举世闻名的敦煌藏经洞，位于第 16 窟甬道北侧，内部形制为方形覆斗顶窟，北侧设佛台，现存一尊高僧洪䛒圆雕塑像，为敦煌高僧洪䛒的影窟（影堂）。影堂指家庙，旧时供奉神佛或陈设祖先图像的厅堂，或是高僧生前修禅行的禅窟和纪念堂。影窟为主窟的附属小窟，位于主窟前室或甬道两侧。洞窟面积大不过七八平方米，小不及一平方米，平面均近似方形，顶部为覆斗顶，或平顶，或穹隆顶，正壁绘塑高僧像，其余壁面绘画。第 17 窟洪䛒塑像背后墙壁的人物风俗画是不可多得的绘画精品。类似的影窟还有第 137、139、174、357、364 和 443 窟等六窟。第 138 窟甬道北侧的第 139 窟为晚唐石窟，洞窟的形制与壁画主题大体与第 17 窟一致，可知影窟有一定的规范。影窟主要作为供奉和纪念高僧及神佛的场所。在第17窟中，洪䛒的圆雕塑像不仅表达了信徒对这位高僧的崇敬之情，也成为信徒进行祈祷与冥想的中心。影窟的存在为信徒提供了一个专属的空间，信徒能够在这里进行个人的宗教活动，增强了信徒的宗教体验，使信徒有一个精神寄托。影窟通过供奉祖先图像或高僧的雕塑，成为文化和宗教传统的承载体。第17窟内的洪䛒像及其背后的风俗画，不仅展示了高僧的生平与修行，还反映了当时的社会风俗与文化背景。这类绘画作品具有极高的艺术价值与重要的历史研究意义，成为后人了解敦煌文化的重要资料。影窟的形制通常为方形覆斗顶，面积虽小，但其设计却富有深意。第17窟及其他影窟（如第137、139、174、357、364和443窟）在空间布局和壁画主题上有一定的规范，显示出影窟作为宗教建筑的一致性与功能性。这种标准化的设计使得影窟能够有效地服务于宗教活动与文化传承。影窟的存在不仅为信徒提供了一个进行宗教活动的场所，也在社会层面上促进了信徒之间的互动，增强了信徒的共同体感。信徒在影窟中进行的祈祷与冥想，能够增强他们的归属感与信仰认同，形成一种集体的精神纽带。

综上所述，莫高窟的影窟不仅是宗教活动的场所，更是文化传承与社会互动的重要空间。通过对高僧的纪念、文化的展示以及规范化的设计，影窟在敦煌的宗教生活中扮演了不可或缺的角色，体现了宗教、文化与社会的深度交融。

第二节　龟兹佛国和库木吐喇

龟兹舞，龟兹舞，始自汉时入乐府。
世上虽传此乐名，不知此乐犹传否。

黄扉朱邸昼无事，美人亲寻教坊谱。

衣冠尽得画图看，乐器多因西域取。

宋朝诗人沈辽所作《龟兹舞》讲龟兹人擅长音乐，龟兹乐舞名盛一时，在汉朝时传入最高音乐机构——乐府。唐朝诗人李颀所作《听安万善吹觱篥歌》一诗中有"南山截竹为觱篥，此乐本自龟兹出"的句子，同时代的著名边塞诗人岑参在《北庭贻宗学士道别》一诗中有"今且还龟兹，臂上悬角弓"的句子。这些古诗中所指的"龟兹"就是今天的新疆维吾尔自治区以库车为中心，包括拜城、阿克苏、温宿、新和、乌什、沙雅等的整个区域。龟兹北倚天山，南邻塔克拉玛干大沙漠，地处西域中心地带，曾是古代西域三十六国中的一个大国，地域辽阔，为古丝绸之路上的要塞。清徐松在其所著《汉书西域传补注》中主张三十六国应为婼羌国、楼兰国、且末国、小宛国、精绝国、戎卢国、扜弥国、渠勒国、于阗国、皮山国、乌秅国、西夜国、子合国、蒲犁国、依耐国、无雷国、难兜国、大宛国、桃槐国、休循国、捐毒国、莎车国、疏勒国、尉头国、姑墨国、温宿国、龟兹国、尉犁国、危须国、焉耆国、姑师国、墨山国、劫国、狐胡国、渠犁国及乌垒国。

《汉书》卷八《宣帝纪》第八记，"二年春二月，诏曰：'乃者正月乙丑，凤皇、甘露降集京师，群鸟从以万数。朕之不德，屡获天福，祇事不息，其赦天下。'夏五月，羌虏降服，斩其首恶大豪杨玉、酋非首。置金城属国以处降羌。秋，匈奴日逐王先贤掸将人众万余来降。使都护西域骑都尉郑吉迎日逐，破车师，皆封列侯。九月，司隶校尉盖宽饶有罪，下有司，自杀。匈奴单于遣名王奉献，贺正月，始和亲"。公元前 60 年，即西汉神爵二年，汉宣帝在乌垒城（今轮台县）设立了西域都护府，任命郑吉为西域都护。这一举措标志着西域三十六国正式纳入汉朝的统一管辖之下。公元前36年秋，汉西域都护甘延寿发西域兵攻入康居，杀郅支。匈奴随郅支西迁者几尽。到了东汉永元三年（91年），时任西域都护的班超果敢行动，撤换了匈奴所立的龟兹王尤利多，扶持白霸成为新的龟兹王。直至唐代，白环统治的800多年间，白姓王室一直掌握着龟兹的统治权。公元648年，唐朝将安西都护府的治所迁至龟兹，使其迅速发展成为西域的政治中心。这一系列措施不仅巩固了汉朝在西域的统治地位，也为龟兹的繁荣奠定了基础，使其成为东西方文化交流的重要枢纽。

在公元3世纪，龟兹的土地上，佛教如同春风般悄然吹拂，成了这个古老国度的宗教信仰主流。国王的支持如同强劲的后盾，使得高僧们纷纷汇聚于此，带着智慧与信仰的火焰，传播着佛法。在这片神圣的土地上，寺庙拔地而起，石窟在山崖中被精心雕凿，仿佛是大自然为信仰而开辟的圣地。进入4、5世纪，龟兹已然蜕变为西域佛教文化的璀璨中心。这里的石窟艺术如同一幅宏伟的画卷，展现出犍陀罗风格的庄重与典雅、西域风格的奔放与生动，以及中原风格的细腻与和谐。每一尊佛像、每一幅壁画，都在诉说着信仰与艺术交织的故事，时间仿佛在此凝固，信徒们的虔诚与艺术家的匠心在这里交相辉映。龟兹的石窟不仅是宗教的殿堂，更是文化的交汇点。来自不同地域的艺术风格在这里碰撞、融合，形成了独特的龟兹石窟艺术，宛如一颗璀璨的明珠，闪耀在历史的长河中。信徒们在这里膜拜，艺术家们在这里创作，整个龟兹仿佛成了一个充满灵性与创造力的圣地，永远铭刻在世人的心中。

库木吐喇和克孜尔石窟之间的直线距离约为15千米，它们犹如两颗璀璨的明珠，镶嵌在广袤的新疆大地上。它们坐落于库车市西南约 30 千米的地方，周围环绕着壮丽的自然风光。库木吐喇东北方向，克孜尔尕哈石窟静静伫立，散发着古老的神秘气息；而西南方，托乎拉克埃肯石窟则以其独特的艺术魅力吸引着无数游客。在库车城内的皮朗古城遗址,汉代称其为"延城"，唐代更名为"伊罗卢城"，诉说着曾经的辉煌与繁荣。库木吐喇东面约 2 千米处，玉曲吐尔遗址则悄然隐藏，静静等待着探寻者的脚步。这四座石窟及周边的多处遗址，交织成一个庞大的佛教石窟群，宛如一条文化长河，流淌着历史的印记，成为新疆第二大石窟群。这里不仅蕴藏着丰富的宗教形式，更是历史与自然交融的奇迹，吸引着无数人前来探访与膜拜。

库木吐喇石窟位于却勒塔格山西坡，渭干河谷东岸南北蜿蜒 750 余米的山谷区，现存 113 个洞窟，由谷内和谷口两区组成，谷内区已编号的洞窟 80 个，谷口区已编号的洞窟 33 个。库木吐喇石窟的壁画极为精美，保留壁画的洞窟有 40 多个。现存洞窟类型分为礼拜窟、僧房窟、讲堂窟和罗汉窟，其中礼拜窟占多数。礼拜窟是专供佛教徒礼拜的洞窟；僧房窟是供僧尼生活起居的洞窟；讲堂窟是寺院主持大德高僧聚众讲经的洞窟；罗汉窟则是为了纪念已故高僧或供奉已故高僧的骨灰而开凿的洞窟，之后发展为影窟。目前现存的大像窟是介于早期大像窟和中心柱窟之间的一种特殊形制。如谷口区的第 3、24 窟和谷内区的第 38、63 窟。

早期洞窟建于 5—7 世纪，洞窟形制主要有中心柱窟和方形窟两种。中心柱窟主室呈平面长方形，窟顶为纵券形顶，中心柱四面开龛，正壁凿一大龛或四壁各凿一龛。方形窟主室呈平面方形，窟顶为穹隆形。中期洞窟建于 8—9 世纪，洞窟形制为中心柱窟和方形窟，方形窟顶也多做纵券形，出现了和中原唐代石窟相似的洞窟。晚期石窟建于 10—11 世纪，随着佛教的没落，伊斯兰教的兴起，佛教石窟的建造最终停止。

库木吐喇石窟分为早期（两晋时期）、中期（南北朝到隋时期）和晚期（唐到高昌回鹘时期）。壁画风格随着不断发展呈现出几个阶段：早期龟兹风阶段、龟兹风与汉风阶段，中期汉风阶段、汉风与回鹘风阶段，晚期回鹘风阶段。学者吴焯先生在《库木土拉石窟壁画的风格演变与古代龟兹的历史兴衰》一文中详细论述了库木吐喇石窟的艺术样式，即克孜尔样式、敦煌样式、柏孜克里克样式三种。壁画内容包括本生故事、因缘故事和佛传故事、说法图、弥勒兜率天说法图、天相图、金刚和飞天等内容。其中，以菱格构图形式表现的本生故事和因缘故事100余种，佛传故事60多种，数量之多超过了印度和中国其他地区，库木吐喇石窟是克孜尔石窟的延续，其早期壁画内容和艺术风格均沿袭克孜尔石窟"龟兹样式"。

早期继承"龟兹样式"的代表洞窟有第23窟、第20窟、新1窟、新2窟等。

第23窟主室的券顶上绘制着精美的天相图，仿佛是一个神秘而宏伟的宇宙。窟外的通道前廊，恰如一条引导人们进入这个神秘宇宙的通道。方形的空间内蕴藏着丰富的佛教宇宙观。从内部向外，长方形的构图层层递进，展现出月天、立佛、金翅鸟和日天的丰富内容的两侧，各绘有云中蛇龙飞舞的形象，仿佛在诉说着天界的神秘与灵动。其中，日天与月天的形象尤为引人注目，二者分别为太阳神和月亮神的象征，头戴宝冠、身披盔甲，胸前有十字束索，身后展开三角翼，短裙轻盈下垂，姿态威严而优雅。日、月天神均一手轻放于腿上，另一手高举，散发出耀眼的头光与身光，赤足交脚坐于马车之上。马车两侧，各有两匹马，背对而行，形成一种动态的对比与和谐。日、月天神身后的宫殿均呈圆形，内部以放射状的直线勾勒，象征着宇宙的秩序与和谐。这种人格化的日天与月天形象，可追溯至希腊神话，展现了古代文明之间的交融与碰撞。而在天相图中，群蛇在天空中行云布雨的形象源自印度。这种在建筑顶部中脊绘制天相图的构图形式，与汉代中原地区的券顶砖室墓形制极为相似。结合西汉时期张骞开辟西域后龟兹与中原地区联系紧密的历史背景，这种构图形式成为西域受中原文化影响的明证。库木吐喇石窟的天相图，正是希腊、罗马、印度和中华文明多元文化交融的缩影，展现了历史的辉煌与艺术的魅力。每一笔每一画，都在诉说着跨越时空的文化交融与精神追求。

第20窟是一座方形平面穹隆顶的礼拜窟，主室的穹隆顶上矗立着一组庄严的立佛与菩萨，营造出神圣的氛围。在出口两侧的龛内，各塑有一尊坐佛，是犍陀罗艺术风格的典范。这尊坐佛高约87厘米，形体比例准确，细腻的雕刻展现出和谐美感。坐佛长脸卷发，头略微前倾，眼睑轻垂，嘴角微微内收，露出一丝淡淡的微笑，仿佛在传达内心的宁静与智慧。两臂自然垂下，交于腹前，右掌轻压在左掌之上，形成一种禅定的姿态，双足仰置，更加凸显其冥想的状态。这尊坐佛的衣纹处理独具匠心，采用"贴泥条式"塑成条棱状的突起，形成柔和的褶皱。衣服整体的襞褶稀疏，线条流畅而优雅，赋予了坐佛极强的质感。这尊坐佛姿态生动、线条简洁，体现了工匠卓越的艺术表现力，也成为龟兹石窟中仅存的精美艺术品之一。从视觉文化的视角看，这尊坐佛不仅是宗教信仰的象征，更是历史与艺术交融的结晶。每一个细节都蕴含着深厚的文化内涵，展现了古代工匠的技艺与对佛教哲学的深刻理解，让观者在欣赏的同时，沉浸于其传递的宁静与智慧之中。

新1窟一佛一菩萨壁画绘制于约公元5世纪，人物形象既保留了古印度犍陀罗风格的精髓，又融入了"龟兹样式"华丽与细腻的绘画风格。人物的发型独具特色，磨光的发髻扁平，位于头顶稍前的位置，搭配着束发带，发髻多呈黑色，散发出一种庄重而优雅的气质。脸型方圆，额头短平，发际线与眉毛的距离较近，眉间点缀着细致的白毫，眼睑轻轻下垂，目光柔和地注视着下方。鼻梁挺直，与眉脊自然相接，鼻翼则显得窄而精致。人物表情祥和，略带一丝微笑，仿佛在传递着平静与安宁。大多数人物身着赤色通肩袈裟，袒露右肩，衣褶厚重而富有层次感，衣纹交叠，展现出强烈的下垂感，显出一种飘逸的美感。手部造型写实，手指短粗，指尖微微上翘，指肚圆润，给人一种温和而亲切的印象。整体身长约为头部的五倍，身材显得短粗而低矮，人物头部呈圆轮形，身形为椭圆形。许多雕像坐落在金刚座或须弥座上，也有一些站立于莲花座之上，营造出一种庄严而神圣的氛围。这些细致入微的描绘，使得每一尊雕像都仿佛在诉说着古代艺术家们对信仰与美的深刻理解。

新2窟的十三身伎乐供养菩萨壁画，绘制于大约公元5世纪，位于窟顶中心的大莲花辐射出的梯形条带上，展现出一种超凡脱俗的美感。穹顶中心的莲花图案，双层花瓣从内到外逐渐增大，层层重叠，宛如鱼鳞般紧密而富有生机。莲花的外围环绕着一圈六瓣小花，形成了二方连续的纹样，既和谐又富有节奏感。下方是十三位供养菩萨，她们各具风采，头梳高髻，长发披肩，发型各异，展现出多样的美感。菩萨的脸型修长，眉目间距大，鼻梁高直，唇上勾勒着两撇弯曲的小胡子，增添了一丝灵动。她们的肌肤白皙，上身赤裸，佩戴着项圈、璎珞、臂钏、手镯等华丽的装饰品，展现出繁复而精致的工艺，下身裙装各式各样。她们姿态旖旎，仿佛在诉说着神秘的故事。有的菩萨双手持花环供奉，有的则握着净瓶，还有的双手合十，手中捧着花朵。她们的身躯以"S"形扭动，舞姿轻盈优美，富有节奏感，仿佛在进行一场无声的舞蹈表演，传达着内心的宁静与祥和。在绘画手法上，壁画通过细致的线条勾勒出人物形象，再以丰富的色彩进行填充。尤其是菩萨的肉体部分，采用了晕染的技法，眼皮、鼻梁和额头等凸起部位用白色颜料表现高光，展现出立体感。这种技法体现了印度绘画对西域艺术的影响，融合了细腻与生动。这幅壁画不仅展现了宗教信仰的虔诚与崇高，更通过细致的描绘与色彩的运用，带给观者一种和谐与美的体验。菩萨的姿态和装饰反映了文化的交融与艺术的丰富，使得整个画面充满了灵动的生命力，令人驻足欣赏，深思其背后的文化内涵。这些细腻的细节不仅展示了菩萨的神圣属性，也传达出深厚的文化内涵。壁画的整体人物轮廓细致入微，比例准确，造型优美，服饰华丽，展现了"龟兹样式"的精髓。每一位菩萨都栩栩如生，仿佛在诉说着佛教的慈悲与智慧，令人产生一种强烈的精神共鸣。这幅壁画不仅是艺术的结晶，更是信仰的体现，成为龟兹壁画的代表作之一，令人叹为观止。

第 22 窟作为一个讲经窟，呈横长方形，面积约 20 平方米，其空间布局和结构设计展现了功能性与实用性的结合。正壁上绘制的千佛、立佛以及天神和婆罗门像，形成了丰富的视觉景观，增强了空间的层次感。正壁下方的佛龛为整个空间提供了一个中心焦点，窟顶的横券状设计则创造出一种开阔的感觉，增强了空间的通透性。四壁下部凿出的台阶不仅为僧众提供了听席，还在视觉上形成了一种环绕的效果，提升了参与感。窟中的土台作为说法的讲台，背后正壁上的佛像则进一步强化了空间的结构逻辑。这种设计与中原地区的法堂建筑相似，反映了在空间组织和功能设置上的一致性与合理性，使得这个讲经窟在形式上呈现出一种规范性与秩序性。总体来看，第 22 窟在空间布局、结构设计和视觉表现上，体现了实用与美学的统一，形成了一个功能明确且富有层次感的讲经场所。

第 50 窟窟门上方的壁画描绘了一幅说法图——在佛的身旁有两位胁侍菩萨恭敬地站立，营造出一种庄严的氛围。左右两壁及拱形窟顶上，均绘制了生动的供养故事画，讲述了信徒对佛的虔诚供奉。主室的左右壁上，每壁被细致地划分成 8 行，每行以不同颜色分成 10 个方格，每个方格中都绘制着一幅独特的供养故事画。这些故事画通过生动的画面传达出信徒的虔诚与奉献。在白色线条的空隙中，仍留有古龟兹文的题记，似乎为供养故事画的内容提供了注释，增添了历史的厚重感。供养故事画中的佛陀坐于莲座之上，头梳高髻，右臂自然下垂，身上的衣服上勾勒出细腻的襞褶，展现出极高的艺术水平。佛陀以各种不同的手势，传达着不同的教义和慈悲，而身旁的供养者则恭敬地奉上各式供品，包括衣服、帽子、水果、米饭、面饼、珍宝、鲜花和壶罐等，种类繁多，体现了信徒的丰厚心意，深刻地反映了信仰的深度与个人的奉献精神。这些供养故事画不仅是艺术的展现，更是人们对佛教信仰的生动表达，充满了温情与敬意。

早期龟兹风融合了希腊化的犍陀罗艺术、印度本土风格的马图拉艺术和西亚波斯艺术的元素，创造了独特的菱形格装饰构图形式和凹凸晕染画法。菱形格装饰构图形式，以狭小有限的石窟空间表现了佛思想下无限的、理想的宇宙世界。绘画手法以凹凸晕染画法为主，且线条如"屈铁盘丝"，这种画法能够凸显人体肌肉骨骼的结构特征，增强三维体块感和空间层次感。龟兹的画家们以自身的生活实践为基础，将佛陀和菩萨描绘成身着具有地方特色服装的形象，其所穿的大衣为"双领下垂"式，展现了独特的地域风格。在绘画技法上，他们的笔法劲道紧致，体现出精湛的技艺。另外，这一时期龟兹地区的壁画造像艺术，最显著的特点便是佛像的面貌、神态和服饰都深深打上了龟兹地域的烙印，人物面大而阔，体格健壮，体态丰满，姿态犹如舞者般优雅柔媚，明显体现出龟兹本地民族的特征。根据《大唐西域记》的记载，龟兹地区流行一种特殊的风俗，即将刚出生不久的婴儿头部压扁，因此当地人的头型普遍扁宽。这一特点在壁画中得到了充分体现，人物的头部呈现出椭圆形，额头扁平而宽阔，发际到眉间的距离较长，颊部浑圆。

中原汉风洞窟大约兴盛于8世纪，代表洞窟有第11、12、14、15、16和73窟。"汉风窟"是指窟中壁画的题材内容、布局构图、人物造型、装饰纹样、绘画技法等都具有鲜明的唐代中原地区汉族绘画风格或受到中原佛教艺术的强烈影响。

在第14窟的右壁画中，描绘了《法华经变》，其中尤以《譬喻品》中的《大宅失火图》最为引人注目。这幅画生动地表现了《妙法莲华经》的深刻寓意，展示了人类在世俗生活中所面临的困境。画面中，一座方形的深宅大院矗立在眼前，窗户透出微弱的光线，透过窗户，我们可以看到宅内的人物。他们在火宅之中，沉浸于尘世的欢乐与享受，却全然不知身处之地的危险。这种"深远透空"的立体感，仿佛让观者能够感受到那种被困于火宅中的无助与迷茫。这幅画不仅仅是一幅艺术作品，更是对人类心灵状态的深刻反思。人们常常被眼前的享乐所迷惑，忽视了生活中的潜在危机。佛陀的智慧如同一束光，能够穿透迷雾，将众生从苦海中拯救出来。正如画中所呈现的那样，只有觉醒，才能真正逃离那座失火的房子，走向光明与解脱。《大宅失火图》通过生动的形象和深刻的寓意，引导观者反思自身的处境，激发他们对佛法的向往与追求，展现了龟兹壁画在宗教教育与心灵启迪上的重要作用。

在第15窟中心柱正面佛龛两旁，飞天形象如同天际的精灵，展现出一种超凡脱俗的美感。她们头戴花蔓冠，象征着自然与生命的和谐，散发出一种清新优雅的气质。上身披着短衫，双手合十，虔诚又充满敬意，仿佛在向观者传达一种神圣的祝福。下身的长裙轻盈飘逸，增强了飞天的动态感。她们在天空中飞舞，衣袖随风飘扬，如同波浪般柔和而富有韵律，给人一种流动的美感。彩云环绕着她们，如同梦幻般的背景，增强了画面的层次感与空间感，也使飞天仿佛置身于云雾之间，回环遨游，展现出无尽的自由与灵动。从视觉文化的角度来看，这些飞天不仅是艺术形象，更是文化交流的象征。她们的姿态与神情，充满了强烈的动感与浪漫气息，反映了龟兹石窟艺术受到中原文化的深刻影响。飞天的柔和姿态与淡然神情，既体现了对美的追求，也表现了对宗教信仰的崇敬。在这一刻，飞天不仅是艺术的表达，更是人们心灵的寄托，它是连接人间与天界的桥梁，展现了古代人们对宇宙与生命的思考和探索。

第16窟是一个长方形平面纵券顶礼拜窟，主室门壁上方的大型涅槃变，以蔓藤、卷草、石榴纹为边饰，其中的迦陵频伽鸟，亦称妙音鸟，是佛国世界中一种神秘而美丽的神鸟。它的形象常常呈现为人首鸟身，宛如仙鹤，身披彩色羽毛，翅膀张开，细长的双腿稳稳立在莲花或乐池的平台上。头顶童子冠或菩萨冠，显得格外庄重。它或张翅引颈，翩翩起舞，或抱持乐器，悠然演奏，仿佛在为天界的盛会吟唱。台湾学者张水财在《佛教迦陵频伽鸟之研究》一文中认为，迦陵频伽鸟"图像乃转化自印度紧那罗人头鸟之形，而非源于中土"。佛经《正法念经》中这样描述："山谷旷野，其中多有迦陵频伽，出妙音声，如是美音，若天若人，紧那罗（歌神）等无能及者，唯除如来（佛）言声。"这段话生动地描绘了迦陵频伽所发出的音声之美，超越了天人和歌神的声音，唯有如来的言声才能与之相媲美。它的歌声如同清泉流淌,轻柔而动人,令人心旷神怡,仿佛将人们带入一个祥和而宁静的境界。在佛教文化中,迦陵频伽不仅象征着吉祥与善良,更是天界的使者,传递着神圣的祝福。它栖息于花丛、树梢或水边,常伴随着美丽的自然景观,如莲花与流水,象征着清净与和谐。每当它展翅飞翔,仿佛在诉说着对美好生活的向往和对灵性的追求与渴望。在壁画与雕塑中,迦陵频伽与其他佛教神祇或天人共同出现在画面中,增添了生动与神秘的气息。它的优雅姿态和动人歌声,使人们在欣赏艺术的同时,也感受到来自天界的祝福与启迪。总之,迦陵频伽以其独特的魅力,深深扎根于佛教艺术中,成为人们心中美好与灵性的象征。

左壁绘有根据《观无量寿经》内容创作的《西方净土变》,画面中心是阿弥陀佛端坐于莲座之上,左右两侧为观音和势至菩萨,围绕着他们的是罗汉、护法的天王神将、夜叉力士,以及众多供养菩萨。这幅画中的阿弥陀佛高约1.8米,造型与中原唐代供养人像相一致,旁边墨书的汉文榜题虽已字迹模糊,但字形巨大,彰显出其重要性。从供养人像的服饰和高度判断,其似乎是一位身份高贵的唐代汉族官吏。在佛座前,一场伎乐表演正在进行,舞者在中央或独舞,或对舞,两旁则是多达数十人的乐队,乐器种类繁多,营造出一种热闹而庄严的氛围。更前方是宝池莲花,池中栖息着各种奇异、色彩斑斓的鸟类,象征着极乐世界的丰饶与美好。佛的身后是菩提双树,楼台殿阁以虚栏相连,彩云缭绕,飞天飘舞,远处则隐约可见山峦与杂树。整幅画面以阿弥陀佛为中心,构成了一个理想中的极乐天国,气魄宏大,色彩绮丽,笔触细腻,线条流畅。在前壁入口窟门的北侧,还有一幅男供养人库木吐喇的壁画像。他身着朱红色盘领外衫,头戴幞头,腰束革带,唇上有髭须,双手拱于胸前，展现出唐代艺术的细腻与生动。这幅画不仅体现了宗教信仰的深刻内涵，也反映了当时社会的文化与审美。右壁绘有《东方药师变》，壁画依据佛教经典《药师本愿经》的内容创作而成。其构图与《西方净土变》基本相似，核心人物为药师佛，他是一位为大众治疗身心疾病的重要的佛教人物，作品为了展现东方药师佛的慈悲与智慧而创作。画面中心为药师佛，他面容祥和、慈爱，宣讲关于医治与救赎、解脱疾苦的教义，给人以宁静和希望。药师佛的左右侧分别是日光菩萨和月光菩萨，代表着光明与智慧，象征着对信徒的庇佑与引导。在药师佛的前方，绘有十二身药叉大将，为药师佛的护法，分别代表药师佛的不同力量与护法。这些药叉大将在视觉上增强了药师佛的威严与神圣，体现了对信徒的保护。画面两侧附有"十二大愿"，每一愿中都有汉文题记，清晰地表达出药师佛所发的愿望。这些愿望包括：随心所欲地得到美好的衣服和饮食；解脱一切刑罚和牢狱的苦难；百病不生，延年益寿；等等，反映了信徒对美好生活的向往与追求。《东方药师变》不仅是宗教慈悲信仰的具象化，更是对人们生活愿望的深刻反映。通过描绘药师佛及菩萨和药叉大将，画作表现了佛教对健康、长寿与解脱的重视，激励信徒在修行中追求内心的平和与幸福。这幅作品不仅具有宗教意义，还承载了丰富的文化内涵，成为艺术与信仰交融的典范。

库木吐喇石窟的"五连洞"，又叫"石窟五所"，为第68—72窟。前廊把5个石窟连在一起，前侧为石壁，开出明窗，每个石窟间由石墙隔开，石墙上开门相通。主室或是龟兹式中心柱窟，或是僧房讲堂。这组洞窟较特别之处在于5个洞窟都共用一个前室，在五窟前室之间，有开凿的南北相连的通道，使五窟前室形成一个前廊。在龟兹石窟组成中，前廊连通是特殊形制。

  罗汉窟用于埋葬汉僧尸骨，窟内汉文题记较多。如"大唐大顺五年五月三十日沙弥法晴第僧沙弥惠顺日（？）巡礼至""丁未年十一月十六日辰时共互香使八人法超礼罗汉屈（窟）""辟支佛屈（窟）礼拜行道功德回施□持和尚法真□□□霑此福一时成仏（佛）"，又如"惠增留名之记智道空秀惠□巡法师惠灯共大德肉进法兴礼拜罗汉回施功德兹（慈）母离苦解脱"。题记中出现的汉僧名字就有惠增、法超、法真、法晴、惠顺、法兴、惠超、惠初、彦寿、坚更、坚行、惠盖、法灯、戒初、智恩、惠灯、智净、戒诠、义诠、惠光、法诠、智月、志升、法铭、法成、惠演、惠兴、戒明、智岑等30余名。题记中有"金砂寺""大宝寺""□圣寺""□严寺"等寺庙，是汉人所主持的寺庙。《往五天竺国传》记："开元十五年十一月上旬，至安西，于时节度大使赵君。且于安西，有两所汉僧住持，行大乘法，不食肉也。大云寺主秀行，善能讲说，先是京中七宝台寺僧。大云寺□维那，名义超，善解律藏，旧是京中庄严寺僧也。大云寺上座，名明恽，大有行业，亦是京中僧。此等僧大好住持，甚有道心，乐崇□德。龙兴寺主，名法海，虽是汉儿，生安西，学识人风，不殊华夏。""又从疏勒东行一月，至龟兹国，即是安西大都护府，汉国兵马大都集处。此龟兹国，足寺足僧，行小乘法，食肉及葱韭等也。汉僧行大乘法。"汉僧的出现，丰富了龟兹的佛教体系，由此带来的中原佛教艺术，也深深影响了此地佛教艺术的表现。学者彭杰在《五至九世纪弥勒、弥陀净土思想流传西域管窥——兼论唐代长安佛教文化对西域的影响》一文中指出，新疆石窟寺中"汉僧在汉寺的修建过程中起到了十分重要的作用，大量的官寺的出现，使得中原样式随之到来。汉僧曾将长安寺院一些佛画的样稿或粉本带到西域，这些从长安寺院带来的佛画的样稿或粉本，直接指导了在此的中原画匠木版画的绘画风格，也使汉风艺术在此大量传播，对西域佛教艺术的造型、线条、构图、题材等产生了深刻直接的影响"。汉风佛像造型深刻体现了中原汉人的独特特征，其面部特征表现为五官分散，眼睛细长且眼角微微上扬，嘴唇丰盈，下巴轮廓丰满而富有韵味。这些特征不仅反映了汉民族的审美观，也使得佛像更具亲和力、更加人性化。在手部造型上，汉风佛像追求写实，手掌宽大，手指丰满且肉感十足，展现出一种力量与温柔并存的美感。这种手部造型不仅在艺术表现上具有视觉冲击力，也强化了佛教的慈悲形象。佛衣的样式则融合了多种风格，除有受到犍陀罗和龟兹风格影响的通肩袈裟和袒右袈裟外，还出现了中原地区流行的典型袈裟样式，例如"敷搭双肩下垂式"袈裟、"钩纽式"袈裟以及"半披式"袈裟，这些样式不仅丰富了佛像的表现形式，也体现了汉民族的服饰文化。佛像通常坐或站于莲花座上，象征着纯洁与超脱。头光多为圆轮形，少数佛像则采用椭圆形身光，背光的设计相对较少，这种简约而不失庄重的风格，恰如其分地传达了佛教的宁静与神圣。汉风洞窟艺术，既吸收了龟兹和中原地区的宗教思想，又融合了两地的宗教审美，是中原与西域文化艺术交流的生动体现。《敦煌遗书》中提到的佛教艺术，也正是这两种文化交融的结果。通过对汉风佛像的研究，我们可以看到中原文化与西域文化在宗教艺术上的碰撞与融合，并由此形成了独特的汉风佛教艺术风格，展现了历史上多元文化的和谐共生。

回鹘风格兴起于9世纪中期，石窟有十余个，代表石窟有第10、13、42、45、75和79窟。

第75和79窟是利用前期石窟进行重绘的典型代表，两窟都为小型方形窟，题材主要是六道轮回、地藏菩萨、供养人像和地狱变等内容，多使用红色和墨色线条描绘人物形象。窟内出现汉族供养僧人的形象，并有汉文榜题"道秀"等。第75窟主室正壁僧人之下站立着五身供养僧人，下有墨书汉文发愿文。所绘"六道"也有汉文榜题。东、西壁各有数排禅定佛、菩萨和僧人，并有多身供养人。东壁供养人共十七身，一身僧装、四身汉装，其余为回鹘装。西壁绘有供养人十四身，身后榜题有"梵□□寺□道秀一心供养"、"清信伍弟子茅……"、"骨禄"氏题名。现存的供养人的题名中，"骨禄"是回鹘人的姓氏。第79窟正壁处的一列七身供养人像，生动展现了不同文化背景下的供养人形象。第一、二、三、五身均为供养僧人，其中左侧第一身为一位身穿偏衫的回鹘供养人，题记为"颉里阿其布施城中／识其俱罗和上"。从人物造型来看，男性供养人普遍披发蓄须，身材健壮，体现出帕米尔高原游牧民族人民的力量美学与威严气质。其面部特征包括小巧的嘴唇和高而稍显拱形的鼻梁，整体显得刚毅而富有个性。从衣纹上看，供养人身上的团花纹饰与高昌回鹘时期王族供养人身上的衣纹十分相似，且供养人没有头光和头冠，这种简约的设计反而凸显了其身份的高贵。第五身供养人题记为"新妇颉里公主"，其面部丰腴，五官相对较小，展现出女性的柔美与妩媚。回鹘人的面部相对扁平，颧骨和鼻梁较低，整体身形姿态追求自唐朝以来的圆润与健硕美感。她身着汉式服饰，头戴桃形帽，后披薄纱，发型简单而富有韵味，整体造型流畅而富有动感。在色彩运用上，这些供养人像以平涂为主，尽管晕染法有所运用，但已退居次要地位。画面运用热烈的暖色调，浓郁的土红色与不同色阶的变化营造出衣饰的层次感，同时辅以对比色如石青、石绿等，增强了画面的立体感与冲突感。从细节之处看，工匠们极为重视图案纹样的装饰美，展现出精致的工艺与艺术审美。综合来看，供养人图像不仅融合了汉风的艺术特征，也体现了本民族独特的艺术创造力，深刻凸显了中原佛教文化的影响。这种人像学的绘画方式，使得每一位供养人的个性与文化背景得以生动呈现，成为历史与艺术交融的典范。

第 45 窟壁画位于两甬道侧壁和后甬道正壁，现存的壁画交替绘制着佛和菩萨立像，展现出独特的回鹘艺术风格。这些佛像的人物造型、装饰效果以及绘画技艺，均体现了吐鲁番回鹘佛教艺术向西传播的深远影响。回鹘风格佛像的主要特点是肉髻高耸，呈现出灰色的质感，脸型方、圆相结合，额头偏窄而下颌宽大，颧骨突出，构成了一种刚毅而富有力量的面容。五官较为集中，鼻梁挺直，樱桃小口微微上翘，眉毛如柳叶般轻盈，细长的眼睛则透露出智慧与慈悲，眼皮上有两至三层的褶皱，增添了神秘感。手掌宽大，手指细长，指肚均匀向指尖逐渐变细，体现优雅与力量的结合。大多数佛像身穿土红色的通肩袈裟，袈裟的流动感与佛像的庄严相得益彰；有的则穿着袒右或偏衫式袈裟，展现出不同的风格与气质。这些佛像常坐于莲花座之上，乘着流云说法，身旁常有小供养人或比丘，形成了和谐而庄重的景象。头光的设计极具变化，除常见的圆轮形外，还有桃形。身光中绘有花卉或火焰纹样，象征着佛法的光辉与生生不息的生命力。这些细致的装饰不仅增强了佛像的神圣感，也传递出深厚的宗教情感与文化内涵。整体而言，这些回鹘佛像以其独特的艺术语言，生动地诠释了宗教美术的精髓，展现了佛教文化在不同地域的传播与融合。每一幅画都如同一扇窗，透视着历史的变迁与信仰的深邃，令观者在欣赏美的同时，感受到宗教的力量与智慧。

库木吐喇石窟明显受到中原汉族文化的深刻影响，尤其体现出唐朝的艺术风韵。这一现象集中反映了古代龟兹与中原地区之间密切的文化交流，形成了如"西方净土""东方药师""法华""弥勒"等大型经变故事画。这些作品展示了画家丰富的想象力，其将现实与幻想融合，创造出生动的画面。在创作方法上，佛和菩萨被描绘得雍容端庄、温柔安详，充满人情味。风景画则采用了"远山近水"和"一摆之波，三摺之浪"的表现手法，展现出自然景观的层次感。楼阁房屋的描绘"向背分明""深远透空"，树干和山石则显示出盛唐时期中原画风的皴法雏形。这一时期的壁画中，许多作品是中原与龟兹画风相结合的产物，这充分说明了古代龟兹人民与中原人民之间的文化互动，共同推动了中国绘画艺术的发展。

在历史的长河中，库木吐喇石窟以其宏伟的规模屹立于克孜尔石窟之旁，同为龟兹佛教的瑰宝。龟兹石窟，作为古代西域地区最大的石窟群，承载着无尽的文化与信仰，尽管疏勒与于阗地区也留存有石窟遗迹，但其数量稀少，还遭受破坏，无法与龟兹的辉煌相提并论。时光荏苒，佛教如涓涓细流，穿越丝绸之路，悄然流入龟兹，使这片土地成为西域各国中佛教兴起最早、最兴盛的圣地。正因如此，龟兹石窟艺术被视为中国石窟艺术的源泉，滋养着新疆以东的石窟艺术，尤其是敦煌石窟艺术。最早的龟兹石窟或许在公元 1 世纪便已显现，而中原地区的石窟则在此之后才逐渐开凿，敦煌莫高窟初创于公元 366 年，云冈石窟则始于公元 460 年。

由此可见，中国石窟艺术的根基深植于龟兹的沃土之中。从艺术的视角来看，我国中西部地区的石窟艺术无不以龟兹石窟艺术为范本，龟兹石窟艺术如同一颗璀璨的明珠，照耀着新疆以东的石窟艺术，留下了深刻而悠远的影响。正如樊锦诗先生所言："龟兹石窟艺术是敦煌石窟艺术的来源之一，敦煌石窟艺术是龟兹石窟艺术的延续与发展，一东一西，交互辉映。"

第三节　隋唐莫高窟壁画

公元581年，隋文帝杨坚成功夺取北周政权，结束了近三百年的南北分裂局面，建立了隋朝。这一历史转折标志着中国进入了一个新的统一时期。隋文帝采取了一系列深远的改革措施，包括实行均田制和减轻赋税，旨在缓解战乱给人民带来的苦难，使得百姓得以休养生息，重拾生活的希望。在此背景下，社会迅速复苏，经济繁荣的景象逐渐显现。《隋书》卷二所载"人物殷阜，朝野欢娱"正是这一新局面的生动写照。隋文帝不仅专注于国内的治理，还在平定南方的陈朝后，迅速向西北进军，抵御突厥的侵扰，打通了丝绸之路。这一举措不仅消除了来自西北的重大威胁，更为中西交流开辟了通道，促进了国际贸易的发展。通过这些努力，隋朝不仅实现了国家的统一与稳定，更为后来的大唐盛世奠定了坚实的基础。这一时期，不仅政治与经济得以复兴，文化交流更是繁荣，彰显了隋文帝的远见卓识与治国之道。

公元607年，隋炀帝杨广派黄门侍郎裴矩前往敦煌招致西域商人，显示了隋朝对西域贸易的重视。609年，杨广又派裴矩到张掖筹备二十七国交易会，彰显了当时经济的繁荣与多元交流。后隋炀帝亲自巡视河西各国，沿途使者皆佩金玉，身着锦衣，焚香奏乐，歌舞喧噪，张掖一带的百姓也盛装观望，人马队伍绵延数十里，展现了河西地区的繁荣景象。

隋文帝与隋炀帝均倡导佛教，深受其影响。隋文帝自幼在尼寺长大，受到佛教思想的熏陶，他曾言"我兴由佛"，并大力提倡佛教。《广弘明集》卷十七《舍利感应记》载，开皇十三年（593年）隋文帝令"于诸州名山之下各置僧寺一所，并赐庄田"。仁寿元年（601年）又下诏天下诸州起塔，特派"沙门三十人,谙解法相",并配备侍者和大量物资,又让刺史、县尉等官吏以推行佛教为公务,佛教在这一时期迅速传播与发展。

隋炀帝杨广在笃信佛教上更甚于父,除造像立寺之外还常常带着僧尼、道士及女道士出巡,并从全国各地搜寻名僧。《资治通鉴》卷一百八十一载:"其在两都及巡游,常以僧、尼、道士、女官(女道士)自随。"又《大慈恩寺三藏法师传》云:"初,炀帝于东都建四道场,召天下名僧居焉。其征来者,皆一艺之士,是故法将如林。"隋炀帝设道场,召名僧,逐渐形成了一个法门繁盛的局面。隋朝在平定中原后迅速控制了河西敦煌,公元601年,隋文帝命令全国兴建灵塔,并派僧智颖将舍利送往"瓜州于崇教寺起塔",而崇教寺即为后来的莫高窟。敦煌的艺术家在这一时期吸收了南方、中原、西域、中亚及印度的佛教思想与艺术风格,形成了独具特色的"敦煌风格"。

隋唐时期,敦煌石窟艺术在继承传统的基础上,展现出新的活力与创造力,成为佛教美术史上的璀璨明珠,反映了中西文化的交融与发展。莫高窟隋代洞窟众多,隋代初期的代表洞窟有第302、303、304、305、420窟等。

第302窟的中心塔柱北面座身中有墨书发愿文记载:"隋开皇四年六月十一日"。位于第305窟的南壁龛下也残存墨书发愿文:"□(开)皇四年三月十五日清信士宋显云香……"北壁龛下东西两侧残存发愿文一方,首行墨书:"□(开)皇五年正月……"公元584年,隋朝开始在莫高窟兴建石窟,墨书题记中显示的信息不仅是僧众个人的宗教表达,也体现了信士的虔诚与对佛教的重视,还是社会信仰状况的反映,可见隋文帝和隋炀帝时期佛教在敦煌地区的传播与影响。发愿文记录了信士的奉献和愿望,也与窟内的艺术作品和佛教仪式相关联。发愿文中提到的"清信士宋显"表明了当时社会中信士的身份和地位。通过这些名字，我们可以进一步了解当时的社会结构和信仰群体的组成。这些发愿文也体现了敦煌作为丝绸之路重要节点的历史连续性，反映了中西文化交流的背景下，佛教如何在这一地区扎根并发展。这些文字为研究敦煌壁画及雕塑的创作背景提供了重要线索，能帮助我们理解当时的宗教文化发展脉络和艺术风格的演变。

第302窟主室为中心塔柱窟，窟顶前部人字披东披绘制本生故事画，后部平顶绘说法图及平棋图案等。人字披西披下层绘制《福田经变》，这是隋朝经变画"疏体"的代表作品。《福田经变》依据西晋时期僧人法立、法炬所译的《佛说诸德福田经》绘制，这部经据隋代《法经录》所载属于大乘经典。经文载，天帝释问佛："夫人种德，欲求影福，岂有良田果报无限，种丝发之德本，获无量之福乎！"佛祖回答说："广施七法。"七法的内容是："一者兴立佛图僧房堂阁，二者园果浴池树木清凉，三者常施医药疗救众病，四者作牢坚船济度人民，五者安设桥梁过渡羸弱，六者近道作井渴乏得饮，七者造作圊厕施便利处。"《福田经变》表现了伐木、建塔、筑堂阁、设园池、施医药、置船桥、作井、建精舍等故事情节。

画面描绘社会各种职业人物，男女老幼等十余人，反映了一千三四百年前"丝绸之路"上高原西北荒漠地带中绿洲城市的真实社会和生活风貌。"福田"观念的社会价值在于在佛教与中原儒、道伦理相融合的过程中，其逐渐成为人们内心深处的重要价值信念。这一观念强调积德行善、自利和利他等要素，得到了广泛认同，并成为社会道德伦理存续的心理基础。在实践中，"福田"思想表现为扶世助化、社会救济和生态保护等，推动了慈善事业的繁荣与持续发展。因此，充分发挥佛教"福田"思想在社会慈善领域的独特价值，将有助于促进社会的稳定与和谐发展。

中心柱四面龛内均塑有一尊佛像,龛外两侧则各塑有两尊菩萨或弟子像,塑像多有残缺。龛楣上浮雕和彩绘的化生形象生动且富有表现力,龛梁上设有龙首,龛柱则装饰以莲花,体现了佛教艺术细腻华丽的装饰意味。主室南壁的上部依次绘制了"天宫伎乐十二身",并配有天宫栏墙和垂幔,展现出天界的庄严与祥和;南壁下部则绘制了九个宋代供养比丘和供养人的形象,反映了当时信士对佛教的虔诚与奉献。北壁则呈现释迦佛与多宝佛并坐说法的场景,象征着佛法的传承与交流,下部为一排宋代供养人,进一步强调了信徒与佛教之间的紧密联系。东壁上部同样绘有天宫伎乐及栏墙和垂幔,东壁门上方则展示了一幅说法图,表现佛教教义的传播。其两侧绘有千佛,象征着无量的佛法与慈悲,其余部分则是比丘和供养人的形象,体现了佛教的社会支持。甬道的盝形顶中央绘制了宋代的"千手千眼观音变"图,展现了观音菩萨的慈悲与其普度众生的愿望。甬道南北两壁各绘制了四尊跏趺坐佛,象征着佛陀的智慧。前室西壁门两侧保存有宋代画作《毗沙门天王》和《赴哪吒会图》各一铺,代表了保护佛法的神明与民间信仰的融合。东壁门南上部绘有《如意轮观音变》,中部则描绘了《四龙王礼佛图》,展示了龙王对佛教的崇敬与虔诚,而门北上方则画有《不空绢索观音变》,中间同样是《四龙王礼佛图》,进一步强调了佛教与地方信仰的交融。

第303窟为中心塔柱窟,窟顶前部人字披东披绘连环长卷《观音救诸苦难》,西披绘《观音现三十三身》。画面均按《法华经变·观世音菩萨普门品》中的经文展开,共绘有35个情节,讲述了观音菩萨救诸苦难和观音菩萨游行娑婆世界,化为三十三种形象,为众生说法的故事。整个画面疏朗有致,每一个小画面之间以树木和榜题分隔开来,当是隋代流行"疏体画"的代表作。从绘画手法看,写意意趣浓郁,具有一笔天成之感。人物线条流畅爽朗,颜色随类赋彩,人物动作自然优雅。该画是中国写意画中人物画的杰作。隋至盛唐是《法华经变》发生、发展而达于鼎盛的时期。莫高窟的 70 多幅《法华经变》中隋唐两代就占了 40 多幅。因此,第 303 窟具有重要的开启时代先河的意义。四壁上方的飞天伎乐展现了北周绘画风格,特别是在造型和布局上具有明显的相似性。飞天的角色已经转变,从原本为佛陀张伞、抬花环、捧天盖的侍从,演变为天国中的欢乐使者。"天龙八部"中紧那罗与乾闼婆的结合,形成了一个自由飞翔的飞天群体,在窟内翩翩起舞,展现出千姿百态的生动形象。一道凹凸花栏墙的设计象征着花栏墙以上即为天宫,此时伎乐的活动已摆脱了城门建筑的空间限制,不再局限于原地的奏乐歌舞。飞天们怀抱各种乐器,或手捧莲花,或手握璎珞,自由自在地在窟内飞翔,体现出一种活泼而自由的艺术风格。这种风格不仅反映了佛教艺术的精神内涵,也展示了天宫的欢乐氛围与飞天的灵动之美。

第 304 窟采用覆斗顶窟形制,中央绘制的斗四藻井以莲花为井心。靠近井心的边饰图案为单叶藤蔓分枝忍冬纹,而靠外的边饰则为双叶交茎套联忍冬纹。这些图案均延续了北朝的纹样,其中双叶交茎套联忍冬纹在第 303 窟的平棋边沿也有所体现。值得注意的是,这一贯穿北朝时期并最为活跃的图案纹样在第 304 窟中终止。因此,可以认为隋代第 304 窟的边饰图案在一定程度上具有划时代的意义,标志着敦煌艺术风格的演变与发展,反映了文化交融与艺术创新的动态过程。第 304 窟西龛的弟子像如同活生生的人像,神情逼真,姿态生动,仿佛在诉说着各自的故事。壁画的笔触清晰,细腻的色彩层次展现了当时晕染技术的发展。人物面部的晕染手法独具匠心，融合了西域的凹凸叠染法与中原传统的染色技艺。额头、鼻梁和眼周的细腻晕染，与两颊上的圆形色块相得益彰，这种新颖的晕染法在以往的艺术作品中并不常见，彰显出隋初期艺术家们对创新的渴求与探索精神。在洞窟的西壁北侧，一尊高达2.5米的圆雕胁侍菩萨造像宛若从天而降的神祇，成为整个窟内的璀璨明珠。这位胁侍菩萨站立在莲花台上，双足赤裸，似乎与大地融为一体。左手轻轻下垂，握着净瓶，右手优雅地搭于胸前，散发出一种温柔而坚定的气质。她的头上戴着华丽的宝冠，轻盈的帔帛随风轻拂，裙摆则层层叠叠，外裙短小且裙腰外翻，整体装束既简单又质朴，完美地继承了北周艺术的造型风格。菩萨的面容端庄而秀丽，眉目如画，鼻梁高挺，嘴角微微上扬，透出一丝淡淡的微笑，神态恬静安详。她的存在不仅体现了信徒对宗教信仰的崇敬，更体现了隋代造像艺术的理想化倾向。这种理想化的形象，传递出一种超凡脱俗的宁静与智慧，仿佛在引导观者走向内心的平和与光明。

第305窟的窟顶以"华幔式"藻井和四披壁画构成了一个极具艺术感染力的空间。四披的上方与藻井之间，通过藻井垂幔图像巧妙地形成了一种框架效果，仿佛将整个空间包裹在华丽的帷幕之中。在四个角落，兽首衔着玉佩、流苏和羽葆，悬挂在四披之间，增添了几分灵动的气息。东西披各以摩尼宝珠为中心，两侧的飞天如同洒下的星辰，翩翩起舞，朝着摩尼宝珠飞翔。这种构图将四披视为一个整体，南北披则绘制了东王公与西王母的形象，实现了神话与现实的交融。四披之间，飞天在四角悬挂的玉佩、流苏和羽葆间自由穿行，仿佛在诉说着无尽的故事，打破了图像框架的限制。这种视觉上的幻象让飞天成为连接四披的纽带，巧妙地将四披有机地组合成一个完整的艺术作品。从方位学的角度，飞天的运动轨迹与四披的布局相辅相成，形成了一种动态的和谐，令观者仿佛置身于一个神秘、充满美感的宇宙之中。每一处细节都在诉说着古代艺术家对空间、形态与象征意义的深刻理解和追求。飞天及龙凤车使人生出一种它们由天而降再徐徐飞翔的感觉，极富动感。该窟四披壁画的视觉效果强烈，色彩鲜艳丰富，感染力强。在第305窟的四披画面上，首先映入眼帘的是那鲜明的青色，仿佛一股清新的气流瞬间涌动。其中最为显眼的，莫过于东王公与西王母所乘龙凤车后飞扬的青色旗帜，它犹如在空中舞动的风帆，吸引着观者的目光。紧随其后，车前与车旁的神兽也展现出青色的羽翼，赋予整个画面一种生动的灵气。飞天的长巾更是巧妙地运用了色彩变化，一侧的青色与另一侧的绿色或土黄色形成鲜明对比，增强了长巾飘舞的动感与空间层次感。东王公与西王母所乘龙凤车后方的青色旗帜、车旁的蓝灰色神兽，以及车前的青色驭车龙凤，巧妙地构成了一个倒三角形的视觉结构，稳固而富有动感。飞天的长巾则在石青与石绿或土黄之间交替，色彩的对比不仅增强了视觉冲击力，还在和谐中展现出动感的韵律。正如康定斯基所分析的：黄色的圆圈传递出一种向外扩张的力量，仿佛在向观者靠近，而蓝色则营造出一种向心运动，似乎在将观者的视线吸引回画面深处。这种色彩的运用，使得画面充满了生动的情感表达。色彩具有一种强烈的能动性质，能够传递复杂的情感，这在四披的构图中得到了淋漓尽致的体现。每一抹色彩都在诉说着古代艺术家对情感与空间的深刻理解，令观者在视觉的享受中，感受到一种超越时空的艺术共鸣。[1]

千佛图像保留了北朝时期的"小字脸"特征，面部和手部

---

[1] 阿恩海姆. 艺术与视知觉：视觉艺术心理学 [M]. 滕守尧，朱疆源，译. 北京：中国社会科学出版社，1984：462.

呈现出灰色调，采用淡墨粗线勾描出眉目轮廓，以白粉点高光，手势则以淡墨竖点三笔呈现，显得灵动而富有装饰性，整体构图也展现出一种秩序感。在隋初的千佛图像中，色彩的排列组合遵循四身一组的原则，造型相同的佛像按照不同的服饰色块有规律地排列。袈裟的颜色包括黑、蓝、红和灰黄，背光则为灰黄、黑、蓝和白，头光的色彩组合为白、红、黑、蓝，而莲座的色彩则是蓝、黑和红。以第304窟的千佛像为例，其组合情况为：袈裟采用黑、土红、赭红和蓝，背光为蓝、黑、土红和黄，头光为黄、蓝、黑和土红，莲座则为蓝和黑。这种色彩的安排不仅增强了装饰效果，还形成了四方连续的视觉结构。而在第305窟中，组合情况则为：袈裟色彩为黑、蓝、红和灰黄，背光为灰绿、白、蓝和黑，头光为白、灰绿、黑和蓝，莲座则为蓝、黑。这种色彩的对称与重复，体现了装饰艺术中的连续性与和谐感，使得千佛图像在视觉上形成了一种统一而富有变化的艺术效果，展现出古代艺术家对色彩和形态的深刻理解与运用。装饰艺术的美体现在色彩交错搭配，在形成绕窟倾斜旋转的光带的同时产生跃动闪烁的光感，具有强烈的炫目之感。这应是窟主供养人可炫耀之处。第303窟供养人行列下方的山水画也具有很强的装饰性。山水画装饰带中所绘树木品种繁多、多姿多态，所绘山石奇形怪状、层次丰富。古代画工避免单调，追求复杂多样的创意。这正如威廉·荷加斯所说的，"避免单调是绘画构图的一个不变的规则"，"单纯而不多样就会十分平淡无味，顶多也只是不使人讨厌而已。但是，如果使单纯与多样结合起来，单纯就会使人喜欢,因为它能提高多样给予人的快感，使眼睛能够更轻松地感受多样性"[1]。

---

[1] 荷加斯. 美的分析 [M] 杨成寅，译. 北京：人民美术出版社，1984：29，31.

第420窟主室窟顶为斗四莲花藻井，花饰"三兔共耳相逐"井心。藻井内岔角绘童子形飞天，外岔角绘有翼兽，方井外框饰以忍冬、狮子、联珠纹。四边垂幔铺于四披。四披绘有大幅壁画《法华经变》。在这幅《法华经变》的绘画作品中，画面通过树石花卉、塔庙寺院、流泉莲池以及行云飞花等景物的巧妙安排，分隔了各个场面。这种布局延续了叙事画的线性结构，虽然缺乏统领性的图像，但却通过细致的景物描绘，使得整个画面层次分明，富有叙事性。楼阁耸峙、曲廊蜿蜒、殿宇相接、山峦起伏、林木掩映、河水潺缓，构成了一幅生动的画卷，展现了人、鸟、兽在自然与人文环境中的和谐共生。从绘画技法来看，画中各景物被描绘得细腻繁复，艺术家以严谨的态度对待每一个细节。无论是地砖、莲花，还是树叶，都展现出艺术家对细节的极致追求，确保了画面的真实感与完整性。这种对细节的严谨把控，使得每个元素都显得生动而真实，体现了艺术家高超的技艺与对自然的细致观察力。然而，作品中也偶尔显现出自由豪放的笔法，例如"序品"中的灵鹫山和"普门品"中的山峦，采用了大笔刷涂的方式，粗犷的笔触清晰可见。这种对比手法不仅增添了画面的动感，也使得整体构图更具层次感。而在"普门品"中，商队中的骆驼以简练的几笔勾勒，展现出一种减笔趣味，反映了艺术家在细致与简约之间的游刃有余。从色彩运用上看，现今所见的底色虽为棕黑，但原本应为铅丹涂绘的红色，这种底色的变化不仅影响了视觉效果，也反映了不同历史时期色彩与审美取向的演变。屋顶、地面、山林和衣饰的颜色以青、绿为主，虽然不艳丽，却与底色形成了强烈的对比，展现了色彩间的和谐与统一。值得注意的是，壁画中佛陀金身的处理，更是将其地位与神圣性提升到一个新的高度。佛陀面部、手部和足部细贴金箔，不仅增强了华丽耀眼的效果，也使得观者的目光自然而然地聚焦于佛陀身上，形成了视觉的中心。这种精致华丽的画风在敦煌北朝石窟壁画中并不常见，而在隋代却逐渐流行，被称为"密体"，与另一种简淡疏朗的"疏体"画风形成鲜明对比。这一变化不仅反映了艺术风格的演变，也体现了隋代文化对细腻与华丽的追求，标志着中国古代艺术在形式与内容上的不断发展。这幅《法华经变》的绘画作品，通过对故事情节"说法""泛舟渡河"等的描画，以及对细节的精致描绘与色彩的巧妙运用，展现了隋代艺术风格的独特魅力，成为研究中国古代艺术演变的重要范例。第420窟的《法华经变》是"密体"风格的典型代表作品。

隋代石窟艺术非常注重石窟艺术装饰和宗教信仰的完美结合。这一方面表现在壁画内容的布局上，另一方面则表现在一些经变画的绘制过程中。如第303窟窟顶前部人字披东西披皆绘《法华经变·观世音菩萨普门品》，每披均为上下两段横幅长卷的形式，画面按经文内容以"之"字形排列，首先是从东披上段南端起，绘至北端时，即从下段北端返回到南端，随后又从西披上段南端起，到了北端时，亦从下段北端转回南端，在形式上正好构成连续性和整体感。隋代在石窟壁画内容创作和形象塑造上是一个富有新意和活力的历史时期。隋代的壁画无论在内容上还是表现技法上都有大规模的变革和创新，"疏体"和"密体"绘画风格的产生一方面是融合了中原本土的魏晋绘画传统，另一方面是加入了西域龟兹技法。唐代画论史家张彦远在《历代名画记》中提道："顾、陆之神，不可见其盼际，所谓笔迹周密也。张、吴之妙，笔才一二，像已应焉，离披点画，时见缺落，此虽笔不周而意周也。若知画有疏密二体，方可议乎画。""中古之画，细密精致而臻丽，展、郑之流是也。"顾恺之、陆探微的"密体"画风，张僧繇、吴道子的"疏体"画风，都是分别用密笔和疏笔表现出来的。著名山水画家展子虔和郑法士都是从北周时期进入隋代的艺术家，第 420 窟的《法华经变》在密画风格上，是以展子虔和郑法士所代表的中原精致华丽的画风为依据的。顾恺之、陆探微均以线描精细紧密著称，"密体"一般在章法上给人满和重的感觉，但也要注意密而不室，密中有疏，以繁密中透出空灵为妙。顾恺之的线条如"春蚕吐丝"，张僧繇、吴道子则用笔奔放疏落。"疏体"用笔疏略，以少胜多，不以繁密为格，用简练的笔画把物象表现出来，且点画随意却不失其神，能达到"笔不到而意到"的艺术效果和审美高度。张僧繇创立了"疏体画"并给出了疏体画的基本特征：一是强调笔法的简练和概括，在奔放的笔调中，有时会出现"缺落"的现象，与密体画的"紧劲联绵，循环超忽"不同。二是疏体画的笔法借鉴了书法用笔，通过用笔的参差、呼应、对比、矛盾等，给人变化多姿之感。毛笔的特性和提按顿挫的书法用笔造就疏体风格。

从风格学的角度来看，隋代壁画的色彩运用体现了技术与风格的融合。西域式凹凸法与中原式染色法的结合，不仅展示了不同地域艺术风格的交流与融合，也反映了艺术家在技法上的创新。西域式凹凸法通过明暗对比增强了立体感，而中原式染色法则注重细腻的肤色表现。这种混合技法的使用，使得人物形象更加生动、立体，展现了艺术家对表现技法的深刻理解和灵活运用。从历史学的角度来看，隋代的社会背景为这种艺术风格的形成提供了重要条件。国家统一、经济繁荣以及中西文化的频繁交流，为艺术创作提供了丰富的资源和灵感。隋朝统治者对佛教的倡导也促进了艺术的繁荣，使得莫高窟在短短 37 年间留下了众多洞窟。这一历史背景不仅推动了艺术作品数量的增加，也促进了艺术作品质量的提升。隋代石窟艺术处于由产生到成熟的过渡阶段，体现了历史发展的连续性与变革性。作为承上启下的时期，隋代在佛教思想上向大乘教转型，不仅影响了宗教信仰的传播，也促使佛教人物形象的典型化探索。这一过程反映了文化认同与民族风格的逐步形成，标志着中国佛教艺术迎来重大转折。通过更全面地理解隋代壁画的艺术特征及背后的历史脉络，可以揭示出这一时期艺术创作的复杂性与丰富性。

唐代前期是敦煌莫高窟造窟活动最为繁盛的时期，现存洞窟 127 个。这一时期，唐朝在政治上实现了统一，国家的强盛为宗教和文化的发展提供了良好的基础。在这种背景下，佛教特别是大乘佛教思想得到了广泛传播，成为社会主流信仰之一。这些洞窟与中原地区的寺院相似，体现了大乘佛教的核心理念，展示了佛教及其艺术的全盛时期。许多唐代前期的洞窟保存有纪年题记，记录了建窟和造像的具体年份。这些纪年题记不仅反映了艺术创作的活跃，也体现了当时社会对宗教活动的重视。例如，贞观十六年（642 年）的第 220 窟、上元二年（675 年）的第 386 窟等，显示出在不同历史阶段，艺术家们的创作热情与宗教信仰的结合。在唐代，尤其是贞观和开元年间，国家政治稳定，经济繁荣，文化交流频繁，吸引了大量的僧侣和信徒前来朝圣与学习。这一时期的敦煌艺术，可以划分为三个主要阶段：公元 618—781 年唐朝中央政府直接控制时期，此时中央政权对佛教的支持力度较大，促进了佛教艺术的发展；公元 781—848 年吐蕃占领时期，尽管受到外族影响，但佛教依然保持了其重要地位；公元 848—907 年张议潮统治时期，此时在地方势力的影响下，敦煌艺术呈现出多元化的特点。

初唐时期的第 323 窟以佛教史迹画为主要题材，其南北壁画中，佛陀胜迹和佛教史迹画占据了显著的位置，与东壁两侧的戒律画共同构成了本窟壁画的核心内容。佛教史迹画自西向东依次描绘了多个重要场景，包括"西晋石佛浮江"、"东晋扬都金像出渚"和"隋文帝迎昙延法师入朝"。在北壁中部，佛教史迹画依次为《张骞出使西域图》《释迦浣衣池与晒衣石》《佛图澄之神异事迹》《阿育王拜外道尼乾子塔》《康僧会感应故事》。其中，《张骞出使西域图》由四组画面组成，呈"凹"字形排列，每个画面都有清晰的题字，生动展现了汉武帝获得匈奴祭天金人与张骞出使西域的情景。具体而言，第一幅画面右上角描绘了一座殿堂，殿内有两个站立的佛像，正面匾额上书有"甘泉宫"三字，下面则是帝王和臣属持香炉或笏拜谒的场景。第二幅画中，皇帝骑马而行，左右有八位臣属陪伴，其中一人手持曲柄华盖，张骞跪拜辞别，后方有随从牵马。第三幅画展示了张骞在途中行进的情景。最后一幅画远处描绘了一座城郭，门外有两位和尚守候，城内则矗立着佛塔。《康僧会感应故事》则生动再现了三国时期高僧康僧会向吴国执政者孙皓讲经说法的情节，画面分为四部分：第一部分描绘康僧会坐在鼓帆小舟上，顺风而行，来到东吴；第二部分展示吴王孙皓向康僧会合十跪拜的场景，表现出孙皓对这位穿袈裟的高僧的敬重；第三部分则是一个大帐，帐内的莲座上放着光芒闪耀的舍利，帐外帝王与僧人正在交谈，体现出吴王本不信佛教，后吴王孙权召见康僧会询问佛教的神妙之处，最终康僧会凭借神力展示舍利的光辉，使吴王信仰佛教，并立建初寺；第四部分描绘了一座寺院，院外的僧人在观看，有人在运送木料，展现了建初寺修造的情景。

　　位于第323窟东壁门两侧的戒律画生动地展现了初唐时期道宣（596—667年）创立的"律宗"思想，深刻反映了僧人对戒律的坚定信念。在第一幅画中，三位捧着衣物的人向一位僧人恭敬地呈上供养，然而这位僧人却毫不动摇，宁愿承受热铁的灼烧，也不愿以破戒之身接受他人华丽衣物的供养，展现出他对戒律的坚守与执着。在第二幅画中，两人奉上丰盛的食物，向僧人行供养礼。这位僧人同样果断拒绝了美食的诱惑，表现出他宁愿忍受饥饿，也不愿破戒而接受他人的供养，彰显了他对清净饮食的追求。在第三幅画中，火焰熊熊燃烧，一位僧人坚定地站在大火之前，身旁是两位盛装跪拜的妇人和一位侍者，而跪拜的妇人则向他表示敬意。此情此景深刻地表现了这位僧人宁愿投身火坑，也不愿与女性亲近而破戒的决心，显示了他对戒律的执着与坚守。第四幅画描绘了一位僧人俯卧在铁板床上，床前两位捧着卧具的人恭敬施礼，另一位则在身后准备另一张床。而这位僧人宁愿躺在炙热的铁板床上，也不敢以破戒之身享用华丽的大床，充分体现了他对戒律的尊重与执着。这些壁画以组图形式生动展现了僧人守戒所发的种种誓愿，体现了道宣对僧统、感应及瑞像的重视，同时强调了戒律在佛教修行中的核心地位。道宣作为当时影响深远的僧人，创立的律宗以大乘佛教的视角对《四分律》进行了深入的解释，展现了戒律的传授与受戒程序，使其成为后世研究律宗的重要依据。戒律画不仅展示了戒律的内容和意义，还通过视觉表现强调了僧侣的道德修养与纪律，体现了律宗对佛教徒修行实践的指导作用。

因此，第323窟的壁画不仅记录了佛教的重要历史事件，也彰显了道宣及其律宗思想对唐代佛教传播与发展的关键影响，进一步推动了人们对戒律的认同和实践。壁画采用勾线和晕染结合的方法。隋代壁画以晕染为主，画面中几乎看不见造像外轮廓的边缘线，到了初唐，壁画以线造形的痕迹清晰明确，线条细密流畅，具有独立的审美格调。佛教史迹画的出现，是佛教中国化的标志，它具有非常高的艺术价值和历史价值。壁画以唐代青绿山水为景，合理表现出近大远小的透视关系，人物与山水融为一体，画家在创作时还表现出"山重水复，山中有水，水中有山"的情景。青绿山水也成为这一时期的独立画种，是盛唐山水画家李思训一派之风格。这些壁画题材在国内其他诸石窟的雕刻和壁画中均不多见，莫高窟壁画中也极为罕见。通过这些生动的壁画，第323窟不仅展示了佛教的历史渊源和重要人物，更反映了当时社会对佛教的认同与传播，具有重要的历史和艺术价值。

第220窟以主室覆斗形顶而闻名，是初唐时期的重要石窟之一。这里的每幅壁画都是艺术精品，其中《维摩诘像》《前来问疾》展现出非凡的艺术造诣，《帝王大臣图》更是可以与唐代著名宗教画家阎立本的《历代帝王图》相媲美。北壁通壁绘制的《药师经变》是一幅宏大的经变壁画，中央位置矗立着七尊药师佛，传递出医治众生的慈悲与智慧。在这幅画的下部，生动描绘了两位翩翩起舞的舞者（其所跳为胡旋舞），伴随着一支庞大的宴舞乐队，营造出热烈而欢庆的氛围，仿佛让人置身于盛大的法会之中。南壁通壁则呈现了《无量寿经变》，这是敦煌《无量寿经变》的代表作，画面描绘了令人向往的极乐世界。安乐国的庄严景象令人心醉神迷，飞舞的乐器象征着十方世界的妙音，钟磬、琴瑟、箜篌等乐器的和谐交响，仿佛在诉说着极乐的美好。在最为重要的阿弥陀佛说法场景中，所有天人都浸泡在碧波荡漾的七宝池中，这池水象征着八功德水，能够顺应人的心意，自由调和冷暖。若有食欲，七宝钵器便会自然而然地显现，百味饮食也随之而来，所有物品皆可应欲念而至。尤其是七宝池中九朵含苞待放的莲花，更显得生机勃勃，透过花瓣可以看到里面的化生童子，活泼可爱，仿佛在传达着极乐世界的无尽生机与欢愉。这两大幅经变画不仅是初唐壁画的精品，

●莫高窟第 220 窟北壁《药师经变》

更体现了宗教与艺术的完美结合，使佛教思想与艺术表现产生和谐共鸣，让人感受到极乐世界的无上庄严与美好。

第 320 窟作为盛唐时期的代表窟之一，其主室以覆斗形顶结构而著称，近方形的空间设计赋予了其独特的氛围。然而，尽管其外观宏伟，真正吸引人的却是窟顶的藻井画：云头与牡丹交织，井心的设计更是精妙，周围装饰有方胜纹、半团花、菱形纹、团花、鳞纹、垂角铃幔等元素，运用朱、青、绿等鲜艳色彩，层层叠韵，形成一种浓烈而厚重的视觉效果。这些色彩在时间的洗礼下保存犹新，且它们也应用于四披千佛的形象，散发出真正的魅力，令人叹为观止。南壁中央的《说法图》是这幅壁画的核心，阿弥陀佛端坐于中央，周围是天龙八部、弟子、菩萨和天王等神圣形象，让这一场景显得更加庄严。佛上方的华盖、流云、花雨相映成趣，四身飞天伎乐在画面正中追逐，营造出一种灵动而富有生机的气氛，尽管如此，这样的繁华场景却并未掩盖佛陀的宁静与智慧。前两身飞天对称地拥护在华盖的左右，一手散花，一手接引，身姿婀娜，飘带轻盈，仿佛在空中舞动，跃然有声。与此同时，后面的两身飞天同样对称，紧随其后，撒花接引的姿势流畅自然，长长的飘带衬托出她们在飞行中那种轻盈灵动的体态。总体而言，该窟飞天的轮廓清晰，姿态优美，装饰华丽，构图巧妙，画工运笔豪放圆润，着色凝重，气势宏大，成为敦煌壁画中飞天艺术的巅峰之作。在《说法图》下方，宝池中横列着14身供养菩萨，她们坐在莲花内，象征着纯净与智慧。与此同时，壁面左右两侧各绘40身形体较大的千佛，他们坐在莲花之上，莲茎相连，形成独特的视觉效果。北壁的三联式《观无量寿经变》是一幅极具宗教意义与艺术价值的壁画，其构图精妙，内容丰富，展现了佛教思想的深厚与唐代艺术的辉煌。两侧的菩萨形象与"未生怨"和"十六观"的场景交织在一起，中间描绘的则是"极乐净土"，形成了一种和谐的视觉关系。下部的《乐舞图》则为整体画面增添了动感与生机。特别是"未生怨"部分，自下而上呈现出7个条状场景，展现了戒备森严的宫城、频婆娑罗老国王被阿阇世太子抓捕等内容，生动地描绘了人间的苦难与纠葛。这些场景不仅在叙事上形成了紧密的联系，且在视觉上通过建筑、人物的布局与变化，展现出一种戏剧张力。每个场景以大致相等的方框分布，然而建筑的方位并不统一，或左、或中、或右，形成了参差变化的视觉效果。这种设计打破了壁面的呆板感，使得整个画面更具活力。画家灵活地运用建筑的屋顶、花、树和榜题等元素，巧妙地打破了分格的界限，创造出一种流动的视觉感受。这种手法宛如现代电影手法将不同的镜头、场景或图像进行拼接和组合，创造出新的意义或情感效果。它强调了时间、空间和情感的跳跃，使观众在观看时能够感受到更深层次的叙事和情感。左侧竖幅的"十六观"则以分格连续的形式自上而下展开，人物在左、中、右参差分布，简明地解读了修行方法。画面中融入了优美的山川树石景致，营造出一种自然与人文交融的和谐氛围。最顶部的"日想观"场景，描绘了韦提希夫人面对碧绿的流水，背倚幽静的山崖，双手合十的虔诚姿态，展现了她对佛法的向往与追求。红日缓缓下沉，象征着时间的流逝与内心的宁静。在"净土变"部分，画家着力突出宝池中莲花化生、祥禽瑞鸟、伎乐飞天等内容，境界优雅，色彩以青、绿、黑为主，色调清淡而和谐。这种色彩运用不仅符合唐代审美的典雅风格，也传达出一种超然的宗教气息，使该经变画成为盛唐同类经变题材中的翘楚。整体而言，这幅壁画通过精妙的构图与色彩运用，深刻反映了佛教的慈悲与智慧，展现了盛唐时期宗教艺术的独特魅力。营造出一种超越时空的神圣感与和谐之美。尽管历史的长河悄然流逝，但这些保存至今的壁画艺术作品仍然在静默中诉说着永恒的美。

晚唐第 12 窟为覆斗顶殿堂式窟，主室的东壁上书有题记："窟主沙州释门都法律和尚金光明寺僧索义"。在该窟内绘制了十幅经变画。西壁龛外南侧绘有《普贤变》，北侧则是《文殊变》，形成了南北相对的布局。南壁的上半部分自西向东依次绘制了

《法华经变》《观无量寿佛经变》《弥勒经变》，展现出一系列重要的佛教经典。而北壁的上半部分同样自西向东绘制，分别为《华严经变》《药师经变》《天请问经变》，形成了与南壁相呼应的结构。在东壁门的北侧绘制了《维摩诘经变》，门的南侧则是《报恩经变》，进一步丰富了整个空间的宗教叙事。三壁经变画下各绘三或四幅条形屏风画，内容为经变故事画。这样的布局不仅体现了佛教教义的层次性，也反映了空间的有序与和谐。经变画的建筑格局以中轴线为中心，呈现出对称的构图特征。两侧的建筑与景物通过斜线与中轴线相连，以类似鱼骨的规律排列，营造出明显的透视感，表现出空间的远近关系。这种设计手法不仅增强了空间的层次感，也表明中国建筑的基本特征早已在宗教建筑中呈现。

唐代时期，壁画中的建筑已经形成了独特而完整的土、木、石工程系统，展现出深厚的审美文化底蕴和精湛的榫卯工艺。建筑物通常由台基、屋身和屋顶三个主要部分构成。台基大多采用砖石砌成，稳固而厚重，偶尔也使用木构，展现出灵活多变的风格。屋身矗立于台基之上，木柱支撑着梁和枋，形成坚固的框架，承载着屋顶的重量。屋顶多以瓦片覆盖，流畅的线条与优雅的曲线相结合，展现出唐代建筑的华丽与气势。早期采用的茅草材料则体现了人与自然的亲密关系。这种结构不仅满足了实用功能，更在形式与装饰上融合了唐代的艺术风格，彰显出和谐美感与文化自信。基于方位学的视角，建筑的布局与空间关系得以清晰展现；而透视学则使得整体构图在视觉上更具深度和层次感；建筑学的原则则确保了结构的稳固与美观：这三者的交汇使得唐代建筑不仅在形式上独具一格，更在文化表达上蕴含了丰富的内涵。

第12窟甬道的南北壁上绘制的供养人形象栩栩如生，营造出一种虔诚而庄重的气氛。前室的西壁门南侧绘有"南方增长天王",而门北侧则是"北方多闻天王",他身着汉式铠甲,头戴宝冠,脚踏毡靴,姿态威武。两位天王的面容刻画细致,眉宇间透出刚毅与威严,蹙额、立目、鹰鼻、闭口,仿佛随时准备捍卫信仰的尊严,给人以强烈的震撼。色彩运用严整,浓淡有序,渲染出一种庄严崇高的氛围。南北壁上绘制的"赴会菩萨"则呈现出另一种氛围,其线条简洁流畅,仿佛在轻盈地舞动,菩萨的形象温柔而慈悲,面带微笑,衣袂飘飘,似乎在欢迎每一位前来的信徒。壁画中运用了红赭、绿、蓝等几种颜色,涂染得恰到好处,画法虽显拙朴,却传神生动,展现出唐代人物的独特魅力。每一笔每一画都流露出对生命的尊重与对信仰的执着,使得整个画面灵动又和谐。

唐代石窟壁画以精致的整体设计,超越了传统艺术形式,呈现出全新的意境与风貌。这些壁画的布局遵循特定的规范,确保了结构的严谨性与视觉上的和谐,形成了一个统一而富有层次的宗教空间。第12窟内正龛内安置着生动的彩塑,周围则环绕着各种菩萨与十大弟子的形象。龛内绘制的菩萨形态典雅,旁侧则是龙天诸神的帐门,两侧的壁面上常见小型《维摩诘经变》或文殊、普贤的形象,传达出深厚的宗教信仰。南北两壁则绘制着大型经变,如《阿弥陀经变》《观无量寿经变》《弥勒经变》《法华经变》《药师经变》等,气势恢宏,充分体现了唐代艺术的繁荣与多样化。东壁利用被门洞一剖为二的设计,呈现出左右对称的两组画面,常见的主题为《维摩诘经变》。门洞上方则绘制了说法图,三佛、二佛并坐的构图精练而严整,营造出一种和谐的宗教氛围。覆斗形的窟顶中部装饰有华盖式藻井,四周披画着千佛或说法图,象征着无尽的智慧与慈悲,进一步增强了空间的宗教感。地面则铺设着精美的莲花砖,寓意着纯洁与吉祥。整个洞窟宛如一个"净土世界",成为当时长安和洛阳寺观中"净土院""菩提院"的现实原型,展现出唐代宗教美术的辉煌与深邃,令人心生向往与敬仰之情。学者段文杰先生在《敦煌石窟艺术研究》一书中对唐代壁画做了深入全面的研究:"敦煌壁画继承了现实主义与浪漫主义相结合的创作方法,形成了线描造型、夸张变形、想象组合、散点透视、装饰构图、随色象类、以形写神等系统的表现技法,创造了单幅画、组画、连环画、屏风画、'胡粉涂壁,紫青界之'、'法起形貌,置其官爵姓名'、'左图右史'等表现形式。在此基础上接纳了传自西域的外来佛教题材,以佛经为依据,以现实生活为素材,经过'万类由心'的营构过程,创造了神人结合的形象和宗教幻想境界,形成了敦煌壁画具有中国特色的新风貌,也就是敦煌壁画独特的体系。但它决不是机械地继承民族传统和简单地模仿汉晋壁画风格,而是大胆地吸收新的艺术营养,不断地丰富、发展和创新。"[1]

第四节 水月观音的流行与周昉"周家样"

> 净渌水上,虚白光中,一睹其相,万缘皆空。
> 弟子居易,誓心归依,生生劫劫,长为我师。

上方为唐代诗人白居易所作《画水月菩萨赞》诗,意为:在清澈的水面上,映照出虚无的白光,仿佛一切都在这光辉中消融,唯有那一瞬间的相貌令人心醉,万物皆显得空灵而无常。弟子居易,怀着坚定的信念,发誓要归依,经历世代的轮回,

---

[1] 段文杰. 敦煌石窟艺术研究 [M]. 兰州:甘肃人民出版社,2007:153.

始终愿意追随，成为师长的忠实弟子。这种执着与信仰，宛如在波光粼粼的水面上，映射出诗人对真理的渴望和对智慧的追求。

水月菩萨，亦称"水月观音"，以柔美的女性形象而闻名。她头戴观音宝冠，身披珠玉璎珞，或全跏趺坐，或半跏趺坐，或以优雅自在的姿态轻盈地游戏，手中轻握柳枝与净瓶，姿态随意自然。背景是一轮皎洁的圆月，竹枝轻摇，泉水潺潺，碧波荡漾，周围山峦层叠，丛林茂密。在画面中，观音或仰望明月，或低头凝视水面，身后被竹林、花草与山石环绕，岸边或有弟子恭敬拜谒，仿佛一幅全景山水画般宁静而和谐。水月、竹林、山水图式以及鹦鹉等符号，通常有序地布置在观音周围。壁画常采用中国传统山水画风格，展现出观音头戴"天冠化佛"，掩映在"虚白"的圆光中，其面容恬淡优雅，似有所思。水月观音不仅是观音菩萨的形象，更是由特定视觉符号构成的独特造像图式。她既承载着宗教内涵，又富于变化，体现出一种不断发展与演进的艺术风格，令人心生敬仰，感受到深邃的宗教智慧与自然的和谐美。

水月观音图像依据佛经《了本生死经》《大智度论》《华严经》《千手经》等进行图式创作，也参考当时社会流行的"水菩萨""千手观音""如意轮观音""持莲观音""紫竹观音"等观音样式。丁福保《佛学大辞典》"水月"条记："水中之月也。以譬诸法之无实体。大乘十喻之一。智度论六曰：'解了诸法，如幻，如焰，如水中月，（中略）如镜中像，如化。'法华玄义二曰：'水不上升，月不下降，一月一时普现众水。'"认为水之无常形相，月之虚幻缥缈，需机缘和合方显化影像。《华严经》卷五十一记："渐渐游行，至光明山，登彼山上，周遍推求，见观世音菩萨住山西阿，处处皆有流泉、浴池，林木郁茂，地草柔软，结跏趺坐金刚宝座，无量菩萨恭敬围绕，而为演说大慈悲经，普摄众生。"《华严经》卷六十八写道:"海上有山多圣贤,众宝所成极清净,华果树林皆遍满,泉流池沼悉具足,勇猛丈夫观自在,为利众生住此山。"《大唐西域记》卷十记:"秣剌耶山东,有布呾洛迦山,山径危险,岩谷攲倾。山顶有池,其水澄镜,派出大河,周流绕山二十匝,入南海。池侧有石天宫,观自在菩萨往来游舍。其有愿见菩萨者,不顾身命,厉水登山,忘其艰险,能达之者,盖亦寡矣。而山下居人,祈心请见,或作自在天形,或为涂灰外道,慰喻其人,果遂其愿。"《千手经》中记,"如是我闻:一时,释迦牟尼佛在补陀落迦山观世音宫殿宝庄严道场中,坐宝狮子座。其座纯以无量杂摩尼宝而用庄严,百宝幢幡,周匝悬列"。以上经文描述了水月观音讲经说法的环境和山下居人祈求请见的内容。《妙法莲华经》中有救苦救难观音信仰。《法华经变·观世音菩萨普门品》记:"若有无量百千万亿众生,受诸苦恼,闻是观世音菩萨,一心称名,观世音菩萨即时观其音声,皆得解脱。"观音闻声显化三十三身,水月观音为中土三十三观音之一。

张彦远是唐代著名的美术史家,被尊称为"画史之祖"。在其画论《历代名画记》第三卷中,他详细记载了水月观音的相关信息。他提道,"胜光寺西北院小殿,南面东西偏门上,王定画行僧及门间菩萨圆光。三门外神及帝释,杨仙乔画。三门北南廊,尹琳画。塔东南院,周昉画'水月观自在菩萨'掩障,菩萨、圆光及竹,并是刘整成色"。张彦远在这一记载中不仅列举了当时最著名的佛像画家,如王定、杨仙乔、尹琳、周昉与刘整等,还强调了周昉在水月观音创作中的重要性,体现了这些佛像画家的艺术作品在宗教与美术上的深远影响。其所作壁画不仅是艺术的结晶,更是在宗教信仰与文化传承中具有重要意义的视觉表达。《历代名画记》第五卷又载,"彦远曰:汉明帝梦金人，长大，顶有光明，以问群臣。或曰：西方有神，名曰佛，长丈六，黄金色。帝乃使蔡愔取天竺国优瑱王画释迦佛像，命工人图于南宫清凉台及显节陵上，以形制古朴，未足瞻敬。阿育王像至今亦有存者可见矣。后晋明帝、卫协皆善画像，未尽其妙。洎戴氏父子，皆善丹青，又崇释氏，范金赋采，动有楷模。至如安道潜思于帐内，仲若悬知其臂胛，何天机神巧也。其后北齐曹仲达，梁朝张僧繇，唐朝吴道玄、周昉，各有损益，圣贤盻（xī）蠁（xiǎng），有足动人，璎珞天衣，创意各异。至今刻画之家，列其模范，曰曹、曰张、曰吴、曰周，斯万古不易矣。"曹家样""张家样""吴家样""周家样"即中国古代时期四位大师主要在佛教绘画领域所创造的"样式"，其影响巨大。四位大师不仅各自绘出了当时最伟大的杰作，且其作品为百工所范，即为雕刻、塑作匠师习学，渐渐成为"四家样"。

《历代名画记》第十卷记："周昉，字景玄，官至宣州长史。初效张萱画，后则小异，颇极风姿，全法衣冠，不近闾里。衣裳劲简，彩色柔丽，菩萨端严，妙创水月之体。《蜂蝶图》《按筝图》《杨真人、陆真人图》《五星图》，传于代。"美术史家朱景玄在其所撰《唐朝名画录》中记，周昉，"神品中一人"，"今上都有画《水月观自在菩萨》"，又谓"其画佛像、真仙、人物、士女，皆神品也"。宋代《宣和画谱》评论周昉"多见贵而美者"，善画"贵游人物"，且作"浓丽丰肥之态"。元代汤垕在《古今画鉴》中记："高丽画观音像甚工，其源出唐尉迟乙僧笔意，流而至于纤丽。""尉迟乙僧，外国人，作佛像甚佳，用色沉着，堆起绢素，而不隐指。平生凡四见真迹，要不在卢楞伽之下。"其又记："周昉善贵游人物，又善写真，作仕女多浓丽丰肥，有富贵气。""周古言画在周昉之下，文矩之上。有夜游图，传于世。张萱工仕女人物，尤长于婴儿，不在周昉之右。平生凡见十许本，皆合作。画妇人以朱晕耳根，以此为别。览者不可不知也。"北宋郭若虚在《图画见闻志》中就周昉画肖像一事讲道："郭汾阳（子仪）婿赵侍郎尝令韩幹写真，众称其善。后复请初写之，二者皆有能名，汾阳尝以二画张于笙侧，未能定其优劣。一日，赵夫人归宁，汾阳问曰：'此画谁也？'云：'赵郎也。'复曰：'何者最似？'云：'二画皆似，后画者为佳，盖前画者空得赵郎状貌，后画者兼得赵郎性情笑言之姿尔。'后画者乃昉也。"以上文献史料证实周昉善画人，善画观音，且周昉画人善于观察人物的复杂性格，分析人物心理，能够生动入微地表达出人物的精神特征。周昉在人物造型上遵循唐代"丰肥富贵"的时代审美特点，技法上追求"衣裳劲简，彩色柔丽"，"作仕女多浓丽丰肥，有富贵气"。

纵观画论，唐代画家周昉人物画能传人物之神采，其画风受尉迟乙僧笔意风格的影响。传世绢画《纨扇仕女图》《调琴啜茗图》等代表作品均表现出线条简括与设色浓丽的特点。且其所绘菩萨端严，"妙创水月之体"，为水月观音的代表性图式面貌。当然，"周家样"不是一个人之所成，周昉创造性地把传统的经典形象和当时的社会审美要求结合在一起，形成新的样式，比如把中国文化中的竹林山水和优雅潇洒的坐姿融入佛教绘画，故而形成独有的人物风格，其作品在当时风行，至五代两宋更为世人追捧，最终形成一种成熟唯美的中国佛教造像样式"周家样"。

古时，绘画作品因材料脆弱和时间久远等客观因素无法观其详貌，但我们可在敦煌壁画中探索水月观音的艺术风格。现存敦煌石窟群有"水月观音"壁画29幅，藏经洞出土绢画5幅，共34幅。

榆林窟第29窟甬道墙壁上有墨书题记："乾祐二十四年

□□□日画师甘州住户高崇德小名那征到此画秘密堂记之。"中间为《说法图》,左侧为仰视姿态的《水月观音图》,右侧为俯首姿态的《水月观音图》。水月观音的形象丰盈而端庄,宛如一位仙子降临人间。她的发髻高束,头顶镶嵌着璀璨的珠冠,双耳佩戴着圆环,闪烁着柔和的光泽。胸前佩戴的项圈与璎珞相映生辉,摇曳间散发出细微的光芒;她的臂腕上则饰以精致的钏与镯,增添了几分灵动之美。观音的神情安详而凝重,目光温柔地凝视着前方,似乎在体察世间的苦难,倾听世间的祈愿。她的头后环绕着一圈圆光,仿佛是一轮缓缓升起的明月,光晕如水波般轻柔,给人一种宁静而舒适的感觉。她的姿态轻松优雅,双足垂下,膝盖微屈,手轻抚其间,脚下盛开的莲花仿佛在欢迎她的到来,映衬出她的高洁与超凡。在她的右侧,一只净瓶轻盈地摆放着,瓶中柳枝随风摇曳,代表着她遍洒"甘露"。周围的棕榈与修竹在微风中轻舞,烟霞缭绕,云霭渐散,莺歌燕舞,花瓣纷飞,如同置身于人间仙境,令人陶醉。下方的池塘中,绿波荡漾,莲花摇曳,似乎在回应着观音的慈悲与智慧。如此仙境中的神人,仿佛在瞬间抹去了尘世的纷扰,带来无尽的宁静与祥和。画面有意识地创造的审美意境,符合《历代名画记》对周昉作品的赞誉,也符合《华严经》的描写。

一座苍翠的山石屹立在观音的左侧,占据画面三分之一的空间。山体峥嵘,形态独特,石壁上覆盖着郁郁葱葱的绿意,层层叠叠,空谷幽静,轻风拂过,带来阵阵清新,营造出一种宁静而和谐的氛围。壁画运用左右对称的表现手法,在观音的身旁巧妙地描绘了棕树、竹子、侧柏与松杉。这些元素在画面两侧交替布置,形成和谐的呼应,既丰富了画面,又增强了整体的平衡感。竖向线条在空间中延展,营造出一种静谧深远的挺拔感,仿佛在诉说着大自然的庄严与宁静。这种布置符合壁画艺术的格式化营造方法，通过对称与重复的手法，强化了视觉上的稳定性与和谐感，使观众在欣赏时受到一种无形的引导与安抚。整体构图不仅增强了画面的层次感，也使得观音的形象更加突出，形成了一幅既富有生命力又充满灵性的艺术作品。

山间的花卉牡丹恰如其分地填补了画面的空白，红花绿叶交相辉映，细致入微的笔触展现出牡丹的华丽与生机。线条的节奏统一而协调。画面上方，天花如轻盈的舞者般飘逸，造型独特，宛如云中仙子翩然起舞。一对如同白鸢的鸟口衔杨枝，嬉戏之间，上下飞舞，生动有趣。观音头顶上缭绕着一缕轻烟，轻烟中映衬出盛开的莲花，莲花的中央则描绘着一轮红日。这一构图不仅展现了生机与灵动，也象征着纯洁与光明，体现了艺术原理中形象与意象的和谐统一。在普陀的洛迦山下，一条长河横贯而过，清澈的水面上莲花朵朵，随波荡漾，宛如点点星辰。对岸的树木葱郁，香草柔软，右侧的草地则显得尤为生动。香草以圆形描绘，象征着生命的循环与和谐，而树木与香草的艺术表现形式则展现了独特的个性，这些元素不仅构成了自然的和谐美，更传达出一种生生不息的生命力，表现了人与自然之间深刻的联系。其主旨符合《华严经》和《云南古佚书钞》的描述。在横贯画面的池沼之中，右侧一条巨龙浮出水面，周身缠绕着红色焰纹，张牙舞爪，展现出威严与力量。而左侧则是一只鳄鱼状的怪物，同样在水面上浮现。两者均仰视着水月观音，神情亢奋，似乎在呼唤观音大士的庇佑。巨龙象征着力量与权威，而鳄鱼状的怪物则代表着未知与神秘，二者的出现表明了对观音的强烈呼唤与依赖，传达出一种既惊骇又敬畏的复杂情感。从图像学的角度来看，这一场景不仅强化了观音的神圣地位，也通过神秘与幻想的元素，营造出一种超越现实的氛围，使观众在视觉与情感上产生深刻的共鸣。"Naga"在梵语中为蛇，中文译为龙，在张胜温《梵像卷》的《普门品观世音菩萨》画中，河中绘二龙一螺。《云南古佚书钞》之十《白古通记》说，"螺与龙的出现表示瑞祥"。

在《水月观音图》最下方，河岸与绿草地呈平面铺开，有长卷式的八人一马人物组画，建筑一座，横幅图像中有10个形象，据敦煌研究院刘玉权考证，这一组人物画并非体现唐僧取经的故事，而是描画有志要去观音道场瞻仰菩萨而不畏艰险的朝圣者。第一个人弯腰鞠躬，身穿长袍，神情严肃，双手稳稳地持着一把刀器，刀身闪烁着微光，显得庄重。对面的那个人站立着，姿态挺拔，手中握着一颗桃形火焰纹的摩尼宝珠，珠子在阳光下散发微弱光芒。第三个人仰视上方，视线落在画面中的观音身上。他身着宽袖长衣，衣袍随风轻轻摆动，腰间系着一条简单的腰带，右手高举着一件盘旋形状的灵芝器物，灵芝的形态生动。第四个人是一个健壮的男子，赤膊上身，肌肉线条分明，双脚稳稳地以弓步站立。他的双手紧握着一根粗大的绳索，绳索搭在肩膀上，正用力向后拉。绳索另一端牵着一匹马，马用力向前挣扎，双方的较劲让画面气氛紧张，肌肉的隆起与紧绷的姿势展现出力量的较量。第五个人的身形如龟背，作屈膝缩脖的姿态，疾步奔跑，目光投向对面站立的佛像。第六个人是一个正面站立的高僧，双手合十，姿态庄重，头部有光环，身穿袈裟，脚穿编织的僧鞋，稳稳地站在一块方毯上，他面向画面右侧的人。第七个人为僧侣，头部有圆光，身着袈裟，脚穿编织的鞋，侧身站立，脚下有一块方毯，他双手合十，指尖向下，作鞠躬的姿态，神情虔诚。第八个人弯腰躬身，胯部带一水囊，手握一根长杆，搭在肩膀上，身穿衣衫，腰间围着短裙，屈膝站在第七人身后，形态独特。

瓜州县东千佛洞第2窟的《水月观音图》被赞誉为西夏壁

画代表作。该窟为方形平面、覆斗形顶的洞窟形制，坐东朝西，窟内壁画中的《水月观音图》有两幅，分别位于主室西壁门的南北两侧，呈对称式布局，洞窟内覆斗形顶的中央绘团龙藻井，其艺术风格明显带有克什米尔和藏传佛教雕塑和绘画的风格特点。窟内壁画内容丰富多彩，尤其是菩萨形象数量众多，每一壁都铺满了宗教人物。除沿袭宋代的一些绘画题材外，又新增加了很多内容，南北壁绘有说法图，其绘制之精美，表达之传神被视为西夏壁画上乘之作。这幅《水月观音图》和榆林窟第29窟壁画内容，在意境、构图和绘画技巧上均有很大的区别。

学者汪旻在《瓜州东千佛洞二窟壁画〈水月观音〉的艺术特色——通过临摹感悟西夏绘画风格》中认为，图像中"作为水月观音背景的山水画充分地体现了马远、夏圭等南宋山水画派的风格构图。空灵而简淡，不限于局部技巧的发挥，而在于整体意境的营造；在线描方面既是对中原文人画线描艺术成就的综合应用和提高，又融合了藏画铁线描的劲秀圆润的格调；在赋色方面既突出了汉地绘画简淡温和的艺术精神与意境，又彰显了藏画赋色厚重、对比强烈的金碧辉煌的色彩情节。以汉地审美趣味为主导与藏传佛教艺术的渗入带来的新的风格面貌是形成强烈党项民族气质的西夏绘画风格的主要因素"。

在这幅《水月观音图》中，月光笼罩之下，观音正悠闲自在地坐在宝座之上，坐姿沿袭前代，她在画中好像是一位华贵优雅的贵夫人，背靠山石，又被竹林环绕。观音身后有明亮的背环，头部微扬，凝望着天边那明亮的弯月，在观音的面前，灼灼的流火中盛开着美丽娇艳的莲花，此刻观音似乎正在凝神冥想。在画面右侧正中还绘制了善财童子，形象栩栩如生，他正腾云驾雾地前来向观音行礼，增加了画面的动感和趣味性。画面构图不仅体现出娴熟的"三段式"构图，而且背景形态、用笔皴法都有着南宋马远、夏圭水墨山水的风格意韵。画面的右下方描绘"唐僧师徒四人取经"的画面,虽然四人是画面的配角,但人物描绘却极为传神,四人的神态跃然画上,形象栩栩如生。绿水的远处峰峦叠嶂,整个画面云雾缭绕,观者仿佛置身在亦真亦幻的仙境之中。

学者汪旻在论文中对水月观音和周昉的关系以及水月观音的艺术手法和风格表现也做了深入探讨,"关于水月观音的母题与图式,虽说最早由唐代周昉创制,可是在莫高窟唐代的洞窟中并没有见到特别出彩的画幅,西夏时期的美术家沿用这一母题与图式,加上藏传佛教绘画色彩的厚重、富丽和强烈对比的特点,结合水墨山水和文人画的意境,按照西夏民族的主流审美趣味要求,采用施金的技法,创制出了比较完美的水月观音图式。水月观音图式的创始者周昉,大概也不曾料到西夏时期的东千佛洞竟然成就了他艺术追求的骄傲。这幅完美的水月观音图式其突出的特征表现在三个方面:一是敷彩保持着金碧辉煌特色;二是线条变得刚劲而圆润;三是构图趋于空灵而严整。在此笔者根据实地临摹考察对此幅西夏壁画在内容、技法、境界上的特色作出肯定的评价"[1]。

四川省绵阳市魏城圣水寺石窟第7窟的石刻"水月观音造像",是现存最早有年代题记的水月观音像,龛上方有两条确切纪年的题记:"敬造水月观音菩萨一身并及须菩提。弟子王宗建敬造。中和五年(885年)二月廿三日设斋表庆了。""右女弟子王五娘之父再在此功德。广政三年(940年)三月廿七日表赞记。"观音为半跏趺坐于岩石之上,右腿自然下垂,双手抱左膝,窟内左壁下方开一个小神龛,塑造弟子蹲坐礼拜像,弟子

---

[1] 汪旻. 瓜州东千佛洞二窟壁画《水月观音》的艺术特色——通过临摹感悟西夏绘画风格 [D]. 兰州:西北师范大学,2009.

双手抱拳，左腿支起。

　　大足石刻北窟第 113 号为宋代时期水月观音造像的佳作，从这尊观音造像可以看出观音的脸型已经进一步转化为中国人的脸型。受宋代造像本土化的影响，其面相更接近于常人，世俗意味加重，由神圣的、高高在上的菩萨形象转化为体察民苦、慈悲为怀的标致妇人形象。在艺术手法上，观音肩膀为削肩，双肩消瘦，体态修长挺拔，姿态典雅，稳重而含蓄，但安静含蓄当中又有微微的动势，观音的衣服和宝冠上的饰带迎风飘舞，动静结合表现出无限的韵味，构思精巧，又充满了强烈的艺术感染力。

　　北宋绘画史家黄休复的《益州名画录》（又名《成都名画记》）中记载，有不少画家跟风画起了水月观音像，例如，左权在晚唐宝历年间（825—827 年），范琼在大中年间（847—860 年），分别在大圣慈寺和圣寿寺画水月观音像。到了五代、宋时期，杨遇春之女别出心裁，用头发绣织了一幅《水月观音像》，现保存在四川成都文殊院。近代画家有溥杰、张大千也画水月观音像。最早的是后晋天福八年（943 年）的水陆画纸本《千手千眼观音菩萨图》，现为法国吉美博物馆收藏，此画左下方尚有"水月观音菩萨"的榜题，此画的内容和样式奠定了"水月观音"图式的流行依据和研究考证的可能性。

　　水月观音造像的流行和水月观音信仰，与敦煌地区乃至更广大的中原地区一脉相承，艺术表现形式从晚唐至今的千余年时间里在不断地丰富和发展着。大足北山佛湾、石门山、妙高山、佛安桥、安岳等都有相当数目的宋代"水月观音"塑像。云南、广东、江苏、辽宁、山西、北京等地至今还保存着相当数目的精美的大幅水月观音画。朝鲜、日本都有水月观音绘画作品，而且保存完好。

"水月观音"图像样式的产生,反映了佛教在中国本土化过程中的重要转变,既是思想观念的演变,又反映出对女性形象和艺术美的追求。通过分析榆林窟第29窟和瓜州东千佛洞第2窟的水月观音造像,我们可以更深入地理解这一现象。"水月观音"形象的形成,源于对观音菩萨的信仰深化和文化认同。观音作为慈悲和救苦的象征,其形象在不同历史时期不断演变,反映了人们对救赎和安宁的渴望。在榆林窟第29窟,观音的姿态轻松自在,坐姿优雅,展现出一种超然的境界,符合当时人们的审美需求。"水月观音"不仅仅是宗教图像,更是女性美的表现。在瓜州东千佛洞第2窟中,观音的形象体现了柔和与力量的结合,她手持杨柳枝和净瓶,象征着慈悲和净化。这种对女性形象的美化,反映了社会对女性角色的重新认识,也使得观音的形象在艺术上更具吸引力。"水月观音"的形象融合了中国传统文化和艺术美学,展现了对外来文化的接纳与改造。在榆林窟,观音的形象不仅承袭了北魏时期思惟菩萨的造像特征,还融入了中国传统的审美意境,如闲适、空灵与静寂。这种文化的融合,体现了汉传佛教在中晚唐时期的世俗化趋势。从图像学的角度来看,水月观音的创作遵循了传统图像的标准构图,淡化了"神本"的宗教体验,转而强调"人本"的审美体验。在榆林窟第29窟,观音的坐姿和神情表现出一种沉思的状态,增强了观众的情感共鸣。而在瓜州东千佛洞第2窟,观音的形象则更加生动,展现出一种亲和力。根据伽达默尔的"前见视阈"理论,文化接受者通过自身的文化结构来理解外来文化。当"水月观音"这一形象在中国传播时,既有对佛教义理的接受,也有对传统文化的融合与创新。在欣赏"水月观音"图像时,观者会通过自身的文化背景来理解这一形象。观音的姿态、手持的杨柳枝和净瓶等作为象征符号,都会引发观者对慈悲、净化与救助的联想,这些联想源于观者对观音信仰的历史认知和文化期望。当然,文化的碰撞大部分起源于冲突。外来佛教文化与本土文化之间发生了对抗。冲突与融合带来传统文化的再创造。艺术家兼容并蓄,保留传统习俗和风格样式,对题材内容进行融会贯通。观者在欣赏图像时,也会将其与中国传统的审美观念相结合,从而形成新的理解。例如,观音的轻松坐姿和沉思神情,反映了对内心宁静与和谐的追求,这与道教的"无为而治"思想相呼应。综上所述,"水月观音"图像样式是多方面因素共同作用的结果,体现了佛教在中国的发展与演变。通过榆林窟第29窟和瓜州东千佛洞第2窟的具体例子,我们可以看到这一形象如何在宗教、文化和艺术的交融中形成,并不断适应和反映社会的变化与需求。

第五节 敦煌供养人画像

石窟艺术中的供养人,主要体现为石窟四壁最下层壁画的供养人物画像。这些画像不仅直接体现了世俗人物画的艺术价值,还成为研究石窟艺术的重要焦点。通过供养人像,我们能够深入了解当地的社会风俗、人物外貌特征以及世俗人物画的艺术风格。此外,供养人通常属于当地的大族或是重要信众,这使得他们的画像成为研究供养人身份及历史事件的重要实证。供养人画像涵盖了各个社会阶层的信众。其中不乏社会上层人物,如统治者、皇室成员、贵族及各级僧官。同时,也有来自社会下层的普通民众,包括生活在敦煌地区的汉族和少数民族居民。这些丰富多样的供养人像,生动地反映了当时社会的多元性与复杂性。从社会学的角度来看,供养人像不仅是艺术作品,更是社会结构和权力关系的体现。它们揭示了不同社会阶层之间的互动与联系，反映了宗教信仰如何影响社会身份和地位的构建。供养人作为信仰的实践者，通过供养行为展示了他们对宗教的忠诚和对社会地位的追求。这种现象可以用社会认同理论来解释，供养人通过参与宗教活动和艺术表达，强化了自身的社会身份，并在更广泛的文化背景中寻求认同与归属。因此，供养人像不仅是视觉艺术的展示，更是社会变迁与文化交流的见证。

供养人出资所开石窟又被称为功德窟，供养成为一种普遍而庄严的崇佛行为。通过出资、开窟、塑像、作壁画、礼佛等行为表达家族信仰佛教的虔诚，这些行为也是显耀身世，留名青史的手段。唐代高僧释道世所著佛法类书《法苑珠林》卷四十一《供养篇引证部》云："菩萨供养如来，略说十种：一身供养，二支提供养，三现前供养，四不现前供养，五自作供养，六他作供养，七财物供养，八胜供养，九不染污供养，十至处道供养。若菩萨于佛色身而设供养，是名身供养。若菩萨为如来故，若供养偷婆，若窟，若舍，若故若新，是名支提供养。若菩萨面见佛身及支提而设供养，是名现前供养。若菩萨于如来及支提，悕望心俱，欢喜心俱，现前供养，如一如来三世亦然，及现前供养如来支提。三世十方无量世界，若新若故，是名菩萨共现前供养。"供养是一种礼佛仪式，纪念功德成为一个家族兴荣的象征。家族亲属成员，或出家的比丘、比丘尼，供养佛等，都属于供养的对象。释道世又说："自作供养者，得大果报，他作供养者，得大大果报，自作他作供养者，得最大大果报。"供养者把自己的形象绘制在佛龛下或窟内四壁下层，被认为是"自作供养"的佛教仪式。供养便得果报，是佛教因果报应论的教义体现。学者关友惠在《敦煌壁画中的供养人画像》中指出，供养人画像"是佛教信徒为修建功德自我示意的画像，是包括各民族、各阶层人物的最广泛的社会群体功德像"[1]。供养人画像均有题记,能表明供养人身份等相关信息,如籍贯、官职、社会成分、家庭关系和姓名等。供养人像与功德主的家庭关系通常在榜题中表现,因而榜题具有极高的社会历史研究价值。

《敦煌莫高窟内容总录》《敦煌石窟内容总录》《敦煌莫高窟供养人题记》《敦煌学大辞典》以及大型图录《中国石窟雕塑全集》等著作涵盖了关于供养人人物画的诸多研究成果。敦煌学者段文杰先生曾说:"敦煌莫高窟的492个洞窟中,几乎都有供养人画像。"可见在莫高窟壁画中,供养人画像所占比重之重。学者张先堂、范泉、张培君在《敦煌石窟供养人研究》中介绍道:"莫高窟现存有供养人画像的洞窟281个,占莫高窟洞窟总数近2/3,供养人画像超过9 000身,是我国最大的古代肖像画图谱,前后1 000余年,经历了由小型到巨幅,题名由简到繁,信仰由重奉佛到重自身的发展过程。"学者段文杰、贺世哲、万庚育等先生也做过详细的考证,足以使我们了解供养人画像的社会性特征。莫高窟中保存的供养人画像继承了汉、魏晋殿堂功臣人物画像、墓室画像的传统,又另具特点。既有帝王将相、高官显贵,又有平民百姓;既有高僧大德,又有普通僧尼;既有汉族子民,又有匈奴、鲜卑、吐蕃、回鹘、于阗、西夏、蒙古等少数民族人物。画像均为全身,多是群像,单身像较少。

敦煌供养人画像的历史发展大致可以划分为以下四个阶段:第一阶段是十六国北朝至隋代的初创期;第二阶段为初唐至盛唐的发展期;第三阶段为晚唐、五代和宋代的繁盛期;第四阶段则是西夏和元代的衰落期。

在十六国北朝时期敦煌供养人画像的初创阶段,人物画法

---

[1] 关友惠. 敦煌壁画中的供养人画像 [J]. 敦煌研究, 1989 (3): 16-20+123-124.

深受汉晋绘画风格的影响,体现了对浓厚的"曹家样"审美传统的传承。此时期的供养人画像通常尺寸较小,单个像高不到20厘米,主要绘制在石窟的南壁、北壁,或是窟内的中下层位置,以及中心塔柱的下层,形成了供养人像簇拥在佛像周围的生动景象。这些画像的人物面貌具有明显的游牧民族特征,服饰也反映了各民族的独特风格。画风简练,人物排列整齐,呈现出分行的形式,男女形象在大小和高矮上有所区别,但彼此之间的差异并不显著。题记中通常包含供养人的身份和姓名等信息,为后人提供了珍贵的历史资料。在姿态造型上,这些画像传神地展现了人物的神态与气质,少数民族人物与中原人物的形象并存,充分体现了当时文化的交融与互动。魏晋遗风与东晋南朝的风格在此阶段交汇,形成了独特的艺术表现形式,既保留了传统的精髓,又融入了新的元素,展现出多元文化共存的魅力。这一时期的供养人画像,既是宗教信仰的体现,也是社会历史的见证,反映了当时人们的生活方式与审美观念。

西魏第285窟是北朝时期的重要大窟,其开凿耗费了巨大的财力和人力,因此供养人的排列顺序直接反映了家族的经济实力和社会地位。最前面的男像多为比丘,女像多为比丘尼,象征着宗教的崇高地位。第一铺供养人代表了当时经济与政治势力的结合,属于敦煌的统治阶层。第二铺则是阴安归所在的阴氏家族,后面的供养人依次排列,体现了各家族经济实力和社会影响力的递减。这种身份与位置的对应关系,生动地反映了当时社会的阶层结构与财富分布。第285窟的供养人像身份极为复杂,反映了多元的社会结构与家族关系。首先,滑氏家族的两个分支均为供养者,前者位于第四铺,后者则排在第七铺,显示出这两个家族并非同一家族或近支,暗示着他们在敦煌的独立势力。第一铺的供养人可能是敦煌当地的贵族或统治者，紧随其后的是阴氏家族，表明其与统治者之间的紧密联系。其他供养人来自不同姓氏，如史、滑、丁、何等，彼此之间的排列顺序反映了与统治者的亲疏关系。第二铺的施主比丘是阴氏家族的重要供养者，而滑氏家族在此窟中占据多个位置，显示出其不可忽视的影响力。此外，阴氏家族在唐贞观年间重修其他窟，进一步巩固了他们在敦煌的地位。整体来看，第285窟的供养人像体现了复杂的家族背景与社会关系，揭示了当时宗教与世俗权力的交织。

第二铺发愿文的左右两侧，各画着一排供养人，恰如其分地相对而立。左侧的女像共有六位，均扎着单髻，侧身优雅地站立。她们外穿对襟大袖的襦，色彩鲜艳，黑红相间，领口和袖口都饰有精美的边饰。内衬是一件浅色圆领衫，材质轻薄，仿佛随风飘动。下身则是间色的曳地长裙，裙摆随她们的动作轻轻摇曳，宛如在作袖礼供养，展现出一种典雅而庄重的气息。北壁的女供养人画像展现了一位身着华丽袿衣的女性，姿态潇洒，雍容华贵，飘带轻扬，宛如顾恺之笔下的洛神。她手执香炉，缓步而行，仿佛在优雅地接近。人物面部的刻画较为简练，仅用线条勾勒出五官的细节和面部轮廓，没有使用晕染色彩，因此未留下变色的痕迹。这种表现手法与魏晋时期的审美风尚相呼应，强调了简约而不失雅致的美学，体现了当时对细腻与精致的追求。整个画面生动而富有韵味，仿佛将观者带入了那个充满敬意与虔诚的时代。该窟现存供养人画像124身，题记50条，记载了佛门6种信众的供养人造像，即"第一身：清信女史崇姬供养时；第二身：信女阿丑供养；第三身：信女乾□供养；第四身：信女乾理供养；第五身：信女阿媚供养；第六身：信女娥女供养"。这些是有关佛门出家和非出家四众教徒与俗家二众信徒的题记。

发愿文右侧的男性供养人像共有七位，整齐划一地排成一排。第一位是比丘，作为接引僧，身着交领袈裟，左手置于胸前，右手托着一只无柄香炉，神态庄重。其余六位的站姿基本相同，展现出一种和谐的排列。最后一位是小男孩，穿着圆领窄袖的棉质袍衣，色彩丰富，有红、黑、淡绿和赭色，冷暖和谐，袍衣的正中及领口、袖口均有精美的边纹装饰，双手恭敬地藏于袖中。第二位供养人扎着头巾，富有世俗意味，脑后露出一部分头发，显得朴素而亲切。紧随其后的是四位戴着尖顶毡帽的男性，最后的男童则梳着双丫髻，增添了几分童趣。第二、四、五、六位的袍服正中宽边延伸至腰部，而第三和第七位的袍服宽边则到达下摆，似乎是对襟式的设计，展现出不同的风格与层次感。第二位供养人系着腰带，其他供养人则没有，形成了细微的对比。值得注意的是，由于画幅的限制，第六和第七位供养人挤入了下方女供养人像的位置，巧妙地融入整体排列中，表现出一种生动的互动与融合。这种服饰的多样性与排列的巧妙设计，不仅体现了人物的身份与地位，也为整个画面增添了丰富的文化内涵。供养人像前面均有榜题，并存有墨书题记："第一身：比丘晋化供养时；第二身：清信士阴安归所供养时；第三身：信士阴苟生供养；第四身：信士阴无忌供养；第五身：信士阴胡仁供养；第六身：信士阴普仁供养；第七身：信士在和供养。"

　　第四铺发愿文两侧画男女供养人各一排，相对而立。左侧的女像共有五位，外穿对襟大袖的襦，色彩鲜艳，主要以红色和黑色为主，形成了鲜明的对比。她们的领口和袖口均饰有精美的边饰，增添了服装的层次感与细致美感。内衬是一件浅色圆领衫，轻薄的材质在光影中透出柔和的光泽，散发出一种优雅的气质。下身则是曳地的间色长裙，裙摆随着她们的动作轻轻摇曳，表现出对神灵的敬仰与虔诚。整体的服饰设计不仅展现了女性的温婉与典雅，更反映了当时社会对女性形象的崇尚与对礼仪的重视，体现了深厚的文化底蕴和历史传承。像前各存有榜题一方，存有墨书题记："第一身：□（清）信女丁爱供养佛时；第二身：清信女□□；第三身：信女□□；第四身：信女□□；第五身：信女……"右侧的男像共有五位，均为世俗男性，穿着圆领窄袖的袍服，色彩以红色和黑色为主，展现出简洁而典雅的风格。他们双手恭敬地拢入袖中，袍服正中的宽边延伸至腰部，显得庄重又不失灵动。第一位头裹巾，眉宇间透出一股沉稳与内敛，仿佛蕴藏着深厚的智慧与人生阅历。其余四位则头戴毡帽，神态各异，却共同散发出一种自信与坚定的气质。他们的面庞线条分明，目光坚定，似乎在表达对信仰的虔诚与对生活的热爱。整体来看，这些男性人物不仅体现了当时社会的风尚，更折射出一种积极向上的精神面貌，彰显出他们在生活中的勇气与决心。

西魏第249窟绘供养比丘与男供养人共20身，其形体比例修长，已等同于真实的人体结构，达到七至九等身，人物站姿潇洒飘逸，颇有吴带当风之姿。袈裟垂落于地，体现出修长挺拔、伟岸雄奇的身形姿态，袈裟的线条简洁、富有力量，体现艺术美感。袈裟色彩典雅古朴，以石绿、黑褐、白色等为主。比丘皮肤色彩由于氧化变色成浅褐色。由于比丘人物面部太小，表情没有刻画，但是这并不妨碍其精神气质的体现。比丘具有宗教符号的象征性内涵。

北周时期的第428窟是供养人画像面积最大、画像人数最多的石窟，包含前室、甬道及主室，室内总面积达到178.38平方米，供养人像多达1 200身。其中，一位供养人画像为东壁门南上排第二身，墨书题记为"晋昌郡沙门比丘庆仙"。这座洞窟被学者认为是《李君修慈悲佛龛碑》所述的建平公于义所开凿的家窟，建平公在初唐和武周时期负责敦煌地区的管理。在前室、甬道及主室的供养比丘行列中，画师运用了色彩搭配的手法。南侧供养比丘的服饰主色调依次为黑、红、米、红，形成一个循环；而北侧供养比丘则采用红、黑、红、米的循环。这种色彩的安排不仅增强了视觉的层次感，还体现了对称与均衡的美学原则。此外，供养比丘上部塔座的座楣颜色也采用红、白、黑三色相间搭配，进一步呼应了供养比丘服饰的色彩，整体上形成了一种协调一致的视觉效果。这种设计显示了当时画师在艺术创作中对规律的深刻理解与运用。他们巧妙地运用反复、对称、均衡与多样统一等形式美的原则，创造出和谐统一的视觉效果。这种创作方式不仅体现了艺术家的创新意识，也反映了传统与现代元素的融合，展现了丰富的文化内涵与艺术价值。

　　隋代第 427 窟的供养人行列展现出独特而鲜明的艺术风格。供养人画像尺寸的增大及数量的增加使整体布局更加壮观，且由于画像位置较低，观者能够更直观地感受到供养人的庄重与神圣，增强了视觉冲击力。供养人的体形俊美匀称，服饰式样丰富，线条简洁飘逸，色彩清新明快，体现了艺术家对形式美的深刻理解。艺术家选择人物面部四分之三侧面的角度，既有利于表现体态动作，又能清晰反映人物特征，尤其是双眼及颧颊部位的轮廓。此外，男女供养人手中所持的莲花等物品，增强了礼佛行列缓缓前进的节奏感与方向感，使整个行列显得更加整齐统一，富有装饰性。尽管题记相对简略，但这种简约风格凸显了作品的核心主题。艺术家的笔法肆意，展现了自由与个性的表达，使得供养人行列不仅具有宗教意义，更具备了艺术的独特魅力。

　　第二阶段为初唐至盛唐的发展期。

初唐第329窟北壁下部绘男供养人17身，门南中部绘男女供养人各一身，下部绘供养牛车与供养人一排，门北下部绘供养马群与男供养人一排。南壁绘供养比丘三身，北壁绘男供养人一身。

在盛唐时期第130窟的供养人画像作品中，人物形体相比于隋代供养人画像显著增大，且形象生动、丰富、优美。人物体态健美，曲眉丰颊，展现出唐代对丰腴体态的审美追求。这种审美不仅反映了社会对美的认知，也与当时经济繁荣、人民生活富裕密切相关。供养人画像中的服饰艳丽、雍容华贵，体现了唐代贵族的审美情趣。艺术家通过精致的衣饰与细腻的装饰，不仅表现出人物的社会地位与身份，形成了强烈的视觉冲击力，还增强了画面的美感，使供养人形象更具个性与生动性。在技法上，盛唐时期的供养人画像展现出纯熟精湛的绘制技法，线描流动如生，具有明显的变化与层次感。艺术家在用线的安排上注重主辅结合，线的疏密与虚实变化考究，塑造出形象生动且性格鲜明的唐代美人。这种技法的成熟不仅提升了作品的艺术价值，也体现了唐代艺术家对表现形式的创新与探索。同时，供养人画像富有生活气息，画面中的人物神情各异，体现出不同的地位身份与个性。这种对生活细节的关注，反映了唐代社会的多元化面貌与人文关怀。尤其是第130窟的《都督夫人太原王氏礼佛图》，其由段文杰先生最早复原，是敦煌莫高窟供养人画像中规模最大的一幅。这幅画像共有12人，第一身形象最大，立粉堆金，题名为"都督夫人太原王氏一心供养"，第二身、第三身是都督夫人的女儿，后面9人为奴婢。而据研究，与此图相对的北面墙壁上画有都督乐庭琅及儿子、男仆，南北两壁合起来就是都督乐庭琅全家礼佛图。人物自由活泼，前后排列主次分明。背景中出现的垂柳、萱花、曼陀花以及飞舞的蜂蝶，增添了动感与情趣，使庄严的宗教场景更显生动。这一阶段的供养人画像在结构与意境上分别突破了前代整齐、严肃的风格，人物位置错落有致，表现出一种自由与活泼的气息。通过对背景与人物的巧妙结合，达到了动静结合、相得益彰的艺术效果，展现了盛唐时期艺术创作的高度与深度。盛唐时期的供养人画像，不仅是宗教信仰的体现，更是当时经济繁荣与社会稳定的艺术反映。通过对形体、服饰、生活气息、技法及结构的分析，我们能够更深入地理解盛唐供养人画像作品的独特性及其在中国艺术史上的重要地位。这些作品不仅具有历史价值，也为后世艺术创作提供了丰富的灵感与启示。

第三阶段为晚唐、五代和宋代的繁盛期。

晚唐时期的供养人画像经历了显著的变化，世俗化趋势愈加明显。与早期的宗教性供养人像相比，晚唐的作品更加突出人物的世俗地位，榜书题记的内容更加强调社会身份与地位。尤其是在服饰上，画家通过极其精细繁复的纹样，表现出人物的尊荣与华贵，形成了鲜明的世俗化时代特征。在这一阶段，供养人像中的人物形象尤以女供养人为甚，展现出雍容华贵的特征，仿佛是周昉一派仕女画的延续。同时，即使在一些相对不重要的画面中，画家也能娴熟地运用技艺，生动地勾勒出人物形象。例如，第225窟的吐蕃供养人像，画家运用寥寥数笔，便成功地塑造了一个鲜活的人物，体现了吴派"笔才一二，象已应焉"的特点。这种简练而富有表现力的笔法，展现了吴道子绘画风格的精髓，强调了线条的流畅与形态的生动，使得人物不仅在视觉上引人注目，更在情感上使观者产生共鸣。"吴带当风"的绘画风格，强调了线条的灵动与形象的生动，这正是晚唐供养人画像所追求的艺术效果。这种风格不仅在表现人物的外在形态上取得成功，更在内在情感与社会背景的交融中，展现出晚唐艺术的独特魅力与深厚内涵。通过这种技法，画家将世俗生活与宗教信仰巧妙结合，使得供养人像不仅成为宗教供奉的象征，更成为社会生活的生动写照。

第144窟是晚唐初期敦煌豪族索氏的功德窟，甬道南北壁画描绘了索氏家族的僧人及男供养人，共有五身人物。其中，南壁第一身男供养人像高达156厘米，几乎接近真人身高，展现了这一时期人物画的高度成熟与艺术家的精湛技艺。在晚唐时期，人物画的发展已进入一个非常成熟的阶段，艺术家们运用细腻的笔触与丰富的色彩，成功地塑造出栩栩如生的人物形象。画师们不仅在技法上达到高超水平，更在对人物性格与情感的表现上展现出深厚的艺术造诣。人物的面部表情细腻生动，神态各异，体现了不同身份与地位的特征，仿佛每个形象都在诉说着自己的故事。这一时期的画作，服饰的细节表现尤为突出，男供养人的衣袍上装饰着繁复的纹样，体现了唐代对华丽与精致的追求。通过对衣物褶皱的细致描绘，画家成功地表现出布料的质感与流动感，使得人物形象更加立体生动。此外，晚唐人物画的构图也表现出一种自由与灵动的风格，人物的姿态自然流畅，仿佛画师在瞬间捕捉到了一种动态美。画面中的光影变化与色彩搭配，增强了整体的层次感与立体感，使得每一幅作品都散发出独特的艺术魅力。总的来说，第144窟的男供养人像不仅是宗教信仰的象征，更是晚唐艺术家高超技艺与深厚文化底蕴的体现，展现了那个时代的繁荣与多元。

五代和宋朝时期，敦煌在张、曹两氏归义军的管辖下，成了一个重要的文化与宗教交汇点。第437窟作为张氏、翟氏等家族重修的北魏功德窟，其壁画不仅承载了宗教信仰，也反映了当时社会的家族结构与权力关系。甬道南壁留有供养人归义军节度使西平王曹元忠之名，表明了家族与宗教的紧密联系。

这一时期的供养人画像有一个显著特点：规模宏大，气势壮观，许多画像几乎达到真人大小。这种形式的变化，体现出家族在社会中日益增长的影响力与日益提高的地位。供养人像的设置通常集中在甬道上，尤其是窟主及与其关系亲密的人物，凸显了家族的性质与社会层级。这种艺术表现不仅是对个人及其家族的崇敬，更是对权力与地位的宣示。曹氏归义军长官及其夫人被特意画在甬道的中心位置，象征着他们在家族与社会中的核心地位。与此同时，东壁、南壁和北壁的家族供养人则朝向甬道排列，形成了一种视觉上的层次感与秩序感。这种布局不仅让观者感受到家族的团结与凝聚力，也反映了当时社会对家族关系的重视。此外，在这一时期，石窟中延续唐朝曹氏归义军出行图等，依据家族历史事件描绘的出行图则进一步丰富了供养人画像的内容。这些图像不仅描绘了家族成员的日常生活与社交活动，还展现了他们的地位与身份。张、曹家族的洞窟中，从祖先到现有家族成员，再到亲戚、属僚、部下及奴婢，按地位尊卑一一呈现，体现了当时社会的等级制度与家族观念。人物服饰的艳丽与雍容华贵，进一步彰显了家族的显赫地位。通过对服饰细节的描绘，画家不仅展现了当时的时尚潮流，也反映了敦煌地区的风土人情与文化特色。这些供养人画像不仅是宗教供奉的延续，更是当时社会生活的真实写照，展示了家族在宗教与社会生活中的双重角色。从历史、宗教与社会学的角度来看，这一时期的供养人画像不仅是艺术创作的结果，更是家族与社会结构、权力关系的体现。它们在宗教信仰的框架内，承载着深厚的文化内涵，反映了敦煌在五代与宋朝时期的繁荣与多元。

第四阶段为西夏和元代的衰落期。由于西夏党项族和元代蒙古族的信仰形式及功德观念与汉族存在显著差异，莫高窟的整体营造逐渐趋于衰落。

敦煌石窟的营造历程是敦煌世家大族发展变迁史的重要组成部分，反映了佛教在中国化与世俗化过程中受到当地大族的接纳和改造。自西汉至宋初，敦煌的李、曹、阴等大族通过世代相传的"家窟"将自身的政治与经济实力融入佛教文化，形成了一种深厚的宗族意识。这些"家窟"不仅是宗教场所，更是家族荣耀与社会地位的象征，体现了世家大族利用佛教为自身利益服务的策略。在唐代吐蕃入侵时期，敦煌世族积极组织力量抵抗，显示出他们在民族危机来临时的凝聚力与影响力。敦煌的石窟艺术在儒家思想的指导下，反映了世家大族宽厚包容的价值观，成为民族认同与历史记忆的载体。供养人画像是石窟历史发展的见证，不仅承载了佛教传播的记忆，更成为敦煌世家大族在历史长河中不断改造与利用佛教的缩影，展现了中国传统文化在外来宗教影响下的独特发展。阴氏家族的历史可以追溯到西汉时期，最早的记载见于敦煌文书 P.2625《敦煌名族志》，该文书将阴氏家族与张、索两家一同列出。阴氏的先祖源于南阳新野，因在汉代从军西北而留居敦煌。随着时间推移，阴氏在敦煌逐渐崛起，尤其在魏晋时期达到鼎盛，成为重要的世家大族。唐代以后，阴氏家族的地位进一步巩固，他们自称为"正议大夫、北庭副大都护"等高官的后代，显示出其显赫的政治背景。中晚唐时期，阴氏在地方政权中占据重要位置，尤其在张氏归义军时期，阴氏的势力达到巅峰。

阴氏家族在莫高窟参与开凿或绘制的石窟为第 285、432、431、96（北大像）、332、321、217、138、231 等窟。学界认为第 217、231 窟为阴氏家庙窟。

学者陈菊霞、曾俊琴在《莫高窟第 217 窟东壁供养人洪认生平考》中认为："莫高窟第 217 窟主室东壁门北有一身高大的供养人画像，其题名保存完整，可知是都僧政洪认。本文通过检索敦煌文献对洪认的生平进行了考察，认为他出生于刘氏家族……在洪认荣升都僧政时，为了表示庆贺，以洪认为代表的刘氏家族重修了莫高窟第217窟。"《洪认像》是五代时期世俗人物画的出色代表，人物身穿袈裟，为典型的出家人装束，服饰色彩为深红色，白色衬里，人物身姿挺拔，神情祥和安静，手持一长柄香炉。画师用写实主义的手法刻画出一个层次丰富的人物形象。

公元839年，阴伯伦的子女在莫高窟开凿第231窟，该窟被称为"报恩君亲窟"。东壁门上绘制了阴伯伦与索氏的供养像——"阴嘉政父母供养像"，并有题记，画面中的人物展现了唐代的风华，锦缎罗衣，雍容华贵，女主索氏发饰高贵。人物姿态皆自然闲适，男女侍从恭敬站立，手端容器，姿态优雅端庄。这幅画不仅是子女对父母的深切怀念，更反映了阴氏家族对唐廷的依附与感恩。"阴嘉政父母供养像"作为中唐时期供养人画像的典范，承载着丰富的历史意义，象征着敦煌世家大族在动荡时代对传统与忠诚的坚守，展现了家族对历史和文化的深刻认同。

第六节　龙门石窟的雕塑

　　极乐世界清净土，无诸恶道及众苦。
　　愿如我身老病者，同生无量寿佛所。

上面是唐代诗人白居易在《西方净土变》绘画作品中所作的题跋。相传白居易在龙门石窟万佛洞捐刻"西方净土变"龛。我们无须考证这个传闻的真伪，我们需要知道的是龙门石窟保存了唐代最流行的、《净土宗》阐释的"西方极乐世界"的宗教雕刻造像。龙门石窟的造像就是理想天国现实的具象化呈现。

《方舆纪要》载:"阙塞山在洛阳南三十里,一名阙山,一名钟山,山东曰香山,西曰龙门。"在香山的东侧,巍峨的万安山如同守护者,屹立不倒;再往东,是少室山,气势磅礴,仿佛在诉说着古老的传奇。而龙门山则在西侧,与旁边的宜阳山静静相依。龙门的东、西两山与周围的群山连绵成线,宛如一条天然的屏障,绵延数百里,形成了一个雄伟的山脉屏风。唯有龙门这一通道,畅通无阻,成了通往洛阳的天然门户。在壮丽的群山之间,伊水自北向南缓缓流淌。伊河的上游,竹木丰盛,生机勃勃;而下游则以鲂鱼闻名,水波荡漾,《洛阳伽蓝记》谚云"洛鲤伊鲂,贵似牛羊"。这片土地富饶,充满生机。这样的自然布局,不仅是地理的奇观,更是文化的象征,承载着厚重的历史与灵动的人文。

历代诗人对伊河也多有描绘。唐代诗人韦述《晚渡伊水》诗云:"悠悠涉伊水,伊水清见石。是时春向深,两岸草如积。迢递望洲屿,逶迤亘津陌。"诗人崔日知诗赞:"岩前窥石镜,河畔踏芳茵。既怜伊浦绿,复忆灞池春。"

萨天锡《龙门记》记:"洛阳南去二十五里许,有两山对峙,崖石壁立,曰龙门,伊水中出,北入洛河,又曰伊阙,禹排伊阙,即此。两山下,石罅迸出数泉,极清冷;惟东稍北三泉,冬月温,曰温泉。西稍北岸,河下一潭极深,相传有灵物居之,曰黑龙潭。两岸间,昔人凿为大洞,为小龛,不啻千数。琢石像诸佛相、菩萨相、大士相、阿罗汉相、金刚相、天王护法神相。有全身者,有就崖石露半身者,极巨者丈六,极细者寸余。"西山又名龙门山,古称伊阙,故又称伊阙石窟。自北魏至北宋的四百余年间,开凿了超过2 300个洞窟与佛龛,以及10万余尊造像,碑刻题记2 800余品,这些珍贵的艺术品分布在西岸的龙门山和东岸的香山之间。绝大多数的窟龛与造像源自北魏和唐代，其中北魏所造的约占三分之一，而唐代的作品则占据了约三分之二。

明代诗人沈应时有诗云："龙门劈破是何年？泻出伊流贯洛川。壁夹轻阴浮芥棹，空摇清影落鲵船。晴开八字愁娥黛，秋削双峰韵士肩。莫为吟眸难应接，却怜飞翠醉诗仙。"其诗所写为"洛阳八景"之一——"龙门山色"，其余七景为"金谷春晴""天津晓月""洛浦秋风""马寺钟声""铜驼暮雨""邙山晚眺""平泉朝游"。"龙门山色"是"洛阳八景"之冠。白居易赞曰："洛都四郊，山水之胜，龙门首焉。"明代诗人邱起凤亦作《龙门山色》诗篇："凿断层崖伊水流，茏嵸双阙壮金瓯。雨浮爽气清来阁，风送晴岚翠幌楼。载酒波心停去棹，扶筇洞口豁吟眸。不徒环秀开图画，扼险能纾南顾忧。"明代吕维祺也慕名题了同名诗篇，诗云："劈破层峦一水来，俨然双阙向城开。千龛佛像唐雕凿，万世神功禹削裁。南卷窗帘含远翠，东分岳黛入深怀。邵窝白社无人管，尽日岩云片片堆。"李白诗云："朝发汝海东，暮栖龙门中。水寒夕波急，木落秋山空。"杜甫诗云："天阙象纬逼，云卧衣裳冷。"韦应物诗云："凿山导伊流，中断若天辟。都门遥相望，佳气生朝夕。……精舍绕层阿，千龛邻峭壁。"宋代的欧阳修也多有吟咏。龙门自古以来就是自然文化圣地。

北魏太和二年（478年）开始建造龙门石窟，历经东魏、西魏、北齐等朝代，至隋唐，大规模营造达四百余年之久，明清时仍有零星开凿，造像时间长达一千四百余年，是世界上营造时间最长的石窟。现存大小窟龛2345个，以北魏和唐代洞窟为主，其中北魏洞窟约占30%，唐代约占60%，其他朝代占10%左右，其中包含21个副龛和2个漏编窟龛。在龙门隋唐时代的造像记中，唐代盛行净土崇拜和观音崇拜，反映在造像中为相关造像数量众多，艺术超绝。造像明确者共268尊。其中，阿弥陀佛

137尊，占51%，观音56龛，占21%，合计占72%。此外有弥勒佛14龛，释迦牟尼佛12尊，优填王像9尊，地藏菩萨10尊，药师佛7尊，卢舍那佛3尊，七佛3龛，业道像2龛等。可见唐代"净土宗"是主流教义。

北魏时期的石窟主要有8个：古阳洞、宾阳洞、莲花洞、火烧洞、魏字洞、普泰洞、皇甫度石窟寺、东魏窟路洞。其中以古阳、宾阳二洞最重要。古阳洞又名石窟寺，为孝文帝开凿。宾阳洞又名灵岩寺，是宣武帝为孝文帝、文昭皇后开凿。

古阳洞是北魏孝文帝为其嫡祖母冯太后所营造的一座宏伟的皇家功德窟，从孝文帝始建到唐高宗时期，建造历经190多年。洞窟巧妙地利用了天然溶洞开凿而成。其设计独特，没有莲花藻井，地面则呈现出马蹄形，是龙门石窟中开凿最早、小龛数量最多的石窟，拥有超过1 000个小龛，且石刻造像内容丰富多彩。较大的主要佛龛有：《比丘慧成为亡父洛州刺史始平公造像题记》龛（《始平公造像记》龛）、《魏灵藏、薛法绍造像记》龛和《杨大眼造像记》龛。在这座洞窟中，魏碑体书法最具代表性的"龙门二十品"中，有十九品均在此窟内展现。正壁上，三尊像为孝文帝所造，其中主尊释迦牟尼高达7.82米，呈现出结跏趺坐的姿态，面相长圆而清秀，右脸部分残缺，双手恭敬地作禅定印，散发出宁静与智慧的气息。两侧的菩萨像通高近4米，面貌丰润而清秀，头戴花蔓宝冠，颈系项圈，华美的帔帛从肩头斜下，交叉于腹前，再优雅地卷搭于臂上。右侧菩萨的左手举于胸前，右手提着香盒；左侧菩萨则以右手举于胸前，左手握着净瓶，形象雍容华贵，尽显北魏雕塑"秀骨清像"的艺术风范。"秀骨清像"强调对雕像人物形体的细致刻画，雕刻师通过精湛的技艺展现出人物的骨骼结构和肌肉线条，使得雕像既有力量感又显得轻盈。雕刻师在表现人物的动态和

●龙门古阳洞北壁造像

●龙门宾阳中洞北壁造像

表情时，注重细节，使得每一尊雕像都显得生动而富有生命力。这一风格的雕像通常呈现出优雅的姿态，强调线条的流畅与和谐。人物的姿势往往是自然且庄严，给人一种宁静、富有韵律感的感觉。这样的造型不仅符合佛教的教义，也反映出当时的社会审美。这种风格和魏晋时期的"玄学"思想风尚有密切关系。雕像面部通常显得清秀而富有神韵，眼神明亮，表情温和，传达出一种超然的智慧与慈悲。这种表现手法使得雕像不仅是一种艺术品，更是一种精神的象征，能够引发观者的共鸣。在雕刻的服饰和装饰上，注重细节表现，常常采用精美的花纹和饰品，增强了雕像的视觉美感。这些装饰不仅提升了宗教和审美艺术价值，也体现了当时工艺水平的高超。

宾阳洞始凿于北魏景明元年（500年），是北魏宣武帝为孝文帝、文昭皇后主持开凿的皇家第二大窟，用以铭记孝文帝迁都洛阳和进行汉化改革的历史功绩，也是唯一有确切记载的石窟，包含孝文帝"中洞"、文昭皇后"南洞"和宣武帝"北洞"。中洞窟的门上方装饰着尖拱火焰纹，正中间是一个威严的兽头，展现出浓厚的宗教象征意义。弧形的拱梁上雕刻着矫首二龙，象征着力量与保护，寓意着神圣的守护。窟门两侧各有一座屋形大龛，内刻持杵的金刚力士，显示出对佛教护法神的崇敬与信仰。进入洞窟，正壁上矗立着五尊佛像，主尊释迦牟尼佛高约9米，结跏趺坐，面容上下略长，眼如纤月，眉弯如弓，鼻翼丰满，嘴角微微上翘，展现出温和的微笑，传达出慈悲与智慧。释迦牟尼躯体伟岸，两肩宽厚，身着"褒衣博带"式袈裟，展现出一种庄重与威严。座前蹲踞的两狮，象征着佛法的威严与不可侵犯。在主尊两侧，侍立着一老一少两位弟子：摩诃迦叶显得老成持重，象征着智慧与经验；而阿难陀则纯朴虔诚，体现出对佛教教义的忠诚与信仰。外侧的文殊菩萨与普贤菩萨面带微笑，佩饰华贵，象征着智慧与行愿，进一步增强了整个场景的神圣感。左右壁上各雕刻一尊立佛，并配有胁侍菩萨，形成"竖三世佛"的构图，表现出过去、现在与未来的佛法传承，强调了时间的永恒与佛教教义的普遍性。窟顶则环绕着圆莲，雕刻8位飞天，他们在流云香花间翱翔，展现出宗教艺术的动感与生机，象征着超脱与升华的境界。窟门壁顶部的高浮雕大莲花藻井，外侧环绕着6位飞天，工艺精美，象征着佛教的纯洁与神圣。这些细致的雕刻不仅展现了当时高超的艺术技艺，也体现了宗教信仰的深厚内涵。通过视觉艺术的表现手法，整个洞窟的设计与装饰传达出佛教的教义与生命哲学，形成了一种和谐庄严的宗教空间，给人以心灵上的震撼与启迪。

宾阳洞的两幅浮雕作品《帝后礼佛图》现存于纽约大都会艺术博物馆和堪萨斯城的纳尔逊-阿特金斯艺术博物馆。作为艺术瑰宝，其构图与表现手法展现了中国古典美学的精髓。两幅礼佛图的构图严谨，体现了对称与平衡的美学原则，分别以孝文帝和文昭皇后为中心，形成南北相对的礼佛行进队列。这种结构不仅增强了画面的层次感，也反映了当时社会对帝王与宗教的重视。在人物刻画上，孝文帝的形象稳重而威严，二侍者执仪仗前导，显示出帝王的尊贵与权威。孝文帝戴冕旒，持熏炉，泰然自若，传达出一种内心的从容与自信。童子添香与侍者扶侍的细节，进一步强化礼仪的庄重感，体现对佛教的尊敬与虔诚。文昭皇后的形象则显得优雅端庄，头戴华冠，身侧有持莲侍女，展现出女性的温柔与力量。队列中的女侍们紧随其后，营造了一种和谐的氛围，体现了女性在宗教活动中的重要地位。这种女性角色的表现，反映了当时社会对女性的认可与尊重。整体画面中，人物层次错综复杂却和谐统一，显得动中有静，充满肃穆之感。这一画面不仅是宗教活动的外在表现，也反映了帝王显贵们在宗教活动中的精神状态，表现出故作虔诚的心境，揭示了权力与信仰之间的微妙关系。在视觉艺术原理方面，画师在构图的装饰性和线条的表现力上投入了极大的努力。细腻的线条勾勒出人物的神态与姿态，增强了画面的动感与生动性。整体色调与细节处理，营造出一种神圣而庄重的氛围，使观者感受到宗教仪式的庄严与神秘。从文学与宗教学的角度来看，这两幅作品不仅是艺术的展现，更是对当时社会文化与宗教信仰的深刻反思。通过对《帝后礼佛图》的分析，可以看出古典美学在宗教艺术中的应用，以及它如何反映出历史时期的精神面貌与文化价值观。

宾阳洞的艺术风格"寓精巧于概括大方之中"，展现了中国古代雕塑艺术在形式与内容上的深刻融合。"十一尊圆雕大像"雕造得雄健朴实，而《帝后礼佛图》浮雕则精细入微，这种艺术手法的对比变化使得大小、主从相得益彰。上承云冈石窟早期造像昙曜五窟的艺术传统，宾阳洞雕塑强调外轮廓线的概括性，形成了整体感极强的特点，下启隋唐造像的圆润与丰满，逐渐向写实和世俗化发展。这一过程不仅反映了雕塑技术与形式的演变，更是文化认同与民族精神的体现。从美学角度来看，宾阳洞的艺术作品通过对比与统一，展现了"精巧"与"概括"的和谐，增强了作品的视觉冲击力，并引发观者深思，使其在欣赏中体会到宗教信仰的深邃与庄重。雕塑的构图与形状设计体现了对空间与形态的精确把握，增强了雕塑的立体感与空间感。总体而言，宾阳洞是一座特别有规制和设计感的石窟，其雕塑作品不仅是宗教艺术的体现，更是中国佛教雕塑逐渐民族化的一个突出标志。

北魏雕像的艺术特色在于其人物刻画充分体现了"秀骨清像"和"褒衣博带"的风格。雕刻师们通过精妙的线条运用，使每一尊雕像的形体轮廓都显得优雅而清晰，展现出一种清新脱俗的气质，完美诠释了"秀骨清像"的理念。这种风格不仅强调了人物的骨骼结构和神态，更在细腻的衣褶处理中展现出一种灵动的美感。同时，雕像中的衣物设计也体现了"褒衣博带"的特征，宽松流畅的衣纹与层叠的褶皱相结合，增强了作品的动态感和韵律感。这种设计不仅在视觉上产生了一种自然的流动感，也反映了当时社会对人物形象的审美追求，强调了优雅与庄重的结合。从雕塑史和雕塑美学的角度来看，北魏时期的艺术作品不仅体现了技术上的创新，更是对人文精神的深刻表达。线条的运用不仅是形式上的表现，更是情感与思想的传递。匠师们通过将"秀骨清像"和"褒衣博带"风格巧妙结合，使得雕塑作品在视觉艺术与情感上都达到了新的高度，成为研究中国古代雕塑艺术的重要部分。这一时期的作品，不仅在形式上展现了优雅与力量的统一，也为后世雕刻艺术的发展奠定了坚实的基础。

贞观十五年（641年），唐太宗的四子魏王李泰为追悼已故的母亲长孙皇后，开凿宾阳南洞的正壁，雕刻出一组"五尊大像"。在这组雕塑造像中，主尊阿弥陀佛高坐其上，身高8.2米，结跏趺坐，巍峨耸立。面相方圆，肉髻高耸，双目如星，宽鼻深邃，内着僧祇支，外披垂领袈裟，其左手高举掌心于胸前，右手则屈三指下伸，传达佛法的智慧。左右侍立的二弟子与二菩萨，恭敬而庄重，仿佛在默默守护着这份神圣的安宁。同年，唐太宗为他的第六女豫章公主雕刻了二龛神像，而在永徽元年（650年），刘玄意铸造了一尊金刚力士，屹立于窟门内北壁，刘玄意为唐太宗之女南平公主的丈夫。洞内现存永徽、显庆、龙朔、麟德、乾封、咸亨等唐高宗时代造像龛，随着大量功德龛的开凿和这一系列雕塑的问世，南洞渐渐演变为唐代皇室的功德窟，成为历史与信仰交织的圣地，承载着家国情怀与敬仰之情。

唐高宗李治时期佛教兴盛，龙门石窟大规模地开窟造像，高宗初年，纪国太妃韦氏捐造敬善寺石窟。窟门立面与窟内布局均有新创意。窟门上方开一方形龛，龛外两侧对刻二飞天，窟门左右各有一金刚力士，力士外侧又有二菩萨南北相对。力士头戴冠，颈系项圈，赤裸的上身佩"X"形璎珞，下穿战裙，赤足弓步，怒目债张地瞪视前方。颈间的青筋、臂部和腿部的肌肉块，都用夸张的手法刻出，后倾的上体蓄满力量。这一孔武力士的形象，为以后唐代的造像所模仿。窟内正壁阿弥陀佛坐于八角莲座上，身后有舟形高浮雕身光和圆形头光。身光下部左右的带梗莲花座上，各立一身供养菩萨，迦叶、阿难二弟子，侍立在正壁左右的转角处，左右侧壁各有一圆雕菩萨和浮雕天王，在弟子和菩萨之间，插入高浮雕比丘和比丘尼，作供养状，立于带梗莲花座上。此窟立面与窟内的全新布局，是唐初富于艺术创新精神的反映。

奉先寺的大卢舍那佛是唐代石窟大佛造像的杰出代表，坐落于山间，显得格外庄重。佛像高达17.14米，头部独自高达4米，身着简朴的通肩式袈裟，头顶高肉髻，波状发纹流畅而自然，弯眉秀目，鼻梁高直，面容端庄而典雅，嘴角微微含着温婉的笑意，仿佛在安详地俯视着人间的一切。在佛像的左右，迦叶与阿难两位弟子立于八角莲花座之上，迦叶的雕像虽已残损，但阿难依然眉清目秀，温良虔恭，彰显出深厚的信仰与敬意。两位菩萨同样立于莲花座上，身高13.3米，头戴花蔓宝冠，颈系宝珠项链，发辫垂肩，璎珞严身，帔帛轻柔地横于胸腹，身姿微侧，仪态端庄，宛如在静静守护着这份神圣。左右两侧的壁面上，各有一位天王和一位力士。保存较好的左壁上，北方毗沙门天王深目高鼻，面容似西域人。他头戴三珠宝冠，顿项护颈，护膊在肩，身穿铠甲，腰束腾蛇，左手稳稳托住宝塔，右手则平托着三重宝塔，左腿直立，右足踏着一个夜叉，显得雄健威武。天王左侧的金刚力士怒目圆睁，颈筋突起，张口似在呐喊，浑身散发出临战的气势，活灵活现。整体而言，这一龛的布置和谐而有序，诸弟子、菩萨、天王、力士的配置恰到好处，生动地烘托出至高无上的卢舍那大佛。传说，这尊佛像以武则天的容貌为依据，甚至有传言称她曾"助脂粉钱两万贯"来支持这座雕像的塑造。

  这一组石雕作品体现了这一时期的雕像风格已从魏晋南北朝时期流行的"秀骨清像"、婉雅飘逸的艺术风格逐渐演变成短颈粗体、健康丰满、朴达拙重的本土化风格。龙门卢舍那佛的造像深受唐代审美观念的影响，尤其是"丰腴为美"的理念，这一审美标准在雕塑中得到了充分体现。唐代的雕塑强调自然、丰满和健康的形态。造像采用了圆刀石刻雕法，这种技法使得线条更加柔和，轮廓更加饱满，给人一种厚重稳固的感觉，并开始注重人体解剖关系。佛像的身体曲线流畅，肌肉线条鲜明，展现出一种力量与安宁并存的气质。卢舍那佛的面相端庄，带有温婉的微笑，体现出宗教对人内心世界追求宁静与慈悲的影响。面部特征如高鼻、弯眉、宽额头等，都符合当时对美的定义，呈现出一种和谐、典雅的气质。这种面部特征不仅反映了佛教的慈悲理念，也契合了唐代审美对圆润、饱满的追求。佛像的袈裟采用通肩式设计，简朴而不失庄重，体现了唐代对佛教服饰的重视。袈裟的褶皱与流动感通过雕刻技法得以生动表现，增强了整体的视觉效果。装饰如璎珞、宝冠等，既增强了佛像的神圣感，也体现了唐代对奢华与精致的追求。主佛和弟子、菩萨形成一种和谐的整体布局，强调了主佛至高无上的地位。弟子与菩萨的身姿也展现出唐代雕塑的优雅与丰腴。这种空间上的层次感与均衡感，使得整个雕像群体具有更强的视觉冲击力。唐代是一个文化繁荣的时期，佛教的传播促进了艺术与宗教的结合。卢舍那佛的造像不仅是宗教信仰的体现，也是当时社会文化与审美观念的集中反映。卢舍那佛雕像在技术与艺术上的高度融合，展现了唐代雕塑的独特魅力，成为唐代石窟艺术的经典之作。这一雕像不仅在艺术上具有重要地位，也在历史与文化的交汇中，展现了深厚的宗教内涵与美学价值。

潜溪寺建于唐高宗时期，是龙门西山北端的第一个大型洞窟，因古时地下泉水涌流而得名。窟内空间宽敞，高 9.95 米，宽 9.86 米，深 7.15 米，主室平面呈马蹄形，穹隆顶设计使得整个空间显得神秘而庄重。主佛阿弥陀佛端坐于须弥座上，头饰涡旋形肉髻，面相丰满圆润，展现出一种慈祥而威严的气质。颈部饰三道蚕节纹，胸部隆起，身着双领下垂式袈裟，衣纹简洁流畅，施说法印，传达着佛教的智慧与慈悲。左侧大弟子迦叶虽面额以下残损，但双手合十，恭敬地立于东腰莲台上；右侧小弟子阿难则双手持法器于胸前，神态虔诚。两位弟子外侧分别是观世音菩萨和大势至菩萨，左胁侍观世音菩萨头戴高宝冠，面相丰满，颈部有三道纹，璎珞从肩下垂至腹前，交叉穿壁，左手握净瓶，右手执摩尾搭于肩前，展现出一种端庄与优雅的气质。右胁侍大势至菩萨立于仰覆莲束腰座上，头戴花蔓冠，冠中饰一宝珠，左手捏一宝珠，右手提一环形物，浑身散发出祥和的气息。两位菩萨与阿弥陀佛合称"西方三圣"，是净土宗尊奉的对象，菩萨造型敦厚，比例舒适，线条流畅，体现了唐代艺术对人体自然形体美的追求，展现出东方女性特有的端庄与文雅。在菩萨像外侧，还有两位神王像。北壁神王头戴冠，面部风化严重，上身着铠甲，左手置于胸前，右手握拳，双足踏夜叉，展现出威武的气势。南侧神王像则头戴花蔓冠，面方圆,双眼暴突,腹前有梅花图案,双足踏侧卧状魔鬼,表现出对邪恶的镇压。潜溪寺的造像不仅是唐代艺术的杰出代表,更是宗教学"净土宗"教义"西方极乐世界"的具象化,传达了对往生极乐世界的向往与信仰。整个雕刻群体在视觉艺术上展现出丰富的层次感与和谐的美感,体现了唐代艺术风格的成熟,成为后世仰望的经典之作。

永隆元年（680年）完工的万佛洞,造像整体展现着"西方净土"的景象。主尊阿弥陀佛坐于八角束腰莲花座上,束腰处刻四力士身托莲座。主尊头光上刻52身菩萨和2身飞天,左右侧壁刻"千佛"18 000余身,千佛上方正中大龛各有一优填王像,两壁下部各刻5身伎乐人,环绕莲花窟顶,8身飞天凌空翱翔。窟门内两侧壁各雕夜叉天王,作为守护。

建于天授年间（690—692年）的东山擂鼓台中洞,为龙门最大的弥勒净土造像,整体展现弥勒净土的景象。正壁为弥勒佛、二胁侍菩萨,两侧壁下部刻传法罗汉25身,皆为立像,大莲花窟顶周围的"天空",刻满了化佛、童子、舍利鸟、楼阁、宝幢,以及漂浮着的筝、笛、琵琶、细腰鼓等天宫乐器,窟门外为二力士守护像,窟内外诸造像间的壁面及高坛立面,均遍刻千佛。

唐代高平郡王武重规在东山万佛沟造功德窟,其内部布局独具匠心,体现了当时宗教艺术的辉煌成就。洞口宽3.12米,高约4米,外观庄重而宏伟,令人肃然起敬。洞口两侧的崖面上,雕刻着两尊力士,为高浮雕,形象与西山极南洞的力士相似,成为唐朝力士形象的典范。这两位力士体现了人体艺术解剖的精妙,雕刻技法运用自如,动态与气势兼具,艺术形象保存完好,彰显了唐代雕刻艺术家的高超技艺。更令人惊叹的是后室正壁上横长的雕刻设计:五朵莲花以梗相连的莲花座上,雕刻着一尊坐佛及侍立的二弟子和二菩萨,立像通高2.19米,均置于莲座之上。这组造像完美体现了唐代净土宗造像的流行风格，群像以圆雕的形式，展现出并蒂五莲佛的和谐美感，象征着佛教的圆满与和谐。五莲座下部雕刻着一排坐佛，共10身，左右侧壁及门内各有三排坐佛，形成了一种庄严而宁静的氛围。窟内方形地面整齐排列着24个圆形孔洞，专为放置可移动的佛及菩萨像而设，这样的布局在我国石窟中极为罕见，显示出武重规对宗教空间的深刻理解和独特的设计理念。整体布局结合了方位学的原理，使得信徒在进入洞窟时，能够感受到一种从世俗到圣境的过渡，仿佛置身于净土之中。视觉艺术的巧妙运用，使得每一尊佛像都与周围环境相得益彰，传递出浓厚的宗教气息与艺术魅力，使该功德窟成为唐代石窟艺术的珍贵遗产。

在龙门石窟的唐代造像中，长安北市的彩帛行延载元年（694年）捐造的"净土堂造像"和名相姚崇为追悼亡母而捐造的极南洞，均是唐代"净土宗"的典型代表。

东山看经寺是重要的"禅宗"洞窟，开凿于唐玄宗前期，是一个宏大的禅窟，洞内并没有设立主佛像，而是在正壁及两侧壁下部雕刻出传法罗汉29尊。正壁上有11尊，侧壁各有9尊，雕像高约1.7米，其中26尊保存完好。窟顶上镌刻着最大的阴刻"莲花藻井"，其直径超过4米，中央是精美的莲蓬，周围则环绕着盛开的莲瓣。这一作品不仅在规模上令人叹为观止，更在艺术上展现了无与伦比的魅力。六身飞天的石刻面部圆润、肉感丰满，仿佛在空中回旋飞舞，生动地展现了佛教艺术的灵动与优雅。莲花在佛教中象征着清净与觉悟，根植于污泥而不染，正如修行者在世俗中追求内心的纯净与智慧。莲蓬与莲瓣的设计，象征着佛法的广博与深邃，传递出一种超越尘世的宁静与和谐。飞天的浮雕则以其细腻的肌理和精致的容貌，体现了质朴与清雅之美，仿佛在向观者展现着一种超然的精神境界。

这一切不仅是艺术的呈现，更是宗教信仰的深刻表达。莲花的纯净与飞天的飘逸结合在一起，构成了一个充满灵性与美感的空间，邀请观者在欣赏之余，感悟佛教哲学中关于生命、觉悟与超越的智慧。

这组罗汉群像被誉为唐代最精美的石刻浮雕之一，展现了极高的艺术水准。每尊罗汉身高约1.8米，或身着袈裟，或偏袒右肩，手持各异的物件，神态各异。有人扬眉张口，似乎在激烈辩论；有人眉头紧锁，沉思苦想；有人神情舒展，似有所悟；还有人以手抚胸，沉默不语，陷入深思。这组罗汉群像打破了传统的类型化模式，雕刻得栩栩如生，生动传神，形神兼备，堪称"妙品"之作。这不仅是我国现存最精美的一组唐代罗汉群像，更是中国石窟艺术中最大的罗汉群雕，凝聚了唐代工匠们的智慧与才华，展现了深厚的宗教文化底蕴与艺术价值。在绘画美学中，"妙品"常指那些超越常规、展现出极高艺术价值和深厚内涵的作品。艺术家通过对姿态和表情的精准把握，使得每位罗汉都展现出独特的性格，仿佛在诉说着各自的故事。这些雕像不仅是形态的再现，更有情感的表达。通过不同的面部表情和身体语言，观者能感受到罗汉们辩论、思考或沉默时的内心世界，形成一种强烈的情感共鸣。罗汉群像打破了传统雕刻的类型化模式，展现了艺术家对个体差异的深刻理解与尊重。这种创新使得作品在视觉上更加丰富多彩，充满活力。作为宗教艺术的代表，这些罗汉不仅是艺术的体现，更是信仰的象征。它们承载着深厚的文化和宗教意义，邀请观者在欣赏之余，思考更深层次的哲理与信仰。雕刻工艺的精湛使得每一处细节都得以完美呈现，展现了唐代工匠的高超技艺与对材料的深刻理解。光影的运用、线条的流畅，使得整体作品更具立体感和动感。龙门石窟的罗汉群像不仅在形式上达到"妙品"的标准，更在情感、思想和技艺上展现了唐代艺术的辉煌与深邃，成为中国雕刻艺术史上一颗璀璨的明珠。

第七节　敦煌藏经洞

敦煌莫高窟第 17 窟，又称"藏经洞"，位于莫高窟晚唐大窟第 16 窟的甬道北壁侧室。藏经洞是晚唐河西都僧统洪䛒（？—862 年）的禅窟。洪䛒圆寂后，又成为他的影窟和纪念堂。这个小洞窟被当作敦煌寺院贮藏佛画、经文、法器的密室。该窟开凿于晚唐，坐北朝南，形制为方形，窟内存佛僧洪䛒圆雕塑像，背壁绘"树前近事女"，为唐人少女风貌。"敦煌 17 窟立于树前之《近事女图》，与洪䛒之塑像配合，更有一种绿树下的宁静与大彻大悟的意境。《近事女图》被认为是专业画家绘制的文人画，其线描和设色技巧已达到极高的水平。衣褶的晕染，以及树叶正背面的不同颜色，使画面显得层次丰富，空间感较强，整体效果相当生动。张大千称之为'莫高窟之白眉'，'与马和之知一二'。"[1]

20 世纪初，湖北道士王圆禄逃荒至敦煌主持莫高窟，这时候莫高窟已经荒废几百年时间。敦煌人郭璘于 1906 年撰写的《重修千佛洞三层楼功德碑记》中，提道"鄂省羽流圆禄"。清朝末期，王圆禄在 1911 年撰写的《催募经款草丹》中自称"道末、湖北省麻城县人、现敦煌千佛洞住持王圆禄"。在一次偶然的事件中，人们发现了藏于墙壁后的第 17 窟藏经洞。吕钟《重修敦煌县志》收录的《千佛洞古佛经发现记》一文中提道，藏经洞发现后，王圆禄"即时报知地方官。时县令汪宗翰率同文武官绅，

---

[1] 姜伯勤. 敦煌艺术宗教与礼乐文明：敦煌心史散论 [M]. 北京：中国社会科学出版社，1996：49.

大致翻阅一过，约数佛经二万余卷。当时人亦不之重也，有携回一二卷，亦有不携回者。汪令即吩示王道人善为保存"。

光绪廿九年（1903年）十一月，叶昌炽收到敦煌县令汪宗翰寄来的5幅拓片、1尊造像、1幅佛像和4卷写经。对此，叶昌炽在《缘督庐日记》中作了详尽的记录："汪栗庵（汪宗翰）大令自敦煌拓寄《唐索公碑》，其阴《杨公碑》《李大宾造像》，其阴《乾宁再修功德记》，经洞《大中碑》，皆六分。元莫高窟造像四分，《皇庆寺碑》二分，皆前所已收。……又旧佛像一幅，所绘系《水陆道场图》。……又写经四卷，皆《大般涅槃经》。……敦煌僻在西荒，深山古刹，宜其尚有孑遗。闻此经出千佛洞石室中，石门熔铁灌之，终古不开。前数年始发键而入，中有石几石榻，榻上供藏经数百卷，即是物也。当时僧俗皆不知贵重，各人分取，恒介眉都统、张又履、张筱珊所得皆不少……"光绪三十年（1904年）八月，汪宗翰又一次寄来资料，叶昌炽在日记中写道："汪栗庵来函贻《敦煌县志》四册，朱拓一纸，称为《裴岑碑》……又宋画绢本《水月观音象》……又写经三十一叶……皆梵文。以上经像，栗庵皆得自千佛洞者也。"光绪三十年九月，汪宗翰再次寄来碑刻资料，叶昌炽记道，初二日，"得敦煌汪栗庵大令书，寄赠莫高窟碑十通，毡墨稍精，前得模糊之本，可以补释"。庄吉在《叶昌炽与敦煌藏经洞文献保护》一文中讲道："截至光绪三十年（1904年）九月，敦煌县汪县令最少向叶昌炽寄去了莫高窟碑刻拓片10通，尤为重要的是，其中有藏经洞出土文物画像2幅、写经5卷，以及贝叶经31叶等。后来，叶氏听说敦煌县令对藏经洞已实施了封存，便以为平安无事。此后一年多时间，再也没有过问。"[1] 当时

---

[1] 庄吉. 叶昌炽与敦煌藏经洞文献保护[J]. 钟山风雨，2020(4)：46-48.

的敦煌县令湖北人汪宗翰就从王道士那儿得到过绢画，后又转送于甘肃学政叶昌炽。

叶昌炽在其己酉年十二月十三日日记里又写道："午后，张暗如来，携赠《鸣沙山石室秘录》一册，即敦煌之千佛山莫高窟也。唐宋之间所藏经籍碑版、释典文字，无所不有。其精者大半为法人伯希和所得，置巴黎图书馆，英人亦得其畸零。中国守土之吏，熟视无睹。鄙人行部至酒泉，未出嘉峪关，相距不过千里，已闻其室发现事，亦得画像两轴、写经五卷，而竟不能罄其室藏，辎轩奉使之为何？愧疚不暇，而敢责人哉！"

藏经洞的发现，引来了当时正活动在新疆一带的英国人斯坦因、法国人伯希和、日本大谷探险队、俄国人奥登堡等，从1907年始，他们先后来到莫高窟，藏经洞文物从此四分五裂，流散于世界各地。

关于藏经洞遗画的收藏情况，耿昇在《论〈伯希和敦煌石窟笔记〉及其学术价值（摘要）》一文中讲道："伯希和于1908年2月25日到达敦煌千佛洞。他除了劫去藏经洞中的五千多卷各种文字的写本、幡幢之外，还对他参观过的敦煌石窟作了详细笔记。法兰西学院亚洲研究中亚和高地亚洲研究中心从1981年起陆续刊布了一套《伯希和敦煌石窟笔记》，先后共出版了5卷，第6卷（最后一卷）连同前5卷的索引即将出版。每卷笔记都分别由尼古拉·旺迪埃和玛雅尔女士作序和前言。全书除了经整理后的伯希和敦煌石窟笔记刊本之外，还附有原伯希和笔记手稿的影印真迹以及伯希和当时拍摄的石窟内外景、壁画和彩塑的图版。这一套笔记对于研究敦煌石窟的壁画、建筑、彩塑以及历史，尤其是佛教史和佛教艺术史都具有特别重要的意义。"[1]

汉学家魏礼编著的《斯坦因敦煌所获绘画品目录》(*A Catalogue of Paintings Recovered from Tun-huang by Sir Aurel Stein*)一书对绘画品进行了图像学描述、定名以及题记辑录等工作,为以后学者的研究奠定了基础。王冀青著《斯坦因敦煌考古档案研究》一书对斯坦因从1907年至1914年的4次考古活动作了详尽阐述。而郑炳林、沙武田在《敦煌石窟艺术概论》一书中对藏经洞出土敦煌画的收藏情况作了详细说明:"斯坦因所获绘画品共计536件,其中282件收藏在英国伦敦大英博物馆,254件收藏于印度新德里博物馆,这是按斯坦因进行探险前的协议所分割而成的,因为斯坦因探险经费来源分别是由英国和印度政府提供。斯坦因所获536件绘画品中,绢本画约有335幅,麻布画94幅,纸本画107幅。伯希和所获敦煌绘画品,现藏于法国巴黎吉美博物馆,共计有216件,其中绢画136幅,麻布画47幅,纸本画33幅。"[2]

1914年8月20日至1915年1月23日,由俄罗斯人奥登堡率领的俄国第二次西域(新疆)考察队在敦煌莫高窟活动了有半年时间,其间,考察队的主要工作是对莫高窟南区洞窟进行记录、拍摄、测绘、速描,同时也对莫高窟北区石窟进行测绘、拍摄和挖掘工作,收获了大量的文物和考古资料。其中文物资料也就是今天学界通常所谓的"俄藏敦煌艺术品",现藏于俄罗斯国立艾尔米塔什博物馆,主要包括有雕塑(含附件)43件,壁画16件,绢画59件,麻布、幡画78件,工艺品36件,

---

[1] 耿昇.论《伯希和敦煌石窟笔记》及其学术价值(摘要)[J].敦煌研究,1988(2):64-65+71.

[2] 郑炳林,沙武田.敦煌石窟艺术概论[M].兰州:甘肃文化出版社,2005:198.

纸本画24件，残碎片49件，经过缀合，总数估计约有300件。这部分资料现已由俄罗斯国立艾尔米塔什博物馆与上海古籍出版社联合出版，是为《俄藏敦煌艺术品》第一、二卷，这也是目前为止学界了解俄藏敦煌艺术品最为全面的资料和工具书。除了以上区域，美国哈佛大学艺术博物馆、华盛顿弗利尔美术馆、波士顿美术馆、日本白鹤美术馆等地均有零星敦煌绢画的收藏。国内如甘肃省博物馆和故宫博物院等均藏有敦煌绘画作品。"敦煌藏经洞所出的绘画品，是公元七世纪至十世纪的遗物。……敦煌遗画，其题材主要是佛像、菩萨像、护法神像、佛传故事、经变画以及曼荼罗等。其中佛像有释迦、阿弥陀佛、弥勒等独尊像说法图，如释迦牟尼灵鹫山说法图、阿弥陀佛八菩萨图等。经变画有降魔变、观无量寿经变、阿弥陀净土变、药师经变、维摩诘经变、法华经变观音普门品、弥勒经变、劳度叉斗圣变、父母恩重经变等。数量众多的是各种菩萨像，其中尤以观音像最多，有圣观音、千手千眼观音、大悲观音、如意轮观音、不空绢索观音、观世音菩萨、延寿命观音、引路观音、水月观音、马头观音、十一面观音，其他的菩萨像有文殊、普贤、地藏、金刚藏、多罗、日曜等。护法神像有天王、金刚力士、行道天王图、明王、那延罗天等。另外还有地藏十王厅、观音曼荼罗、尊者像、高僧像、佛传图，以及狮子、骆驼和描绘各种花卉图案、迦陵频伽等。"[1]

敦煌藏经洞收藏了大量珍贵的绘画作品和文献资料。文献资料包括敦煌莫高窟藏经洞遗宝《大唐咸亨三年 长安宫廷写经金刚般若波罗蜜经》和敦煌书法精品集《摩诃摩耶经》等。绘画作品以纸本画为主，涵盖了白描稿、插图本佛经、粉本和印

---

[1] 郑炳林，沙武田. 敦煌石窟艺术概论[M]. 兰州：甘肃文化出版社，2005：200.

本等多种形式，展现了丰富的艺术风格和文化内涵。这些纸本画，或存于文献当中，或是画在佛经等经卷文书的背面，书画合编是当时流行的一种传播方式。这些资料不仅是敦煌遗画的重要组成部分，更是研究敦煌艺术与文化的宝贵财富。

敦煌白描画是中国古代艺术的重要组成部分，其题材内容和表现方式的多样性反映了佛教文化在敦煌地区的深厚影响力。根据其性质，白描画可分为几类：尊像画、经变画、说法图、佛教故事画以及供养人画像等。这些作品中既有纯白描，也有墨色和淡彩的处理。白描画广泛用于洞窟壁画，绢画和麻布画的制作粉本、小样及底稿中。在敦煌白描画中，许多作品的描绘相对草率，仅具形象，起到提示作用。而部分粉本则刺孔，以便于转印，这显示了早期艺术创作中实用性与艺术性的结合。此外，亦有少量样稿极其精美，展现出画师高超的技艺。这类样稿不仅是艺术表达的体现，更是宗教信仰的载体，反映了供养人对佛教的虔诚。有一些白描画也穿插于佛经之中，用于解说经文，如《佛说千佛名经》等，这种形式的白描画不仅具有解读宗教教义的功能，还在艺术上形成了独特的风格。此外，还有表现坛城、曼荼罗等佛教内容与意义的白描画，进一步丰富了佛教艺术的表现形式。印刷或雕刻版本的佛画也是敦煌白描画的重要组成部分。这类作品制作简单，易于携带，适合大众的供养和尊像崇拜，因此在晚唐、五代和宋代时期大量流行。这种现象不仅反映了佛教艺术的普及，也揭示了社会对宗教信仰的需求。在众多白描画中，穿插于佛经中的白描画尤为珍贵。敦煌粉本、小样和壁画底稿的发现，为研究敦煌洞窟壁画艺术的产生与发展提供了重要的第一手资料。这些资料对文献学、宗教学、艺术学、社会学、人类学、民族学及文学评论等具有重要的价值，能够为解决中国绘画艺术史，特别是石窟艺术史上的重大问题提供直接证据。同时，它们也为我们理解敦煌历代画匠与画院组织的演变提供了深刻的视角，揭示了艺术创作与宗教实践之间的密切关系。

藏经洞的绢画数量众多，约有400幅，麻布画约有200幅，涵盖了从初唐到宋朝中晚期的多个时期。绢和麻这两种材质是中国古代绘画的两种常见材质。这些绘画作品几乎包括了敦煌石窟壁画艺术的所有主题，作品内容涉及尊像画、经变画、说法图、佛教史迹画、佛传故事以及世俗供养人等，显示了敦煌艺术的广泛性和复杂性，为研究古代佛教文献提供了丰富的视觉材料，使得研究者能够更深入地理解佛教思想的传播与发展。在尺寸方面，这些作品大小不等，巨幅画作可达两三平方米，而小者则仅有几平方厘米。在发掘以前没有遭受人为破坏，石窟为密闭空间，空气没有流通，无法对纸张和棉、麻、绢等材质产生氧化破坏作用。因此，所有作品均保存完好，色彩依然鲜艳如初，矿物质色彩得到最完好的保存，让我们能领略到画面本真的艺术魅力。丰富的内容和主题，反映了宗教信仰在社会生活中的重要性。尊像画和故事画不仅是艺术作品，更是宗教信仰的体现，展示了信徒对佛教教义的理解和崇拜。僧侣们利用绢画和麻布画等易于折叠携带的特征，使得佛教文化得以在更广泛的范围内传播。从另一种角度来看，藏经洞的绢画和麻布画又可视为一种特殊的文献类型。这些艺术作品不仅是视觉艺术的表现，也是信息资源的载体。

敦煌的绢画和麻布画艺术价值极高，且大多为上乘之作，其线条刚劲有力，着色艳丽斑斓，艺术成就上与敦煌壁画不相上下，应是高水平画工完成的作品。藏经洞的绘画作品与石窟墙壁上的艺术作品在内容题材、表现方式、构图技巧以及笔法用色等多个方面展现出高度的一致性。这种一致性表明敦煌壁画与绢画、麻布画之间存在着密不可分的关系和共同特性。敦煌的绢画和麻布画主要是为了供养而创作，供养人通过这些作品表达对佛教的敬仰之情，并用以还愿和礼拜。这一目的不仅可以从画面所描绘的供养人及其题记中得到证实，还可以通过大量的幡画作品体现出来，因为彩幡是专门用于寺院供养的物品。在藏经洞发现的丝织物中，彩幡拥有"三角形幡首"及两侧挂悬的幡带，常悬挂在寺院或石窟中，也有用作包裹经卷经帙的彩幡，有部分彩幡还以刺绣呈现，彩幡制作的材料主要有绢、绮、纱、罗、绫、锦等昂贵质料。敦煌的绢画和麻布画作品不仅是宗教信仰的表达，也是对敦煌绘画美学的深刻展示。通过观察这些作品，我们能够欣赏到其精美的艺术风格和丰富的文化内涵。同时，它们也为我们提供了深入理解宗教信仰及历史价值的机会。这些绘画作品不仅是视觉艺术的体现，更是历史与信仰交融的见证，反映了当时社会对佛教的虔诚和对艺术的追求。因此，敦煌的绘画作品在艺术和宗教层面都具有重要的意义，我们能从中领略到其独特的美学魅力和深远的历史影响。

敦煌藏经洞可谓是中国古代书法资料库，藏经洞所出经卷文书主体是墨迹写本，学者姚建杭在其编写的《敦煌书法名品选编——官方文书》中讲："众所周知，自 1900 年敦煌藏经洞被发现后，令人叹为观止的总数达五万余件的各种形式的书法墨迹、碑刻拓本公之于世。敦煌遗书也与甲骨文、秦汉简牍、清代内阁档案被学界并称为近代中国的'四大学术发现'。"[1] 因此敦煌写本显得尤为难得与珍贵。

藏经洞文献资料内容丰富，书体文风种类多样。"敦煌写经体"的风格形成于自东晋以来当地佛教发展过程中抄经写经用

---

[1] 姚建杭. 敦煌书法名品选编——官方文书 [M]. 天津：人民美术出版社，2018：1.

于宣教的风俗习惯，它是具有敦煌地方特色和自成体系的书法类型。敦煌写经中发现了盛行于古代各时期的书法体例，比如魏晋草书，北朝隶意仍浓的法体，唐人楷书、行书和草书，飞白体，鸟虫书，篆体，还有吐蕃、党项、回鹘、蒙古、吐谷浑、龟兹等高原游牧民族的书法语言体系，包括回鹘文、藏文、梵文、婆罗米文、粟特文、于阗文等。同时，历史上的大书法家如王羲之、智永、柳公权的楷书《金刚经》，欧阳询的《化度寺碑》拓本，敦煌本地书法家书帖等也大量存在。书法体系时间跨度大，各体皆有，尤其有"简书"向"经书"的过渡体、隶书向楷书转化的"隶楷体"、部分唐代宫廷写经体等。敦煌硬笔书法证明了在中国书法史上，硬笔书法从甲骨文到金文、石鼓文、蝌蚪文、秦篆的一脉相承的发展过程。

在敦煌遗书中，也发现有相当数量的印章，大多为河西特别是敦煌历史上的官印，以归义军时期的为多，其中最为特殊的有"龙兴寺藏经印""报恩寺藏经印""开元寺藏经印""净土寺藏经印""三界寺藏经印""乾明寺藏经印""莲藏经""显德寺藏经印"等，也有特殊的私印，如"李丑儿宅经记"，同时还有如"河西都僧统印""沙州都僧统印"等寺院僧职印章，此外如曹元忠、曹延禄等人的"鸟形押"更是少见之印章。

敦煌藏经洞所出木刻艺术品共有二十余件，斯坦因所获品中有彩绘木雕佛像和高僧像。伯希和所获木雕共有二十多件，其中有一尊彩绘佛像、两尊彩绘天王像、两只小祭坛，以及若干以单块木头刻成的小佛像和菩萨像。俄罗斯也有收藏。另外在莫高窟北区石窟也发现有木雕艺术品，如有胡人俑、妇人俑、佛像、随葬木人等。这些木雕艺术品，造型精巧别致，其手法和题材应和敦煌洞窟彩塑艺术相联系，共同构成了丰富多彩的敦煌雕塑艺术。

1900年,敦煌莫高窟的藏经洞被发现,这一事件被广泛认为是中国乃至世界在20世纪最伟大的考古发现之一。藏经洞的发现不仅揭示了一个隐藏在沙漠中的文化宝库,更为研究古代丝绸之路的历史和文化交流提供了重要的实证。洞内所藏的文献数量庞大,涵盖了佛教经典、历史文献、文学作品等多种类型,展示了当时社会的宗教信仰、经济活动和文化生活等方方面面。此外,藏经洞中的艺术作品种类繁多,包括绢画、麻布画、壁画等,各具特色,体现了超高的艺术水平。这些作品不仅在技巧上精湛,色彩上鲜艳,更在题材上反映了深厚的宗教内涵和丰富的历史背景。通过这些艺术形式,我们得以窥见古代人们的信仰、价值观以及对美的追求。藏经洞的发现,犹如一扇通往过去的窗,让后人得以深入了解古代文化的辉煌与多样性,成了研究中国历史和艺术的重要资料来源。

第四章

蜀道佛韵——五代两宋石窟

第一节 大足石窟群

大足石窟群位于重庆市大足境内，在丝绸之路南道川蜀线交通要道上。清代《乾隆府厅州县图志》记："大足县，本合州巴川县地，唐乾元元年置大足县，属昌州，光启元年徙昌州来治，宋曰昌州昌元郡，属潼川府路，元州县俱废，入合州。"宋代昌州有"东州道院"之称。明代学者曹学佺所撰《蜀中名胜记》卷十七载："大抵昌州，今之旧州坝是。昌元县，即唐昌元县地也。今荣昌乃古宝盖镇，《志》云：'南一里曰宝盖山，有卧佛寺，迭形如皂，盖园净明朗，耸翠炫奇矣。'"宝盖山即大足宝顶山。

大足石窟群依山凿窟，以石造像。形制上有礼佛窟、殿堂窟和摩崖石刻。因其地质复杂，构造为四川沉降褶带的状态，山地与丘陵居多。《大足县志》称其"两两多元分合，独峰突兀盆中，六丘三山一坝，巴岳屏障东南"。山区地形通常有良好的隐蔽性，为人类提供了良好的灵修环境，适合佛教寺庙和石窟的建立，故此地诞生出独具匠心的石窟类型，即摩崖石刻。大足石刻开凿于晚唐乾元元年（758年），历经五代，止于南宋，属于开凿时间晚、持续时间短的摩崖石刻群。

大足石刻群分布在大足县城西南、西北和东北的山区，呈

●宝顶山大佛湾第26号鲁班仓及外壁题刻1

第四章 蜀道佛韵——五代两宋石窟 Ⅱ

● 宝顶山大佛湾第 26 号鲁班仓及外壁题刻 2

现出一种多点分布的特征。这种分布与当地的地形、交通路线、宗教信仰等因素密切相关。城东有塔耳山、古佛洞，东北有宝顶山，城北有北山、半边庙、灌顶坡、罗汉寺、峰山寺和小凤凰寺，西北有圣水寺，城西有兴佛寺和大佛寺，西南有妙高山、佛会寺、佛安桥、七拱桥和玉滩，城南有南山，东南有石门山等，共19处。据大足博物院数据，大足石窟群总计有1030龛，5万多尊造像，是宋代雕塑艺术的高潮。大足石刻最为著名的是北山石刻和宝顶山石刻，北山石刻造像最多最精美，其历史和艺术价值仅次于四大石窟。

北山，又名龙岗山，以其独特的自然景观和丰富的文化遗产而闻名。其山势犹如龙脊，蜿蜒起伏，登山远眺，群峰环绕，云雾缭绕，形成了一幅美丽的丹青水墨画卷。这种壮丽的自然景观不仅吸引了无数游客，也为古代艺术家提供了灵感，促使他们在此进行石刻艺术创作。北山的造像以观音菩萨为主，北山素有"中国观音造像的陈列馆"之称。这些造像凿刻在高约7米、长约300米的崖壁上，几乎呈一字形排列，显示出艺术家对宗教信仰的虔诚和对艺术创作的执着。造像龛窟的编号从南往北依次排列，共计290窟，其中包括262个造像龛窟、6个经幢、7个碑碣和若干题记。这些作品不仅具有宗教意义，也承载着丰富的历史信息，记录了当时的社会生活和文化风貌。在雕刻技法上，北山的造像展现出多样化的艺术风格，包括阴刻、浮雕和圆雕等。许多作品采用了露天雕刻的方式，或是在削平山崖后进行雕刻，形成了方形或弧形的龛口。这些不同形式的造像展示了雕塑家的创造力和技艺，也反映了当时社会对艺术的重视。北山的造像艺术历经晚唐、五代、北宋、南宋等多个历史时期，形成了独特的文化积淀。这些石刻不仅是艺术的结晶，更是历史的见证，承载着宗教信仰、社会变迁和文化发展的重要信息。通过对北山石刻的研究，我们可以更深入地理解古代中国社会的宗教信仰、艺术风格及其与自然环境的关系，揭示出历史文化的丰富内涵。

唐末和五代造像大体集中在北山佛湾的南、北两端，约171龛，几乎占佛湾造像的三分之二。景福元年（892年），昌州刺史韦君靖在北山佛湾永昌寨凿崖造像，现存摩崖石刻《韦君靖碑》刻于唐昭宗乾宁二年（895年），《蜀中名胜记》卷十七载："唐《韦君靖碑》在北山，乾宁二年静南令胡密所作。"按胡密《永昌寨碑》云："永昌寨者，君靖韦公所建也。顷乾符之际，天下骚然，旱蝗相仍，兵戈四起。公睹邅僻，民不聊生，遂合置义兵，安户口，抑强扶弱，务织劝农，足食足兵，以杀去杀。自黄巢侵陷京阙，銮舆出幸成都，四海波腾，山川鼎沸。"该碑为静南县令胡密所建，上半段叙述当时社会民生困苦，战争动荡，赞扬韦君靖之功德，下半段刻有东川节度使及昌州各级将校人员名单150人。

北山立有毗沙门天王像，毗沙门天王像是唐代时期盛行的造像。毗沙门天王是人们的保护神，为战神，其左手托塔，右手持戟，在中原，该像演化为托塔李天王李靖的形象，又称"多闻天王"，为四大天王[1]之一。

北山第9龛有千手观音像，观音菩萨结跏趺坐于金刚座上，头戴华丽的花冠，身体两侧雕刻着20只完整的大手（部分手已

---

[1] 四大天王：持国天王（东方）、增长天王（南方）、广目天王（西方）、多闻天王（北方）。西藏佛神谱系中显示毗沙门天王是财宝之神兼战神，人们更多的是将其作为财富之神供养的，可以祈福战事，财务富裕，保障胜利。他也是旅行者的保护神。天王龛内共有10尊造像，均为石刻半圆雕，天王高大威武，身穿盔甲，身后左右为胡相护卫，前面左右为家眷随从。人物造像雕刻采用阴刻线具象写实的手法，体现唐代风格，身材魁梧，气势恢宏。

●千手观音

损坏），每只手各持一件法器。其背部和头顶近100平方米的崖壁上，精细雕刻了1007只手，呈现出高浮雕效果，每只手手心显现一只眼睛，象征着全知全觉。整个龛体镶嵌金箔，散发出夺目的光辉，令人叹为观止。观音的衣饰明显体现了唐代轻纱覆盖的风格，轻盈而飘逸。左、中、右三壁上雕刻着千手观音的眷属二十八部众。金刚座下方两端雕刻着一恶鬼与一穷叟，造像矮小丑陋，与其他造像形成鲜明的对比，凸显出因果法则的主题。而龛右壁下方则雕刻有婆罗门形象的婆薮仙，进一步丰富了这一艺术作品的宗教象征意义。

北山第245号龛，又称"西方龛""观无量寿经变窟"，刻于晚唐时期，主尊西方三圣——阿弥陀佛、观世音菩萨、大势至菩萨，均为圆雕，表现了西方极乐世界的壮丽景象。莲花中涌现的往生子与从天空中飞降的彩公，置身于宏伟富丽的建筑群和七重树木之间。人首鸟身的飞天们手持各种乐器与供物，翩翩起舞，营造出一种生动的氛围。无数菩萨和童子或在楼台上凭栏远眺，或坐于莲叶之上，或在七宝池中泛舟游乐，尽享极乐的欢愉。乐坛上演绎着动人的舞蹈，浮雕中的飞天围绕着莲花旋转，展现出天上人间的和谐美。天空中布满了各种乐器、鹦鹉和孔雀，形成一幅热闹祥和的画面。龛的下部依据《观无量寿经》和《未生怨经》雕刻了佛陀说法的群像及未生怨的故事图，体现了深厚的佛教思想。两侧的格子中刻有"十六想观"，严谨的构图使极乐世界的欢乐气息与未生怨故事中的哀怨情感形成鲜明的对照。通过这一表现方式，既展示了极乐世界的庄严与欢愉，也反映了人们在修行和观想时的庄重与肃穆，深刻揭示了佛教对生死、因果及解脱的哲学思考。

第125窟的数珠手观音又称"媚态观音"，为宋代石刻造像的精品。观音高1米，正面站立，侧身微转，呈斜倚姿态，柔

● 数珠手观音

丽娇媚，轻盈婀娜，楚楚动人，头戴皇冠，慈眉善目，鼻梁柔和、圆润秀美，又面带微笑，神情泰然，格外动人。身饰华丽璎珞，身披迎风飘舞的帔帛，天衣飞扬，两手交于腹前，左手抚腕，右手拈珠作数珠状，跣足站立在两朵小莲花上。背后是圆形的身光，如月亮般幽然，颇有水月观音的意境。其宛若一位美丽又追求浪漫爱情的妙龄女子，故又被人们赞誉为"媚态观音"。这座观音造像具备女性自信、端庄的气质，又呈现出娇媚多姿之美学特点，反映了宋代观音造像生活化和世俗化的艺术风格。

在第136窟的转轮经藏窟中，观音的造像堪称宋代石窟艺术的巅峰。窟内共雕刻了6尊女性造像，南壁上有文殊菩萨、如意观音、玉印观音，北壁则是普贤菩萨、日月观音和数珠手观音。这6尊造像面容丰盈，肌肤细腻，体态修长且比例匀称，宛如妙龄少女，展现出一种娴静优雅的气质。数珠手观音的姿态微微转身，头部稍微前倾，增添了温和的气息。其面庞较唐代的观音更为清秀，柳眉樱唇的形象更显中国化特色，符合南宋时期流行的纤细美学。尽管菩萨形象女性化，但胸部依然保持儿童般的纯真。华丽的宝冠层层高耸，飘带飞舞，营造出一种向上飞升的神圣感。她的表情宁静柔和，毫无狂躁，被称为"媚态观音"。双肩较唐代更清瘦，婀娜的体态中，裸露的部分相对较少，双手自然交叉于腹部，右手持念珠，手型纤细优美，极具表现力。日月观音则呈现中年贵妇的形象，脸型丰润，高鼻梁，略呈芒果形，目光向下，胸部略敞开，身饰璎珞繁多，六双手臂裸露，肌肤光滑细腻，似乎充满弹性。其余观音造像在脸型、宝冠、璎珞装饰、身光、头光及手势等方面各具特色，展现出丰富多样的艺术风格。

窟口左右两侧各有力士守护，窟室前部设有转轮藏，正中释迦牟尼坐于菩提树下，左右则是阿难、迦叶、童子及男女供养人。南壁雕刻有乘狮文殊、执宝印菩萨及执宝珠菩萨，北壁则是乘象普贤、六臂菩萨及执数珠菩萨。菩萨等人物造型严谨，神情刻画细致生动，嘴角与眉间的细微表情均经过精心雕琢。从整体设计到细节雕刻，整个洞窟在艺术构思上体现出精湛的工艺与深厚的文化内涵，堪称一座美的殿堂，展现了宋代佛教艺术的卓越成就。

公元1174—1189年，南宋大足人赵智凤尊传教义，在宝顶山开窟造像。形制是摩崖造像，在顶檐覆盖下的通壁上建造大型摩崖造像和露天大龛。现存31号龛，大多数作品均为摩崖浅龛或深龛造像，以及露天摩崖石刻。圣寿寺建于宝顶山峰顶，周围古木参天，山峦起伏。寺左为大佛湾，崖壁高15～30米，长约500米，寺右为小佛湾，通往圣寿寺的各个道路旁造像石龛密布，组合成一个庞大的密宗道场。大佛湾是在一个马蹄形的大山湾里，在东、南、北三面崖壁上雕刻摩崖石刻。大佛湾道场的总体设计，以第14窟毗卢道场为中心，东面有第13窟孔雀明王，南有第8窟千手观音，西有第16窟风、雷、雨、电诸神。从南崖入口至毗卢道场依次有：第1窟《猛虎冲入道场图》，第2窟《诸护法神行列图》，第3窟《六道轮回图》，第4窟《舍身成正觉图》，第9、10、11、31等窟摩崖雕刻佛本生故事。

第11窟《释迦牟尼涅槃图》又名《卧佛图》，宋代建。形制为露天大龛，顶部为平顶。顶高7米，主像高31.6米。主像为释迦牟尼，面向西，右侧而卧，左手平伸，双眼闭，神态安详。头北足南，膝以下没入南壁岩石中。主像之腹部前有一供桌，上摆供盘，盛桃、榴、佛手、葡萄等物。供桌里侧为两半身天王，作捧抬供桌状。供桌外侧亦有两半身天王，高2米，左执净鞭，右捧供盘。供桌前还有一半身人，高1.85米，头戴冕旒，手捧玉，面作肃穆哀悼状。供桌上方刻一祥云，直接龛顶，云顶部站立9人，中为释迦母摩耶夫人，左为释迦姨母，右为释迦发妻，均作肃立拱手状。三像南北侧各站立三名天女，长眉细腰，衣裙潇洒，有持花者，有献果者，有捧香炉者。释迦像头部侧站立一天王，高冠，身绕大飘带，双手抱拱于胸前，像高2.9米，面向西南。《大足石刻内容总录》记："在天王南侧站立释迦弟子像（均为半身），按从北至南顺序为：① 迦叶（已毁）；② 赵智凤（作拱手状），高1.54米；③ 柳本尊（捧金瓜），高1.64米；④ 阿难（抱六合瓶），高1.74米；⑤ 舍利子（捧钵），高1.93米；⑥ 须菩提（持净瓶），高1.94米；⑦ 富楼那（持莲花），高1.97米；⑧ 目犍连（捧果盘），高2.01米；⑨ 迦旃延（捧经书），高2.02米。以上为供桌北侧。供桌南侧是：⑩ 阿那律（捧如意珠），高1.84米；⑪ 耶输陀罗（拱手），高1.85米；⑫ 摩难拘利（拱手），高1.51米；⑬ 优婆罗（捧盘托钵），高1.96米；⑭ 罗睺罗（持如意），高2.17米。以上诸像中，④、⑤、⑥、⑦、⑧、⑨、⑩、⑫ 像均头戴花冠，冠正中有小坐佛，各像肩宽皆约1.18米，胸厚0.70米；均为圆雕。主像之下腹部有二雕花石柱，上镌云彩，撑持龛顶，柱直径0.76米。优婆罗背靠北侧石柱，南侧石柱底部刻有金刚杵，高2.57米，宽1.59米，二柱间距离为3.50米。"[1] 这是一组由庞大造像组成的涅槃图像，教义文本中的叙事结构发生变化，产生其独特之处，呈现出写真肖像的风格趋势。

宝顶山第29号圆觉道场窟，凿造于南宋中叶（12世纪中期），窟高6米，宽9米，深12米。正壁上刻三佛，中像为头戴宝冠的毗卢佛，右像为释迦佛，左像为阿弥陀佛，左壁刻六菩萨，依次为文殊、普眼、弥勒、威德自在（大势至）、净诸业

---

[1] 四川省社会科学院，大足县政协，大足县文物管理所，等. 大足石刻内容总录[M]. 成都：四川省社会科学院出版社，1985：191.

●释迦牟尼涅槃图

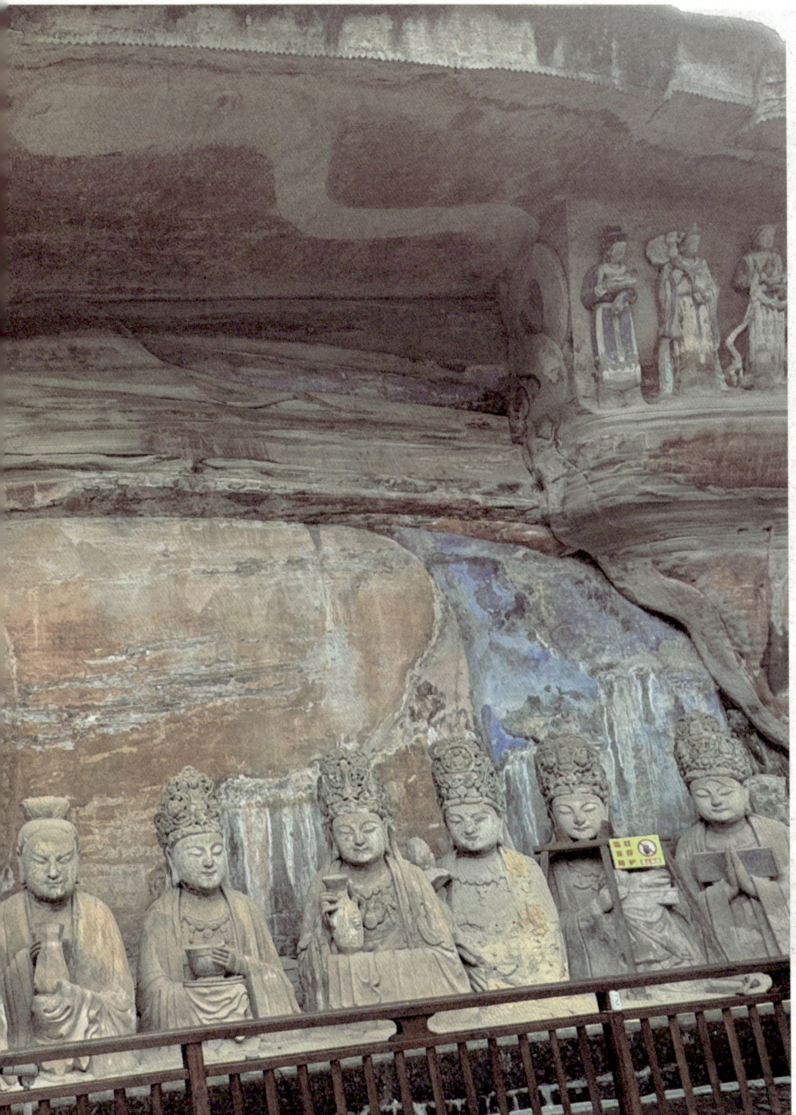

●圆觉道场窟

障、圆觉,右壁刻的六菩萨依次为普贤、金刚藏、清净慧、辨音(观世音)、普觉、贤善首。另有一菩萨跪于佛座前向佛请问。所有的佛、菩萨像均为圆雕。在两壁菩萨的头部上方又装饰有高浮雕的宫殿、楼台、亭阁、人物等图景,题材内容为《华严经》五十三参。洞窟深邃,光线幽暗。进入窟内,天窗光线直射跪在佛座前的菩萨，然后佛及十二菩萨像才逐渐显现，同时有断续的滴水声传来，愈显得窟室宁谧、肃静和神秘。该窟是依洞而建的石刻圆雕群像窟，在整个大足石窟中显得最富丽堂皇，保存也最完整。

第 30 窟牧牛图，依据杨次公《证道牧牛颂》，刻牧牛生活情节 10 组。用牧牛警喻比丘修行，说明调伏心意由浅入深的十步功夫，犹如驯牛由勉强到自然的过程：未牧、初调、受制、回首、驯伏、无碍、任运、相忘、独照、双泯。所刻情节生动，形象朴实、自然，充满着农村放牧的生活情趣。

石门山第 6 窟正壁雕刻华严三圣像，三圣像立于后壁，左右二壁共有 10 尊石刻观音立像，对称排列，雕刻精湛，惟妙惟肖，保存完好。10 尊观音立像通高皆 1.68 米，各持法器，头戴皇冠，慈眉善目，耳垂珠环，发丝披肩，天衣飘扬，楚楚动人。左壁观音穿对襟式天衣，衣褶流畅，飞扬飘动，姿态端庄；右壁观音穿圆领式长袍，简洁朴实，风姿绰约，仪态优美。

大足石刻被称为"东方艺术明珠"，是我国南方最大的密宗道场，以晚唐和宋代雕塑为主，其造像艺术风格之独特、造像题材之丰富、造像数量之繁多、造像雕刻之精致、写实特征之明显、文化底蕴之深厚使其在中国艺术史上熠熠生辉。

作为南方最大的佛教密宗道场，大足石刻不仅遵循密宗的造像仪轨，造像题材以密宗造像为主，又包含道、儒家的文化内涵，更在形式与内容上进行了大胆创新，展现出深厚的文化底蕴和艺术价值。北山佛湾的晚唐摩利支天女、四大菩萨、孔雀明王和药师佛等形象各具特色，组成一幅生动的宗教画卷。这些造像充分表达教义，刻画经典内容，几乎每一窟龛都安排十多个人物的大型场面，例如北山建于南宋时期的转轮经藏窟，形制类似于中心柱窟，殿内中间雕刻八角形转轮藏，直通天顶

●牧牛图

第四章 蜀道佛韵——五代两宋石窟 ‖ 261

的八个立柱围绕一圈,下部为转轮盘,柱子上面为龙盘,柱身雕龙画凤,祥云飞腾,显得富丽壮观。艺术家不拘泥于某一经典或品类,而是融汇了各山各经的内容元素,在创作过程中发挥丰富的想象力,深入挖掘主题,演变出多样的形象,形成了独具魅力的汉密雕塑风貌。大足石刻的题材广泛,内容丰富,许多造像在其他地区石窟中鲜见,有的甚至为国内孤品,且与川渝有滋有味的社会生活紧密相连,充满了浓郁的生活气息。世俗化是大足石窟造像的显著特点。

大足石刻不仅有儒释道造像、历史人物造像,还包含了很多碑文、颂偈和题记等,长达 10 万余字。柳本尊行化事迹像、地狱变像、父母恩重经变像、观无量寿佛经变像等一些巨型的石雕,作为中国雕塑艺术的杰出代表,展现了高超的技巧和具象写实的雕塑形式语言,其造像不仅在形式上追求真实,更在内容上深刻反映了人类情感与思想的复杂性。另外,其造像不仅具有密宗、禅宗及儒、道等思想,还展现了现实生活的景象,杂糅了世俗化的特色,这些体现了雕凿家的匠心,其运用精湛的写实技艺和细致的观察力,力求将人物的神态、表情与动作生动地呈现出来。

每一尊造像都栩栩如生,面部轮廓清晰,神情各异,展现出不同的情绪与内心世界。例如,摩利支天女的微笑透出温柔与慈悲,而孔雀明王则显得威严而神秘,二者的对比彰显了艺术家对人物性格的深刻理解。大足石刻在构图上注重空间的层次感与整体的和谐。雕刻师通过对形体的精准把握,营造出一种立体感,使观者在欣赏时能够感受到深邃的空间关系。造像之间的相互呼应与联系,增强了整体的叙事性,仿佛在诉说一个个动人的故事,赋予了静态雕塑以动态的生命力。石刻造像风格来自民间,具有川蜀地域性。有很多造像都以当地本土人

第四章 蜀道佛韵——五代两宋石窟 ‖ 263

● 华严三圣像

民为原型，如养鸡女、吹笛女等，将生活与艺术相结合，融合宗教思想与世俗情感，将生活细节概括到宗教思想中，形成了兼具宗教艺术与生活气息的造像，并通过这些窟龛造像来反映当时的社会生活状态及人民乐观好施、追求真善美的心理活动。

　　作品在材质的运用上也体现了写实具象的雕塑艺术原理。大足石刻采用的石材质地坚硬，雕刻师通过精细的雕琢，将石材的质感与光泽巧妙地展现出来，使得每一处细节都显得生动而真实。石刻表面的凹凸变化，恰如其分地反映了光影的变化，赋予了作品时间的流动感。大足石刻的艺术特征以"写实、畅神、形神兼具"为核心，展现了雕凿家精湛的技艺，能够将造像的细微表情、神态和动作雕刻得栩栩如生，达到传神的效果。这不仅体现了当时人民内心世界的追求，更反映了艺术家们对精神、思想的探索。他们不再仅仅关注外在的形象，而是通过生动的场景描绘，传达出深刻的思想情感，形成了独特的艺术内涵。人物形象在大足石刻中展现出壮美与优美的完美结合，二者相辅相成，彼此渗透，避免了生硬的对立。壮美不仅表现在雄奇与强劲上，更表现在内在的柔和与含蓄上，彰显出一种深邃的韵味；而优美则超越了单纯的轻盈与柔和，展现出内在的刚毅与张力。这样的艺术表现充分体现了中国古典美学思想，强调了美的对立统一。在"畅神"的观点下，这种结合不仅是形式上的相融，更是精神层面的共鸣。艺术作品通过对壮美与优美的统一，营造出一种和谐的艺术氛围，使观者在欣赏时有真实、愉悦的体验。这种统一的美感，体现了深刻的哲学思考与审美追求，使大足石刻成为艺术与思想完美交融之作。

第四章　蜀道佛韵——五代两宋石窟 ∥ 265

●吹笛女

●柳本尊行化事迹像

● 观无量寿佛经变像

●父母恩重经变像

第二节　安岳石窟群

　　巫鸿在《早期中国艺术中的佛教因素（2—3世纪）》一文中提道："几十年来，中国艺术史学者一直都在试图通过对早期佛教艺术实例的寻求，来探究中国佛教艺术的起源问题。1953年，水野清一和长广敏雄宣称：'目前所见表现佛像的最早实例见于汉式铜镜的纹饰。'次年，理查德·爱德华（Richard Edwards）公布了关于四川麻濠汉代崖墓的调查报告，报告中判定墓葬前室中所见的一个浮雕图像为一尊佛像。俟后又有更多的遗迹发现，如四川彭山出土的一件陶器座、山东滕县的一件画像石残块、内蒙古和林格尔墓前室顶部的一段壁画，均被断为中国早期佛教艺术作品。这些材料多数已为俞伟超新近的《东汉佛教图像考》一文所提及，文章的标题清楚地表明了他的结论。"刘长久在《中国西南石窟艺术》中讲道："南北朝时期，四川佛教造像以南朝梁时最为兴盛，形制多为扁体形造像碑，雕刻手法或为高浮雕或为浅浮雕，刻工较为精细。这种造像碑形制肇始于北魏，盛行于北朝晚期，并多见于中原北方。而在四川却盛行于南朝，从四川造像碑遗物和造像铭文看，主要由甘陕地区传入四川。四川石窟的开创比上述南朝造像碑稍晚，从现存的状况看，广元千佛崖和皇泽寺两处石窟中有少量北魏晚期、西魏和北周时期的造像窟龛，如千佛崖第37号大佛窟、第21号三圣堂、皇泽寺第45号中心柱窟、第7号一佛二弟子二菩萨二力士龛、第38号一佛二菩萨龛。其窟龛形制和造像特征受云冈昙曜五窟和麦积山同期石窟造像的影响。原因在于：一方面广元是四川的北大门，历来为中原北方入川的必经之道；另一方面广元当时为北魏占据。因此，广元为四川石窟的创始之地，是顺理成章的。同时，再一次证明四川石窟的传播途径,不可能是'川滇缅印'古道传入,而是由中原北方首先进入四川广元,然后由广元波及川北巴中、通江等地,再由川北地区深入川西、川南,最后向川东延伸。"依据学者巫鸿和刘长久提供的考古材料与推理论据,可知佛教造像的来源有多种可能,佛教因素的产生或者发现并不能说明佛教艺术是南传还是西传。据传我国最早的佛教造像在乐山和彭山两地的汉代墓葬中被发现,或许只有明确南方海上丝绸之路早于北方,才能为四川作为南传的重要一站提出可靠的理论依据。(注:南方丝绸之路由长安经四川,再经夜郎到南越,经缅甸到乘象国,又可顺长江或经岭南出海。西汉张骞出使西域时,就曾在大夏国看见蜀丝绸和邛竹杖。汉武帝也曾遣使经过四川寻求通往印度的道路。)长江上游的四川自古以来就是我国西部南北交通的要道和南北文明汇聚之处。四川的石窟和寺院,在唐代已相当兴盛,巴中、广元、乐山、安岳等地的石窟造像都有很大规模,从高达70余米的乐山大佛、安岳石刻群,到精细入微的大足北山"西方龛",它们都是南方造像的典型代表。

四川东部的安岳县是成渝地区的古道要冲,东接重庆大足,南接内江,西毗乐至,北连遂宁,地处成渝直线的中点。北周建德四年(575年)始设安岳县,并置普州。《安岳县志·古迹附金石》载:"梁《招隐寺刹下铭》,萧纶书,普通二年,在普州。"安岳石窟寺始凿于南梁武帝普通二年(521年),在唐宋两代,开凿最为兴盛,开凿一直延续到民国时期。县内文物古迹众多,尤以摩崖石刻著名,规模较大的石刻就有300余处,造像达到10万余尊,造像内容以佛教造像为主,也有道教造像,还存在少量儒、道、释三教合一造像。安岳是我国西南地区重要的石窟造像中心之一,其石窟艺术处于从北向南发展的高峰阶段。

学者马衡在《中国金石学概论》一书中指出:"刻石之特立

者谓之'碣',天然者谓之'摩崖'。""所谓天然者,即利用自然形成的岩石断面。在山崖的竖立平面上,不做外形加工或略做加工后直接刻写文字或图像,这就是一般所说的摩崖。"[1]清代冯云鹏(晏海)、云鹓(集轩)所编《金石索》将摩崖归入"碑碣之属",论曰:"古者方曰碑,圆曰碣。就其山而凿之曰摩崖,亦曰石刻。或仿于人,或勒于兽,或峙为石阙,或营为石室。汉人画像,多采往古圣贤遗事及祥瑞车马鸟兽人物之状;六朝以降,喜造佛像。"巴蜀地区因其山地特征,山多为沉积岩石质,坚实细密,易于雕刻。唐代李吉甫《元和郡县图志》载:"眉之秀以水,阆之秀以山,普之秀以石,故俗称石秀。""普"指安岳,说文解字曰,"秀之字曰茂","石秀"指多石,意赞安岳县摩崖石刻造像之多且精美。安岳石窟中现存最早的镌刻题记是唐开元十年(722年)普州刺史韦忠所建的《唐西岩禅师受戒序》。旁记《普州碑记》:"唐栖岩山寺读铭序　唐老君应见碑　唐紫极官碑　唐西岩禅师受戒序　普慈志　郡北小千佛院记　唐宣宗赐浪仙墨制　贾浪仙墓表　贾岛墓志　聂公真龛记　茗山平寇录。"盛唐高僧玄应在千佛寺、圆觉洞和卧佛院倡导主持建寺造像,现有4处高僧题记。

安岳石窟古来自有诸多赞誉:

之一为卧佛院有唐代最大的石刻左侧卧佛以及21万字石刻佛经。

之二为毗卢洞有北宋最精美的紫竹观音,其被称为"东方维纳斯"。

之三为玄妙观有唐代最大的道教石刻群,为现存最大的"盛唐老君龛",有79龛,造像1293尊。

---

[1] 马衡.中国金石学概论[M].长春:时代文艺出版社,2009:179.

之四为庵堂寺有五代最大的石窟群。

卧佛院位于安岳县北卧佛镇，其"释迦牟尼涅槃卧佛像"被誉为唐代石窟寺中最大的石刻造像，展现了艺术与宗教信仰的深度结合。卧佛整体宽31米，深2米，身长23米，头长3米，肩宽3米，身长与头长的比例约为8∶1。这一比例是艺术家夸张的艺术处理方法的反映，体现了艺术家对艺术美学的遵循。古代艺术强调身体比例的和谐，这种特意强调修长感的比例设计不仅符合视觉美感，也增强了卧佛的神圣感。同时，卧佛的肩异常消瘦、窄短，使得其形象还具有北朝造像的"秀骨清像"风格，是魏晋细腻、优雅风格和唐代宏大、富丽艺术风格的交融与发展。卧佛的发式为螺髻，头顶高宽肉髻，眉心白毫突出，双耳佩环珰，身着博带式袈裟，内着僧祇支，绅带垂下。衣纹从肩部自然下垂，在腹部呈阶梯状。这些细节不仅展示了雕刻技艺的精湛，也体现了佛教文化对服饰的讲究。袈裟的设计与雕刻细节，体现了对佛教教义的尊重与传承。尤其是衣纹的流畅处理，增强了卧佛的神圣感与庄重性，表现出一种超越尘世的宁静与安详。卧佛的姿态独特，左胁东首累足而卧，打破了传统右胁而卧的模式。这一设计并非随意，而是基于中国古代葬俗的考量，体现了对文化传统的尊重与融入。根据古代葬俗，死者入土时需头东脚西，以示魂归泰山。因此，该卧佛头东脚西、背北面南的姿态，不仅符合葬俗，还象征着灵魂的归宿与安宁，体现了佛教对生死观的深刻理解。卧佛腹部的俗人形象，面朝佛身，脸型长圆，身着圆领袖袍，呈跏趺坐姿，眼神注视释迦，似乎在表达一种对佛的崇敬。这种形象的设置，丰富了整体构图，也引发观者对生死与信仰的思考。俗人形象的存在不仅使卧佛更加人性化，也增强了作品的叙事性，表现出人们在面对生死时的情感与态度。卧佛身后的《释迦临终说法图》进一步丰富了作品的宗教内涵。中间的释迦牟尼坐高 2 米，周围侍立弟子、菩萨及天龙八部，共有 21 尊造像，形成了一个完整的叙事场景。释迦的姿态为右手施说法印，左手抚膝，传达了佛教教义的智慧，象征着释迦的慈悲。弟子们的姿态与表情各异，尤其是释迦右边的老年比丘，双眉下垂，嘴角下弯，脸部干瘦，生动地反映了其对释迦的敬仰与悲伤之情，表现了他们对导师的深切哀悼。菩萨像的设计同样值得关注，菩萨头上未戴花夹或花冠，发向后梳拢成螺髻形的高髻，双耳佩环珰，身着半臂服饰，内着短襦，胸部结绅带，项下有半圆形的短璎珞装饰，肩上有帔帛垂下。这些细节不仅突出了菩萨的神圣形象，也反映了当时社会审美追求与宗教信仰的融合，展现了唐代雕刻艺术的丰富表现力。整体来看，这一作品通过细致的雕刻与独特的姿态，融合了宗教信仰与艺术表现，展示了唐代雕刻艺术的高度成就。它不仅是宗教的象征，更是文化与艺术的结晶，反映了历史、信仰与人性的深刻联系。通过对细节的精心雕琢与整体构图的和谐安排，卧佛院的作品成功地传达了佛教的核心理念，激发了观者的思考与感悟，成为艺术与宗教交汇的重要实例。

卧佛院的藏经洞中有保存较为完好的 15 个刻于唐代的经文龛窟，刻经面积达 150 多平方米，40 多万字。主要经目有《大唐东京大敬爱寺一切经论目序》《佛名经》《大般涅槃经》《般若波罗蜜多心经》《佛顶尊胜陀罗尼经》《檀三藏经》《妙法莲华经》等。《大乘大集地藏十轮经》《般若波罗蜜多心经》等是玄奘班子翻译经文传下来的全国最早的版本，《檀三藏经》在现存佛经中仅此一版，极具研究价值。

毗卢洞位于安岳县东油坪村，开创于五代后蜀，毗卢洞中所雕刻的内容最为精彩的为柳本尊《十炼修行图》石刻造像，其以连环画的构图形式讲述"炼指、立雪、炼踝、剜眼、割耳、炼心、炼顶、舍臂、炼阴、炼膝"十种苦难修行来弘扬宗教。其中两尊护法天王像分别仗剑、持斧,威武凛凛。该洞窟是五代至北宋年间四川佛教密宗的主要道场之一。

毗卢洞"紫竹观音像"造型源于"水月观音",展现了一个自由舒展、倚坐于莲花台上的少女形象。她头戴镂空的化佛宝冠,面容慈祥,神态优雅,俯视众生,身披短袖,裙带轻盈飘动,身缠璎珞,穿着褶纹流畅的套裙,双脚赤裸,左脚踏在莲花上,姿态安逸而妩媚。此雕像的神情悠闲,姿态自然,体现了高超的雕刻技艺。雕刻师巧妙地利用了地形的山势,通过依崖雕凿的方式,突破了传统佛像的固定姿态,使其造型在形式美上得到了创新。宝冠顶部、头部和背部均与石壁相连。虽然观音的姿势看似前倾,但却具备稳固的力学支撑。观音肩头的缎带从肩部垂下,经过大腿上升至手臂前端,形成三个力学支撑点,增强了整体造型的流畅性与自然感。衣纹随着形体结构的变化而转折,使得雕像的刻画更加细腻。该石刻作品巧妙地融合了宗教、自然、科学与艺术元素,极大地提升了其审美价值,展现了雕刻艺术在形式与内容上的深度探索。紫竹观音的造像姿态突破了传统佛教造像的程式,其相貌与服饰更似现实生活中的女性形象,明显体现了世俗化特征。艺术与科学分别是直觉知识与理性知识的崇高体现,虽然它们各有不同,但却在审美的维度上相互交融。造像集中展现了宗教、自然、科学与艺术的和谐统一,丰富了其审美性。这种神人合一的表现,赋予了作品深厚的人性之美,体现了艺术与科学在表达情感与理念上的辩证关系。通过这种结合,作品不仅传达了宗教的精神内涵,也反映了人类对自然与生活的深刻理解。

华严洞窟面略呈正方形,高6米,宽10米,深11米。《大方广佛华严经》是一部显示佛陀修行证果的重要经典,依据佛经教义《华严经》之"善财童子五十三参"内容设计开凿的连环画式石刻作品《善财童子五十三参求法图》极具特色。"剪云补衣""众妙香国""化城七宝"等故事情节集深厚的宗教文化内涵和艺术表现价值于一体。善财童子作为求法者的代表，象征着每个修行者追求智慧与解脱的决心。他的形象体现了佛教中"信、愿、行"的核心理念，表现了信仰的坚定、愿望的纯净和实践的努力。"五十三参"中的每一位导师都代表着不同的教义和修行方法，反映了佛教的包容性与多样性。这种多元化的求法过程强调了学习与成长的重要性，鼓励信徒在修行中不断探索、学习和实践。善财童子与不同的导师交流，体现了佛教中重要的师徒关系。导师不仅能传递知识，更能启迪智慧和引导心灵。师徒关系强调了在修行过程中导师的重要性。连环画式的设计将善财童子的求法过程分为多个阶段，象征着修行的渐进性与系统性。每一参都代表着修行者在不同阶段所需面对的挑战与获得的启示，体现了佛教修行的渐次深入。通过连环画的形式，作品将复杂的教义以生动的视觉语言呈现，使得佛教教义更加易于理解和传播。这种艺术表现形式能够引发观者的共鸣，提升观者的宗教体验，促进信仰的传播与深化。善财童子的求法旅程不仅是对智慧的追求，也是对道德与伦理的践行。每一位导师的教诲都包含了对慈悲、智慧、忍耐等佛教核心价值观的强调，启示信徒在日常生活中践行这些美德。《善财童子五十三参求法图》不仅是一部艺术作品，更是一部生动的宗教教义阐释录，通过善财童子的求法之旅，展现了佛教信仰的深邃与广博，激励信徒在修行中不断探索与成长。

正壁中间为头戴宝冠、结跏趺坐的毗卢佛，两侧为跨青狮、骑白象的文殊、普贤。左右两壁各列五菩萨，合正壁的文殊、普贤，总计为十二菩萨，左右两排菩萨的头部上方浮雕宫殿、楼台、亭阁、人物等，内容丰富，宏伟壮观。华严洞的十二菩萨造像更是精美绝伦，群像庄重典雅、神圣清净。观其形，即可感到菩萨的可亲、可信，她的面容慈祥，姿态优雅，展现了内心的宁静与和谐，传达出对众生的关爱和包容。佛教强调慈悲是修行的重要品质，慈悲意味着对所有生命的关心与同情，愿意帮助他人解除痛苦。智慧是指能认识真理、洞察生命本质。她们低头俯视，象征着对世间苦难的理解与洞察，同时也反映出一种超越世俗的智慧，能够引导众生走向觉悟。造像是信众膜拜与精神寄托的图像载体，折射出人们现实的生活状态，反映了当时社会的人们对美好未来的憧憬和对幸福人生的期望，能净化、润泽人们的心灵，消除信众对痛苦和死亡的恐惧与不安，具有深入人心的无穷魅力。

圆觉洞石窟造像群位于云居山，开凿于北宋庆历四年（1044年），以《大方广圆觉修多罗了义经》为题材。圆觉洞高5.4米，宽4.8米，深10米。北岩雕刻三座高约7米的摩崖造像，这三身造像为净瓶观音、释迦佛和莲花手观音。释迦牟尼立佛是北宋时期建造的我国最大的站立侧身佛像，展现了精湛的雕刻技艺与深厚的宗教内涵。佛像的头顶为密集的螺髻，仿佛是智慧的象征，双领下垂的佛衣优雅地包裹着他的身躯，左右脚踏在仰莲座上，显得稳重而庄严。佛像面带微笑，双目俯视，和蔼可亲，与右下方的弟子迦叶目光相对，形成了一种亲切的互动，这种温柔的神态拉近了人和佛之间的距离，也是造像世俗化的象征。佛像右手持说法印，左手持与愿印，生动地表达了普度众生的伟大愿景。其头光呈椭圆形的火焰纹样，延伸至洞窟的顶部，仿佛在向信徒们传递着无尽的光明。头光两旁装饰着精美的纹样，整体增添了装饰华丽的视觉效果。左右两侧的飞天石刻造型独特，裙带轻舞，姿态温婉，仿佛在空中翩翩起舞，给人带来无限的美感与遐想。整座像不仅体现了无量的光明与功德，更是对佛教精神的生动诠释，展现了艺术与信仰的完美结合。右龛的净瓶观音立像建于南宋，身高6.8米，展现了高超的雕刻技艺与深厚的文化内涵。观音的头部采用圆雕技法，配以精美的镂空花冠，中央立有一尊佛像，象征着智慧与慈悲。她眉清目秀，面容柔和，耳垂自然地垂至肩部，展现出一种优雅的气质。观音身着宽大的外衣，内衬僧祇支，身上饰满璎珞，体现了佛教艺术对细节的极致追求与对华美的表现。观音左手持净瓶，象征着清净与慈悲，右手执杨柳枝于肩，寓意着拯救与希望，整体造型既庄重又灵动。足下的莲花象征着纯洁与觉悟，整个造像挺拔玉立，超然自若。左右两壁同样刻有飞天，身着短袖彩裙，轻盈的裙带在空中飞扬，仿佛被云朵托起，双手捧着供物，传达出对神灵的崇敬之情。飞天的造型与观音的姿态相得益彰，共同营造出一种和谐而富有动感的空间氛围。左龛的莲花手观音立像建于北宋，高达6.5米，身体微微向左侧身，展现出一种优雅的姿态。她头上戴着镂空高冠，冠中立有一小坐佛，象征着智慧与慈悲。观音面带笑意，神情慈祥，广额圆颐，目光温和地注视着下方的龙女，传达出一种关怀与保护的气息。她身穿华丽的宝缯，装饰着繁复的璎珞，整体造型雍容华贵，彰显出高贵的气质。她右手执一莲苞，左手轻抚于右手背上，优雅的手势不仅体现了她的温柔，也增强了造型的动感与灵性。面部圆润丰满，蕴含着唐风的遗韵，展现出古代艺术的典雅与和谐美。其中最为巧妙的是她手持的莲花苞，尽管重达百斤，却依然稳固地悬挂，历经千年而不坠。这一效果的实现，充分体现了当时工匠的高超技艺与对科学原理的深刻理解。莲蕾看似镂空，实际上却巧妙地依附于观音袈裟之上，展示了工匠们在力学与美学上的完美结合。整体而言，这座莲花手观音立像不仅是宗教信仰的象征,更是艺术与科学的交融,展现了北宋时期工匠们对佛教文化的深刻理解与精湛的雕刻技艺。净瓶和莲花手观音立像还体现了艺术与文化的完美交融,体现了北宋时期工匠们对佛教精神和人文情怀的深刻理解,以及艺术表现上的高度成就。在该窟口外的右壁上刻有庆历四年(1044年)所建的《真相寺新建圆觉洞》碑。

释迦佛、净瓶观音和莲花手观音造像是当地摩崖石窟造像的代表。"大佛形象"端庄、温和、睿智、富于同情心。这种形象不仅反映了佛教教义的核心,也象征着中华民族对理想美的追求,是时代审美意识的成功表达。造像的比例、姿态和表情经过精心设计,旨在引导观者感受内心的平和与安宁。净瓶观音悠然自在,释迦佛慈爱众生,莲花手观音温婉含蓄,都营造出石窟造像的佛韵,也体现出中国传统艺术中"形神兼备、气韵生动"的思想。圆觉洞中的释迦佛、净瓶观音和莲花手观音造像不仅是佛教艺术的代表,更是中华传统文化与审美意识的集中体现,其精致的外观和深刻的内涵,使其成为中国古代雕塑艺术的重要作品,展现了艺术与信仰的完美融合。

唐代是安岳石刻造像艺术的形成期,分布地点包括八庙卧佛院、大云山千佛寨、云居山圆觉洞、玄妙观、云峰寺、三教寺、千佛寺、圣水寺、佛耳岩和青竹寺等40余处。其中,显教题材的造像主要包括释迦说法图、阿弥陀佛、弥勒佛、观音、西方净土变、观经变和涅槃变等;而密宗题材的造像则以华严三圣、千手观音、地藏菩萨和药师经变为主,主要集中在卧佛院和千佛寺石刻景区。唐代时期,外来的佛教文化与佛教造像逐渐融入并转化为中国的文化艺术,形成了独特的艺术风格,即丰富与庄严相结合,既展现出宏伟壮丽的气势,又蕴含着深沉内敛的情感。在雕刻技法上,主要采用半圆雕、浅浮雕和阴刻线等雕刻手法，形成了简约与精致的对比。造像的面部丰满，鼻梁高挺，耳垂下坠，整体体态丰盈，衣纹处理流畅且富有层次感，常以线条表现衣纹的疏密变化。菩萨造像通常配以镂空高冠与璎珞，展现出庄严与圣洁的气质，轻纱透体，肌肤丰润，既轻盈又健美。这些艺术特征共同彰显了唐代石刻艺术的独特魅力与审美追求。安岳石窟唐代的造像以丰润结合庄严妙相，既具宏伟博大的气势，也饱含沉静含蓄的情感，彰显雍容华美的风韵。

五代时期，安岳佛教继续盛行，密教在当地一度风靡，推动了寺庙和造像的进一步建设。现存的石窟包括千佛寨，圆觉洞，林凤镇庵堂寺、侯家湾，两板桥镇千佛岩，大菩萨岩和龙居寺等。这一时期的造像在继承唐代风格的同时，逐渐显现出世俗化的特征。首先，五代时期的安岳石刻在造型上对唐代的宏伟博大和雍容华美有所继承，但这种宏伟的气势渐渐减弱。唐代造像通常表现出高贵、庄严的神性，而五代时期则更多地呈现出平实和亲近的风格。这种变化反映了社会文化背景的转变，佛教不再仅仅是高高在上的宗教信仰，而是逐渐融入普通民众的生活中。其次，造像的主题和表现手法也趋向世俗化。在五代的石刻中，除传统的佛教题材外，更多地融入了人间生活的元素，表现出对世俗生活的关注。例如，造像中常出现普通人的形象和日常活动，反映了当时社会对佛教的理解和接受程度。这种变化使得佛教艺术更加贴近民众的情感和生活，增强了其亲和力。最后，五代时期的雕刻技法也表现出一定的简化和务实。相较于唐代的细腻和华丽，五代的石刻在细节处理上趋于简约，线条更加流畅，造型更为自然。这种风格的转变不仅体现了艺术家的审美取向，也反映了当时社会对艺术功能的重新审视，强调了实用性与可接近性。总体来看，五代时期安岳石刻的世俗化表现为造像风格的平实化、主题的多样化以及雕刻技法的简化。这一变化不仅是艺术风格的演变,也是社会文化环境变化的直接反映,标志着佛教艺术在中国本土化进程中迈出了重要一步。

宋代是安岳石刻自成一格的繁荣期。龛窟形制比较单一,造像数量虽稍次于唐代,但规模大,造像更为精美,主要代表有云居山圆觉洞、石羊镇华严洞、毗卢洞,双龙街乡孔雀洞、茗山寺等石窟中的造像。华严洞中的华严三圣窟造像最大,最为精美,堪称中国石刻艺术中的不朽杰作。毗卢洞第19号窟"紫竹观音"最为华美,堪称世界雕塑史上的一颗璀璨明珠。除此之外,孔雀洞的孔雀明王经变龛、毗卢洞的柳本尊《十炼修行图》也是非常壮观、精美的。宋代石刻展现了丰富的艺术特征和技术创新。龛窟形制的单一性反映了艺术创作的集中化与规范化,代表了一种成熟的艺术风格。华严洞的华严三圣窟造像被称为不朽杰作,表明了这一时期艺术家的高超技艺和对佛教理念的深刻理解。宋代石窟造像显示出明显的世俗化和地方化特征。某些造像突破了传统佛教仪轨,呈现出飘逸雅丽的风格,这反映了艺术创作从宗教向世俗生活的转变。这种变化不仅使佛教造像更贴近现实生活,也体现了艺术家对社会文化背景的敏锐反应。宋代雕刻手法呈多样化趋势,其综合运用圆雕、半圆雕、浅浮雕、透雕和线刻等技法,显示出艺术家在表现形式上的创新与探索。造型比例准确,形象雕凿得精巧细腻,衣纹处理突破了以往简单而生硬的手法,展现出更为生动和灵动的效果。这种细致入微的技法使得作品更具南方雅丽秀美的仪态,增强了艺术作品的表现力和感染力。宋代的安岳石刻不仅在自身的艺术风格上取得了重要成就,还对周边地区的艺术,尤其是大足石刻,产生了深远影响。其风格和雕刻手法的洗练与写实特征,成为中国晚期石窟造像艺术发展的重要基石,体现了艺术的传承与创新。综上所述，宋代安岳石刻艺术在世俗化、地方化、技法多样化和艺术影响力等方面的特点，体现了这一时期艺术创作的高度发展与成熟。通过对这些特征的分析，我们可以更深入地理解宋代石刻艺术在中国文化史上的重要地位与价值。

南宋以后，包括元、明、清各代，为安岳石窟造像"分离与边缘"的衰落期。其实，安岳在宋代晚期时的造像数量已经逐步减少，这时毗邻的大足石刻却异军突起。胡文和在《大足、安岳石窟中的镌匠人考》中提道："宋代大足、安岳有两支世代以凿造佛、道教像为职业的工匠队伍，为伏氏、文氏家族，从碑刻题记以及它们部分自成体系的雕刻内容与雕凿风格中考察，大足石刻的工匠有的来自安岳。这应该成为安岳石窟造像晚期衰落的一大原因。"元明清时期的主要代表造像来自道林寺、木门寺、孔雀洞、老君岩、三仙洞、朱家经堂等。这一时期除有为数不多的造像外，还对之前的石窟造像进行了重修，但存在大量仿品，远比不上唐宋时期造像的雄伟、造像技艺的精湛。

第三节　广元千佛崖

> 凿石穿崖作殿楹，肖形刻琢俨如生。
> 路临峻壁龛边过，人在危崖栈上行。
> 霭霭云峰当户秀，滔滔江水入檐清。
> 凭谁借问宫中老，曾在人间几变更。

元代查罕不花诗赞千佛崖佛像石刻技术精湛，造像栩栩如生。唐代诗人杜甫《石柜阁》一诗写尽千佛崖之盛景：

> 季冬日已长，山晚半天赤。

蜀道多早花，江间饶奇石。
石柜曾波上，临虚荡高壁。
清晖回群鸥，暝色带远客。
羁栖负幽意，感叹向绝迹。
信甘孱懦婴，不独冻馁迫。
优游谢康乐，放浪陶彭泽。
吾衰未自安，谢尔性所适。

四川广元地区，有古蜀金牛道，此地北临陕、甘，西南接巴蜀，自古为川北重镇。石窟群多分布在千佛崖、皇泽寺和观音岩等地，千佛崖石窟造像规模最大，最为出众。千佛崖石窟建在城北十里的嘉陵江东岸，山势南北绵延，分布在南至石柜阁、北至窟区界墙长388米的山崖内，山顶高84米，最高处距地面45.5米，层叠分布着密如蜂巢的大小龛窟，最密集的区域内有13层之多。现存龛848个，造像7 000余尊，是四川境内规模最为宏伟的石窟群。广元千佛崖石窟被认为是我国南方石窟中开凿最早、开凿历史最长的石窟之一，它不但具有重要的历史文化价值，还有着独具特色的艺术造型风格，是中国石窟艺术史上的重要一环。该石窟群始凿于北魏晚期，经西魏、北周、隋，至唐武周、开元年间达到造像全盛时期，中晚唐后直至清代与民国年间，依然陆续有窟龛开凿，造像活动延续1 400多年，展现了千佛崖石窟极强的生命力。

千佛崖属于龙门山系，石质为侏罗纪黄砂岩，比较松软，颗粒细腻，适宜雕刻，又位于西蜀和中原之交通要道的重镇，嘉陵江水在崖边绕过，环境幽静，非常适合僧人在此开窟镌像，禅定修行。

马世长、丁明夷在《中国佛教石窟考古概要》中讲道："调查最早的是1914至1917年由三个法国人（色伽兰、法占、拉狄格）组成的中国考古调查团，主要是调查陕西的秦汉陵墓、四川的汉代崖墓、汉代石阙及佛教遗迹。他们对广元和巴中一带的石窟遗迹进行了调查，于1923至1926年出版的《中国考古调查团图录》共三卷，其中二卷图版，一卷文字。四川佛教艺术过去鲜为人知，自法国沙畹几次调查以后，才逐渐被人们认识。色伽兰等人重点调查了广元、巴中地区的佛教遗迹。关于广元千佛崖，色伽兰等人根据当时掌握的文献及石刻的铭记，以及观察到的雕刻样式，认为千佛崖最早造像是722年（开元十年）。后来，1935年兴建公路，千佛崖遭到破坏，所以这部分资料非常重要，对研究广元有很重要的意义。另外，对佛教传入西南的路线也有相关结论：西安→汉中→广元→保宁→绵阳→成都，即由'金牛道'传入。另外，他们发现梁代造像，提出了由水路传入四川的可能性。从南朝的建康出发，由水路进入四川，这还有待考古发掘证实。现在看来，建康→四川→青海→吐谷浑这条通道是联系北方的柔然、高昌和南朝的水路通道，其中含一部分陆路。由这条通道传入四川，也是可能的。金牛道长约两千里，有两百多里位于广元境内，是佛教必经之地。"[1]

千佛崖石窟造像早期为北魏晚期至北周时期，约6世纪中晚期。代表窟龛为第226窟"三圣堂"，为方形平顶窟，内三壁开龛，每龛内造一佛二菩萨三尊像，龛内浮雕双龙，龙尾交缠，龙首反顾。艺术风格与北方同期造像非常接近，显然是受中原北方石窟造像艺术的影响。坐佛头部有圆形光环，饰有莲瓣图案，整个身形被背光环绕，上方装饰有七尊小佛像，体现了深厚的宗教意义。底座为长方形须弥座，象征着稳固与庄严。坐佛身

---

[1] 马世长，丁明夷. 中国佛教石窟考古概要 [M]. 北京：文物出版社，2009：279.

着双领下垂式袈裟，内衬束带僧祇支，袈裟通过十字扣的方式固定，袈裟下摆呈"A"字形分开，衣纹稀疏且呈现"U"形走向，展现出北魏时期服饰精致的工艺与设计。流畅的线条与优雅的造型相结合，体现了北魏佛教艺术中的"秀骨清像"美学特征与象征意义。整体造像不仅展现了宗教信仰的深度，也反映了高超的雕刻技艺与独特的艺术风格。

大佛窟第726窟的立佛形象呈现出圆形头光和桃形素面身光，展现出独特的艺术风格。佛身着通肩式袈裟，内衬僧祇支，衣纹较为密集，呈现"U"形走向。该阶段的主要窟龛类型为三壁三龛式和佛殿窟，平面结构呈前宽后窄的梯形，前方设有凿门，穹顶形状优雅，造像组合包括一尊佛与两位菩萨。立佛站于圆须弥座上，受印度犍陀罗风格影响明显。其造型特征包括磨光的肉髻，舟形通身背光，结跏趺坐，着交领袈裟，下摆呈"A"字形分开，肩下衣纹流畅，双手藏于袖中，交于腹前。菩萨像则束丫髻，面相丰满，立于单层覆莲座上，帔帛呈"X"形，交于腹部并垂至体侧，腰束带，下着长裙。部分菩萨还佩戴圆形饼状耳饰，发带披肩，配有圆形头光和舟形通身背光，戴有项圈，腕部饰有手钏。右手持莲花高举至胸前，左手则执锁状物于裙外的腹下，整体造型优雅，体现了艺术家的精湛技艺与北魏佛教艺术丰富的宗教文化内涵。大佛窟造像和三圣堂造像是四川地区为数不多的北魏造像。自北魏宣武帝对广元实施统治之后，北魏的崇佛礼佛之风被带入广元，使得此地佛教流行程度得到显著提升，信佛之人广之，崇佛之人盛之。不仅如此，随着广元地区被纳入北魏版图，由皇室倡导开来的两都（平城、洛阳）开窟造像之风也被带入广元，故广元造像风格与两都及入蜀沿线石窟相似。也有学者认为，千佛崖此时期的造像是由巴蜀地区东汉时期就已经存在的佛教造像自身发展演变而来。

隋至初唐贞观年间，千佛崖的造像艺术达到了鼎盛期，特别是在 6 世纪末至 7 世纪初的第 138 号窟北大佛窟中，造像展示了丰富的形式与风格，体现了当时宗教与文化的深刻交融。圆拱形敞口大龛的设计使得整个空间显得开阔，提升了观众的视觉体验，体现了佛教艺术在空间利用上的巧妙。一佛二弟子二菩萨的组合形式显示了佛教教义的层次与丰富性，反映出对佛、法、僧三宝的崇敬。同时，天王、力士与天龙八部等形态各异的人形化造型的出现，标志着宗教艺术形象的多样化与复杂化，体现了对佛法的信仰。佛像的面相长而丰满，身躯健壮，展现出一种威严与慈悲并存的形象。双领下垂式袈裟宽大，坐像袈裟悬垂的形式保留了北朝造像的遗风，显示出传统与创新的结合。袒右式袈裟的出现（右领内折后垂，形成独特的"U"形衣纹），反映了对细节的关注与工艺的进步。这种变化不仅丰富了造像的表现手法，也体现了当时艺术家对人体动态与衣纹流动性的深刻理解。菩萨的健壮形象与三珠天冠、缯带等装饰元素，体现了其神圣与高贵的地位。连珠纹的广泛使用，成为此时期的显著特征，强调了装饰艺术在佛教造像中的重要性。须弥座由瓶花或六角形束腰座基承托，显示了装饰的华丽与复杂，增强了整体造像的庄重感。莲座与兽吐莲茎的设计，体现了自然与宗教的和谐统一。须弥座在巴蜀地区被广泛发现，表明了地方特色在佛教艺术中的重要性，这种带有雕刻花纹和脚浅的基座、由多层叠涩组成的台座，反映了区域文化对艺术风格的影响。隋代的装饰繁复华丽，而贞观年间则出现简化趋势，显示了艺术风格的演变与时代审美的变化。立姿菩萨的屈腿姿态与弟子像的清瘦面容，体现了对动态与个性的探索，反映了人性化的艺术表现。总体而言，隋至初唐时期的千佛崖造像艺术通过多样的造像形式、细致的装饰与地方特色的融入，展现了宗教信仰与艺术创作的紧密联系。艺术家对传统元素的继承与创新，使这一时期的佛教艺术不仅具有宗教意义，也成了文化交流的重要载体。

唐高宗时期（649—683年）是广元千佛崖造像体系自立性发展的重要阶段，代表性的石窟包括第744窟牟尼阁和第746窟睡佛窟。在这一时期，造像数量显著增加，千佛崖出现了一种新的窟形——中心背屏式佛坛窟。这种窟的平面呈横矩形或倒梯形，通常设有平顶和前壁，内部设有横矩形坛，坛上安置佛像，背屏直通窟顶，整体结构类似于寺庙殿堂。此时，须弥座上供奉的佛、菩萨造像达到了艺术水平的巅峰。在人物造型方面，各类人物的比例适中且各具特色，反映了其不同的职能。例如，佛教天王和力士并未超脱"三界"，仍被视为"众生"，因此其造像并不如佛、菩萨、罗汉那样有明确的相好、衣饰、手印和尺寸规定。这使得工匠能够根据自身经验，创造出更贴近世俗生活的形象。天王的造型与世俗军队中的将军相似，其装扮也转变为武士装。尽管普通民众可能难以理解复杂的经文，但他们能一眼识别天王在佛教中的职责及工匠所要传达的意义。此外，力士在佛教中象征着强大的力量，无论是指代大力的男子还是某种力量。为了突出力士的力量，工匠采用了夸张的手法，强调全身肌肉的凸起。而力士作为佛教的护法卫士，其面部常被处理为愤怒相，以维护佛法的威严，给予人们敬畏之感。这一时期的造像代表了千佛崖艺术的最高水平。

武周至开元时期（690—741年），广元千佛崖石窟活动兴盛，以第535窟莲花洞为代表。该窟始凿于唐玄宗以前，有《菩提瑞像颂》碑及菩提瑞像窟，该窟为三壁三龛式大窟。释迦牟尼降魔成道像是国内开凿较早、保存较好的"菩提瑞像"，相传此像由唐初出使尼泊尔的王玄策带回。释迦牟尼身着袒右袈袈，头戴高宝冠，颈饰七道璎珞垂珠，右臂戴花形钏，腕佩手镯，身后雕镂空背屏。其对北方同类造像的题材定名有参考价值和借鉴作用。学者马世长、丁明夷在《中国佛教石窟考古概要》中认为："千佛崖莲花洞右壁龛像，螺髻上嵌玉璧，颈部戴七道垂珠璎珞，右腕戴镯，手施降魔印，应为毗卢遮那佛。窟中有武周万岁通天时补凿的小龛。"先天二年（713年），利州录事参军斑定方为先灵及亡妻难氏敬造释迦牟尼像功德。该窟的历史文献，如《菩提瑞像颂》碑和五代前蜀乾德六年的记载，为研究千佛崖的历史提供了重要依据，反映了社会对佛教艺术的重视。主尊释迦牟尼降魔成道像的细致描绘，展示了艺术风格与宗教象征的结合，强调了信徒对教义的认同。这一形象不仅表明了战胜内心烦恼的核心教义，还通过"降魔印"体现了信仰的力量与修行目标。此外，造像中的装饰元素，如"七道璎珞"和"高宝冠"，不仅增强了佛像的威严感，也承载了深厚的宗教意义，反映出信徒的崇敬与追求。菩提瑞像窟的设计融合了地方特色与佛教艺术，展示了佛教如何在不同文化背景下扎根与发展。此外，历史文献中提到的个人信仰实践，体现了个体在宗教生活中的重要作用，进一步揭示了信徒对超自然力量的依赖与对信仰的表达。整体而言，这一时期的千佛崖石窟艺术不仅是历史与文化的结晶，更是宗教信仰与艺术表现深刻结合的见证。

开元三年（715年），益州大都督府长史韦抗凿石为路建成大云古洞第513窟。开元八年（720年），苏颋为益州大都督府长史，按察节度剑南诸州途经此地，于此开窟第211窟。开元十年（722年），彭景宣"奉为亡姚郭氏，敬造释迦牟尼佛一龛"。千佛崖现存的唐代题记有40余则，千佛崖造像臻于鼎盛。

千佛崖唐代盛期的造像具有显著特点，主要体现在以下几个方面：首先，大量大中型洞窟在此期间相继开凿，形成了具有地方特色的龛窟形制。广元石窟的发展经历了从模仿北方石窟样式到逐渐转向创新，形成具备自身特点龛窟的阶段。在新龛形方面，主要有两种类型。第一种是外方内圆拱形龛，其外室为较浅的方形敞口，内室则为平面呈马蹄形的圆拱形，这种龛形较浅，更符合南方摩崖造像的特点，占龛窟总数的 70% 至 80%。第二种是中心背屏式佛坛窟，规模较大，平面呈方形，中央设有长方形坛，上面安置佛像，背屏镂雕菩提双树及人形化的天龙八部。这种窟形借鉴了中心柱窟和密教设坛的做法，在国内同期石窟中较为少见，千佛崖仅有 7 个，均开凿于高宗后期至开元年间。这一时期的造像艺术达到了高度成熟，佛祖的慈祥面容和温和目光展现出与信徒沟通的渴望；菩萨的形象优雅、匀称，宛如端庄的东方少妇；阿难与迦叶的性格特征表现得恰到好处；力士与金刚的威猛则彰显了护卫佛法的决心；供养人的虔诚体现了对佛祖的崇敬。不同人物的性格特征鲜明，雕刻比例适度，充分展现了工匠的高超技艺，超越了宗教人物雕刻的传统限制，倾注了艺术家的激情与理想。此外，造像题材丰富多样，常见的包括释迦佛、药师佛、阿弥陀佛、弥勒佛、千手千眼观音菩萨、地藏菩萨、十大弟子、涅槃故事及天龙八部等与密教经轨相关的题材。"广元 6 世纪的窟龛造像大体上应属于中原北方系统，这种造像与浙江一带窟龛前建木构建筑的南方窟龛体系不同，因而七、八世纪中原典型窟龛中的各种净土和密教形象也就开始流行于四川地区。8 世纪后，岷江和嘉陵江流域盛行倚坐的弥勒佛、净土变和观世音造像。广元千佛崖、皇泽寺初唐以后出现了少量密宗题材。如四臂观音和毗卢遮那佛（大日如来）。"[1] 盛唐以后四川地区的密教造像独步国内，同时，千佛崖的密教造像兴起，对四川其他地区的石窟也产生了影响。整体而言，这一时期的造像不仅是广元石窟艺术的巅峰，也是宗教与艺术完美结合的体现。

第四节　邯郸响堂山石窟

鼓山滏水太行连，摩壁窟群石寺悬，
一代高齐空汗马，且留文物作遗传。

上面为中国古建筑学家郑孝燮先生为响堂山所作的诗赋。位于河北邯郸峰峰矿区的响堂山石窟是继北魏开凿的云冈、龙门、巩县石窟之后开凿的规模较大的北齐皇家石窟寺。

北齐是由鲜卑族文宣帝高洋建立起来的封建王朝，于东魏武定八年（550年）伐魏立齐，改号天保，定都于邺城（今河北临漳），并以晋阳（今山西太原）为其陪都。高氏王室贵族经常往来于二都之间，鼓山（北响堂山）和滏山（南响堂山）是其必经之地。

响堂山石窟主要是北朝末期的北齐文宣帝高洋出资营建的。金朝胡砺所撰《磁州武安县鼓山常乐寺重修三世佛殿碑记》载："文宣常自邺都诣晋阳，往来山下，故起离宫，以备巡幸，于此山腹见数百圣僧行道，遂开三石室，刻诸尊像，因建此寺，初名石窟，后至天统间改智力，宋嘉祐中复更为常乐寺。□自兵兴，由兹山险固，为盗贼渊薮，以致焚毁，十不存一二。""三石室"即今北响堂刻经洞、释迦洞，大佛洞。作为北齐封建王室避暑

---

[1] 马世长，丁明夷. 中国佛教石窟考古概要[M]. 北京：文物出版社，2009：285.

游玩的离宫,响堂山石窟在中国石窟发展史上处于北朝向隋唐过渡的一个阶段,具有承上启下的历史作用。

响堂山开窟造像、兴建寺庙,与高齐帝王有直接的联系,《隋书·百官志》载,北齐置"昭玄寺,掌诸佛教,置大统一人,统一人,都维那三人,亦置功曹、主簿员,以管诸州郡县沙门曹"。随着佛教的迅速发展,僧侣人数大为增加,从而出现了僧官。僧官的设置是政教合一的集中体现。响堂山石窟是高氏王室的陵墓,现在大佛洞上方有高欢的陵窟。《资治通鉴》卷一百六十记载,甲申,"虚葬齐献武王于漳水之西,潜凿成安鼓山石窟佛寺之旁为穴,纳其柩而塞之,杀其群匠。及齐之亡也,一匠之子知之,发石取金而逃"。《永乐大典》卷 13824 载:"智力寺,在磁州成安县,齐欢薨于太原,默置于鼓山天宫之旁……"

位于般若洞中的《滏山石窟之碑》是响堂山石窟发现的唯一有详细记载开凿纪年的碑刻。作为响堂山石窟十八处重要铭刻之一,该碑位于南响堂第二窟门外左右侧圆拱尖楣龛内,是将原龛内力士像凿平后补刻的,碑高 180 厘米,宽 110 厘米。左侧的碑上刻有篆书"滏山石",右侧碑上刻篆书"窟之碑",整个石碑总共有 330 个字,凡 20 行,行 17 字,字径 8.5 厘米,隋刻书丹沙门道净。碑记记载了南响堂山石窟的初创和破坏及重修等重要内容,是研究响堂山石窟的重要资料。

碑中记载南响堂山石窟:"有灵化寺比丘慧义,仰惟至德,俯龛念巅危,于齐国天统元年己酉之岁,斩此石山,兴建图庙,时有国大丞相淮阴王高阿那肱,翼帝出京,憩驾于此,因观草创,遂发大心,广舍珍爱之财,开此滏山之窟,至若灵像千躯……口功成未几,武帝东并扫荡塔寺,寻纵破毁。及周氏德衰,擅归有道,隋国建号,三宝复行,嘱有邺县功曹李洪运,殇此雕落,顶礼无所,为报亡考之恩,修此残缺之迹……有沙门道净,因过口礼，嗟曰：大功阙无文记，将来道俗谁识根由，遂建此碑，寄传不朽。"

南北响堂山石窟开凿在滏山和鼓山的西麓，两山相距15千米，始建于北齐（550—577年），北朝后，隋唐、宋、元、明各代均有续凿，响堂山石窟现存石窟31个，造像5000多尊，是继云冈、龙门石窟后北朝晚期规模较大的石窟寺，具有典型的"北齐样式"风格。

石窟初创期主要是北魏、北齐的佛教造像风格。由皇家和贵族或佛教信仰组织出资营造，工程浩大，以大型石窟为主。洞窟形制为中心柱窟，而后甬道变成隧道形式，并取消后壁的小龛。塔形窟和塔形龛为主要窟形。北响堂石窟现存大佛洞、释迦洞、刻经洞、双佛洞和宋洞，南响堂石窟现存华严洞、般若洞、空洞、阿弥陀洞、释迦洞、力士洞、千佛洞和东方摩崖造像及小响堂西窟等，总共有14窟，整个石窟群还布满刻经和题记。响堂山石窟早期的造像活动是响堂山石窟雕塑的精华所在，展示响堂山最高的艺术成就。

中期造像是隋唐时期，这时期出现了一次造像热潮。此时石窟的营建特点是少有大窟，多为小型的佛龛，代表有北响堂大业窟的隋龛、九条洞中的诸多佛龛，南响堂的千佛龛、华严洞、释迦洞、空洞、阿弥陀洞、力士洞内外的唐代佛龛以及小响堂西侧崖壁上的唐代佛龛。

响堂山后期的凿建为宋、金、明、清、民国时期。这一时期是我国北方佛教造像艺术的衰落时期。

大佛洞是响堂山石窟开凿最早、雕刻最为精美的洞窟之一，是响堂山石窟的代表窟。其位于北响堂石窟区北侧山崖之下，洞高12.5米，宽度达13米，纵深有12.5米，近乎为方形。大佛洞的形制为中心方柱式塔庙窟，中心方柱三面开龛，龛内刻有三尊造像，为"一佛二菩萨"的佛像组合。中心方柱的上部与山体相连，下部是礼佛时的通道。中心方柱的顶部为"高欢陵穴"。石壁的四面开凿有大型的塔形列龛，装饰雕刻极尽奢华繁复之美，色彩华丽，造型丰富，雕刻细密，衬托出浓郁的宗教氛围。塔形列龛的底部基座上雕刻有供天人等宗教彩绘，具有我国汉代画像石的风格。

石窟的前壁是上下两层的石刻浮雕《帝后礼佛图》。整个浮雕作品人物细节丰富，场面宏大，彩绘图案绚丽多彩，栩栩如生，反映的是北齐时期皇帝、皇后礼佛时的情景。人物主次分明，眼睛传神，衣着华贵，体现了雕刻和绘画的完美结合。雕刻手法采用阴刻线浮雕，"雕塑中的浮雕（从高浮雕到浅浮雕）正是由于压缩深度和减少形面而逐渐趋向于平面化，线刻则由于放弃了真实深度而完全接近于绘画。浮雕和线刻也正因为这个原因而取得了像绘画那样构置众多人物、复杂场面和事件背景的相对自由"[1]。

在中国石窟艺术中，每个洞窟的雕刻和绘画都相互呼应、相互关联。大佛洞中的中心柱上的主佛高达 3.5 米，端坐于帷幕帐形龛内。这尊结跏趺坐的主尊释迦牟尼大佛，体现了深厚的宗教象征意义和艺术风格的演变。佛像周身披覆双肩式袈裟，衣纹细腻且向腹部平缓垂落，展现出一种宁静与庄严的氛围。其体态圆润、面颊丰满，面带微笑，传达出慈悲与智慧，与北魏时期的"秀骨清像"风格形成鲜明对比。这种丰满的造型不仅反映了对佛教理想化人物形象的追求，也象征着丰盈的精神世界。尽管佛身严重损毁，左右手以及须弥宝座和双腿的修补均为清代所为，但这些修复并未掩盖其深邃的宗教内涵。相反，

---

[1] 王林. 雕塑艺术论：王林论雕塑[M]. 重庆：重庆大学出版社，2018：3.

它们在一定程度上反映了历史的积淀与文化的延续，使得这尊佛像不仅是艺术的结晶，更是信仰与历史交织的见证。整体而言，这尊释迦牟尼大佛以其独特的造型和深刻的宗教象征意义，继续引导着信徒们在修行与冥想中寻求内心的平和与智慧。主佛的背部装饰着舟形的火焰纹背光，仿佛主佛在神圣的光辉中腾飞。背光分为四层，每层之间用精致的连珠纹饰巧妙隔开，犹如层层叠叠的光环，散发出温暖而神秘的光芒。每层的内外侧环绕着缠枝纹饰，宛如细细的藤蔓在佛光的映衬下生机盎然，体现出生命的延续与和谐。缠枝纹的外侧则是一圈连枝纹饰，轻盈而灵动，似乎在诉说着宇宙的无穷变化。而在这些精美的装饰之外，更有壮丽的云龙纹，龙形蜿蜒盘旋，栩栩如生，仿佛在空中翻腾，气势磅礴，颇具威严。这种将石刻与绘画造型完美结合的艺术手法，展现出极其强烈的视觉效果，令人震撼不已，仿佛置身于一个充满神秘与力量的宗教世界，感受到无尽的灵性与庄严。

两侧矗立着两尊菩萨，尽管他们遭受了严重的毁坏，仅存躯干和腿部，但依然散发着迷人的艺术魅力。其中，左侧的菩萨保存较好，尽管头部和手部残缺不全，但她的身姿依然优雅动人。菩萨的上身微微前倾，袒胸而立，宛如在向信徒传递着无尽的慈悲与智慧。璎珞项环轻盈地装饰着她的颈部，单条璎珞斜挎胸前，帔帛自然下垂，搭于左右手，仿佛在诉说着她的高贵与典雅。左脚踮起脚尖，轻盈地着地，整个身体的重心稳稳地放在右腿上，这种精妙的造型与动作达到了形神兼备的艺术境界。菩萨的姿态展现了动态之美，呈现出生命的活力，给人一种既真实又灵动的感觉。响堂山石窟早期的菩萨雕像，雕刻得极具真实感，流畅的曲线与优雅的动态打破了北魏时期传统的直立僵硬风格，使佛教人物更趋向于写实与生活化。这些菩萨形象不仅展现出女性的优美与亲和力，更是对人性关怀的深刻表达。这种艺术风格的变革，直接影响了中国隋、唐以后的造像风格，开启了唐代"浓艳丰满""细腰斜躯三道弯"的风格先河，标志着佛教艺术在表现手法上的一次重要飞跃，赋予了宗教人物更为生动的生命力与更浓厚的情感。菩萨的形象在这一过程中，不仅成了信仰的象征，更成为人们的心灵寄托，令人心生向往。

释迦洞位于北响堂石窟区的中心，呈现出一种典雅庄重的建筑形式，采用平面结构，前廊与后室相结合，构成一个中心方柱式的塔庙窟。这种设计不仅突出了空间的层次感，还增强了宗教氛围。窟内正面开龛，左右壁及后壁则保持简洁，没有开龛，形成了一种和谐的整体布局，四周环绕的甬道为信徒提供了一个冥想与朝圣的空间。前廊采用四柱开间样式，四根6米高的束腰八棱莲柱直通窟檐下部，展现出一种宏伟的气势。门柱两侧雕刻的羽狮，威武庄严，象征着佛教的护法精神，增强了整个石窟的威严感。柱头装饰的火焰宝珠与束莲相结合，既体现了佛教文化的象征意义，也展示了高超的雕刻技艺。每一个柱面的缠枝纹饰，细腻而富有动感，赋予了柱子以生机与灵动。在释迦洞的中心方柱正面大龛内雕刻的造像是整个石窟的艺术核心。龛内凿有一佛、二弟子及二菩萨共五尊像，主尊释迦牟尼佛半跏趺坐于束腰莲座之上，姿态端庄。佛手施无畏印、与愿印，传达出慈悲与智慧的双重意义。其身上覆搭的双肩式大衣，衣纹刻线细致且富有层次感，展现了佛教艺术对服饰细节的重视。佛身宽大，略显扁平，体现了北魏时期对佛教形象的理想化追求，强调了佛的神圣与庄严。整体而言，释迦洞的建筑和雕刻不仅是宗教信仰的体现，更是艺术与文化交融的结果，展现了佛教艺术在空间布局、雕刻技法及象征意义上的高度发展。通过对这些细节的分析，也可以看出释迦洞在佛教艺术史上的重要地位，以及其对后世艺术风格的深远影响。石窟门外两侧各有一尊胁侍菩萨。菩萨双足稳稳立于莲台之上，仿佛在一片宁静的莲花海洋中轻盈绽放。她袒胸而立，展现出一种自然的优雅，周身缠绕着璀璨的璎珞，散发着温柔的光辉。颈间佩戴着精致的项圈，轻巧的花坠在裙摆间摇曳，增添了几分灵动与妩媚。双腿微微屈起，裹体的长裙紧贴肌肤，宛如水波轻柔地环绕着她的身姿，展现出"曹衣出水"的生动意境。菩萨的身形圆润丰硕，展现出典型的"北齐样式"，恰似春日里盛开的花朵，充满了生命的活力与美感。她的动态优美，仿佛随时都能轻盈起舞，雕刻手法更是真实自然，将每一处细节都表现得淋漓尽致。这种艺术表现手法不仅传递了宗教的深邃内涵，更让人感受到一种无与伦比的视觉盛宴，带来心灵的震撼。

刻经洞位于北响堂石窟的最南端，又名南洞，是北响堂南区的代表洞窟，分为内外两室。内室三壁开三帷幕帐形龛，窟顶以莲花藻井浮雕装饰，主尊造像为三世佛。前室前壁为拱门，窟外有仿木构屋檐，顶部为覆钵塔样式。刻经洞的洞窟形制与大佛洞、释迦洞有明显的不同。刻经洞是典型的塔形，整体与印度的覆钵塔极为相似。内部是三龛三壁式，塑有七身像，石窟顶部雕有莲花，石窟前廊部分是封闭式的，窟门两侧有力士像，其余的壁面刻满佛经。后室前壁拱门两侧刻有《无量义经·德行品》，刻经洞前壁廊内刻有姚秦鸠摩罗什译的《维摩诘所说经》。刻经洞窟外两侧刻满经文，风化严重不能辨认。刻经洞的前廊左侧壁和角廊上刻有《无量寿经优波提舍愿生偈》和北魏菩提流支翻译的《佛说佛名经》。刻经洞南侧的大业洞内，刻有《佛说决定毗尼经》中的七佛和观音名号。在北响堂石窟半山腰，刻有《大般涅槃经》和《狮子吼菩萨品》。两尊力士雕像耸立于窟门左右两侧的尖拱圆楣龛内，雕像高2.2米，高大威猛，神采威严。其头后环绕着璀璨的圆形宝光，宝缯高高飘扬，仿佛在为其神圣的存在添上光辉与荣耀。雕像的脸部肌肉线条分明，阔鼻和宽额展现出一种刚毅与坚定，颈间佩戴的项圈更是增添了一丝尊贵的气息。上身赤裸，强健的肌肉在光影中显得格外饱满，帔帛从双肩垂下，交叉于腹间，流露出一种自然的力量感。下身则是紧贴身体的长裙，双足稳稳立于莲花座之上，硕大的双足展现出强健的筋骨，仿佛每一步都蕴含着无穷的力量与坚定的决心。

这一切共同构成了威武雄壮的男性美，彰显出一种不可动摇的气魄与力量，仿佛在向世人宣告着无上的威严与神圣的使命。每一个细节都在诉说着阳刚之气，令观者不禁为之震撼与敬仰。

北响堂第7窟为覆钵式塔形窟，它的主要特征是将洞窟的外壁凿成仿木构建筑形式，窟顶的上部为覆钵式，由柱、枋、拱、瓦陇等建筑部件共同组成窟廊和窟檐。其属于第一期开凿的石窟，即响堂山石窟最早开凿的时期，也是塔形窟的草创时期，代表窟有北洞和中洞。早期的塔形窟在外观上没有复杂的变化，覆钵塔与下层塔身之间没有柱子、斗拱等构件。北洞为高欢的陵墓，要建供养人像来为其歌功颂德。匠人们用写意的表现手法极富创造性地在石窟的外壁上部雕出了覆钵丘，用来显示塔的形象和意义，从而形成了塔形窟的功能形式。

南响堂第7窟千佛洞作为响堂山石窟中保存最完好、雕刻最精美的艺术瑰宝，展现了丰富的图像学特征。其位于南响堂石窟的上层右侧，属于第二期开凿的石窟，与北响堂的刻经洞在外形和内部布局上具有显著的相似性。千佛洞的外立面采用方木构建筑的瓦陇，顶部呈现出覆钵丘和摩尼宝珠等元素，形成独特的塔形窟。其方形穹隆顶上，莲花藻井的设计不仅增添了空间的层次感，还象征着佛教的纯洁与庄严。飞天八身的雕刻，生动地体现了佛教文化中的动态美，正壁和侧壁的基坛上开凿的神王像，彰显了宗教信仰的权威性与神圣性。正面墙壁的佛龛内，主尊释迦牟尼佛坐于束腰仰俯莲座之上，体魄强健丰硕，身后火焰纹的背光则象征着智慧与光明。两侧弟子的身材圆润，袈裟贴体下垂，展现出"曹衣出水"的动感，体现了北齐时期工匠的高超技艺。侧龛内的菩萨雕像，衣饰雕刻流畅而精美，反映出北齐雕刻技法的熟练与成熟。左侧的主佛阿弥陀佛以跏趺坐式呈现，身着双领下垂袈裟，周围飞天伎乐的造型优美，乐器如箜篌、竹笙、五弦琴、横笛等的细致雕刻，展现了和谐的音乐氛围与生机勃勃的场景。这些飞天伎乐的形象，仿佛将观者带入一个灵动与充满诗意的宗教境界。千佛洞不仅是一处宗教场所，更是一幅生动的艺术画卷，展现了古代工匠的智慧与佛教信仰的深邃。

南响堂石窟的第2、4、5、6窟是一组大型的楼阁式塔形窟。楼阁式塔形窟由上下两层窟构成。其形状与楼阁相同，共有两组且并列在一起，上层相通，下层由石阶梯隔开。代表洞窟为般若洞、阿弥陀洞、释迦洞（拱门洞）和力士洞四个洞窟。释迦洞和般若洞上下对称分布，阿弥陀洞跟力士洞左右分布。南响堂的这四座石窟中释迦洞为小型洞窟，其他为大窟。四窟组成楼阁式的塔形窟主体，但每座石窟在内容和形式上又有不同的地方。般若洞位于南响堂石窟下层的右侧，主窟深6.5米，宽6.36米，高4.52米。石窟基本为方形平顶，石窟的正面大龛内有一佛二弟子二菩萨像。

南响堂刻经主要集中于华严洞、般若洞和阿弥陀洞。南响堂石窟的刻经相比北响堂石窟的刻经要保存得相对完整。华严洞是中心方柱式的塔形窟，其后壁刻有东晋佛陀跋陀罗翻译的《大方广佛华严经》，其右壁及前壁刻有东晋《大方广佛华严经》。般若洞门左侧刻有《文殊师利所说摩诃般若波罗蜜经》，前壁右侧刻《般若波罗蜜多心经》，般若洞也是由此而得名的，后壁甬道刻有《摩诃般若波罗蜜经》。阿弥陀洞刻经自右向左三面石壁刻《妙法莲华经·观世音菩萨普门品第二十五》。释迦洞石窟的雕刻精美丰富，整个石窟刻满浮雕莲花，上下呼应，使得整个洞窟显得金贵富丽。

刻经洞中的《唐邕刻经碑》对于响堂山刻经具有详细的记载。碑中记载："晋昌郡开国公唐邕……眷言法宝，是所归依，以为缣缃有坏，简策非久，金牒难求，皮纸易灭，于是发七处之印，开七宝之函，访莲花之书，命银钩之迹，一音所说，尽勒名山。于鼓山石窟之所写《维摩诘经》一部、《胜鬘经》一部、《孛经》一部、《弥勒成佛经》一部。起天统四年（568年）三月一日，尽武平三年（572年）岁次壬辰五月二十八日……山从水火，此方无坏。"响堂山石窟的刻经内容丰富且基本保存完整，其以写经体隶书为主要书法体，以楷书写隶间，以篆书意象，用笔方圆兼顾，无较大起伏。撇捺的重按之笔法意含克制蕴藉，笔势稳健，其笔画粗细适当，统一和谐，是楷、隶、篆相融合的典范，体现了北齐时期书法艺术的独特风格。书法不仅是文字的表达，更是佛教传播的重要工具。在南北朝时期，佛教经文的翻译和书写主要采用隶书，这种书体的使用不仅反映了当时的文化背景，也标志着书法艺术的演变。隶书作为一种古老的汉字书法形式，在南北朝时期逐渐发展出艺术性和实用性的特征。其笔画简洁，结构规范，适合于刻经的形式，因而成为佛教经典传播的重要载体。书法的灵秀美感与中和方正在这一时期得到了完美结合，形成了一种崇高的文化象征。北齐的隶书写经体，基于汉隶的书法体系，同时吸收了南北书派的楷书体式，展现出一种富有灵气、隽秀、独特的书法风格。这种风格不仅在字体结构上体现出严谨与和谐，更在笔画的运用上展现了灵动与力量。隶书的横平竖直与楷书的圆润流畅相结合，使得刻经作品在视觉上既有传统的厚重感，又不失时代的生机。响堂山石窟的刻经不仅是宗教信仰的体现，更是书法艺术发展的重要里程碑。它展示了隶书在历史进程中的演变与创新，反映了文化交流与融合的深刻内涵。清代的学者康有为在《广艺舟双楫》一书中说，"南北朝之碑，无体不备。唐人名家，皆从此出，得其本矣"，体现了北碑的魅力。响堂山石窟北朝刻经，刀法洗练精熟，自古以来备受人们的推崇，为我国北朝碑帖杰作，具有极高的书法艺术水准和格调。

响堂山石窟的石刻造像艺术在风格上展现出一种全新的面貌。这一变革反映了艺术发展的动态特性，表明艺术风格随着历史背景和文化交流的变化而不断演变。通过对北魏风格的吸收与改造，响堂山石窟形成了独特的艺术语言，充分体现了时代的特征。造像风格从"细腰宽肩、秀骨清像"到"面型圆润、造型健壮"的转变，反映了艺术家对人体美的理解与表现的变化。这种变化不仅是审美观念的演变，更体现了艺术家对形体结构的深入研究与探索。丰满的形态和健硕的肌肉，契合了当时社会对英雄主义和力量的崇尚。这种艺术风格的转变，表明了对人类形体的重新认识，强调了力量与动态美的结合，展现了艺术家对自然法则的尊重和对生命力的赞美。响堂山石窟的雕刻作品，不仅是宗教信仰的表达，更是对人体美的深刻探索和对时代精神的生动诠释。

响堂山石窟在雕刻技法上，既继承了北魏的直平刀法，又引入了圆刀法，这种技法的创新使得造像的服饰和肌体更加真实，也体现了艺术创作中对材料和技术的灵活运用，通过不同刀法的交替运用，增强了作品的表现力和生命力。

在艺术原理的视角下，这种技法创新不仅是对传统技法的延续，更是对艺术表现形式的探索与突破。直平刀法的使用强调了线条的清晰与轮廓的分明，而圆刀法则为造像带来了柔和的曲线与层次感，使得雕刻作品更具生动性和立体感。这种技法上的多样性，使得每一件作品都能够在细节上展现出丰富的情感与动感。此外，响堂山石窟的多样化造像题材和富有个性的表现，展现了北方少数民族的淳朴性格和文化特征。通过对这些造像的细致雕刻，艺术家不仅传达了宗教情感，还表达了对人类精神世界的深刻思考。这些造像不仅是艺术作品，更是历史与文化的载体，展现了当时社会对信仰的崇敬与对文化认同的追求。整体而言，响堂山石窟的艺术成就，不仅在于其技法的创新，更在于其具有深刻的文化内涵。响堂山石窟成功地将外来佛教艺术形式与中国传统艺术相融合，体现了文化交流的重要性。

艺术的融合不仅丰富了表现形式，也使作品更具时代感和地域特征，反映了中国传统文化的包容性。响堂山石窟造像作为北齐时期雕刻艺术水平最高的作品，为后来的隋唐佛教造像奠定了基础，开启了新的艺术高峰。这一历史背景强调了艺术发展的连续性与相互影响，展示了不同历史阶段的艺术传承与创新。其艺术作品不仅具有独特性，同时揭示了更广泛的文化与历史背景，体现了艺术在时代变迁中的重要角色。

第五节　宋代观音的艺术风格

千手观音造像的佛教仪轨主要有四种，两种出自唐智通所译的《千眼千臂观世音菩萨陀罗尼神咒经》，另两种出自唐伽梵达摩所译的《千手千眼观世音菩萨广大圆满无碍大悲心陀罗尼经》。前者所说的千手观音造型要面具三眼，体具千臂，掌中各有一眼。日本弘法大师空海的《秘藏记》讲："千手千眼观世音具二十七面，有千手千眼，黄金色。"中国建筑家梁思成先生在《中国雕塑史》中讲："自唐末兵燹之后，继以五代，中国不宁者百年，文物日下。赵宋一统，元气稍复，艺术亦渐有生气。此时代造像，就形制言，或仿隋唐，或自寻新路，其年代颇难鉴别，学者研究尚未有绝对区分之特征。要之大体似唐像，面容多呆板无灵性之表现，衣褶则流畅，乃至飞舞。身杆亦死板，少解剖之观察。就材料言，除少数之窟崖外，其他单像多用泥塑木雕，金像则铜像以外尚有铁像铸造，而唐代盛行之塑壁至此犹盛。普通石像亦有，然不如李唐之多矣。近来木像之运于欧美者甚多，然在美术上殆不得称品。其中有特殊一种，最堪注意。此种为数甚多，皆观音像，一足下垂，一足上踞，一臂下垂，一臂倚踞足膝上，称Maharajalina姿势。其中最大者在费城彭省大学美术馆，其形态最庄严。波士顿美术馆所藏者则较迟。其姿势较活动，首稍偏转，左肩微耸，上身微弯，衣饰华美。与费城像比较，则可见其区别矣。其中一尊有金大定年号，而此诸像，形制多类似；亦俱得自燕冀北部，殆皆此时代之物欤。至于菩萨木立像，率多呆板，不足引起兴趣，亦缺美术价值，不足为宋代雕刻之上品也。然就偶像学论，则宋代最受信仰者观音，其姿态益活动秀丽；竟由象征之偶像，变为和蔼可亲之人类。且性别亦变为女，女性美遂成观音特征之一矣。"[1] 观音造像静穆深沉，其姿态亦温婉秀丽，闲适庄重，由象征之偶像

---

[1] 梁思成. 中国雕塑史 [M]. 北京：生活・读书・新知三联书店，2011：151.

变为和蔼可亲之人类，且性格愈趋女性化。

观音宝冠的本土化元素来自宋代皇后凤冠，我们在北京明定陵出土的孝靖皇后点翠镶宝十二龙九凤冠、三龙二凤冠与孝端皇后的九龙九凤冠、六龙三凤冠中寻找到两者在艺术元素上类似的蛛丝马迹。当代工笔画家、中国美术学院教师王依雅的"繁空录"系列作品是对宋代女性凤冠装饰之美的再现和再创造，以凤冠图像表达当代女性主义的思想观念。《隋书·礼仪志》载，皇后、皇太后、三妃、美人、才人、皇太子妃，首服俱有"二博鬓"，之后博鬓的使用便为历代相沿。明代建文刻本《皇明典礼》"妆奁"之"首饰冠服"一项有"珠翠九翟博鬓冠"，又有"金掩鬓一对"。"博鬓"为冠饰，置于头顶；"掩鬓"为发饰，置于耳朵后侧。宋代观音宝冠便是冠饰和发饰的结合体。在宋代观音造像中，我们可以感受到女性的世俗气质在崇高的神圣性中溢出，体现出宋代佛教造像的审美追求，即既有少女的妩媚，又具女神的高贵。神圣和世俗两者兼备，将现实主义和浪漫主义的手法表现得淋漓尽致。

唐代诗僧皎然的《观音赞》以"慈为雨兮惠为风，洒芳襟兮袭轻佩"描绘了观音的美丽与华贵，南宋的甄龙友则以"巧笑倩兮，美目盼兮"来形容观音的魅力，寿涯禅师也以"窈窕风姿都没赛"赞美观音的优雅。观音的形象逐渐演变成一位身材窈窕、眉目传情的美女，展现了佛教艺术与民间艺术的深度融合。在这一背景下，宋代观音造像吸收了大量民间装饰工艺的元素，超越了传统宗教雕塑的成分，使地方特色与时代风格完美结合。如麦积山石窟第165窟南宋的泥塑观音立像，她头顶方巾，柳叶般的眉毛轻盈如风，丹凤眼微微闭合，透出一丝俏丽与灵动。柔和的鼻梁与樱桃小口相互映衬，鸭蛋般的脸型上挂着温柔的微笑，修长的脖颈宛如白莲般优雅。两肩柔和，衣襟袒露，身着民间服饰，内穿小衣，外披长衫，亭亭玉立。十指纤细，双手重叠于股前，恰如其分地作禅定印，仿佛在倾听内心的声音。她的衣纹简洁流畅，衣褶凹凸分明，体躯比例匀称，体态婀娜动人，容貌端庄秀美，身体随意舒展，神态生动真实，流露出慈悲与祥和的神情。即便胸部平坦如童胸，却丝毫不显男性特征，反而散发出一种独特的魅力。这整尊造像充满了世俗的趣味，失去了宗教的神圣与崇高，却在现实个性与时代风格的交融中，展现出宋代的简约之风。人间美丽的青年女子，成为佛教造像的标本，令人心生向往与敬仰。

宋代观音造像如同一颗璀璨的明珠，在艺术的天空中闪耀着独特的光辉。它不仅仅是对女性形象的简单模仿，更是一种触及灵魂深处的再创造，展现了理想化、神灵化和象征化的美学追求。这些造像如同一扇扇窗，透视出中国人民对观音形象的崇敬与向往。随着佛教历史的变迁，艺术家们巧妙地将时代的审美需求融入其中，创造出富有本土特色的艺术作品。在这一过程中，雕塑的价值并非仅在于表面的繁复工艺，更在于其对地域文化的深刻表达。宋代艺术家们通过他们的作品，自然而然地展现出地方魅力，尽管他们未必意识到这一点，但每一尊雕像都似乎在低语，诉说着那片土地的故事。同时，宗教艺术也渗透着艺术家的个人趣味，观音像不仅传递着宗教教义，更倡导着女性应追求贤淑与端庄。观音形象的再创造，伴随着丰富的视觉变化，逐步引导观者进入一种肃穆而神秘的心境。形体的延伸与重复，仿佛在奏响一曲韵律之歌，让人感受到不同形体之间的微妙关联。观音那慈悲的心在艺术中得以深刻展现，令人心生温暖。更重要的是，宋代艺术家的心态与艺术心理经历了翻天覆地的变化，从神性向人性转变，以人为本的世俗化风格逐渐成形。在这一背景下，观音的神情表现愈加细腻，眼神的变化从闭目到半闭目，目光不再深邃遥远，而是与观众的视线交汇，拉近了人、神之间的距离，带来一种温暖的亲切感。

在线条造型上，圆觉洞的摩崖造像以流畅的曲线展现出佛像的优美身姿，衣纹的走向与转动生动地描绘出观音的丰腴之美，细腻的线条让观音更加慈爱可亲。石材的细腻与刀法的灵活运用，使得雕刻的表现形式丰富多彩，既有粗犷的气势，又有细腻的柔美。构图上，圆觉洞将三位神明分龛而立，侧身姿态拉近了与观众的距离，主体人物在视觉上既雄壮又优雅。进入石刻区域，观众首先被手提净瓶的观音所吸引，细看之下，精致的雕刻工艺与华丽的纹饰仿佛在诉说着悠久的历史与厚重的文化。安岳石窟的观音造像既具地方特色，又体现了中国艺术的精神，既形神兼备，又气韵生动。艺术家们在创作中吸收了北宋文人画的审美理念，注重细腻的人物刻画与情感表达。总之，宋代观音造像是多种因素交织而成的艺术奇观。

"如果形式解决的是雕塑的语言问题，它感兴趣的是雕塑的造型方式、材料、手段等方面的话，那么或许本土化问题，解决的是一个心理学的问题，它骨子眼里实际是关于雕塑的精神归属的问题。"[1] 观世音，观自在，就是让观众体会自在自得，人与神之间的关系由此和谐起来。美国辛辛那提艺术博物馆所藏的观音菩萨木雕像，头部微微向下向左偏转，面部表情轻松，就像在与谁逗笑。藏于日本京都国立博物馆的观音木雕坐像，也是面带微笑，双眼半开，内心似有抑制不住的喜悦。地域特征决定艺术风格。南宋以大足石刻为代表的雕塑把世俗化的风格推到经典的程度，使之成为中国佛教雕塑美学风格转型的典型性的代表，其风格影响至今。这些作品中没有艺术家的架子，

---

[1] 王林. 雕塑艺术论：王林论雕塑 [M]. 重庆：重庆大学出版社，2018：3.

没有知识分子的深沉，只有鲜活的"川味"，浸润着民间艺术家的智慧，印证了人们对于这个地域的直接感受。宋代观音的坐姿变化增多，出现跏趺式、游戏坐式、安逸式等，如重庆大足北山佛湾第113龛的水月观音游戏坐式，就体现了平民百姓休闲娱乐的一面。观者与佛像不再处在紧张的对立之中，而是平等交流，处于融洽的氛围当中。观众更多的是得到审美愉悦，而非崇敬的宗教情绪，这是宋代观音雕像的普遍情状。

在宋代艺术的浪潮中，艺术家们对民间趣味的表达如同一股清泉，滋润着普通百姓的生活。作品中蕴含着浓厚的民间色彩，生动地展现了人们熟悉的日常场景与普通人的形象。刀法粗犷而大气，却又准确传神，仿佛是中国画中的写意手法。艺术家们在不经意之间，挥动大斧，将人物的姿态与韵味表现得淋漓尽致，令人叹为观止。随着风格的演变，宋朝的观音造像逐渐失去了唐朝那种恢宏的气势，取而代之的是一种浓郁的民间风情。大足观音像周身佩饰着珠宝，服饰繁复而华丽，仿佛在诉说着一个个动人的故事。大足石窟北山第136窟的白衣观音石雕，人物姿态舒展，头上装饰着璀璨的珠宝，衣袖上刻满了花纹，从胸到脚的衣服缀满了璎珞与珠玉，所选的花卉图案更是民间广为流行的纹饰。同样，北山第136窟的数珠手观音，头、脚、肩、袖，无处不加以珠玉环佩的修饰，令人目不暇接。这些细腻的装饰反映出宋代对普通母性美的审美追求，展现了对女性形象的亲近与尊重。宋朝观音造像的审美突变，可以清晰地看到神性与贵族气息逐渐被削弱与淡化，取而代之的是一种更具亲和力与更人性化的审美倾向。这种转变不仅使观音的形象更加贴近普通百姓的生活，也让观众在观赏中感受到温暖，产生共鸣，展现了平民性与人性化的美学特征。

在宋代的文化氛围中，文人趣味渗透到社会的各个角落，审美风尚与现实生活的喜怒哀乐紧密相连，人性化的审美感受在宗教艺术中得到了充分体现。这一时期，"西方三圣"的气质展现出清丽典雅、内敛温婉的特征，成为古典雕塑的典范。艺术家们为了表现形体的生命感，以有生命的肉体作为表现对象，这种方法不仅能激发艺术家的创造激情，也使得生硬的石材与肉感的生命之间产生了深刻的对话。"雕塑作品始终是一定质材构成的实体。实在体积作为可视可触的对象，是雕塑艺术语言中最基本的要素。这并不排斥实体的凹进、间隔、断裂和圈定所形成的空洞。更确切地说，雕塑是借助实体占有空间的艺术，不论是凸出的实体或是凹进的实体，抑或是纳入实体构成的空洞，都是雕塑的形体语言。对米开朗琪罗来说，雕塑是装入麻袋的马铃薯，是结实的从高山滚下来也不会摔碎的实体结构。而对贾柯梅蒂来说，'雕塑始终不是结实的物质，而是一种镂空的结构'。"[1] 总之，宋代观音造像的艺术成就体现了文化的多元与融合，既反映了文人对美的追求，也展示了民间艺术的活力，为宗教艺术带来了新的生机与视角。

第六节　敦煌密宗造像

密教形成于公元 2 世纪，是佛教的一个分支，发源于印度东部，经尼泊尔进入中国，在青藏高原西藏地区形成藏传密教后，发展到中原地区形成汉传密教。

佛教传入中原的同时，密宗经典也被陆续翻译，梁朝时期译出的《牟梨曼陀罗咒经》已有作坛法、画像法的记述，北周时译出《十一面观世音神咒并功能经》，隋朝时译出《大法炬陀

---

[1] 王林. 雕塑艺术论：王林论雕塑 [M]. 重庆：重庆大学出版社，2018：3.

罗尼经》《大威德陀罗尼经》《不空绢索观世音心咒经》《金刚场陀罗尼经》等密典。这些翻译工作都由西域高僧主持完成。

《宋高僧传》卷三《译经篇》中记载的"智通"被认为是文献记载汉僧译经第一人："释智通，姓赵氏，本陕州安邑人也，隋大业中出家受具，后隶名总持寺。律行精明，经论该博。自幼挺秀，即有游方之志，因往洛京翻经馆学梵书并语，晓然明解。属贞观中，有北天竺僧赍到千臂千眼经梵本，太宗敕搜天下僧中学解者充翻经馆缀文、笔受、证义等。通应其选，与梵僧对译，成二卷，天皇永徽四年，复于本寺出千啭陀罗尼观世音菩萨咒一卷、观自在菩萨随心咒一卷、清净观世音菩萨陀罗尼一卷，共四部五卷。通善其梵字，复究华言，敌对相翻，时皆推伏。又云行瑜伽秘密教，大有感通。后不知所终。"

唐玄宗时，印度译经大师如阿地瞿多（无极高）、善无畏、金刚智和不空等相继入唐，大力弘扬密教，译经《陀罗尼集经》、《大毗卢遮那成佛神变加持经》（《大日经》）、《大日经疏》二十卷，《金刚顶经》三卷。敦煌藏经洞出土密教经典有《大方等陀罗尼经》《杂咒经》《诸尊陀罗尼经》等。公元753至754年，密教大师不空在河西一带弘法、译经，河西密教得到发展。五代、宋初密教经典种类愈加繁多，发展迅速。然而，随着更神秘、更深奥，因而具有更大吸引力的藏传密教于西夏中、晚期传播于瓜、沙二州后，汉传密教也就逐渐衰败。而藏传密教则由于西夏和蒙元皇室的扶持，获得了长足的发展，为宋元藏传密教的兴盛奠定基础。

敦煌密教石窟可分为三期：隋代、初唐和盛唐时期为汉传密教的初创期；中唐、晚唐、五代、北宋初期为汉传密教的鼎盛期；西夏和元代，藏传密教异军突起，达到鼎盛阶段。密教遗迹中的主要内容题材有：大日如来、四方佛、千手千眼观世音菩萨、多臂菩萨、十一面观音、水月观音、千臂千钵文殊菩萨、普贤、如意轮观自在菩萨、不空绢索观自在菩萨、四大天王、曼荼罗和经变画等。其中绘制最多的是千手千眼观世音菩萨，在37个洞窟中绘出40多幅。元代第3窟千手千眼观音、东千佛洞第2窟金刚萨埵菩萨曼荼罗是象征密教的修法坛城。

曼荼罗（梵文 Mandala，亦译作曼陀罗），原指密教在修"秘法"时，为了防止"魔众"的侵入，在修法处画一圆圈，或建立方形、圆形的土坛，上面供奉佛或菩萨，即为密教所特有的曼荼罗。密教最重要的两部大曼荼罗，是被称为"金胎两部"的金刚界曼荼罗和胎藏界曼荼罗。据《金刚顶经》把金刚界用图绘表示，称为金刚界曼荼罗。金刚界曼荼罗由九个小曼荼罗组成，故又称九会曼荼罗。胎藏界曼荼罗是据《大日经》将胎藏界以图绘表示，由十二院组成。

考古学家彭金章在《神秘的密教》一书中附表"敦煌石窟密教遗迹统计表"[1]，对敦煌密教洞窟有详细罗列，可知五代时期密教石窟无论是在内容上还是种类上数量都较多。

敦煌第285窟西壁绘画被认为是敦煌最早的一组密教图像。该窟始建于西魏大统四年，即公元538年，在唐代和元代经历了多次重修，现存的佛坛台为元代所建，呈方形。西壁的大龛外壁上绘制了诸天及外道的形象，南侧描绘了日天及其眷属，北侧则展现了月天及其随侍，以及摩醯首罗天，形象为三头六臂，骑乘牛只，手中托举日月，持有铃铛，抓握箭矢。同时，鸠摩罗天童子的形象也赫然在目，蠡髻，无冠，四臂分别手持戟、莲蕾、鸡，骑乘在孔雀上。那罗延天则以三头八臂的姿态坐于地面，手中托举着日月，持有法轮和法螺贝。帝释天则展现出

---

[1] 彭金章. 神秘的密教 [M]. 上海：华东师范大学出版社，2010：附录2.

三只眼睛，头戴宝冠，交脚而坐。两侧下部绘有四大天王，分别是持国天王、增长天王、广目天王和多闻天王。（注：日天及眷属、月天及眷属、摩醯首罗天、鸠摩罗天、那罗延天、帝释天、四大天王等形象原为印度教神，在佛教中为护法神形象，象征幻化众生，法力无边。）南龛的南侧描绘了婆薮仙，其形象幻化为一位枯瘦如柴的白发老翁，右手握着一只小鸟。整个西壁生动地表现了诸天护持、闻法安禅以及密教大日如来佛说法的庄严场面。此窟南北壁绘有唐代壁画《不空绢索观音经变》与《如意轮观音经变》。

盛唐第148窟又称"卧佛窟"，有莫高窟第二大涅槃像，身长18米。洞窟平面呈长方形，窟顶为纵券顶。前室立石碑《大唐陇西李府君修功德碑》（大历十一年，776年），该窟又称"李家窟"。据考证，碑文撰写者为周鼎。该窟建于盛唐，为陇西望族李大宾所建，碑文记："时有住信士朝散大夫郑王府咨议参军陇西李大宾……遂千金贸工，百堵兴役。奋锤耸壑，楬石耻山。素涅槃像一铺，如意轮、不空绢索菩萨各一铺，画报恩、天请问、普贤菩萨、文殊师利菩萨、东方药师、西方净土、千手千眼观世音菩萨、弥勒上生下生、如意轮、不空绢索等变各一铺，贤劫千佛一千躯。"李氏是敦煌的一个世家大族，在莫高窟修建窟龛的有李怀让、凉州司马李明振、沙州刺史李弘愿、瓜州刺史李宏定、甘州刺史李弘谏等。

该窟的西面正壁上雕刻着一尊"佛涅槃像"，呈现出佛陀安详侧卧的姿态，象征着圆满与解脱，体现了佛教对涅槃境界的深刻理解。围绕佛陀的壁画则生动地展现了大型连环故事画《涅槃经变画》，依据佛经《大般涅槃经》，通过"出殡、焚棺、分舍利、起塔供养"等十组内容，共66个情节，讲述了释迦牟尼生前的种种事迹。这组壁画高约2.5米，长达23米，描绘了500多个人物与动物，配有66条墨书榜题，堪称敦煌壁画中规模最大的一幅涅槃经变画，充分展示了佛教故事的叙事性和象征性。在甬道的顶端，绘制着大型经变画《报恩经变》，通过"恶友与孝友"的对比，探讨了因果关系与道德伦理，反映了佛教对人际关系和社会责任的重视。北壁龛的上方则是大型的《天请问经变》，展现了天人对佛法的渴求，强调了信仰与智慧的结合。东侧描绘的普贤菩萨则象征着大乘佛教普度众生之愿，南壁龛外的文殊菩萨则体现了智慧的光辉，强调了知识与觉悟的重要性。东壁门北侧绘有大型《东方药师经变》，讲述了药师佛的慈悲与疗愈，体现了佛教对生死轮回的深刻理解。门南侧的《观无量寿经变》则展现了对西方极乐世界的向往，表现了信仰的力量与希望。窟门上方的《千手千眼观音变》则象征着观音菩萨的无量慈悲与救赎能力，而南壁龛上方的《弥勒经变》则预示着未来的佛陀降临，传达了对未来的希望。整个窟顶布满了千佛，形成了一个震撼人心的画面，象征着佛教的普遍性与包容性。这些画作华丽精致，色调以青绿和赭红为主，对比鲜明，给人一种强烈的视觉冲击力。其节奏感强烈，富有跳跃的动感，体现了艺术家对空间和时间的巧妙把握。内容细节繁复，建筑构图复杂，背景的山水透视关系处理得相当成熟。这些作品不仅展现了工匠的高超技艺，更是密宗石窟艺术的杰出代表，蕴含着深厚的文化与宗教价值，反映了佛教思想的深邃与丰富。通过这些壁画，观者不仅能够感受到艺术的美感，还能深入理解佛教教义与哲学，产生一种超越时空的精神共鸣。

中唐榆林窟第25窟的主室西壁门两侧为《文殊变》及《普贤变》。南壁为《观无量寿经变》。东壁为"八大菩萨曼陀罗"。北壁为《弥勒变》。前室和甬道在五代时被重修、补绘。前室门南画毗琉璃天王，门北绘毗沙门天王。此外还有观世音、大势至及地藏菩萨。"八大菩萨曼陀罗"的布局是正中为头戴高髻宝冠、着菩萨装、作禅定印、坐于莲花方狮座上的毗卢遮那佛[1]，八大菩萨分列两侧，今仅存四身：文殊师利、弥勒、地藏、虚空藏。

毗卢遮那佛以菩萨形象呈现，整体造型体现了佛教艺术中的庄严与和谐。其宝冠巍峨，象征着智慧与权威，也增强了形象的神圣感，暗示着超越世俗的力量。项饰重环和曲发披肩的设计，展现出细腻的工艺与对美的追求，传达出一种富饶与尊贵的气息。佛像的注目内视，给人一种内省感，体现了佛教对内心修炼的重视，营造出一种静谧的氛围。双手重叠置于脐下，结跏趺坐于莲花座上，姿态优雅而稳重，象征着宁静与安详，体现了"静中有动"的美学理念。人体比例匀称，肌肉丰满，展示了密教佛像的特色，既符合古典美学对比例与和谐的追求，又表现出一种力量与生命的充盈感。这种身体的表现力与细节的刻画，反映了艺术家对人性与神性的深刻理解，形成了一种视觉与精神的双重享受。整体而言，这一形象不仅在形式上达到了美的极致，更在内涵上传达了密教的教义与哲学思想，成为艺术与宗教的完美结合体，体现了美学中"形神兼备"的理念。

晚唐莫高窟第14窟的艺术设计独具匠心，洞窟形制为前部覆斗顶，后部中心柱，这种结构在晚唐时期极为少见，体现了当时艺术家对空间与形式的创新探索。主室南北壁绘制了各类观音图像及《观音经变》，共8幅，展示了丰富的宗教内涵与艺术表现形式。

---

[1] 毗卢遮那佛：意译"光明遍照"，被密教视为"大日如来"，是佛教密宗至高无上的本尊，密宗所有佛和菩萨皆大日如来所出。在金刚界和胎藏界的两部曼荼罗中，大日如来都居于中央位置。他统率着全部佛和菩萨，是佛教密宗世界的根本佛。

南壁绘制金刚杵观音、十一面观音、不空绢索观音、千手千眼观音等形象,各具特色,构成了一个生动的观音世界。画面中心的交杵[1]象征着智慧与力量。四周绘制的四方佛像——东方香积世界的阿閦佛、南方欢喜世界的宝生佛、西方极乐世界的无量寿佛、北方莲花庄严世界的不空成就佛,形成了五方佛的和谐组合,寓意着宇宙的平衡与完整。北壁则呈现了金刚杵观音、《观音经变》、如意轮观音和千手千钵观音,姿态各异,或手执法器,或托腮沉思,或端坐凝想,展现了观音的多样性与深邃内涵。手姿奇巧、臂圆指柔,体现了艺术家对细节的极致追求。其形象既有健康秀美之感,又显俏丽妩媚的独特风格,彰显了观音菩萨的慈悲与智慧。

特别值得一提的是,千手托千钵者在莫高窟密宗造像中通常为文殊菩萨,而以千手托千钵、戴化佛冠的观音形象则较为少见。这种独特的表现形式不仅丰富了观音的象征意义,也反映了汉族传说中神话形象与密宗观音图像的交融,形成了新颖的艺术题材。

画面下方绘有大海,海水托起莲花,千手千钵观音稳坐莲上,体现出一种人景交融、出神入化的境界。海中生出的扶桑树,以及伏羲与女娲的交尾相缠,手托日月,增添了神话色彩,使得整个画面充满了生动的生命力与神秘感。南北两壁金刚杵观音所戴头冠以墨线勾勒,线条运用柔中见刚,规整而精细,展现出金线缕织的质感。白色素冠上镶嵌的绿宝石,彰显了菩萨华贵而庄重的气度,进一步强化了其神圣性。整窟壁画以黄、

---

[1] 交杵:又称羯摩杵,为金刚杵的一种,由金刚杵十字交叉组合而成。金刚杵是佛教的法器,原为古印度的兵器,后演变成为印度教雨神因陀罗的象征。在密教中表示坚利之智,具有斩断烦恼,降伏恶魔的神力。又是大日如来金刚智的象征,在密教有极重要的地位。

红、绿色为基调，犹如在热烈的氛围中注入了冷静的元素，形成了视觉与情感的强烈对比。总体而言，莫高窟第14窟通过多种密宗观音图像的集中绘制，展现了晚唐时期宗教艺术的丰富性与复杂性，为研究和理解汉传密宗提供了珍贵的参考。这些艺术作品带来视觉的享受，更是宗教信仰与文化传承的深刻体现，蕴含着丰富的精神内涵与历史意义。

在中唐时期莫高窟第144窟中，"千手千眼观音"在华丽的经变画中央，文殊菩萨以其庄严的形象矗立，头戴化佛冠，双手托着象征智慧的钵，周围环绕着多个同心圆，构成了一幅生动的宗教画卷。菩萨坐在双龙缠绕的须弥山顶的莲花座上，显得威严而宁静。莲花座下，释迦佛像隐约可见，仿佛在默默守护着这一切。眷属十六身（密教内四供养菩萨之金刚舞菩萨和金刚嬉菩萨、乘五马的日光菩萨、乘五鹅的月光菩萨、婆薮仙、功德天、忿怒尊、二龙王、二夜叉、象头的毗那夜迦、猪头的毗那勒迦、二供养菩萨等）围绕在文殊菩萨身旁，构成了一幅丰富多彩的密教画卷。右侧的金刚嬉菩萨与日光菩萨同样引人注目。金刚嬉菩萨两肘外张，双手握拳置于腰间，微微侧头，姿态中流露出一种调皮而坚定的气质。日光菩萨则双手合掌，乘坐在五匹卧马之上，马儿形象生动，仿佛随时准备奔腾而出，传达出一种生机勃勃的气息。金刚舞菩萨与月光菩萨在左侧翩翩起舞，金刚舞菩萨双手优雅地上下舞动，动作中蕴含着深厚的内劲，展现出一种柔中带刚的力量。月光菩萨则乘坐在五只鹅上，生动有趣，仿佛在轻盈地飞翔，给人一种活泼的感觉。整幅画作构图紧凑，画风细腻，细致的笔触和生动的表情让人仿佛置身于一个神秘而庄严的宗教境界。它不仅是中唐时期敦煌壁画的杰出代表，更体现了对智慧与丰饶的深刻追求，展现了人类对内心平和与真理的渴望。在这幅作品中，文殊菩萨与其眷属共同构成了一个充满生机与灵性的画面，传递出一种超越时空的智慧与慈悲。

西夏东千佛洞第5窟中有"绿度母"壁画。绿度母在藏传佛教中被视为慈悲与救助的象征，其形象不仅反映了宗教信仰的核心价值，还体现了历史文化的深厚底蕴。绿色代表着生命力、活力与自然的和谐，寓意着对众生的保护与救赎。作为"度母"，她的主要职能是帮助信徒渡过生死轮回的苦海，体现了佛教对解脱的追求。在不同的文化与社会背景下，绿度母的造像发展经历了不同的阶段，逐渐演变为一种重要的宗教符号。她通常被描绘为年轻美丽的女性形象，面容柔和、姿态优雅，展现了女性的温柔与力量。这种形象不仅符合佛教对女性慈悲特质的崇尚，也反映了历史对女性角色的重新认识。在视觉文化研究中，绿度母的造像通过细致的线条与丰富的装饰，展现了密教艺术的精细与复杂。她的手中常持有法器，如莲花和金刚杵，象征着智慧与慈悲的结合。她的姿势通常是"安乐坐"，一腿屈膝，另一腿下垂，表现出一种自在与从容的状态，传达出内心的宁静与坚定。色彩运用上，绿度母的绿色衣袍与金色或蓝色的背景形成鲜明对比，增强了视觉冲击力。色彩不仅具有装饰作用，还承载着深刻的宗教寓意。绿色象征着生命与再生，金色则代表着智慧与光明，二者的结合强调了度母的神圣性与超越性。这种视觉表达不仅吸引了信徒的注意，也促进了信徒对其宗教意义的理解，体现了艺术与信仰之间的深刻联系。

元代莫高窟第465窟是藏传密教最具代表性的洞窟，保留了丰富多彩的典型藏传密教壁画，根据藏传密教的经典和仪轨绘制。窟顶和四壁绘满壁画，四壁共绘制11幅长方形曼荼罗、多幅男女双身像，是敦煌地区首次出现的纯粹的藏传密教无上瑜伽密洞窟。有多身供养菩萨，持花菩萨的形象如同一位神圣的女神，头戴华丽的宝冠，璀璨的珠宝在阳光下熠熠生辉，耳垂上坠着圆环大耳珰，增添了几分庄重与优雅。她的身体裸露，短裙轻盈地束缚着腰肢，胸腹和手臂上佩戴着精致的链子、璎珞，手腕上还戴着华丽的玉镯和金钏，展现出一种无与伦比的美丽与力量。菩萨的肤色因时间的流逝而略显暗沉，与白色莲花形成鲜明的对比，仿佛在诉说着生命的纯洁与神秘。她的形态优美典雅，金色光环环绕在头顶，背光中隐约可见精美的纹饰，宛如神圣的光辉笼罩着她。菩萨的面相长方，眉棱高广，双目细长而深邃，鼻尖微翘，唇薄而优雅，下颏微微突出。手掌和足心涂抹着鲜艳的红色，似乎在传达着一种神秘的力量。她的着色艳丽而厚重，色泽鲜明，深受印度和尼泊尔等地波罗艺术风格的影响，展现出一种令人赞叹的艺术魅力。每一个细节都透露着艺术家的匠心与灵动，使得持花菩萨成为这一洞窟中最耀眼的存在，吸引着每一位信徒的目光，激发出无尽的崇敬与向往。第465窟宛如一座神秘的艺术殿堂，壁画中绚丽的色彩和复杂的图案交织成一幅迷人的画卷。这里的曼荼罗和供养菩萨，生动地展现了藏传密教的深厚传统与无上瑜伽的教义，仿佛在诉说着修行者与宇宙之间的和谐共鸣。同时，这一洞窟不仅是宗教信仰的具象化，更是元代社会对藏传佛教深刻认同的体现。壁画中融汇了来自印度、尼泊尔等地的波罗艺术风格，彰显了文化的多元交融与碰撞，仿佛在呼唤着人们对精神世界的共同向往。从哲学的角度来看，这些壁画不仅是宗教的象征，更是对宇宙与生命深刻思考后的成果。曼荼罗与菩萨的形象引导着人们探索存在的意义，鼓励他们在追求真理的旅途中，保持内心的纯净与善良。

榆林窟第3窟中的"五十一面千手千眼观音曼荼罗"具有独特的造型，观音的五十一面头像层叠如塔，象征着其无上的智慧和慈悲。每个面孔都传达出不同的情感和神态，体现了观音的多重身份。观音背后伸出的千手，形成圆光般的辐射，象征着其普遍的保护和救助能力。每只手上都有一只眼，寓意观音无所不见，能够洞察众生的苦难。千手托举四十余种事物，展现了人类生活的多样性。这些物品不仅代表了生活的方方面面，还体现了宗教与日常生活的紧密结合。该曼荼罗继承了中原壁画的风格，融合了敦煌地区的艺术特点，表现出极高的艺术水准，堪称元代壁画的精华。曼荼罗不仅是宗教信仰的象征，也是对当时社会文化的反映，体现了人们对观音的崇拜以及对生活的理解。从哲学角度看，曼荼罗传达了对存在、慈悲与智慧的深刻思考，鼓励人们追求内心的平和与觉悟。这些特殊之处共同构成了这一艺术作品的独特魅力，使其在敦煌石窟艺术中占据重要地位。

　　汉传密教造像是在大乘佛教传统造像的基础上发展而来的，但其具体形象与大乘佛教有明显差异，体现出独特的艺术和宗教特征，同时其与密宗造像的特点相结合，更加丰富了其内涵。汉传密教造像中的佛像通常穿菩萨装，戴宝冠，佛身璎珞繁复华丽，显示出高贵的风格，这与密宗强调的菩萨信仰相呼应。菩萨像常见多首多臂，面部表情丰富多样，除慈悲面外，还有犬牙面、欢喜面、瞋面、思惟面及寂静面等，特别是观音菩萨所戴宝冠中多有化佛，其中千手千眼观音菩萨的手掌中常有眼睛，具备千臂，进一步强调了其全能的救助能力，体现了密宗对菩萨多重角色的崇拜。此外，造像的法器和宝物种类繁多，最多可达83种166件，并且多结手印，式样复杂。这些元素不仅构成了丰富的宗教仪式和象征意义，还与密宗特有的法器和手印密切相关，反映出密宗对仪轨和法力的重视。在敦煌壁画中，造像的组合形式灵活多变，除独尊造像外，常见的经变或曼荼罗组合并不拘泥于特定仪轨，显示出与显教造像固定模式的显著区别，这种灵活性正是密宗造像的一个重要特征，强调了法的多样性和适应性。在纹饰和图案方面，金刚杵的应用尤为显著，独股杵、三股杵、五股杵和羯摩杵等图案展现出汉传密宗造像的独特风格，这些金刚杵象征着密宗的力量与智慧，常用于护法和驱邪。此外，造像中的明王和金刚形象常以忿怒相示，或多首多臂，手中执持金刚杵、金刚索、宝棒、利剑、三叉戟等法器，体现出强烈的力量感和震撼力，这与密宗强调的忿怒明王形象相一致，表现出对邪恶势力的强烈对抗。这些特征共同构成了汉传密教造像在大乘佛教传统中的独特地位，彰显了其艺术和宗教的深厚内涵，同时也显示出密宗造像的多样性和复杂性，使其在佛教艺术中占据重要位置。藏传密教的形象则表现出与汉传密教的差异性。佛、菩萨、护法神等各类造像的数量比汉传密教大大增加，达千种之多，形象更加突出忿怒、怪诞、神秘，给人一种震撼和狞厉之美。忿怒明王形象与慈悲的菩萨形成了鲜明的对比，揭示了宗教信仰中对苦难的反抗与对生命的深刻思考。忿怒明王常以愤怒的姿态出现，手持各种法器，象征着对邪恶与苦难的强烈反抗。这种忿怒不仅是对外在邪恶的反抗，也是与内心烦恼与痛苦的对抗，体现出一种积极的斗争精神。相对而言，菩萨形象则强调慈悲与救助，展现出对众生的深切关怀。但是，慈悲并非软弱，而是一种深刻的力量，能够在众生面对苦难时给予其希望与支持。两者的辩证关系揭示了密宗哲学中对苦难的复杂理解：在面对生命的苦难时，既需要慈悲的温暖，也需要忿怒的力量。只有将两者结合，才能更全面地理解生命的意义与价值。

第七节　西夏石窟艺术

"黔首石城漠水边，赤面祖坟白河上，高弭药国在彼方。"这是20世纪初黑水城遗址发现的西夏文献中一首记载党项祖先的颂诗。"'黔首'与'赤面'指党项人，因其脸色黝黑，并用红颜料涂面。'白河'即今嘉陵江上游白龙江，古称白水。'弭药'是党项人自称，后吐蕃沿用此名。该诗概述党项羌的原分布地是在今青海、甘南和四川西北一带，与汉文典籍记载相合。"[1]

《隋书·党项传》记："每姓别为部落，大者五千余骑，小者千余骑。织牦牛尾及毯羺毛以为屋，服裘褐披毡以为上饰。俗尚武力，无法令，各为生业，有战阵则相屯聚；无徭赋，不相往来。牧养牦牛、羊、猪以供食，不知稼穑。其俗淫秽烝报，于诸夷中最为甚。无文字，但候草木以记岁时。三年一聚会，杀牛羊以祭天。人年八十以上死者，以为令终，亲戚不哭。少而死者，则云大枉，共悲哭之。有琵琶、横吹、击缶为节。"《旧唐书·党项羌传》记党项有八部："其种每姓别自为部落，一姓之中复分为小部落；大者万余骑，小者数千骑，不相统一。有细封氏、费听氏、往利氏、颇超氏、野辞氏、房当氏、米擒氏、拓拔氏，而拓拔氏最为强族。"其还记载有关社会生活的内容，"俗皆土著，居有栋宇"，"其人多寿，年一百五六十岁。不事产业，好为盗窃，互相凌劫。尤重复仇，若仇人未得，必蓬头垢面跣足蔬食，要斩仇人而后复常"。"气候多风寒，五月草始生，八月霜雪降。求大麦于他界，酝以为酒。妻其庶母及伯叔母、嫂、子弟之妇……然不婚同姓"，"死则焚尸，名为火葬"。唐代诗人元稹《估客乐》诗云："求珠驾沧海，采玉上荆衡。北买党项马，

---

[1] 李锡厚，白滨. 辽金西夏史 [M]. 上海：上海人民出版社，2020：489.

西擒吐蕃鹦。"《文献通考》卷三百三十四《四裔考》十一记载："后唐同光二年，其首领薄香来贡良马。天成二年，河西党项如连山等来朝贡，进马四十匹。宰相奏：'党项之众，竞赴都下卖马，常赐食禁廷，醉则连袂歌其土风。凡将到马，无驽良并云上进，国家虽约价直以给之，而计其馆给赐赍，不啻倍价，耗蠹国用，请止之。'上以为国家常苦马不足，今番官自来中国，锡赐乃朝廷常事，不足言费。自是番部羊马不绝于路。长兴元年、二年俱入贡，授其首领以官。"马匹是党项人主要的经济来源，进贡马匹也是加官晋爵的方法。党项的国力壮大和贸易马匹有直接的关系。西夏在发展经济的同时，通过一系列政策进一步完善文化教育。1036年颁新制西夏文字。1101年始建国学（汉学），置教授，立养贤务。1190年，党项学者骨勒茂才撰写夏汉双解词典《番汉合时掌中珠》，该书成为汉、吐蕃和西夏文化沟通的桥梁，流传很广。

西夏崇奉佛教，佛事兴盛，1047年建高台寺和佛塔于兴庆府东。兴庆府即银川，为西夏都城。1055年，宋朝赐《大藏经》一部，西夏挑选经验丰富的回鹘僧人白法信、白智光等参与翻译《大藏经》。兴庆府西承天寺历五年建成。1067年向辽进贡回鹘僧、金佛、《梵觉经》。1094年重修凉州护国寺，立"重修护国寺感通塔碑"（又名"西夏碑"）。此碑铭是西夏重要的文字学研究的史籍资料。1099年，甘州建卧佛寺，即张掖大佛寺。西夏石窟开凿从北宋景佑三年（1036年）瓜沙曹氏归义军政权被西夏所灭开始，一直到西夏于宝义二年（1227年）被元代所灭。现在河西一带的敦煌莫高窟、安西榆林窟、旱峡石窟、东西千佛洞、肃北五个庙石窟、酒泉文殊山、张掖卧佛寺、永昌圣容寺和武威天梯山等石窟都留下了西夏遗迹。

西夏石窟形制以中心柱窟和密宗坛场为主。通过石窟形制能看出西域与西夏艺术之间的关系,东千佛洞第2、3、5、7窟结构为中心柱和右绕甬道,中心柱后壁绘涅槃变,是西夏石窟结构的新创造。在莫高窟第76窟、东千佛洞、榆林窟、五个庙石窟、文殊山以及炳灵寺石窟西夏壁画中可以看到浓郁的印度-尼泊尔波罗艺术风格,学者霍巍在《波罗艺术还是本土风格?——西藏中古佛教艺术中的创造与吸纳》中讲道,"波罗艺术有四大核心特征:第一,造像的世俗化,出现大量复杂装饰品;第二,与印度教的交流进一步加强,出现多头多臂菩萨像,站姿呈三折腰;第三,宝冠佛像出现;第四,背龛形制改变,出现六挐具台座"。7—9世纪吐蕃时期,西藏本土佛教艺术已经受波罗风格的影响,印度佛教造像系统引进汉地,对西夏艺术产生重要影响。在内容上出现圣地崇拜的八塔变[1]、金刚萨埵、度母、四臂观音菩萨、文殊菩萨、不空绢索观音、摩利支天等造像。西夏将印度艺术中的新题材、新风格以强大的包容力、创新性融入本民族和其他民族的"区域特性"中。西夏石窟早期承袭沙州归义军曹氏时期石窟艺术的传统,是北宋时期石窟艺术的延续和发展,中期融汇了高昌回鹘佛教艺术的成分,晚期吸收印度-尼泊尔波罗艺术风格,最终形成独一无二的西夏风格。玄奘取经题材是西夏壁画的重要内容,如榆林窟第3窟东壁南侧普贤变中的《玄奘取经图》、东千佛洞第2窟《玄奘取经图》。

早期西夏石窟主要集中于莫高窟,榆林窟和东千佛洞则属于中晚期。瓜州东千佛洞是西夏晚期石窟艺术的集大成者。

莫高窟西夏早期洞窟有68个,代表洞窟有第465、462、

---

[1] 八塔变:根据《八大灵塔名号经》所绘,八塔包括兰毗尼园佛降生处、尼连禅河畔成道处、鹿野苑初转法轮处、祇树给孤独园现神通处、曲女城为母说法处、耆阇崛山说《法华经》等大乘法处、毗耶离城维摩诘示疾处和跋提河畔娑罗树林涅槃处。

464窟等。第465窟形制为中心圆坛殿堂窟，洞窟由主室、甬道、前室组成。窟顶藻井为"金刚界五方佛"，井心为大日如来像，斜披四面为四铺尊像画，东壁绘制"大黑天曼荼罗"及尊像画，南壁绘制三铺"金刚曼荼罗"，西壁和北壁绘制"金刚双身及单身曼荼罗"，共六铺。窟内四壁壁画展现出丰富的内容与考究的布局，构成了一幅神秘而引人入胜的画卷。每一处形象都经过精心雕琢，人体造型准确，展现出艺术家对人体美的深刻理解与把握。细腻的线描技法，使得每一笔触都表现出匠心独运的细致与精湛，线条的均劲与变化赋予画面一种独特的韵律感。色彩方面，壁画采用浓重而鲜明的色调，形成强烈的视觉冲击力，令观者在对美艳的感叹中产生一种隐约的畏惧。这种艺术效果不仅体现在表面的华丽上，更蕴含着一种狞厉之美，传达出深邃而复杂的情感。此外，壁画中的各类菩萨以优美的动态呈现，既体现了波罗密教文化的浓厚风格，又彰显了藏传佛教艺术的独特魅力。在洞窟壁画的背景中出现花枝纹、龙凤纹与佛、菩萨、经变画等内容，这种以花枝纹等装饰尊像背景的艺术样式，是西夏时期壁画背景处理的新特色。它们不仅是宗教信仰的象征，更体现了艺术与精神的交融，展现了13世纪我国藏族艺术的卓越成就，为敦煌艺术增添了新的品类，使中国艺术更加多样、更具深度。这样的作品不仅吸引眼球，更引发了观者对文化、信仰与美的深思，体现了艺术的力量与感染力。

西夏艺术风格特点延续宋代汉风，与北宋壁画艺术一脉相承。人物形象、衣冠服饰均属汉民族系统，另外，线描、敷彩、晕染及绘画技法与艺术风格都同曹氏归义军时期（中唐）的壁画艺术相近。不同之处在于经变画明显地简单化及程式化。许多经变画已经没有唐宋时期那种宏大的场面，画面中没有成组配套又豪华富丽的建筑，没有众多层次复杂的佛国人物，没有严谨饱满的构图，没有富丽堂皇的色调。许多西夏重修窟，多绘甚至全绘大身供养菩萨行列或者千佛，其形象相互雷同而无个性，神情呆板，严重地陷入公式化、概念化的俗套。青年学者汪旻在《瓜州东千佛洞二窟壁画〈水月观音〉的艺术特色——通过临摹感悟西夏绘画风格》一文中用风格比较法指出："敦煌莫高窟西夏壁画虽有唐、北宋画风，构图饱满、严谨、对称、均衡的意趣，总体以模仿为主，画面里没有唐、北宋的飞动之感，缺乏个性，趋于程式化，较为刻板，创新不多，因而显得匠气较重，千篇一律，给人以平庸、无生机、缺乏艺术感染力的印象。"另外，西夏早期壁画中除少数洞窟外，供养人形象逐渐被尊像画和大型曼陀罗代替。在表现技法上，比较普遍地使用贵重的石绿作底色，所以西夏壁画又被称为"绿壁画"，或者以铁朱作底色，相当普遍地运用浮塑贴金、沥粉堆金法，如菩萨身上所佩戴的珠玉、璎珞、臂钏、手镯、耳铛等，还有帷幔上垂挂的璎珞铃饰等，以及平棋和团花图案的花蕊及藻井中心纹饰中的龙、凤等。金色本是色彩中最贵重、最富丽、最耀眼夺目的色彩，用它来装饰陷入严重公式化、程式化而生命力已显得很脆弱的佛画艺术，反映出敦煌石窟自中唐以后的衰败景况。

莫高窟西夏中期洞窟有 8 个，代表洞窟第 97 窟。说法图中画面人物不多，但形体高大，构图疏朗，失去了唐宋时期严谨饱满的风格。人物形象具有西夏民族特点：造型一般面相长圆，腮部肥大，鼻梁长直且高，细眉柳眼，身材一般比较修长。世俗人物的衣冠服饰也发生了变化，男像秃发毡冠，或戴云镂冠，冠后垂结绶，着圆领窄袖团花袍衫，腰间束带，佩挂解结锥、短刀、荷包、火镰、火石等物，充分体现了北方民族的生活习俗和特点。

在莫高窟西夏壁画的内容题材及表现形式、艺术风格的发展中,中期出现了若干显著变化。一方面,题材种类更加丰富,出现新兴的主题,如说法图和药师佛,以及十六罗汉。这一题材源自唐朝玄奘所译的《大阿罗汉难提密多罗所说法住记》,反映了宗教教义的传播和影响。另一方面,艺术风格明显受到高昌回鹘佛教艺术的影响。例如,在莫高窟西夏中期的壁画中,可以观察到柏孜克里克石窟佛像头光和身光中的编织纹样及火焰宝珠纹样。这些元素在视觉上与高昌回鹘佛教艺术元素形成了相似性。此外,莫高窟西夏中期壁画中流行的波状卷云纹边饰、八瓣莲花的造型以及藻井中龙的形象与画法,均与柏孜克里克石窟极为相似。这些现象表明,敦煌与新疆高昌地区在文化上存在密切的联系,反映了汉族、党项、回鹘等多个民族间佛教艺术的交融与互动。

在敷彩方面,这一时期的壁画表现出明显的变化。尽管颜色种类仍较为有限,但相比早期壁画中偏冷的青绿色调,新的作品更多地采用了朱、赭等热烈明快的色彩。这种选择不仅增强了画面的视觉吸引力,也增强了作品的情感表达,使得整体效果更加生动。在金色的使用上,这一时期的壁画较少采用浮塑贴金和沥粉堆金法,强调了色彩的直接性与纯粹性,避免了过度华丽的装饰,确保作品保持其内在的力量。表现手法方面,"勾填法"得到了广泛应用。这一技法通过在轮廓线内填色,留出微小的边缘,从而使色彩与线条之间形成和谐的关系。涂色后不再描线,使得轮廓线在视觉上得以保留,形成了一种新的视觉效果。其类似于"双勾"技法,通过两种颜色勾勒出轮廓,增强了画面的层次感与装饰性。这种勾填法早在唐代的莫高窟壁画中便有所体现,并在唐后期得到广泛应用,西夏中期的壁画则延续了这一技法。通过这种处理方式,艺术家不仅增强了作品的装饰性,还在视觉上创造了丰富的层次与强烈的动感,体现了对形式与色彩关系的深刻理解与探索。这一时期的艺术创作展现了对传统技艺的继承与对表现力的追求,形成了独特的艺术风格与魅力。

榆林窟位于瓜州西南的榆林河谷内,是西夏时期重要的石窟艺术遗址,共有 11 个石窟,其中第 2、3、4、10 和 29 窟尤为突出。在完整性、题材内容的多样性、绘画技法水平以及艺术价值上,第 3 窟和第 29 窟更是体现了西夏莫高窟的最高水平,展现出独特的艺术魅力。第 2 窟为平面呈方形的覆斗形洞窟,中央设有佛坛。主室的窟顶如同一颗璀璨的宝石,绘制着盘龙的藻井,宛如一条腾空而起的巨龙,神秘而威严。井心外缘环绕着层层叠叠的边饰,回纹如波浪般起伏,连珠纹则如珍珠般串联,波状花卉在其间轻舞,菱形花纹与小团花交错,构成了一幅生动的装饰画。这些元素在视觉上形成了方与圆、静与动的鲜明对比,带来强烈的视觉冲击力。土红色、石绿色与白色的巧妙搭配,犹如大自然调出的色彩,绚丽而生动。每一种颜色都在光影中交相辉映,仿佛时间在此刻凝固,赋予整个空间一种神圣而庄严的氛围,让人置身于一个充满灵性与美感的世界。此外,壁画中的说法图式经变画明显受到宋、金及西夏版画题材的影响,而西壁门两侧则保留了一幅水月观音的画像,进一步丰富了整体的宗教意涵。第 3 窟作为西夏晚期的典型洞窟,呈长方形,穹隆顶的设计使得空间更为开阔。窟内后部设有坛城,存放着多尊生动的清代彩塑像,表现出菩萨与罗汉多样的姿态。窟顶绘制的曼荼罗与井心的五方佛图案、东壁的佛传故事画,以及南北壁的"五十一面千手千眼观音"和"胎藏界曼荼罗",表达出丰富的宗教叙事空间和西夏社会生活的真实场景,其中有各种人物、动物、植物、乐器、兵器、法器、建筑、交通工具、生产工具、生产活动场面等。生产工具有犁、锄、耙、镰、锯、斧、斗、矩、熨斗、船只、耕牛等。生产活动有舂米、打铁、酿酒、耕作、挑担等，还有其他百工、百艺的形象，特别是"冶铁""酿酒""牛耕"等真实地反映了西夏社会的生产生活场景，有很高的科技史价值。南壁的《观无量寿经变》与北壁的曼荼罗和《净土变》，西壁门上方的《维摩诘变》，门南、北侧的《普贤变》与《文殊变》，甬道南北壁的供养人形象，构成了一幅生动的宗教画卷。这些壁画在宋金建筑画"界画"的影响下，形成了西夏时期独特的净土经变画风格，展现出丰富的文化面貌与藏汉融合的艺术表现力。第4窟的东门两侧则绘制了说法图式曼荼罗，表现降魔成道与灵鹫山演说般若的场景。这些壁画明显体现了藏传绘画的风格与特色，而《文殊变》和《普贤变》的题材则展现出中原两宋水墨山水风格的影响。

学者刘玉权在《榆林窟第29窟窟主及其营建年代考论》中考证，第29窟是西夏沙州监军司赵麻玉的家窟，营建于1193年，第19窟甬道北壁汉文题记中的"秘密堂"所指就是29窟。第29窟为覆斗顶殿堂窟，正壁上绘制的《释迦说法图》与受中原唐宋文化所影响的"水月观音像"，不仅反映了特定历史背景下的艺术传承，也揭示了宗教信仰的传播与演变。南北壁的《东方净土变》《西方净土变》则展示了对净土信仰的重视，西端金刚手菩萨与不动明王的忿怒相表现出一种强烈的宗教情感，象征着对邪恶的抵抗与保护。这些形象与20余身男女供养人像共同构成了一幅生动的宗教画卷，供养人为赵麻玉家族三代人，反映了家族的信仰与对宗教的虔诚。西壁和南北壁下段的僧人像及"真义国师西壁智海"国师像，体现了西夏新兴艺术风格的特色。这些作品不仅在形式上具有装饰性，更在内容上表达了对宗教导师的崇敬之情，表现了信仰的深厚。后室中央设有五层圆台，赋予了密宗坛场的性质，进一步强调了宗教仪式的重要性。整个窟室内的壁画内容依据密教与《华严经》的图像体系，形成了相互交织的视觉叙事。以洞窟正壁为中轴线，南北两侧的壁画在题材上呈现对称分布，如"十一面千手观音"对应"五十一面千手观音"，两铺《净土变》相互对称，居于佛塔中的顶髻尊胜佛母对应摩利支天佛母，金刚界的三十七尊曼荼罗对应恶趣清净曼荼罗，《文殊变》与《普贤变》相互呼应。这种对称与呼应不仅增强了视觉上的和谐美感，也在精神层面上体现了宗教教义的统一性与多样性。通过这些艺术表现形式，壁画不仅传达了宗教的核心理念，也展现了西夏时期艺术家在图像构成、色彩运用及空间布局上的高超技艺，反映了其深厚的文化底蕴与独特的美学追求。整体而言，《释迦说法图》与"水月观音像"在宗教上分别体现了佛教教义传播的场景与慈悲救赎的理念；在审美上则反映了庄重与宁静的佛教美学，以及柔美与和谐的东方艺术风格。这两幅壁画不仅在宗教信仰上具有深远的影响，也在艺术表现上展现了西夏时期独特的文化魅力。整体而言，榆林窟的壁画不仅是宗教信仰的表达，更是不同文化交融的艺术结晶，展现了西夏时期丰富多样的艺术风貌与深刻的文化内涵，为西夏壁画中的精品。

东千佛洞石窟位于瓜州东南长山子北麓峡谷内，现存石窟8个，西夏洞窟为第2、4、5、7窟。第2窟前部为覆斗形顶，后部为平顶，有中心塔柱。门道两侧画着西夏盛装的男女供养人，壁画中大乘佛教的经变画已降到了次要地位，继之而起的是密宗图像，还有水月观音等多种尊像画，如藏传特色明王像、度母像，以及观音救八难等故事画。更为引人注目的是壁画的制作工艺，画师高超的工艺水准使壁画尽显神采。《涅槃变》是西夏壁画的巨幅杰作，画面生动而富有情感，展示了释迦佛涅槃的庄严时刻。释迦佛侧卧在华丽的七宝床上，右手支颐，神态安详而宁静，仿佛在沉浸于无尽的安宁之中。床前，摩耶夫人满脸哀伤，低头默默哀悼，深情的目光流露出无尽的思念与悲痛。在佛陀的足跟处，一位俗人双膝跪地，虔诚地抚摸着佛足，表达着对伟大宗教领袖的崇敬与哀悼。身后，众多天神和弟子同样举哀，面容凝重，气氛沉重而庄严，仿佛时间在此刻凝固。床前，狮子、孔雀、龟、鹤等"四兽"围绕着佛陀，象征着吉祥与尊贵，静静地守护着这一神圣的场景。有的画面中还有伎乐供养者，手持乐器，或以香饭供养，使画面更生动与丰富，展现出一种静默而又气氛浓烈的供养场景，令人感受到生命与灵魂的深刻交融。整幅画作不仅是艺术的呈现，更是对佛教信仰的深切表达，令人心生敬畏与感动。

《水月观音图》是东千佛洞西夏壁画具有代表性的作品，它称得上是我国古代绘画艺术的杰作。据佛籍记载，印度布呾落迦山是观自在菩萨居住和显圣的地方，该山四面环水，是印度的主要佛教名山。壁画表现了水天相接的意境，一侧是观音坐在山石上，背衬翠竹，鳞石云气，环境高雅素洁。另一侧是唐僧和行者牵马遥隔水岸参拜观音，行者是猴面，手拿棍棒。传说这是存世最早的《玄奘取经图》。画面山水与人物意情深远，颇具宋代文人画的写意风。第2窟中心柱南北壁的两身"菩提树下菩萨"、榆林窟第3窟北壁"蛇绕舞蹈菩萨"亦是西夏壁画佳作。菩萨的美妙之处在于她那优雅的"S"形身姿，宛如轻盈的风中舞者。一只手高高举起，指尖轻轻捻动，仿佛在传递着宇宙的智慧；另一只手则轻柔地下垂，提着净瓶，流露出无限的慈悲与宁静。微屈的一条腿承载着重心，形成了柔和而流畅的人体轮廓，展现出一种动静结合的和谐美感。这种形态无疑受到了印度艺术的深刻影响。西夏时期，随着众多西藏僧人的传教，西藏佛教艺术也悄然融入了这一地区。绿度母与金刚手菩萨的图像便是这一时期文化交融的最明显体现。藏传佛教的元素在石窟中绽放出热烈的色彩，仿佛在诉说着神秘的故事，为画面增添了灵动与神秘气息。每一笔每一色都仿佛在跳动，传递着深邃的宗教情感与艺术魅力，让人不禁沉醉于这幅充满灵性与力量的画卷之中。学者谢继胜在《藏传佛教艺术东渐与汉藏艺术风格的形成》一文中认为："瓜州东千佛洞系列石窟是标准的龟兹石窟形制，壁画表现了典型的12世纪卫藏波罗式样：框式二维感构图，占画面2/3的主尊，双侧并脚、身体曲线扭转、身着犊鼻短裙、掌心施红的胁侍菩萨。"[1]

东千佛洞窟型中出现龟兹式中心柱窟型，后部必画《涅槃经变》。这一特点也被学者认为是受高昌回鹘传入图本的影响，是西夏壁画的独特表现。东千佛洞第2窟的菩萨像展现出显著的艺术特点，其菩萨像的造型遵循严格的比例法则，体现出理想化的人体美学。其姿态流畅且自然，表现出一种超凡脱俗的气质，反映了佛教艺术对理想人形的追求。菩萨的动态设计常常营造出一种宁静与安详的氛围。细节刻画出彩，面部表情细腻，眼神柔和，彰显出慈悲与智慧的内涵。衣饰的褶皱与装饰细节展示了凹凸法的绘画技艺，体现了艺术家对材质与形态的深刻理解。菩萨像的色彩鲜艳且富有层次感，既具有装饰性，又承载着象征意义。如金色象征神圣，红色代表吉祥。色彩的运用增强了菩萨像的视觉冲击力，并营造出浓厚的宗教氛围。菩萨像的装饰元素丰富多样，包括头饰、项链及手势等。这些装饰不仅提升了形象的美感，还具有特定的宗教象征意义，如"施无畏"手势是指传达佛说法时心安与平静的理念。装饰的复杂性反映了当时工艺的精湛与宗教信仰的深厚。菩萨像在壁画

---

[1] 谢继胜，戚明．藏传佛教艺术东渐与汉藏艺术风格的形成[J]．美术，2011(4)：94-99．

中的位置通常具有重要的象征意义，菩萨往往位于中心或显要位置，以强调其重要性。周围背景及其他人物形象的布局与菩萨像相辅相成，形成完整的叙事场景，有助于观众对其宗教内涵的理解。东千佛洞的菩萨像展现了多元文化的交融，其受到汉、藏等多种文化的影响。这种融合体现在造型、风格及装饰上，菩萨像不仅是宗教的体现，亦是文化交流的产物，反映了当时社会的多样性。艺术风格的独特性，带来更为粗犷与生动的艺术感受。这种风格的独特性使东千佛洞的艺术作品在中国石窟艺术中占据重要地位。第2窟壁画的配置与西藏扎达托林寺15—16世纪修建的白殿非常相似，壁画受同一宗教仪轨影响而成，反映出印度、尼泊尔美术特色对藏传佛教艺术的深刻影响。东千佛洞的西夏佛教绘画在形式和内容上与黑水城、卫藏等地的艺术存在明显的联系与传承关系，这种关系体现了艺术互相影响和融合的过程。

瓜州东千佛洞石窟壁画是西夏壁画的代表作之一，它对研究西夏佛教艺术有典型意义。虽然西夏重修的洞窟很多，但以东千佛洞第2窟和榆林窟第2、3、29窟最具特色。它们孕育发展了一种新的窟形，壁画内容和艺术造诣方面都有很大的突破。它们学习和承袭唐、宋、元汉画，又兼收并蓄，吐蕃、回鹘风格中的某些成分已融入西夏的石窟艺术之中。10—13世纪，是中国历史上的重要时期，经历了各民族文化的互相交流与融合，契丹、党项、吐蕃、回鹘、汉等多个民族在河西地区留下了各自的生活痕迹。该时期，壁画内容更丰富，宗教文化思想、艺术更多元，涌现出全新的艺术现象和图像样式。

西夏的壁画艺术在意境与情感上与宋元文人画一脉相承，西夏壁画虽然以宗教题材为主，但其表现手法与文人画相似。壁画中的人物与场景往往蕴含深厚的情感，通过夸张的形态和鲜艳的色彩传达出一种超越现实的精神，类似于文人画中对自然景观的情感寄托。在笔墨与线条上也殊途同归。虽然西夏壁画的技法与文人画有所不同，但在表现手法上，两者都注重线条的运用。西夏壁画中的线条往往流畅而富有韵律，形成一种动感，与文人画中灵动的笔触相呼应，展现出艺术家对形态与动作的敏锐把握。色彩运用上，浅绛雅墨与工笔画的浓艳重彩完美结合。西夏壁画的色彩鲜艳而丰富，常用明亮的矿物颜料，类似于文人画中对墨色层次的讲究。两者都通过色彩的变化与对比，增强作品的视觉冲击力和情感表达，使观者在视觉上感受到强烈的艺术感染力。装饰性与象征性元素表达出密教的神秘特色，西夏壁画中的装饰元素，如几何图案和植物纹样，具有明显的象征意义，这与文人画中常见的寓意深远的题材相似。两者都通过丰富的装饰性元素，传达出对美的追求和对文化内涵的探索。尽管两者在表现形式上有所不同，但都体现了艺术家对情感、自然和精神世界的深刻思考。可见，西夏壁画不仅展现了丰富的视觉画面，还深刻表达了艺术家对生活、信仰与情感的思考，形成了极高的宗教艺术水准。

第五章

元代石窟

第一节　元代佛教发展的多样化

公元 1260 年,成吉思汗的孙子忽必烈在开平（今内蒙古正蓝旗东）即大汗位,建元中统,并推行汉族模式的中央集权的统治。1271 年,忽必烈正式定国号为大元,迁都大都（今北京）,1279 年灭南宋,一统中国。

元朝是中国历史上面积最大、民族众多的王朝,蒙古族信仰萨满教,萨满教属于多神教,对外来宗教没有强烈的排斥心理。因此萨满教对外来宗教的学习与利用以及对自我教派的改造就成为元代社会发展的必然。元朝统治者利用宗教来巩固政权,增强统治的合法性。元朝统治者一方面认为佛教、道教、伊斯兰教、基督教或任何其他的正统宗教,都具有劝人安分守己、修身养性的作用,都能排忧解难,抚慰心灵,另一方面认为团结人民的宗教信仰有辅政教化的功能,有利于稳定社会、统一政权。因此在统一中国以后采用了宗教信仰自由政策来加强民族的多元统一,藏传佛教、汉传佛教、道教、伊斯兰教、基督教和犹太教等宗教在这一时期得到广泛传播和发展。忽必烈不仅是佛教的信徒,还支持道教和伊斯兰教,试图通过宗教的力量来整合不同民族和文化。他设立了"国师"制度,任命佛教高僧为国师，以提高佛教的地位。

藏传佛教极度兴盛。藏传佛教，又称喇嘛教，是由苯教与密宗相融合而形成的宗教。元朝时期西藏是元世祖第七子一家的封地，宣政院为全国宗教管理最高机构。宣政院的作用在《元史》中有详细记载，《元史》第八十七卷《百官志》记："宣政院，秩从一品，掌释教僧徒及吐蕃之境而隶治之。遇吐蕃有事，则为分院往镇，亦别有印。如大征伐，则会枢府议。其用人则自为选。其为选则军民通摄，僧俗并用。至元初，立总制院，而领以国师。二十五年，因唐制吐蕃来朝见于宣政殿之故，更名宣政院。"《元史》列传第八十九记："元起朔方，固已崇尚释教。及得西域，世祖以其地广而险远，民犷而好斗，思有以因其俗而柔其人，乃郡县土番之地，设官分职，而领之于帝师。乃立宣政院，其为使位居第二者，必以僧为之，出帝师所辟举，而总其政于内外者，帅臣以下，亦必僧俗并用，而军民通摄。于是帝师之命，与诏敕并行于西土。"1258年，藏传佛教大师八思巴在辩论中驳倒了道教。1253年，忽必烈大汗礼遇八思巴，听其讲经说法并接受八思巴的密宗灌顶。1260年，忽必烈封八思巴为"国师"，为佛教最高统领，《元史》列传第八十九卷记："中统元年，世祖即位，尊为国师，授以玉印。命制蒙古新字，字成上之。"又再封八思巴为"帝师"。《元史》列传卷八十九《八思巴传》记："帝师八思巴者，土番萨斯迦人，族款氏也。相传自其祖朵栗赤，以其法佐国主霸西海者十余世。八思巴生七岁，诵经数十万言，能约通其大义，国人号之圣童，故名曰八思巴。少长，学富五明，故又称曰班弥怛。岁癸丑，年十有五，谒世祖于潜邸，与语大悦，日见亲礼。"自忽必烈之后元朝历任皇帝都设立"帝师"，并由藏传佛教大师担任。"百年之间，朝廷所以敬礼而尊信之者，无所不用其至。虽帝后妃主，皆因受戒而为之膜拜。正衙朝会，百官班列，而帝师亦或专席于坐隅。且每帝即位之始，降诏褒护，必敕章佩监络珠为字以赐，盖其重之如此。"史学家陶宗仪撰《南村辍耕录》卷二记："受佛戒　累朝皇帝，先受佛戒九次，方正大宝。而近侍陪位者，必九人或七人，译语谓之暖答世，此国俗然也。今上之初入戒坛时，见马哈剌佛前有物为供，因问学士沙剌班曰：'此何物？'曰：'羊心。'上曰：'曾闻用人心肝者，有诸？'曰：'尝闻之，而未尝目睹，请问剌马。'剌马者，帝师也。上遂命沙剌班传旨问之，答曰：'有之，凡人萌歹心害人者，事觉，则以其心肝作耳。'以此言复奏。上复命问曰：'此羊曾害人乎？'帝师无答。减御膳　国朝日进御膳，例用五羊。而上自即位以来，日减一羊，以岁计之，为数多矣。"又《元史·释老传》记："泰定间，以帝师弟公哥亦思监将至，诏中书持羊酒郊劳；而其兄琐南藏卜遂尚公主，封白兰王，赐金印，给圆符。其弟子之号司空、司徒、国公，佩金玉印章者，前后相望。为其徒者，怙势恣睢，日新月盛，气焰熏灼，延于四方，为害不可胜言。有杨琏真加者，世祖用为江南释教总统，发掘故宋赵氏诸陵之在钱唐、绍兴者及其大臣冢墓凡一百一所；戕杀平民四人；受人献美女宝物无算；且攘夺盗取财物，计金一千七百两、银六千八百两、玉带九、玉器大小百一十有一、杂宝贝百五十有二、大珠五十两、钞一十一万六千二百锭、田二万三千亩；私庇平民不输公赋者二万三千户。他所藏匿未露者不论也。"由此，藏传佛教密宗势力日渐衰微。《元史·释老传》记载，元朝任命的帝师共十二人，大部分出自八思巴家族。元时期，宗喀巴大师创立黄教，取八思巴而代之，走上教坛地位，这也是历史发展的必然结果。

汉传佛教在传入中原地区过程中受到儒家思想、道家思想的影响，逐渐融入汉民族本土文化，形成了独特的佛教思想和理论。元代汉传佛教有禅宗、天台宗、华严宗、法相宗和净土宗。成吉思汗在西征之前就召见过佛教禅宗临济宗的中观禅师及其弟子海云禅师。成吉思汗非常推崇他们的学识与修养，尊为大、小长老。1219年又命他们统领汉地僧人。曹洞宗万松禅师的俗家弟子耶律楚材也受到成吉思汗的信任，成为当时非常著名的政治家。成吉思汗以后的元代皇帝都采取优待汉传佛教的政策。忽必烈推行"崇教抑禅"的方针，有意压低禅宗，抬高华严宗等宗派。《佛祖历代通载》卷二二《弘教集》记："帝诏讲华严大德于京城大寺开演，彰显如来之富贵。"《佛祖历代通载》卷二二《德谦传》记："受华严圆顿之宗于故大司徒万安坛主拣公之门，拣以公博学多能，甚器重之。初以诏居万宁寺后，又以诏居崇恩寺。万宁成宗所创，崇恩武宗所创也。两居大寺，前后一纪。"《元史·释老传》记："若夫天下寺院之领于内外宣政院，曰禅，曰教，曰律，则固各守其业，惟所谓白云宗、白莲宗者，亦或颇通奸利云。"白云宗和白莲宗是禅宗的分支，发动多次民变，故被镇压。

忽必烈对道教也采取和佛教一样的政策，全真道道士丘处机为金世宗、金章宗、金卫绍王、金宣宗和元太祖成吉思汗敬重，并因远赴西域劝说成吉思汗"上至帝王，降及民庶，尊卑虽异，性命各同耳"以减少屠杀而闻名。《元史》卷二百二中有详细记载："岁己卯，太祖自乃蛮命近臣札八儿、刘仲禄持诏求之。处机一日忽语其徒，使促装，曰：'天使来召我，我当往。'翌日，二人者至，处机乃与弟子十有八人同往见焉。明年，宿留山北，先驰表谢，拳拳以止杀为劝。又明年，趣使再至，乃发抚州，经数十国，为地万有余里。盖蹀血战场，避寇叛域，绝粮沙漠，自昆仑历四载而始达雪山。常马行深雪中，马上举策试之，未及积雪之半。既见，太祖大悦，赐食、设庐帐甚饬。"又记："太祖时方西征，日事攻战，处机每言欲一天下者，必在乎不嗜杀人。及问为治之方，则对以敬天爱民为本。问长生久视之道，则告以清心寡欲为要。太祖深契其言，曰：'天锡仙翁，以寤朕志。'命左右书之，且以训诸子焉。于是锡之虎符，副以玺书，不斥其名，惟曰'神仙'。"又有"正一天师者，始自汉张道陵，其后四代曰盛，来居信之龙虎山。相传至三十六代宗演，当至元十三年，世祖已平江南，遣使召之。至则命廷臣郊劳，待以客礼。及见，语之曰：'昔岁己未，朕次鄂渚，尝令王一清往访卿父，卿父使报朕曰：后二十年天下当混一。神仙之言验于今矣。'因命坐，锡宴，特赐玉芙蓉冠、组金无缝服，命主领江南道教，仍赐银印。"又有"全节字成季，饶州安仁人。年十三学道于龙虎山。至元二十四年至京师，从留孙见世祖。三十一年，成宗至自朔方，召见，赐古雕玉蟠螭环一，敕每岁侍从行幸，所司给庐帐、车马、衣服、廪饩，著为令。大德十一年，授玄教嗣师，锡银印，视二品。至大元年，赐七宝金冠、织金文之服。三年，赠其祖昭文馆大学士，封其父司徒、饶国公，母饶国太夫人，名其所居之乡曰荣禄，里曰具庆。至治元年，留孙卒。二年，制授特进、上卿、玄教大宗师、崇文弘道玄德真人、总摄江淮荆襄等处道教、知集贤院道教事，玉印一、银印二并授之。"至此，全真教迅速发展，遂成为北方第一大教。

  龙山石窟的开凿象征着全真教的鼎盛，1234年元代道人披云子宋德方开凿龙山石窟，该石窟位于山西太原，是我国最大的道教石窟群。开窟9所，有"三清洞"、"玄门列祖洞"、丘处机"长春演道真人"主像、披云窟宋德方像、卧佛像等。三清洞为弧角方形，平顶，有雕像共15尊，主像三尊分别为元始天尊、道德天尊、灵宝天尊。两侧有真人和侍者像，顶部凿有五龙祥云图。均为石雕艺术，龙山石质坚固、不易崩塌，且易于雕凿圆润的线条和体块，加强石头细腻绵密的触感，采用浮雕和圆雕等不同技法，表现出丰富的层次感和空间感。浮雕通常用于表现道场场景和仪式叙事，而圆雕则强调雕像形体的独立性。石雕艺术不仅体现了石匠的雕刻技术，也与宗教文化和地区传统密切相关。山西历来有开凿石窟的传统，比如云冈石窟和天龙山石窟，在石窟史上闪烁光芒，反映了文化背景和艺术风格的影响。龙山石窟的道教造像雕刻朴实，形象敦厚，代表着元代乃至中国道教艺术的最高水平。

除了全真教，还有太一教、正一教、真大道教、头陀教等。众多教派的发展服务于统治利益。《南村辍耕录》卷二记："后德　今上皇太子之正位东宫也，设谕德，置端本堂，以处太子讲读。忽一日，帝师来启太子母后曰：'向者太子学佛法，顿觉开悟，今乃受孔子之教，恐损太子真性'。后曰：'我虽居于深宫，不知道德。尝闻自古及今，治天下者，须用孔子之道，舍此他求，即为异端。佛法虽好，乃余事耳。不可以治天下。安可使太子不读书'。帝师赧服而退。"可见占有统治地位的还是儒学。

石窟佛教艺术表现出元代气质，比如敦煌莫高窟第95窟的元代塑像造型，佛像面部宽阔，体形健硕，观音和胁侍菩萨具有蒙古族女性特征，天王具有蒙古男子的气魄和游牧民族的特色装束。第3窟是元代壁画的精品窟，也可称为"观音堂"。形制为殿堂窟，主室覆斗顶，上小下大，中间聚合一个方形藻井，花纹装饰已不存，四披铺面饰联泉纹图案，《营造法式》称"球璐纹"。或左右连续成边饰画入藻井，或四方连续、六方连续成平綦画在窟门甬道顶部。这种纹样流行于密教石窟，在新疆高昌回鹘壁画和西藏古格佛寺遗址藻井中均有绘饰。该窟主尊为"八臂观音菩萨"塑像，现只存残身，头部无存。南北两壁绘制两幅《千手千眼观音》，是壁画中的极品。佛龛内墙壁绘制四身菩萨，分立两侧，如真人一般高度。窟门内壁绘制散花与净瓶观音两身，占据正面墙壁，较真人高。除此之外，位于南北两部分别对称绘制飞天和帝释天，以及天女、婆罗门、金刚等像。色彩淡雅细密，用笔精细典雅。内容均为密宗造像，但是人物面貌为汉人形态。画风有细密画的风格特点。在崇拜观音菩萨的仪式中，信徒常常诵念"南无观世音菩萨"，表达对其慈悲的信仰和请求庇护的愿望。

第二节　藏传佛教对石窟造像的影响

元朝时期，随着丝绸之路的空前繁荣，东西方之间的贸易与文化交流达到了前所未有的高度，这不仅促进了商品的流通，更使得不同宗教文化的碰撞与融合变得尤为显著。在这条古老而辉煌的商路上，来自中亚、西亚乃至更遥远地区的商人和旅行者络绎不绝，他们不仅携带着珍贵的货物，更带来了各自深厚的宗教信仰和文化传统，其中，伊斯兰教以其独特的魅力在元朝境内广泛传播，与其他宗教思想相互渗透，共同丰富了元朝多元并存的宗教生态。在这一文化交融的大背景下，元朝的宗教艺术展现出了前所未有的活力与创新。佛教作为当时重要的宗教信仰之一，其艺术表现形式如石雕、壁画等，深受多种文化的影响，逐渐形成了既保留传统韵味又兼具异域风情的独特的艺术风格。特别是元代的佛教寺庙建筑，不仅在结构上体现了中原建筑的严谨与宏大，同时在装饰细节上融入了西域文化的细腻与神秘，使得每一座寺庙都成了中原与西域文化交流的生动见证。

在藏传佛教造像艺术领域，元代更是达到了一个新的高峰。

这一时期的造像不仅继承了前代的精华，更在广泛吸收印度、尼泊尔、克什米尔等地的佛教造像风格和特点的基础上，创新性地发展出了多种样式，展现了元朝艺术家们卓越的创造力和开放包容的文化态度。这些造像在与不同地域文化相结合的过程中，进一步细化为多种地域性造像样式，体现了文化交流的深度与广度。

尤为值得一提的是，尼泊尔艺术大师阿尼哥所创造的"西天梵相"，成了元代藏传佛教造像艺术的主要代表。这种艺术样式不仅巧妙地吸收和借鉴了我国汉地传统佛教造像的手法，如细腻的表情刻画、流畅的线条运用，同时还严格遵循了藏传佛教艺术的型制量度规则，确保了造像的神圣与庄严。因此，"西天梵相"不仅是一种艺术上的创新，更是多元文化深度融合的产物，它以其独特的魅力，跨越时空的界限，成了连接不同文明、促进文化交流的桥梁。元大都作为政治文化中心，有大规模的寺庙建设，藏传佛教雕塑艺术兴盛。伴随着元代宫廷佛事活动的广泛开展，大量的能工巧匠带着佛像铸造、法器制作等技术在河北一带及南方各省参与建寺造佛。

陶宗仪在《南村辍耕录》卷二十一中记："大司徒领异样金玉人匠总管府：塑局、出蜡局、银局、铜局、铸泻等铜局、唐像画局、梵像局、杂造提举司、镔铁局、玉局、诸物局。"元代为藏传佛教建造设置专门的部门"梵像局"，延祐三年，升提举司，专设造像机构——梵相提举司，负责塑造藏传佛教造像，同时满足帝王和皇室成员奉佛的需求。

据《元代画塑记》记载，梵相提举司为大都和上都的皇家寺庙塑造了大量的佛像。梵相提举司，集中了当时汉藏塑造佛像的名家高手，著名的尼泊尔手工制作大师、画家与雕塑家阿尼哥，先后掌管过诸色人匠总管府和将作院及其下属的梵相提举司、出蜡局提举司和织佛像提举司等直接进行佛教造像艺术创作的机构。13世纪，尼泊尔著名艺术家阿尼哥，带领80多名艺术家进入中土，为唐卡画作带来新元素，主持和参与的大型建筑项目多达15项，凡两都——大都和上都寺观之像，多出其手。其亲自修造和补塑的佛像近500躯之多，此外还有大量的绘画作品。居庸关的浮雕和北京妙应寺白塔经证实为阿尼哥作品。《元史》卷二百三《阿尼哥传》记："阿尼哥，尼波罗国人也，其国人称之曰八鲁布。幼敏悟异凡儿，稍长，诵习佛书，期年能晓其义。同学有为绘画妆塑业者，读《尺寸经》，阿尼哥一闻，即能记。长善画塑，及铸金为像。中统元年，命帝师八合斯巴建黄金塔于吐蕃，尼波罗国选匠百人往成之，得八十人，求部送之人未得。阿尼哥年十七，请行，众以其幼，难之。对曰：'年幼心不幼也。'乃遣之。帝师一见奇之，命监其役。明年，塔成，请归，帝师勉以入朝，乃祝发受具为弟子，从帝师入见。帝视之久，问曰：'汝来大国，得无惧乎？'对曰：'圣人子育万方，子至父前，何惧之有。'又问：'汝来何为？'对曰：'臣家西域，奉命造塔吐蕃，二载而成。见彼士兵难，民不堪命，愿陛下安辑之，不远万里，为生灵而来耳。'又问：'汝何所能？'对曰：'臣以心为师，颇知画塑铸金之艺。'帝命取明堂针灸铜像示之曰：'此宣抚王楫使宋时所进，岁久阙坏，无能修完之者，汝能新之乎？'对曰：'臣虽未尝为此，请试之。'至元二年，新像成，关鬲脉络皆备，金工叹其天巧，莫不愧服。凡两京寺观之像，多出其手。为七宝镔铁法轮，车驾行幸，用以前导。原庙列圣御容，织锦为之，图画弗及也。至元十年，始授人匠总管，银章虎符。十五年，有诏返初服，授光禄大夫，大司徒，领将作院事，宠遇赏赐，无与为比。卒，赠太师、开府仪同三司、凉国公、上柱国，谥敏慧。"《尺寸经》当是尼泊尔流行的一种型制量度规则书,现已不存。但在西藏流传的"三经一疏"(后面会详细论述),或许就是《尺寸经》的流传和发展。

阿尼哥大师为元朝培养了大量的艺术人才,有上千名艺术家经他之手成才,并服务于元朝的佛教发展,阿尼哥的儿子阿僧哥于公元 1312 年为元大都大圣寿万安寺(今白塔寺)塑造大小佛像 140 尊。《元代画塑记》载:"武宗至大三年(1310 年)正月二十一日,敕虎坚帖木儿丞相,奉旨新建寺后殿五尊佛,咸用铜铸,前殿三世佛、四角楼、洞房诸处佛像以泥塑,仿高良河寺铸铜番竿一对。虎坚帖木儿、搠思吉、月节儿、阿僧哥,洎帝师议,依佛经之法,拟高良河寺(大护国寺)并五台佛像从其佳者为之……"《元代画塑记》中记有雕塑家阿僧哥、那怀、吴同金、张提举(刘元之弟子)、李同知、八儿卜、李肖岩等人为朝廷塑像的事迹。

阿尼哥最著名的汉人弟子叫刘元,刘元学习"西天梵相",技艺精湛,达到神思妙合的境界。《元史》卷二百三记:"有刘元者,尝从阿尼哥学西天梵相,亦称绝艺。元字秉元,蓟之宝坻人。始为黄冠,师事青州杞道录,传其艺非一。至元中,凡两都名刹,塑土、范金、抟换为佛像,出元手者,神思妙合,天下称之。其上都三皇尤古粹,识者以为造意得三圣人之微者。由是两赐宫女为妻,命以官长其属,行幸必从。仁宗尝敕元非有旨不许为人造他神像。后大都南城作东岳庙,元为造仁圣帝像,巍巍然有帝王之度,其侍臣像,乃若忧深思远者。始元欲作侍臣像,久未措手,适阅秘书图画,见唐魏徵像,矍然曰:'得之矣,非若此,莫称为相臣者。'遽走庙中为之,即日成,士大夫观者,咸叹异焉。其所为西番佛像多秘,人罕得见者。元官为昭文馆大学士、正奉大夫、秘书卿,以寿终。抟换者,漫帛土偶上而髹之,已而去其土,髹帛俨然成像云。"元朝两都名刹的塑土、范金、抟换（夹纻漆像俗称脱沙）为佛像，出于刘元之手者，皆精绝无比。《南村辍耕录》卷二十四又载："精塑佛像刘元，字秉元，苏之宝坻人。官至昭文馆大学士、正奉大夫、秘书监卿。元尝为黄冠，师事青州杞道录，传其艺非一，而独长于塑。至元一年，世祖建大护国仁王寺，严设梵天佛像，特求奇工为之，有以元荐者。及被召，又从阿尼哥国公学西天梵相，神思妙合，遂为绝艺。凡两都名刹，有塑士范金，抟换为佛，一出元之手，天下无与比。所谓抟换者，漫帛土偶上而髹之，已而去其土，髹帛俨然像也。昔人尝为之，至元尤妙。抟丸又曰脱活，京师语如此。"

据《元史》记载，到元文宗时期历代皇帝总共建有12座藏传佛教寺院，额定僧人为3150人。在这众多寺庙中，地位比较高的当属大护国仁王寺与大圣寿万安寺。据《元史》记载："至元十六年十二月……建圣寿万安寺于京城。帝师亦怜吉卒，敕诸国教师禅师百有八人，即大都万安寺设斋圆戒赐衣。"明代后圣寿万安寺又称妙应白塔寺，覆钵藏式佛塔属于典型的尼泊尔风格，通高50.9米，由塔基、塔身、相轮和塔刹组成。塔基的须弥座为24个莲花瓣构成的莲花座，塔身硕大，上大下小，好似倒扣的钵，因此成为覆钵体。塔身之上为塔的颈部，即相轮，共分为13层，也叫十三天。最上面的结构为塔刹，其造型为圆形的华盖顶，周边坠有36只铜铃，随风摇曳，声音悦耳动听。整体造型简洁而富有层次感，塔身逐渐收缩，形成优雅的线条。此种形式在视觉上给人以稳定感和向上的力量，象征着宗教信仰的升华。据《圣旨特建释迦舍利灵通之塔碑文》记载，白塔装饰烦冗华丽，是帝师"亦怜真"根据密教身、语、意所谓"三所依"的教义所制，文中记载："表法设模，座镂禽兽，角垂玉杵，阶布石栏，檐挂华鬘，身络珠网……第一身所依者：先于塔底，铺设石函，刻五方佛白玉石像……次于须弥石座之上，镂护法诸神：主财宝天、八大天神、八大梵王、四王九曜，及护十方天龙之像；后于瓶身，安置图印、诸圣图像，即十方诸佛、三世调御……文殊、观音，甲乙环布。第二语所依陀罗尼者，即佛顶、无垢、秘密宝箧、菩提场庄严……如是等百余大经，一一各造百千余部，夹盛铁锢，严整铺累。第三意所依事者：瓶身之外，琢五方佛表法标显，东方单杵，南方宝珠，西方莲花，北方交杵，四维间厕四大天母所执器物。"塔身的雕刻装饰丰富，包括佛教经典图案莲花、菩萨像等，体现了元代雕塑艺术的细腻与精湛。装饰的细节不仅增强了艺术性，也传达了宗教的深刻内涵。佛塔采用白色石材，白色象征纯洁与神圣，材料的选择不仅影响了塔的外观，也与佛教的"身业、语业、意业"的象征意义紧密相连。白塔的设计也考虑到了信徒的朝圣体验，塔内的空间布局和外部的景观设计相辅相成，使信徒在朝圣过程中感受到神圣与宁静。

我们从大量的史实记载中可以看出，元代皇室由于推崇藏传佛教而进行了规模庞大、数量众多的修寺造佛活动，伴随着宗教活动的广泛开展，藏传佛教艺术尤其是雕塑艺术的发展达到了高峰。

阿尼哥在创作佛像雕塑的过程中，积极吸取尼泊尔元素和中原本土的佛教样式，形成了一种被称为"西天梵相"的造像样式。其风格迥异于汉地造像，具有鲜明的异域特征，由于融合了印度密宗的造像手法，这种造像通常表现为高乳、肥臀等人体健美的特点，在阿里地区的托林寺石窟壁画中表现得尤为真切。另外，彰显尼泊尔风格的造像样式如肩部壮硕、腰身纤细、面部呈上宽下窄的倒三角形，后逐渐演变为带有蒙古少数民族特征，如"方额广颐"的宽脸，眼睛外角向上挑等特征在

"西天梵相"中也体现得十分清晰。佛经之法是指藏传佛教造像文献理论,其依据为"三经一疏",包括《佛说造像量度经》、《造像量度经》、《画相》和《佛说造像量度经疏》。《阿尼哥传》中所记《尺寸经》也应该是造像技艺的学习书籍,包含了理论、技法、工巧、材具特性,集藏族绘画、雕塑、建筑、书法、工艺美术于一体。

"三经一疏"到底是如何应用于造像创作过程的呢?艺术家在创作雕塑时具体依据什么?清代学者工布查布所译《造像量度经》记:"盖具几分之准量,则凝注几分之神气。有神气之力,以能引彼从生之爱敬心,因以其爱敬心之轻重之分,因而获其摄受利益之大小。""此岂工人之所易任者乎,然则尺寸量度之为要务也明矣。"准确度量是神力的保障,以引导人之爱敬心。《造像量度经》中对佛、菩萨、金刚、明王、护法神、度母等佛教造像有明确、严谨的尺度规定。比如,学者康·格桑益希在《藏传佛教造像量度经》中记,"《造像量度经》载:'佛造像是以头部长度的基本度量单位为计量的。'佛的直立造像比例是:头部肉髻高四指,肉髻根至发际四指,发髻至颏下十二指,颈高四指,颈下至心窝十二指,心窝至肚脐十二指,肚脐至阴藏(耻骨)十二指,胯骨四指,股长二十四指,膝骨四指,胫骨二十四指,脚踵四指。身高合一百二十指。佛的坐式造像的比例为:心窝以上比例同直立站式佛造型,心窝到肚脐十二指,肚脐到胯骨四指,胯骨至阴藏(耻骨)八指,阴藏至跏趺交会指,跏趺交会至宝坐四指。"佛造像除长度和宽度比例规定外,还包括面部五官及四肢的比例规定。菩萨造像要求以十六岁左右男相为佳,其面如鸟卵,呈"喜悦慈爱状"。可同时显现数身,可绘数面头相,如观音即可有十一面观音相,菩萨造像形式变化最多的就是佛教中的密教,其面有三、六、九、十一等数目。面相神态亦可各异，设色自然亦不相同。"手足虽多，根全生于躯，其式约略似扇把横轴所揽"。度母造型则以十六岁童女为佳，其"坚实不倾"，"精气足"。佛母造型比例唯性器官，略有差别外，余皆基本一致。绘画时面部要求以卵形为准，眼睛长三指，宽半指，似"伏波罗华辨形"。头发高六指，向后倾。在臂梢、胫梢、指尖、腰部均比男相略细，"成窈窕之相"。《造像量度经》规定内容之详细严密令人敬畏，对清代后的佛教造像产生影响。

《画相》亦译作《画法论》《画论》《梵天定书》《绘画人体量度论》《绘画量度经》等，是一部以转轮王为例，讲述天神以及各类世俗人物画像的理论著作，全文分"求画""天降""供画""量度"四部分，讲述了赤降王那木札晋图向造物主梵天求画的过程，表达了画像艺术"天降"的宗教观念，讲述画像规范世俗、教化众生的作用和供画的来源。"量度"则详细讲述了以转轮王为主的各类世俗人物身像各部位、各器官的形象、尺度、比例和绘制方法。三十二相[1]是指古代印度佛教徒美化和神化释迦牟尼佛身像的32种奇特长相，也是佛陀造型的标准和佛身

---

[1] 据《方广大庄严经》和《大智度论》，此三十二相为：一者顶有肉髻；二者螺发右旋，其色青绀；三者额广平正；四者眉间毫相，白如珂雪；五者睫如牛王；六者目绀青色；七者有四十齿，齐而光洁；八者齿密而不疏；九者齿白如军图花；十者梵音声；十一味中得上味；十二舌软薄；十三颊如狮子；十四两肩圆满；十五身量七肘；十六前分如狮子王臆；十七四牙皎白；十八肤体柔软细滑，紫磨金色；十九身体直正；二十垂手过膝；二十一身分圆满如尼拘陀树；二十二一一毛孔皆生一毛；二十三身毛右旋上靡；二十四阴藏隐密；二十五髀臁长；二十六腨如伊尼鹿王；二十七足跟圆正，足指纤长；二十八足趺隆起；二十九手足柔软细滑；三十手足指皆网鞔；三十一手足掌中各有轮相，榖辋圆备，千辐具足，光明照耀；三十二足下平正，周遍案地。

观想的对象。八十种随行好[1]是指古代印度佛教徒对释迦牟尼造型的标准和佛身观想的对象，是修行达到圆满境界后的面相学。两者合称为"相好"，是古代印度民俗信仰和观相术的结晶，古代印度人认为凡有大作为者必有与众不同的奇特相貌。

"三经一疏"中的佛造像是藏族美术的重要主题，涵盖了绘画和雕塑作品的广泛内容。在某种程度上，它是藏族美术和藏传佛教艺术的核心。为了使佛学理念能够有效地体现在造像中，且体现造像的庄严与美感，造像要进行形制和比例的选择。虽然最佳的形制和比例是在实际造像过程中获得的，但它们的明确规范又源自经典文本。客观上，造像的形制和比例有时与佛

---

[1] 据《大般若经》卷三百八十一和《大乘义章》卷二十记载，此八十种随行好为：1. 无见顶相；2. 鼻高不见孔；3. 眉如初月；4. 耳轮垂魂；5. 身坚实如天力士；6. 骨际如勾锁；7. 身一时回旋如象王；8. 行时，足去地四寸而现印文；9. 爪如赤铜色，薄而润泽；10. 膝骨坚而圆好；11. 身清洁；12. 容仪满足；13. 身不曲；14. 指圆而纤细；15. 指文藏覆；16. 脉深不现；17. 踝不现；18. 身润泽；19. 身自持不逶迤；20. 身满足；21. 容仪满足；22. 容仪备足；23. 住处安无能动者；24. 威震一切；25. 一切众生见而乐之；26. 面不长大；27. 正容貌而色不挠；28. 面具满足；29. 唇如频婆果之色；30. 言音深远；31. 脐深而圆好；32. 毛发右旋；33. 手足满足；34. 手足如意；35. 手纹明直；36. 手纹长；37. 手纹不断；38. 一切恶心之众生，见者和悦；39. 面广而殊好；40. 面净满如月；41. 随众生之意和悦与语；42. 自毛孔出香气；43. 自口出无上香；44. 仪容如狮子；45. 进止如象王；46. 行相如鹅王；47. 头如摩陀那果；48. 一切之声分具足；49. 四牙白利；50. 舌色赤；51. 舌薄；52. 毛红色；53. 毛软净；54. 眼广长；55. 死门之相具；56. 手足赤白，如莲花之色；57. 脐不出；58. 腹不现；59. 细腹；60. 身不倾动；61. 身持重；62. 其身大；63. 身长；64. 手足软净滑泽；65. 四边之光长一丈；66. 光照身而行；67. 等视众生；68. 不轻众生；69. 随众生之音声，不增不减；70. 说法不着；71. 随众生之语言而说法；72. 发音应众声；73. 次第以因缘说法；74. 一切众生观相不能尽；75. 观不厌足；76. 发长好；77. 发不乱；78. 发旋好；79. 发色如青珠；80. 手足为有德之相。

造像的理想要求存在差异，因此它们必须基于美术和佛学的双重经典意义。经典中的造像形制和比例成为另一种美术创作的法则，类似于美术领域中关于造型和构成的理论。这些法则直接或间接地影响着生活题材和以现实手法进行的人物描绘，能够产生积极的审美效果。

我国著名美学家王朝闻先生曾对释迦牟尼佛涅槃塑像作过这样的评语，他说："为什么那一个虚构的释迦涅槃塑像，既不把他的神气塑成死人，也不把他塑成酣睡者，而要塑成那么安详的样子呢？看来这些为宗教服务的雕塑，也是从艺术在思想上的作用着眼，从而十分注意艺术性的。这种虚构的具体性，显然和它的创作者对于所谓佛的特性的了解有关，对于信徒的反应的估计与预见有关。"王朝闻先生对艺术创作中"虚构"与"现实"之间的关系表述是超越现实的表达，艺术创作中的虚构常常是对现实的超越。艺术家通过虚构的形象和情境，表达出更深层的情感、思想和哲理。这种超越使得艺术作品能够传达出现实生活中难以表达的内涵，也是理想化的呈现。虚构不仅是对现实的再现，更是对理想的追求。在释迦牟尼佛的塑像中，艺术家并不单纯描绘其生理特征，而是通过安详的形象传达出佛教的智慧与宁静。这种理想化的表现使得信徒能够在艺术作品中找到精神寄托。"虚构"也是情感共鸣的创造，虚构的艺术形象能够引发观众的情感共鸣。通过对虚构与现实的结合，观众不仅能欣赏到艺术作品的美，还能在其中找到艺术作品与自身经历和情感的联系，从而产生深刻的思考和感悟。艺术创作中的虚构往往反映了特定文化和信仰的内涵。艺术家在创作时，考虑到信徒的心理需求和社会背景，使得虚构的形象能够与现实中的信仰和文化相呼应。这种关系使得艺术作品不仅是个人的表达，也是集体文化的体现。然而，虚构与现实之间并不是对立的，而是相互依存、互动的关系。艺术家在创作过程中，既要从现实中汲取灵感，又要通过虚构的方式进行再创造。这种互动使得艺术作品具有了更丰富的层次和深度。王朝闻先生认为，艺术创作中的"虚构"与"现实"之间存在着一种复杂而富有意义的关系。虚构不仅是对现实的超越和理想化的呈现，也是情感共鸣的创造和文化信仰的反映。通过这种关系，艺术作品能够在观众心中激发出深刻的思考与感悟，从而实现艺术的真正价值。其美学意义在于神性高于人性的艺术表现。

元代藏传佛教雕塑不仅在形式上遵循严格的宗教规范，也通过对神性与人格的双重表现，形成了深层的美学内涵和独特的艺术风格，彰显了宗教信仰的崇高与庄严。

第三节　西藏地区石窟

西藏地区石窟主要有拉萨药王山查拉鲁普石窟寺、青普寺石窟、乃东比卢洞石窟、查央宗山、东嘎石窟、羌姆石窟、乃甲切木石窟等。西藏地区的石窟艺术受印度、尼泊尔、克什米尔等地区佛教艺术风格的影响，形成了印度佛教、苯教、藏传佛教相互融合的西藏独有的宗教文化艺术。

公元 7 世纪，吐蕃王松赞干布为了加强实力统一吐蕃，通过联姻和亲的方式引进外域势力来达到抵制吐蕃旧贵族的目的，陆续娶了五位妃子，并且建造五座寺院别宫：为中原文成公主建小昭寺、为尼泊尔赤尊公主建大昭寺、为阿里象雄妃黎娣缅建泰甫果巴寺、为羊支芒妃赤江（唯一和松赞干布育有一子的妃子）建叶尔巴寺、为西夏木雅妃茹雍建查拉鲁普石窟。公元 11 世纪，古印度大师阿底峡尊者在大昭寺发掘出《柱间史》，该书又名《松赞干布遗训》，书中记载，松赞干布为尼泊尔赤尊公主、象雄妃黎娣缅建寺，此后为木雅妃茹雍建查拉鲁普石窟寺。当时尼泊尔工匠建造宫堡和寺院，而木雅妃茹雍从党项征调弥药工匠针对吐蕃习俗整修河道与市集。查拉鲁普石窟被认为是藏传佛教发展历史上的第一座石窟。

"弥药"在《隋书》《唐书》文献中所记为党项羌族。公元 6 至 7 世纪，党项羌族是一支活跃于今天甘肃、四川、青海三省交界地带的游牧民族。考古学家宿白在所撰《中国石窟寺研究》中指出，查拉鲁普石窟"这类石窟不见于印度、中亚和我国新疆地区，在西藏也只此一例；但却多见于当时中原以迄河西一带，因可怀疑它的来源或许与党项接壤的河西石窟有某种关联。"[1] 公元 14 世纪，西藏学者索南坚赞在《西藏王统记》中记载该石窟："复次，王又于扎拉鲁浦（查拉鲁普）修建神庙，此庙主神为吐巴扎拉贡布，其右旁自现舍利佛，左旁目犍连，又右弥勒，左观世音，主从共五尊。虽然在岩石上已自然现出，但为未来众生培积福德，复由尼婆罗（尼泊尔）匠师将其刻镂，更加显明。在转经堂岩壁上，所有雕刻均由藏民竣其事功。斯时盐价昂贵，至六十倍，王许其雕岩粉一升，即付以盐一升为酬。但又雕得岩灰半升，仍以一升与之交换。诸神殿彩绘工程完毕，亦为其作迎神开光云。"[2]

巴卧·祖拉陈哇（1504—1566 年）于 1564 年撰写《贤者喜宴》一书，详细叙述了茹雍妃的家世和该寺的形制："松赞干布又娶……弥药王之女茹雍妃洁莫尊……茹雍妃在查拉路甫（查拉鲁普）雕刻大梵天等佛像。当盐（已涨至）八十（倍）时，每（雕）崖粉一升，其代价即给盐一升，由是在崖上雕凿成转经堂。"

---

[1] 宿白. 中国石窟寺研究 [M]. 北京：生活·读书·新知三联书店，2019：405.

[2] 索南坚赞. 西藏王统记 [M]. 刘立千，译. 北京：民族出版社，2000：92-93.

《隋书》记载苏毗"尤多盐,恒将盐向天竺兴贩,其利数倍……",苏毗国因其富庶的资源被吐蕃吞并。

查拉鲁普石窟,位于拉萨布达拉宫西南的药王山,洞口向东,与大门朝西的大昭寺遥遥相对,被称为"释迦牟尼小佛殿"。木雅妃茹雍凿岩雕佛修建石窟的起因,与当时松赞干布倡建佛殿是一样的,都是镇压吐蕃藏地妖魔。因为当时吐蕃信奉的是吐蕃本土的土著宗教——苯教,所以,茹雍萨嘉姆尊主持开凿查拉鲁普石窟的真正目的不一定完全出于对佛教的信仰,或许是以此来服务于政治,不外乎在吐蕃臣民面前显示自己的功德。

查拉鲁普石窟寺距地面约 20 米,依山开凿,共有三层,石窟位于第二层,窟口东向,石窟形制是支提窟,又称塔庙窟,窟形为不规则长方形,深约 6 米,宽约 5 米,高约 2.6 米。窟内中部偏后凿出接近方形的中心柱,环绕中心柱的礼拜道平均宽约 1 米。中心柱的主佛为释迦牟尼,右旁舍利佛,左旁目犍连,又右弥勒,左观世音,主从共五尊。四面共有 13 尊造像,其中东面有一佛二弟子二菩萨五尊造像,南北两面各有一佛二菩萨,四面坐佛皆右袒,作触地印之降魔相,均为高浮雕造像。石窟内的中心柱与洞壁之间有一圈转经回廊,即"转经堂"。岩壁上有 54 尊造像,分布在南、西、北三壁。其中南壁的造像数量最多,有 32 尊,分上、中、下排列。西壁有 6 尊造像,北壁有 16 尊造像,分上、下两排排列。石窟内共有造像 71 尊,这些造像除释迦牟尼、观世音、弥勒佛、舍利佛、目犍连等佛,菩萨和护法神外,还有吐蕃主要人物尊像松赞干布、赤尊公主、文成公主、禄东赞、莲花生大师,以及藏传佛教后弘期的宁玛派高僧喜饶扎巴等。窟上方有一处宽 2.5 米、深 1.5 米、高 1.6 米的僧房窟。

石窟内中心石柱正面五尊佛像和菩萨像袒裸上身,下着短裙或长裙,身体呈"S"形的三道弯式站立姿态,带有尼泊尔艺术风格特点。据史书记载，查拉鲁普石窟是由尼泊尔匠人凿刻的，古朴的造像风格比新疆的石窟群更接近石窟的发源地印度。后世的补镌也并非是照抄照搬，在吸收外来民族艺术精华的同时也不失本民族的传统艺术风格，丰富了本民族的艺术文化，更加突出了石窟艺术的民族性和区域性。

公元 7 世纪初，吐蕃王朝处于藏传佛教和佛像艺术传入初期，此后一直伴随着藏传佛教的发展而发展，经历了一千三百余年的漫长历史，经过了从传入、吸收、融合、转型、成熟到衰落的不同发展阶段。在不同的发展阶段，分别出现了多种不同的造像风格，如印度风格、尼泊尔风格、中亚风格、于阗风格和中原风格以及西藏本土风格等。

1962 年，第十世班禅大师曾出资维修了查拉鲁普石窟，1979 年，拉萨居民土登旺久个人出资，对查拉鲁普石窟进行了全面整修，包括扩建松赞干布佛殿和王妃佛殿等建筑。拉萨查拉鲁普石窟，现在是一栋三层的木石结构的楼阁寺院，占地面积小，但它作为西藏地区唯一一个可追溯至吐蕃时期的藏传佛教艺术风格的石窟寺，是早期石窟艺术发展至今的石窟活化石。

第四节　杭州飞来峰石窟群

石原无此理，变幻自成形。
天巧疑经凿，神功不受型。
搜空或浐水，开辟必雷霆。
应悔轻飞至，无端遭巨灵。
石意犹思动，躘踵势若撑。
鬼工穿曲折，儿戏斫珑玲。
深入营三窟，蛮开倩五丁。

飞来或飞去，防尔为身轻。

张岱《飞来峰》一诗赞美飞来峰上巨石之天斧神工，形态变幻多样。从"深入营三窟"可知此处自古为佛教圣地。

杭州飞来峰的石窟群是我国现存规模最大、最为集中的元代佛教雕塑艺术宝库，其中汇集了梵式和汉式不同类型与题材的数量众多的雕塑作品，做工精美，保存完好，具有很高的学术价值，弥补了其他地区的不足。特别是对于元代作品，此处为国内重要的集中地点之一。该地造像不仅雕刻技巧相当出色，而且大多保存得还较为完整，它和各地的元代以前石窟造像相衔接，是中国雕塑史上不可分割的一部分。据统计，杭州飞来峰石窟群现存元代造像67龛，大小造像116尊，其中46尊为藏传佛教风格造像，62尊为汉式风格造像，8尊为受藏传佛教风格影响的汉式造像。从飞来峰摩崖上的826年的唐代题记可知，此处便是唐代杭州的佛教圣地。峰上有确切年代的造像最早为五代时期，最迟到元朝时期。

杭州西湖是享誉世界的名胜风景区。湖三面的秀丽群山中，从天竺山到北面的灵隐山、飞来峰、北高峰、栖霞岭、宝石山蜿蜒20余里，总称为北山。飞来峰石灰岩上古树参天，气象万千，底部满饰曲折奇丽的岩洞，忽明忽暗，参差有致，它们和峰下岩石中喷出来的若断若续的清泉，相映成趣，蔚为奇景。此处还是杭州最优美的佛家圣地。现存元代造像20余窟，除6窟在吴山宝成寺外，余者集中在北山区著名寺院——灵隐寺对面的飞来峰上。

飞来峰，又名灵鹫峰，高约200米，远望如一幅山水画，树影摇曳，奇石嵯峨，形态各异。这里曾有72个洞，现多已堙没。最南端的金光洞有多种别名，附近还有玉乳洞和龙泓洞等。山下清泉涓涓流出，环绕山间，展现出巍峨与灵秀。明代诗人张宁在《飞来峰》中极尽赞美："舞岫翔峦势接天，巉岩曲壑欲飞悬。诗穷翰墨题难就，画尽丹青意不传。浪说此山曾见佛，却疑深处可通仙。冷泉亭下西风起，搅乱枯藤石上眠。"

据清代翟灏《湖山便览》卷六载，慧理来到杭州宣法，对西湖优美的景致赞叹不已，惊异于飞来峰之神奇，说道："此中天竺国灵鹫山之小岭，不知何年飞来？"由此名为飞来峰。为纪念慧理，命名"理公岩"，修建"理公塔"。《佛祖历代通载》卷六记："三藏理法师名惠理，西竺人也。东晋咸和初，来游此土，至杭州，见山岩秀丽，曰：'吾国中天竺灵鹫山之一小岭，不知何年飞来？佛在世时多为仙灵所隐，今此亦复尔耶！'洞旧有白猿，遂呼之，应声而出，人始之信，飞来由是得名。师即地建两刹，先灵鹫后灵隐，常宴坐岩中，号理公岩。今瘗塔在焉。"文中记载慧理是灵隐寺的开山祖师，为了纪念他，重建"理公塔"。这座塔立于山石竹林掩映中，塔身用石块砌成，六面七层，刻有浮雕佛、菩萨像以及佛经，颇有气势。金光洞口有一石床，据宋代《咸淳临安志》卷二十三记："（理公岩）在天竺山灵鹫院之右。陆羽记云：昔慧理宴息于下，后有僧于岩上周回镌小罗汉、佛、菩萨像，慈云法师所谓'访慧理之禅岩，吊客儿之山馆'是也。近主僧行果始作阁道，属之岩中，以祠理公。"可知此处为慧理休息之处。

公元1277年，元朝皇帝忽必烈任命西僧杨琏真伽为江淮诸路释教总摄及都总统。江淮诸路释教总摄是指执掌江淮地区的佛教事务并积极执行朝廷宗教政策的官职。他任职十余年间，开窟造像，兴建佛寺，雕印河西字《大藏经》《普宁藏》。《元史》卷十三记："丙申，以江南总摄杨琏真加发宋陵冢所收金银宝器修天衣寺。……桑哥言：'杨琏真加云，会稽有泰宁寺，宋毁之以建宁宗等攒宫；钱唐有龙华寺，宋毁之以为南郊。皆胜地也，宜复为寺，以为皇上、东宫祈寿。'时宁宗等攒宫已毁建寺，敕毁郊天台，亦建寺焉。"卷十四记："以江南废寺田土为人占据者，悉付总统杨琏真加修寺。"卷十五又记："江淮总摄杨琏真加言以宋宫室为塔一，为寺五，已成。诏以水陆地百五十顷养之。诏征葛洪山隐士刘彦深。"田汝成《西湖游览志余》记："至元十八年，诏天下除《道德经》外，其余说谎道经，尽行烧毁，道士受佛经者为僧，不为僧者娶妻为民。时江南释教都总统永福杨琏真伽，自至元二十二年至二十四年，恢复佛寺三十余所，如四圣观者，昔之孤山寺也。弃道为僧者七八百人，皆挂冠于上永福寺帝师殿梁间。"

杨琏真伽为了巩固地位，搜刮钱财，干了很多坏事。《元史》卷十六记："遣脱脱、塔刺海、忽辛三人追究僧官江淮总摄杨琏真伽等盗用官物。"卷十七记："壬戌，给还杨琏真加土田、人口之隶僧坊者。初，琏真加重赂桑哥，擅发宋诸陵，取其宝玉，凡发冢一百有一所，戕人命四，攘盗诈掠诸赃为钞十一万六千二百锭，田二万三千亩，金银、珠玉、宝器称是。"卷二百二又记："有杨琏真加者，世祖用为江南释教总统，发掘故宋赵氏诸陵之在钱唐、绍兴者及其大臣冢墓凡一百一所；戕杀平民四人；受人献美女宝物无算；且攘夺盗取财物，计金一千七百两、银六千八百两、玉带九、玉器大小百一十有一、杂宝贝百五十有二、大珠五十两、钞一十一万六千二百锭、田二万三千亩；私庇平民不输公赋者二万三千户。他所藏匿未露者不论也。"又有元代文人陶宗仪所撰《南村辍耕录》卷四记："有总江南浮屠者杨琏真珈，怙恩横肆，执焰烁人，穷骄极淫，不可具状。"

诗人张岱对杨琏真伽恨之入骨，撰《飞来峰》一文以泄愤：

"飞来峰，棱层剔透，嵌空玲珑，是米颠袖中一块奇石。使有石癖者见之，必具袍笏下拜，不敢以称谓简亵，只以石丈呼之也。深恨杨髡，遍体俱凿佛像，罗汉世尊，栉比皆是，如西子以花艳之肤，莹白之体，刺作台池鸟兽，乃以黔墨涂之也。奇格天成，妄遭锥凿，思之骨痛。翻恨其不匿影西方，轻出灵鹫，受人戮辱。亦犹士君子生不逢时，不束身隐遁，以才华杰出，反受摧残，郭璞、祢衡，并受此惨矣。慧理一叹，谓其何事飞来，盖痛之也，亦惜之也。且杨髡沿溪所刻罗汉，皆貌已像，骑狮骑象，侍女皆裸体献花，不一而足。田公汝成锥碎其一；余少年读书岣嵝，亦碎其一。闻杨髡当日住德藏寺，专发古冢，喜与僵尸淫媾。知寺后有来提举夫人与陆左丞化女，皆以色夭，用水银灌殓。杨命发其冢。有僧真谛者，性呆戆，为寺中樵汲，闻之大怒，嗔呼诟谇。主僧惧祸，锁禁之。及五鼓，杨髡起，趣众发掘，真谛逾垣而出，抽韦驮木杵奋击杨髡，裂其脑盖。从人救护，无不被伤。但见真谛于众中跳跃，每逾寻丈，若隼撇虎腾，飞捷非人力可到。一时灯炬皆灭，耰锄畚插都被毁坏。杨髡大惧，谓是韦驮显圣，不敢往发，率众遽去，亦不敢问。此僧也，洵为山灵吐气。"张岱真可谓是对飞来峰的爱有多深，对杨琏真伽的恨就有多深。诗人袁宏道撰文《飞来峰小记》，也表达对杨的痛恨："湖上诸峰，当以飞来为第一。峰石逾数十丈，而苍翠玉立。渴虎奔猊，不足为其怒也；神呼鬼立，不足为其怪也；秋水暮烟，不足为其色也；颠书吴画，不足为其变幻诘曲也。石上多异木，不假土壤，根生石外。前后大小洞四五，窈窕通明，溜乳作花，若刻若镂。壁间佛像，皆杨髡所为，如美人面上瘢痕，奇丑可厌。"

虽然没有确凿的文献说明杨琏真伽在杭州飞来峰进行藏传佛教造像活动，但就现存元代造像68龛117尊中藏传佛教造像有33龛47尊来说，杨琏真伽仍是飞来峰元代造像诸开造者中开龛造像数量最多的,他所经营的造像目前能够确认的有第73龛三僧像、第89龛无量寿佛像与第98龛"西方三圣"像,共计7尊。公元1287—1292年所凿造的飞来峰"西天梵相"造像,是元代艺术大师尼泊尔人阿尼哥及其汉人徒弟刘元一派"西天梵相"艺术样式的代表。

从北宋开始,飞来峰造像窟龛数目众多。青林洞有水月观音、下生弥勒、托塔天王等刻像100多尊,洞入口靠右的岩石上有弥陀、观音、大势至等三尊佛像,为公元951年所造,是年代最早的"三圣"造像。最精致的造像是位于青林洞口崖壁上部的浮雕《卢舍那佛会》。这组浮雕共17尊,中间为卢舍那佛讲法,法身"毗卢遮那",即大日如来,是佛教密宗最高神,寓意佛光普照。在壸门花头式的佛龛里,主佛落座于高束腰"一叶一菩提"千叶莲花座上,举臂张掌说法,形象生动,动态自然,似在讲法中最为关键处。左右为胁侍二菩萨,左侧骑狮文殊菩萨,右侧骑白象普贤菩萨,还有四尊金刚力士。龛楣上端两侧以飞天雕饰。旁有题记:"北宋乾兴元年(1022年)四月胡承德命工镌卢舍那佛会一十七身。"众多罗汉围绕在佛会下方,作聆听状,虽面目均已残破,但正襟危坐的姿态可见佛心虔诚。该浮雕创作于乾兴元年,其精美程度令人赞叹。然而,除这一浮雕外,其他的造像大多显得简陋模糊,尤其是小型罗汉像。青林洞内部,四尊小佛像有的呈结跏趺坐,有的呈半结跏趺坐,有的呈游戏坐,各有意趣,这些造像可以追溯到五代后周时期,体现了当时的宗教艺术风格。

青林洞有一尊观音像,是北宋乾兴元年四月陆钦及妻李一娘捐钱雕造。北宋时期佛造像体形都不大,佛像雕凿在小型的佛龛里,掩映在苍松古木之中,环境静谧,造像姿态朴素而端庄,神态安详。造像群中最大的一龛当属南宋的弥勒像(布袋和尚像），为敞开式龛，龛岩浅进，布袋和尚开怀大笑以游戏坐姿势坐于中位，旁边围绕十八罗汉小像，均为圆雕，雕工精湛，造像情态欢畅。

玉乳洞是飞来峰的第二大洞。《西湖游览志》卷十记："玉乳、射旭二洞，宛转通明，悬泉浙浙，乳溜若凝肪然。……奇石累累，若镂若刻，信天巧所为，非人力也。"位于洞口的佛造像与真人几乎等大，呈结跏趺坐。洞内崖壁两侧地面石台基上有北宋十八罗汉造像与禅宗六祖[1]像。

这些造像中的题记，可以追溯到天圣四年（1026年）。罗汉像有二十余尊，其高度在一米左右。这些罗汉像不仅反映了当时的宗教信仰，还展示了雕刻艺术的演变。尽管一些造像因风化和时间的侵蚀而损毁，但这些造像整体上依然为我们提供了宝贵的文化和历史信息。因洞内常年水流不断，山体呈玉石状，光滑且润泽。造像尤其白净。洞内崖壁罗汉布局错落有致，雕刻师随形而造，凹凸有致的山崖尽显神来之笔。玉乳洞及其周边的造像不仅是宗教信仰的体现，更是古代艺术家们智慧与技艺的结晶。

第57号龛是元代江南总督杨琏真伽的私窟，其坐佛旁有石刻《大元国杭州佛国山石像赞》题记："永福杨总统，江淮驰重望，旌灵鹫山中，向飞来峰上，凿破苍崖石，现出黄金像。佛名无量亦无边，一切入瞻仰。树此功德幢，无能为此况。入此大施门，喜有大丞相。省府众名官，相继来称赏。其一佛二佛，口起模画样。花木四时春，可以作供养。猿鸟四时啼，可以作回向。日月无尽灯，烟云无尽藏。华雨而纷纷，国风而荡荡。愿祝圣明君，与佛寿无量。为法界众生，尽除烦恼障。我作如是说，

---

[1] 六祖：初祖达摩、二祖慧可、三祖僧璨、四祖道信、五祖弘忍、六祖慧能，合称"震旦六祖"。

此语即非妄。至元二十六年（1289年）重阳日，住灵隐虎岩净伏谨述，大都海云易庵子安书丹，武林钱永昌刊。"

在理公塔旁边的第5龛有金刚手立像，造像属于"西天梵相"风格，戴宝冠，冠上有小化佛，右手举着密宗的道具——三钴，左手置胸前，右脚略屈，左脚外伸，身上围着飞舞的飘带。按密教中的金刚手形象，应该是身短腹大，虎皮为衣，骷髅为冠，作凶恶的大忿怒相，而这造像，身段比例不如写实般准确，整个面部也洋溢着儿童逗人笑的稚气。龛外左刻题记："大元国功德主荣禄大夫、行宣政院使脱脱夫人□氏，谨发诚心，愿舍净财，命工镌造金刚手菩萨圣像一尊。端为祝延圣寿万安，保佑院使大人福禄增荣、寿命延远、家眷安和、子孙昌龄。至元二十九年闰六月　日建。"可知该龛是荣禄的功德龛。

第98龛"西方三圣"像分别为观音菩萨、阿弥陀佛和大势至菩萨。"西方三圣"修净土宗，净土宗是禅宗的一个分支。造像题记曰："大元国功德主、宣授江淮诸路释教都总统永福大师杨谨发诚心，捐舍净财，命工镌造阿弥陀佛、观世音菩萨、大势至菩萨圣像三尊，端为祝延皇帝圣寿万岁，阔阔真妃寿龄绵远，甘木罗太子、帖木厄太子寿算千秋，文武百官常居禄位，祈保自身世寿延长，福基永固，子孙昌盛，吉祥如意者。至元壬辰二十九年仲秋吉日建。"净土宗透过念诵佛号的方式，得以往生西方净土。日常念佛修行，可以获得佛力的接引、救援，借着阿弥陀佛的慈悲愿力往生西方极乐世界。观世音菩萨与大势至菩萨样式传承宋代观音造像特点，表现女性安静祥和的神态，她们头戴名为"蔓草祥云舒展冠"的宝冠，观音的宝冠正中饰有一尊小化佛，大势至则是一只宝瓶，这是他们的象征物。冠后各有一对掩鬓宝缯，下垂至肩部，耳下垂有圆形珥珰。面部圆润，上着对襟衣，下着长裙，呈全跏趺坐式，赤足露趾坐在仰莲座上。观音的左脚盘曲在右脚之外,作降魔坐,大势至恰好相反,作吉祥坐,二相对称。身体和头部比例上大下小,尤其突出宝冠的高耸和华丽。宝座均为朝天莲花,裙摆垂落于莲瓣之上,线条如流水一般既富有静态之美又具有质感。

第34龛中2米高、骑着狮子的多目天王像以其威严的姿态引人注目。这尊造像的外表崖面上,覆盖了一个石亭,使得其保存得相对完整,展现出古代雕刻艺术家的精湛技艺。多目天王身披铠甲,气概非凡,仿佛古代武士的形象再现,彰显出一种不可侵犯的威严。多目天王的整体造型极具力量感,狮子的姿态则是根据主题要求精心创造的。狮子的两条前腿摆成八字形,凶猛地撑在道座上,生动地表现出其强大的气势。狮子的肌肉线条分明,展现出强劲的力量,恰到好处地支撑起天王的体重,显出了天王的精神气派。天王的面容严肃,目光炯炯,仿佛能洞察世间万象,给人以强烈的震撼感。在同一主题的细部刻画中,艺术家的技巧得以淋漓尽致的展现。多目天王的甲胄上雕刻着精美的花纹,体现了高度的工艺水平和细腻的观察力。每一处雕刻都充满了生动的细节,显示出艺术家对形体与情感的深刻理解与把握。这种精致的表现不仅展现了艺术家的熟练技艺,也反映了他们丰富的艺术构思。在多目天王的左侧,坐着一尊狮菩萨像,旁边则布置着两尊飞天雕像。狮菩萨的形象同样引人注目,尽管其前额被崩塌的岩石破坏,仅留下部分完整的面容,但仍能感受到其内在的威仪。菩萨的双眼含蓄而深邃,似乎蕴藏着无限的智慧与慈悲;而那微微上扬的嘴角,带着一丝似笑非笑的神态,展现出一种微妙的情感。飞天的雕刻则充满了动感与活力。两尊飞天相互呼应,围绕着狮菩萨,显得生动而富有层次感。她们的身形饱满,宛如健康灵动的少女,展现出青春的活力。飞天的腰部以下做成蛇尾形,曲卷得灵动而优雅，既衬托了飞天的矫健柔美，又增强了凌空飞舞的动势，仿佛随时都要腾空而起，给人一种身临其境的感觉。

　　第52号龛造像具有浓厚的密宗色彩，其特殊的题材为雕刻家提供了新的创造条件和表现要求。外龛呈曲字形，内龛则呈山字形，龛边装饰有精美的雕花。造像主体为全跏趺坐式，安置在喇嘛教星斗形座上，左右两侧有两位菩萨和四位金刚手，作为侍者站立。内龛顶部正中高浮雕着一座喇嘛塔，塔旁各有飞天飘舞的形象。主尊为三头八臂的"大力明王"，上身裸露，下身着裳，衣服的设计采用平行螺旋的间隔手法，展现出新颖的艺术风格。三头皆戴宝冠，佩戴首饰，面相丰腴，眉毛微微上扬，鼻子小巧，上唇略微翘起，整体表现出一种宁静而安详的气质。两位菩萨面带微笑，身姿婀娜，散发出耐人寻味的威严。四位金刚手的面型和谐，形象生动，雕刻精湛，堪称国内元代石雕作品中的珍品。这组造像不仅在艺术表现上达到了完美的整体性，更在形象塑造和雕刻技艺上显示出其独特的价值。

　　飞来峰元代石窟作为中国禅宗文化的重要体现，展现了多种禅宗思想和艺术元素。大量的石刻以简约著称，佛像的线条流畅且形态自然。例如，石窟内的罗汉像均采用了简洁的轮廓和细腻的表情，体现了禅宗"无为"的理念。这种不仅让人感受到一种质朴的美感，还传递出一种深邃的内涵。飞来峰的石窟与周围的自然环境和谐统一，展现了对园林美的巧妙设计。比如，石窟前的松树与佛像相映成趣，体现了禅宗对自然的尊重与崇尚，强调了人与自然的和谐共生。佛像，尤其是卢舍那佛、菩萨像，通常面带宁静、慈悲的微笑。这种微笑不仅传达出内心的平和与觉悟，也反映了禅宗对内心体验的重视，鼓励信徒在繁杂的生活中寻求内心的宁静。浮雕描绘了高僧参禅的场景，也展示了禅宗高僧在山水之间讲解佛理的情景。这些场景不仅体现了禅宗修行的重要性，也激励信徒追求内心的觉悟。

在一些浮雕和题记中，可以找到诸如"见性成佛"的禅宗典故。这些典故传达了禅宗的教义与哲理，激励人们思考生命的意义与真理，帮助信徒在日常生活中反思自我。某些佛像的姿态和手势（如作禅定印、说法印）具有深刻的象征意义。例如，禅定印象征着内心的宁静和专注，而说法印则代表着智慧的传递，这些都体现了禅宗的核心思想。飞来峰石窟中常见的禅宗高僧雕像，如六祖慧能的塑像，反映了这些高僧的思想和教诲，成为信徒修行的榜样。高僧们的形象不仅是艺术的展示，更是禅宗文化传播的重要载体。

石窟中的园林不仅是艺术的展示，也是禅宗文化传播的重要场所。许多高僧在此讲法，形成独特的禅宗氛围，使得信徒能够在这里感受到浓厚的宗教氛围和文化底蕴。飞来峰石窟的布局设计注重空间感，营造出一种宁静的氛围。例如，石窟内的光线设计使得光影交错，营造出一种静谧的氛围，鼓励信徒在此静心参禅，思考人生。通过对空间的巧妙运用，石窟展现了动态与静态的结合，象征着禅宗中"动静结合"的哲学思想。这种设计使得参观者在欣赏艺术的同时，也能感受到内心的平和与宁静。

飞来峰元代石窟通过其独特的艺术风格、丰富的造像内容和精妙的空间设计，深刻地体现了禅宗的思想与元素。这些表现不仅展示了当时的宗教信仰，也为后世提供了重要的文化遗产，值得我们深入研究与欣赏。飞来峰不仅是一个观光的地方，更是一个让人反思自我、感受禅意的精神家园。

杭州元代石窟造像的艺术特色表现得尤为明显，元代龛像中，如第1至第6、45、57、65、67龛的坐佛，以及第15龛的倚坐佛，第224、46、48龛的菩萨坐像，第64龛的尊胜佛母像，以及第52龛的尊胜塔龛等。这些造像明显具有"西天梵相"的特点，自8世纪初叶善无畏来到中国后，金刚智、不空、元代帝师八思巴及尼泊尔艺术家阿尼哥等密宗大师纷纷来到中国，密宗艺术在北方遍地开花。更重要的是，雕刻家在与兄弟民族文化交流的创作实践中，创造了新的艺术风格，并取得了一定的成就，丰富了我国雕塑艺术的内容。这些造像继承了唐宋传统，同时吸收了一定的藏传佛教"西天梵相"样式，根据题记及艺术风格判断，绝大部分作品可追溯至13世纪末期。其中，有题记的造像最早距南宋灭亡仅三年，最迟也不过十三年。这一情况表明，某些作品"以密宗图像为大宋风格所同化"并非偶然。

尽管元代南方地区密宗信仰盛行，但流传下来的相关艺术作品却相对有限，壁画稀少，石雕作品更为稀见。相比之下，飞来峰的元代造像数量丰富，艺术价值高。飞来峰石窟弥补了我国南方宋元石窟造像的空白，体现出我国雕塑艺术的悠久历史和丰富内容，又反映出古代雕刻家们善于吸收多种文化元素，以丰富民族艺术传统，并不断创造出新的成就。这些造像不仅体现了当时的艺术风格，还展示了精湛的雕刻技艺。然而，从整体来看，我国石窟艺术自唐代晚期起逐渐走向衰退，尤其是在南宋时期，面临"佛像皆易塑，金少，琢石更少"的困境，艺术表现力和工艺技术水平急剧下降。尽管飞来峰的元代造像经历了多次破坏，但仍然体现了元代石窟艺术的异域风格，成为这一时期艺术成就的重要代表。

第五节 罗汉的流行及风格特点

白氎在膝，贝多在巾。
目视超然，忘经与人。

面颜百皱，不受刀笔。

无心扫除，留此残雪。

此诗是北宋文学家苏轼被贬岭南获赦北归途中路过清远峡宝林寺所作，诗题为"自海南归过清远峡宝林寺敬赞禅月所画十八大阿罗汉"，所选部分是"第一宾度罗跋啰堕尊者"。据说所题罗汉图由著名画僧贯休绘制。

元代画家、书法家赵孟𫖯在《红衣西域僧图》中补跋云："余尝见卢楞伽罗汉像，最得西域人情态，故优入圣域。盖唐时京师多有西域人，耳目所接，语言相通故也。至五代王齐翰辈，虽善画，要与汉僧何异？余仕京师久，颇尝与天竺僧游，故于罗汉像，自谓有得。此卷余十七年前所作，粗有古意，未知观者以为如何也？"王齐翰是五代南唐时期皇家画院翰林图画院待诏，擅画人物和佛道宗教画，所画皆为汉僧像，"王齐翰"所在句也表明赵孟𫖯看到的"汉僧像"与梵相的外貌特征之不同。赵孟𫖯的佛门挚友释大䜣（1284—1344年）在其生前所刻的《蒲室集》卷二中有《赵魏公松石梵僧图》诗一首："当时西域多象龙，独画栖禅了真妄。岩石宁须着幼舆，凌烟不必求诸将。谁呼胡僧从定起，向人不语惟弹指。颧颊深眸贯双耳，归渡流沙三万里。""龙象"特指元代藏密中萨迦派喇嘛，赵孟𫖯之所以能见到胡服梵相僧，是因为活跃于当时的绝大多数是西域高僧。据赵孟𫖯延祐三年（1316年）奉敕撰写的《大元敕赐龙兴寺大觉普慈广照无上帝师之碑》（俗称《胆巴碑》）记，帝师于大德七年（1303年）圆寂于上都。赵孟𫖯为之书碑立传的是胆巴喇嘛。

《文苑英华》卷八百六十载李华《杭州余杭县龙泉寺故大律师碑》，碑文又见《全唐文》卷三百一十九，僧人道一于天宝十三年（754年）春，"忽洒饰道场，端理经论，惟铜瓶、锡杖，留置左右。具见五天大德、十八罗汉,幡盖迎引,请与俱西。二月八日,恬然化灭"。

从晚唐诗文中可以看出庐山东林寺曾有十八高贤的"影堂"或"真堂",即供奉他们画像的厅堂。据《永明智觉禅师方丈实录》载:"延寿禅师曾于永明寺法华台后山东面石壁间造石佛观音像各三身,并十八罗汉。"

《咸淳临安志》卷二十九记:"石屋洞在烟霞石坞南山大仁院,洞极高,状似屋,周回镌罗汉五百一十六身,中间凿释迦佛、诸菩萨像。直下入洞,极底有泉。"《祥符经》云:"去钱塘县旧治之西一十六里,晋开运元年,有僧弥洪结庵洞口,遇一神人指此山后有圣迹,何不显之?洪寻至山后,乃见一洞内有石刻罗汉六尊,洪既亡,吴越王钱氏忽梦僧告云:'吾有兄弟一十八人,今方有六,王可聚之。'梦觉,访得烟霞洞有六罗汉,遂别刻一十二尊,以符所梦。其洞极大,乃诸洞之首,在乌坞内。"

从地理位置上讲,杭州及其附近地区很可能为十八罗汉的发源地,其神通事迹流传于金陵、杭州一带。《墨庄漫录》卷九记载:"熙宁十年,京师春旱,上心焦劳。于后苑瑶津亭建道场祈祷,上精诚甚切,一夕,梦一僧形容甚异,于空中吐云雾以兴雨,及觉,雨遂大注。上大悦,求其像于佛阁中,乃罗汉中第十尊者也。元绛厚之时为参政,作《喜雨诗》,王禹玉和其韵,云'紫殿宵称感圣忧,玉毫曾降梵王州。慈深三界云常聚,法遍诸天雨自流。作弼为霖孤宿望,伸僧吐雾应精求'云云,人多称之。"《铁围山丛谈》卷五中则有罗汉显圣救火的记载:"开宝寺灾,殿舍既雄,人力罕克施。鲁公时尹天府,夜帅役夫拯之,烟焰属天矣。睹一僧在屋上救火状,亟令传呼:'当靳性命,不宜前。'僧不顾,处屋上,经营自若。俄火透出,屋坏,僧坠于烈焰中。人愤其不悝,快之。则又见在他屋往来不已。益使传呼：'万众在是犹不可施力，汝一僧讵能撤也？'又不听，则复坠。如是者出没四三。竟晓火熄，又谓是僧必死。于是天府吏检校寺众，则俱在，无一损。独于福胜阁下一阿罗汉像形面焦赪。汗珠如雨，犹流未止，故俗号救火罗汉。后数游福胜阁下，鲁公指示，得识之。"

史料记载："(苏)轼家藏十六罗汉像，每设茶供，则化为白乳，或凝为雪花桃李芍药，仅可指名。或云：罗汉慈悲深重，急于接物，故多现神变。倘其然乎？"葛闳在《罗汉阁煎茶应供》中同时记录了乳花与饮茶现象："阁上四座昼阴深邃处，即持火炬照之，是时有茶花数百瓯，或六出，或五出，而金丝徘徊覆面及苏盘金富无碍，三尊尽干，皆有饮痕。"《弥勒下生经》《入大乘论》等经文均有记载，唐三藏法师玄奘奉诏译《大阿罗汉难提密多罗所说法住记》（以下简称《法住记》）是中土罗汉信仰成立的标志性文本，是佛典中有关十六罗汉、名相、眷属、部州、使命等最为重要的文献。《法住记》云："时此十六大阿罗汉及诸眷属，随其所应，分散往赴，现种种形，蔽隐圣仪，同常凡众，密受供具，令诸施主，得胜果报。"《法住记》不仅为罗汉信仰注入了理论精髓，也为罗汉图像表现奠定了思想依据。

9世纪后，罗汉信仰渐入兴盛，开始出现图像需求。由于《法住记》的重要地位，信众自然以其作为罗汉图像的指导思想，而经文中惯有的故事型和场景型描述，也为罗汉图像创作提供了人物形象来源，因此可以说，《法住记》奠定了罗汉图像的创作理念。

龙门石窟看经寺内正壁有南北29尊高浮雕罗汉像，他们身高1.8米左右，或身着袈裟，或偏袒右肩，手持各类物件，有扬眉张口若作辩论者，有疾首蹙眉苦心冥想者，有眉舒目朗似有所悟者，也有以手抚胸沉思不语者等。整组罗汉像作集会说法状，雕刻得栩栩如生、生动传神，堪称妙品，具有很强的写实主义风格。这就是我国现存最精美的一组唐代罗汉群像，也是中国石窟中最大的罗汉群雕像。

大足石窟群妙高山华严罗汉窟中，右壁从内至外第7尊罗汉像的顶壁上有高0.36米、宽0.47米的石刻题记，铭文竖刻4行共32字，作曰："大不可知，山随线移，小入无间，澡身军持。我虽不能，能设此供。知一切人，具此妙用。"其来自苏轼《水陆法像赞》中"一切常住大阿罗汉众"之句。清代学者李型廉在《游妙高山记》中对此事亦有记载，"内壁刻东坡罗汉颂三十二字，雄杰酷肖髯翁，其书尚存，为楷书"。

飞来峰第14龛造像位于青林洞东南口西侧壁，分上下五层，共有57尊罗汉，每身高19～27厘米。其中铭文题记可辨者有20尊，雕刻时代为北宋咸平三年（1000年）至咸平六年（1003年），由许多人出资陆续雕造完成。

第19龛左下方的两身罗汉，旁有题记曰："龙兴寺比丘慧兴造罗汉。"第14号龛左侧一小岩穴内有许多类似的罗汉，第21号龛岩面雕诸罗汉，青林洞南口东壁第5号龛下方的一些罗汉，被编为第6、7号。以上罗汉像加上第14龛的罗汉像共计一百多尊，实际上是一组没有完成的五百罗汉像。

雕于青林洞南口西侧的第9龛有一字排列的十八罗汉像，风格与第14龛罗汉像相似，应为同期作品。

青林洞东南口的第17号龛十八罗汉像，分上下两层排列，但造像尺寸大于第9、14龛罗汉像。

飞来峰玉乳洞第24龛的主要造像为一组基本等身的十八罗汉像，但没有铭文纪年。有的独居一龛，有的两三尊共居一龛，有的则是四身共坐于背部相连的龛内，给人一种诸罗汉既散居山间，又相互联系的视觉印象。

玉乳洞第25龛位于北口通道的西侧，龛内雕戴风帽禅定罗汉或僧人像，旁有胁侍僧人立像。

第26龛位于玉乳洞中部的岩石上，内雕坐姿罗汉像一尊，左上方刻有一条游龙。第27龛内也雕坐姿罗汉像一尊。

在玉乳洞东口通道南北两侧的第28龛雕有罗汉形坐像六尊、僧人立像二身，另外还有凤凰与雷公浮雕各一身。从造像铭文题记可知，六尊坐像中包括北宋天圣四年（1026年）雕成的"太祖第一身"与"六祖像"，应为六身禅宗祖师像，其风格与同洞中的十八罗汉像十分相似，可作为十八罗汉断代的标尺。

青林洞有未完成的坐姿五百罗汉像分不同岩面雕刻，从洞外延伸至洞内，或单独，或数身并坐一排，仿佛众罗汉散居在不同的山间，但又有相对的群体与组合，在个别的岩面分层排列。

胜果寺吴越国的十八罗汉龛像。有的罗汉身旁雕有立姿胁侍僧人像，还有凤凰、雷公浮雕。在一身罗汉的侧上方有一宦官模样的人物驾着祥云俯冲向下，应为出资雕刻该龛罗汉的供养人像。类似的供养人像可见于烟霞洞，为武将形象，可见吴越国传统的延续。

此外，北宋飞来峰还有不同于吴越国的十八罗汉排列组合法。青林洞南口西侧的第9龛有一字排列的十八罗汉像，青林洞东南口的第17龛十八罗汉像分上下两层排列，上层九身罗汉一字排列，下层九身罗汉以三身一组的形式分别雕于三座龛内。

这些罗汉有的呈结跏趺坐，有的站立，有的一腿盘起一腿弯曲支撑，有的呈半跏趺坐，有的呈跪姿，有的正视前方，有的则将身体扭动并斜视或斜上视。诸罗汉的面相有的似印度中老年僧人，有的则似汉族青、中、老年僧人。诸罗汉的手姿与持物也各异，有的双手持念珠，有的双手持如意，有的双手相握，有的持卷轴，有的一手扶膝，有的双手合十，有的双手捧物，有的一手托宝塔，有的肩扛一杖并以手摸披挂的串珠，有的双手施禅定印，有的一手引出火焰，有的双手抱膝，有的双手拱于胸前。这种姿态的多样性超过了前朝。从十六或十八罗汉组群的发展情况看，相互没有联系的单尊罗汉排列贯穿于整个中国罗汉制作史，从10世纪至现代均有像例，更符合佛典中所说的诸罗汉散在不同山间等待弥勒降临的情况。

飞来峰第68龛主尊为布袋弥勒，和十八罗汉一样保存十分完整，堪称飞来峰罗汉题材中的杰作。工匠因地制宜，沿弧形的山岩开龛并创作了十九身造像。布袋弥勒位于作品中心，两侧为十八罗汉。布袋弥勒肥头大耳，双颐丰满，敞胸露怀，大腹便便，跣脚而坐，右手扶布袋，左手持念珠。造型十分夸张，尤其是面部的刻画生动传神，极富艺术感染力。额头皱纹、双眼、面部、嘴部和下颏的处理有力地刻画出一种物我两忘、清澈透明、发自内心的笑。与此同时，随意斜披的袈裟，尤其是一条条流水般繁密衣褶的处理和自在的坐卧造型，与面部的刻画互为表里，相得益彰，营造出一种洞穿红尘、自得其乐、随心所欲、自由、闲适、归真的意境。两侧十八罗汉的造型也栩栩如生，或坐，或立，或卧，姿势各不相同。手部姿态也不相同，或托塔，或合十，或持锡杖，或舒展经卷，或持如意。运用夸张和写实相结合的手法赋予每一位罗汉与众不同的个性，与中心的弥勒遥相呼应，有力烘托出主体。位于布袋弥勒右侧的伏虎罗汉，以一虎相伴，还有布袋弥勒左侧的降龙罗汉，以头仰视上方一龙，表现出癫狂的禅僧形象。飞来峰第45龛也有一布袋和尚像，他左手持一串念珠，右手抚大布袋，有胖大的头部，呈开口大笑状。身躯肥胖，大腹便便，着双领下垂式大衣，裸露胸腹部，左腿盘起，右腿弯曲支撑。衣纹疏简，写实感强。

宋元时期是罗汉图像与信仰发展的兴盛期。一方面，罗汉思想持续丰富，传播空间不断扩大，信仰圣地得以确立；另一方面，罗汉画家及画评出现，造像数量增加，图像类型增多，艺术水平达到顶峰。宋人山水画中有诸多对罗汉的绘画表现，如南宋周季常、林庭珪的《五百罗汉图》便是采用如下表现方式：将五百罗汉按照每幅五人分为一百幅，体现一百个不同的场景。日本室町早期画家吉山明兆的《五百罗汉图》则以十人为一组，体现五十个场景，表现不同信众诉求。这些图像表现方式均是对"随其所应，分散往赴"的契合。罗汉与山林的布景构图如《法住记》所载："散处山林，分形显化，作人间福田。"元代罗汉图像内容多样、风格迥异、品种繁多，却呈现出鲜明的层次性。这一方面取决于罗汉信仰文本的丰富性，佛典文献、民间故事、士人诗文对罗汉图像起到重要的建构作用；另一方面则是来自图像自身在配置、材质、比例等方面的能动性。二者间的相互作用是罗汉图像创作、传播的关键所在，而文本在各自地区的不同解读则是罗汉图像变迁之源流。

第六章

明清石窟

第一节　明清石窟与水陆道场

明清时期，佛教石窟造像艺术开始走向没落。明代石窟造像开始趋向于民间化、生活化。明代佛教以禅宗及净土宗最为典型，这一时期佛教石窟造像数量较少，艺术价值也不高。在现存的所有明代石窟群中，以山西省平顺县宝岩寺（金灯寺）石窟群最具代表性，这处石窟群是中国古代佛教石窟中年代明确的最晚的一处。在探究明代石窟之前，我们需要了解明清时期中国大地上错综复杂的宗教传统。

陕、甘、宁、晋是北方四大省，也是传统文化艺术活动最为兴盛的区域。因为地缘及历史悠久的关系，成为石窟发展晚期及石窟艺术遗存最为丰富的一个区域。陕西北部地域广袤，和山西北部、宁夏中西部及甘肃东北部形成一条石窟带。陕西北部包括铜川、延安、榆林地区，有子长县北钟山石窟、黄龙县双龙石窟、榆林红石峡石窟群及神木县的东山万佛洞等。山西北部有平顺金灯寺石窟、平定冠山夫子洞石窟。宁夏有固原须弥山石窟、无量山石窟等。甘肃有平凉南北石窟寺、云崖寺石窟、泾川王母宫石窟以及多达 600 窟的百里石窟长廊等。

中国佛教发展到封建社会晚期时几乎完全衰落。民间宗教信仰呈现多元化、小众化。官方的佛教石窟开凿已不复往日盛隆，因此民间建私人佛堂成为主流。道教在这一时期也十分兴盛，人们将道教中的神造像建庙供奉。在这一阶段建造的有关道教信仰的庙宇有很多，而有关佛教石窟造像却是寥寥无几。虽然这一时期也有人信仰佛教，但由于人们生活水平、经济能力有所提高，一些较有钱的地主，都在自己家中营造佛堂、雕塑佛像，很少像以前各朝代的人那样到偏远的山区营造石窟。这一历史阶段看上去似乎已经不适合做大规模的石窟开凿工程了。我们会发现，这一历史阶段公共石窟造像的内容不以佛教为主，而主要表现为儒、道、释三家共用窟龛。

明代世家大族的兴起对地区宗教发展产生重要影响，比如韩王家族对陇东地区宗教发展产生影响，以韩王为主导，韩府郡王、女眷等其他宗室成员以及韩府属官积极参与，带动了地方官民的信仰，水陆法会、黄箓大醮[1]非常流行，体现佛、道、释三教合一，民间信仰活跃的情形。吴通先生撰《明代韩王佛道营造研究》一书，从碑刻、石窟、佛塔等多种类型的考古文物入手，结合相关文献记载，对明代韩王扶持佛教、道教发展进行了客观、全面的考察，让我们了解了佛教、道教发展的痕迹。

民间艺人创作的画像石、石窟彩塑、寺庙壁画、建筑"藻饰"彩作、卷轴水陆画等优秀的文物遗产，为石窟造像艺术带来新活力。石窟造像等石刻艺术都来自工匠的临摹粉本，也就是画稿。北宋道释画家武宗元的白描作品《朝元仙仗图》为壁画稿本，画中描绘的是道教中传说的五方帝君前往朝谒元始天尊的

---

[1]《黄箓科仪》载："黄箓大醮"是道家斋法，即坛醮中的一种。它是由早期道教五斗米道的"三官手书"和北魏寇谦之的"云中音诵"衍变而成的。《明史》中所记载的"万寿大醮""安神醮""生辰醮""启祝醮"等，都属于"黄箓大醮"的斋醮。

行列。元代汤垕《画鉴》论道："武宗元，宋之吴生也，画人物行笔如流水，神采活动，尝见《朝元仙仗图》，作五方帝君，部从服御，眉目顾盼，一一如生，前辈甚称赏之。"画稿一方面反映工匠的师承关系，一方面体现地域风格和审美格调。生活中艺人们以团队和家族为单位在乡间活动，从事以下两种绘画活动：一种是建筑部件的彩画，或者为大型事件比如红白喜事绘制图像；另一种就是民间寺庙里的神像、壁画、神器装饰画。

以绘画雕塑为职业或半职业的工匠，又称为民间丹青艺人，寺庙碑刻中称为"丹青"。以家族、地方名匠为核心的团队，常年活动在乡村揽工做活，形成相对固定的活动范围，创作出的装饰样貌产生独特的区域样式风格并形成画派。画派既体现在特殊自然环境和历史人文背景下对传统技艺的传承和创造性发挥，又立足于当地居民生活，具有美化环境，传达人生信仰、理想和铭记情感的独具特色的艺术功能，且主题内容富有地方特色，形式上丰富多彩，深得人民喜爱。山西民间艺人朱好古及其张尊礼、李弘宜、王椿等门人弟子是一支艺术手法高超的画师团队，代表作品有永乐宫壁画《朝元图》。故宫博物院网页记载，朱好古是元代时期山西襄陵县名画师。《山西通志》《平阳府志》等有记载，其人善画山水人物，著称于时。与同邑张茂卿、畅云瑞是鼎足而立的丹青能手，号"襄陵三画"。与同时代的山西壁画师相比，朱好古是唯一有文字记录的画师。兴化寺后殿曾存有朱好古与门徒张伯渊的题记。今永乐宫纯阳殿还存有朱好古门人的绘画题记，故称其为"朱好古画派"。除此之外，在永乐宫三清殿神龛内还有一组题记："河南府洛京勾山马君祥、长男马七待诏……门人王秀先、王二待诏、赵待诏、马十一待诏、马十二待诏、马十三待诏、范待诏、魏待诏、方待诏、赵待诏。""待诏"为官职九品，指具有专业技能的从业人员。山西地区的丹青画师群体庞大，地位低微。位于山西忻州杏园乡的繁峙公主寺明代之前紧临高山深涧，想来应是石窟寺建筑形制，明代重建时迁址到空如村。寺内水陆壁画面积100平方米，题记作者为"真定府画匠戎钊、高升、高进、张鸾、冯秉相、赵喜"。

明代时期佛教石窟不再以佛教为主导，道教及儒家思想的内容贯穿其中，形成儒、释、道三家于一体的综合宣教场域。遇到重要节日，人们会在佛教石窟寺院等场合进行法会，如四月八法会、农历十五法会等。水陆法会[1]是这一时期流行于民间各个阶层的祈福仪式，道教的斋醮科仪和教理教义早在唐代已形成体系，在宋代又进入一个兴盛时期，并一直延续至明清。《佛光大辞典》对"水陆斋仪"的解释为："修水陆斋之仪式或仪文。"《中国佛教百科全书》对"水陆法会"的解释是："中国佛教最隆重的一种经忏法事，全名为'法界圣凡水陆普度大斋胜会'，简称水陆会，又称水陆斋、水陆道场、悲济会等，是设斋供奉以超度水陆众鬼的法会。"关于水陆法会道场的文献主要有《水陆仪轨会本》（佚名）、《天地冥阳水陆仪文校点》（戴晓云校注）、《天地冥阳水陆仪文》（明正德十五年山西文水县广报寺释文宝等刻，嘉靖元年释法空增刻本，国家图书馆藏）、《法界圣凡水陆胜会修斋仪轨》、《续藏经》（日本京都藏经书院刊行）、

---

[1] 水陆法会道场图像依据文献详解，正位神祇居中上位置，包括佛、菩萨、罗汉、明王等佛教神祇人物，天仙神祇居于正位之下位置，包括四大天王，即东方持国天王、南方增长天王、西方广目天王、北方多闻天王。地界神祇居于侧面位置，包括雷公、电母、风伯、雨师四位自然之神。冥府神祇居于侧面或更下位置，包括十王形象，即《仪文》中所指的秦广大王、初江大王、宋帝大王、五官大王、阎罗大王、变成大王、泰山大王、平等大王、都市大王、转轮大王。人伦孤魂居于最下角位置，包括孝子顺孙、老幼衰残、贤妇烈女等。

《大正新修大藏经》、《水陆仪轨会本》等。

明清时期，水陆法会图像成为石窟内部墙壁装饰的重要题材。在举办水陆法会时会使用水陆法会图，预示迎接各路神仙列位。水陆法会图有壁画、卷轴画、纸本、雕塑等多种形式，山西地区以壁画和卷轴画为主，甘肃地区则以水陆卷轴画为主。

现存水陆法会图以民间遗存为主，明代成为最后一个官方和民间都有大规模举办水陆法会，宫廷画师和民间画工都有参与绘制水陆法会图的朝代。山西地区的水陆画具有时间早、遗存范围广和数量多、形式多样、宫廷与民间风格并存等显著特点。如青龙寺、宝宁寺、资寿寺、公主寺等都保存有元至明早中期的水陆画杰作，且绘制较为精美，保存上也较为完好。资寿寺位于晋中市灵石县静升镇苏溪村，被誉为华夏民居第一宅王家大院私家佛寺，寺内现存大型元代壁画248.34平方米和明代彩塑150余尊，艺术水平堪与名满华夏的永乐宫壁画相媲美。以"十八罗汉"为代表的明代彩塑更是匠心别具、独树一帜，具有极高的艺术价值。十八罗汉的雕塑通常表现出不同的姿态，体现了人物的个性与情感。每个罗汉都有独特的面部表情和肢体语言,增强了作品的生动性。彩塑采用泥土和颜料相结合的技法，使用天然矿物颜料进行上色，色彩鲜艳且持久，体现了当时工艺的高超。通过不同的涂层和色彩，雕塑在光影变化中展现出层次感，每个罗汉的服饰和肌肉线条都更加立体。雕塑在比例上遵循魁梧、巨大、壮观的美学原则，罗汉的头部与身体的比例适中，呈现出一种和谐的视觉效果。十八罗汉通常以群体形式呈现，整体布局从观众的视角考虑，使得每个罗汉都能在空间中独立又相互关联。雕塑的背景设计通常与罗汉的形象相协调，增强了整体的视觉效果，使观众更易于理解和欣赏具象艺术。"药师佛殿的藻井"也独具匠心。藻是水中生物,并能蓄水,古建筑多为木结构，所以古人制作藻井寓意防火。方形藻井是由256组斗拱分四层向上收缩而成，形成下大顶小的倒置"斗"形。复杂的几何图案和花纹等精美的装饰体现了高超的工艺水平和艺术审美。藻井结构呈层状，逐层向中央收缩成四面斜坡，整体增强了寺庙内部空间的层次感和庄重感，使信徒在礼拜时能够感受到神圣的氛围，藻井象征着宇宙的和谐与秩序，反映了佛教的宇宙观和对天地自然的理解。资寿寺现为国家级重点文物保护单位，并被载入了《中国名胜词典》。

明代画史理论家唐志契讲到明代宫廷画师创作时，专门提及绘制佛像和水陆画。其《绘事微言》卷一载："宋院画众工，凡作一画，必先呈稿本，然后上其所画。山水、人物、花木、鸟兽，多无名者。今国朝内画水陆及佛像亦然。金碧辉灿，亦奇物也。"可见明宫廷内部绘制水陆画之盛，其技法之精彩。山西宝宁寺水陆画最能让人感受到明代宫廷绘画艺术的高超水平。画面中的人物、动物和自然景观相互交融，动态与静态的结合使得整个画面生动而不失宁静。画面使用鲜艳的色彩，水面通常以蓝色或绿色为主，陆地则用暖色调表现，形成强烈的视觉对比，增强画面的吸引力。色彩不仅仅是视觉的表现，还具有象征意义，水的蓝色象征着智慧和宁静，陆地的温暖色调则代表着生命和繁荣，传达了佛教的哲学思想。画中的人物形象生动，表情丰富，体现出不同的情感和精神状态。这些人物通常代表着不同的佛教角色，如菩萨、罗汉等。人物的姿态和动作设计精妙，既有礼仪的庄重感，又有动态的灵动性，增强了画面的表现力。

北京西郊的法海寺壁画有《帝释梵天图》《水月观音》等，法海寺壁画被认为是明代三大壁画之首，由宫廷画官宛福清、王恕、顾行等15人所绘。现存壁画共分十铺，面积236.7平方米，壁画采用工笔重彩卷轴画法，所绘全部是佛教内容，有《祥云图》《佛众赴会图》《三大士图》和《帝释梵天图》。在《帝释梵天图》中，人物服饰、形态各异，肢体、神态又相互呼应，礼佛队伍浩浩荡荡，气势森严，宛如宫廷帝后、皇妃盛装出行。法海寺还有二十诸天像，共有36个人物，人物高1.2~1.6米，富丽华美，激荡人心。

山西稷益庙、青龙寺、水神庙、广胜寺、公主寺、浑源永安寺等中的壁画，都是明代壁画的巅峰之作。稷益庙《捕蝗图》创作者为翼城籍画师程儒及其两子程绹、程耜，门徒张捆，绛州画师陈圆及侄子陈文、门徒刘崇德。绘画手法和风格与元代壁画一脉相承，采用墨色铁线勾勒人物服饰轮廓，朱砂着色，间配石绿、石青、白色、黄色，注重人物冷暖色彩对比和映衬，变化丰富，明艳美丽而不失协调，随类敷彩。《捕蝗图》讲的是黄河地区常年水灾泛滥，庄稼遇到"蝗灾"颗粒无收，农民愤慨捕捉蝗虫的场景。画面采用夸张手法表现蝗虫巨大坚硬，极难驯服，农民用胳膊擒拿，画面生动、富有张力。《捕蝗图》是一幅融合叙事和图像写实风格且艺术价值极高的风俗画。繁峙公主寺《毗卢遮那佛佛会图》绘制于明代弘治十六年明孝宗时期，这段时间国家安康富庶。公主寺名字的来历在《繁峙县志》中有载："公主寺在县南20公里公主村，后魏信诚公主出家建。"大雄宝殿内柱上有墨迹曰"时大明国弘治十六年五月初九吉时上梁"，画工为"山西汾州都释地作王文喜、徙义、杨风"和"真定府画匠戎钊、高升、高进、张鸾、冯秉相、赵喜"。其画面施线以兰叶描为主，铁线描及钉头鼠尾描为辅；施色则以朱、黄为主，青、绿、赭、绛等色次之。通过对前景、中景和背景的分层，表现出不同的层次，反映出佛教对世界的多维理解，《毗卢遮那佛佛会图》的艺术风格反映了特定历史时期的宗教艺术风潮，展示了佛教在中国的发展与演变。

  永安寺《水陆法会》壁画位于山西大同浑源县，大殿内正壁分三层，每一层绘制人数达百人，壁画共 135 组 895 尊人物，面积有 186.91 平方米，后壁绘十大明王，均高 3.2 米，沥粉贴金，是明代壁画的上乘之作。绿面红发、三头六臂的虎衣不动明王双手拉开面皮露出本尊，视觉冲击感强烈。不动明王为佛教密宗五大明王主尊、八大明王首座、毗卢遮那佛（大日如来）的教令轮身。在镇守东、西、南、北、中五个方位的五大明王中，不动明王为镇守中央方位的明王。明王是佛教密宗的最高护法，其题材遍布密宗寺庙。崇拜明王的仪式如壁画和塑像所展示的那样，常常包含驱邪、祈安的元素，信徒通过特定的仪式和供奉，寻求保护和力量。壁画通过不同场景的描绘，表现出时间的流动感，暗示着生命的变化与轮回，反映了佛教的无常观念。某些壁画可能表现出不同季节的景象，增强了画面的生动性和现实感，体现了自然与人类活动的关系。

  甘肃陇东地区天水仙人崖石窟与麦积山石窟毗邻，始凿于北魏，明清时达到鼎盛，是天水地区重要的宗教场所，现为全国重点文物保护单位。明代《西游记》壁画和《水月观音》壁画各两幅，它们绘在两侧壁的山面，西崖中部的华严殿内。甘肃武威博物馆及古浪县博物馆现存百余幅卷轴水陆画，被誉为"可移动的壁画"，是西北地区明清水陆画杰作。

  明代石窟艺术流转到寺庙观宇中，场域发生变化，我们可以判断其石窟建造已经走向衰落，僧众们更加入世，在靠近城市和农村人口聚集的地方宣法。我们也可以了解到统治阶层依然需要宗教来辅助国家意识的建设。山西五台山是明清时期皇家寺院，也是宫廷朝圣和避暑胜地。但场域的变迁是历史发展的选择，其寺庙艺术水准和审美格调集成唐宋技法，佛教艺术始终在历史中独占鳌头。伟大的艺术家依然以佛像、佛画等题材为主，精湛的艺术技法在画史和壁画中历代传承。壁画线条技法要做到"长有丈余、短不足寸、粗近厘米、细如发丝"，如莼菜条一般精细流畅，追求"吴带当风、曹衣出水"的审美标准。北方中原地区的宗教壁画绘制和卷轴画审美追求最早可追溯到魏晋时期以"四家样"为代表的绘画大师张僧繇、曹仲达、吴道子和周昉的绘画风格。

第二节　山西宝岩寺

> 矗突危峰倚碧空，何年肇建梵王宫。
> 时辟宝地鸣清磬，口见秀云绕翠松。
> 灿烂金灯光佛座，玄微石洞显神功。
> 登临殊觉非凡世，疑入蓬莱境界中。

明代诗人申锐作诗《梵宇神登》赞美宝岩寺石窟山岭峻茂、神奇旖旎的风貌。石窟位于山西长治市平顺县东南50千米处太行山脉林虑山麓的断崖上。石窟依山石凹进处顺势而建，以明代石刻造像艺术闻名于世，距今已有500多年历史，是中国石窟建筑史上年代明确的最后一个石窟群，也是中国石窟雕像艺术即将谢幕之际的经典，被称为"中国石窟造像尾声中的巅峰之作"。

明万历壬辰年（1592年）中州崔士启撰文《登宝岩寺观金灯七言古风》："太行千里亘地轴，隆虑西来群峰矗。洪峪岭下梵宫开，景象端严拟天竺。玲珑乱垂如倒莲，石龛空洞似华屋。栋宇追琢皆文章，千佛万佛骇人目。神工运巧如巨灵，泉水涓涓绕佛足。昔闻清夜现神灯，半信半疑心未服。花朝携友一登临，诗囊酒榼随童仆。晓行红日上高岭，俯瞰白云满空谷。行行杖履近青霄，寥寥尘寰真一掬。半山雨落湿樵薪，山上朝暾凝树绿。来来往往人攀跻，香火朝神相陆续。辘轳千尺下琼浆，岩底行人消吻酷。洞垂佛像浴清泠，顶偃古松苍盖覆。平生性僻爱烟霞，天下奇观可称独。夕阳对酌发高歌，近夜看灯试默祝。忽然对山一星明，清辉晃晃如行烛。须臾数点起四山，眼底涧中五灯簇。乍明乍暗焰荧荧，还远还近光煜煜。分明出现摩尼珠，龙女呈来照林麓。游人大咤号佛声，果是山灵酬我欲。僧人邀我坐禅床，手捧清茶奏梵曲。细问此山开何时，住持谁者留芳躅。云昔修定芊上人，石窟端居虎自伏。示寂一性返灵山，百年遗骨香如玉。宝塔幽堂卧俨然，过客咨嗟尽瞻肃。圣境须生圣者成，梵天巍峨表亭毒。闻言不觉竖颠毛，胸中愁烦消万斛。禅宗我悟最上乘，睹此佛灵莫敢渎。同行俱是青云流，纪胜教子书束牍。灯下走笔思若狂，漫吟只恐大家辱。西山奇迹满襟怀，归家可作卧游录。小窗一枕醉春风，清梦夷游伴猿鹿。"

《壶关县志》记："宝岩寺，在（平顺）县新兴二里太行山顶，一名金灯寺。寺胥石室、石像，北周芊上人修此。"可知其始凿于北周（557—581年）。《建西方四十八愿殿像记》碑文记载了石窟的建造过程："缘泽阳之麓，盘空而上约二舍许，有峰青峻，高出天表，其诸重峦叠嶂，相峙环拱，中有金灯古寺，昔文殊之宅也。……遂盟心决志启修，崇释其力，一旦疏众贿，命匠斩山成殿，其内环列诸佛菩萨三乘法像，其如经旨。其像亦以贞石而琢之，复以黄金而饰之。经始嘉靖元年春二月，托山僧德满、圆辅……迄明年□月落其成，则殿像巍丽，其金紫晃耀夺目。……时嘉靖七年夏六月之吉……建修西方四十八愿玉方佛；五十三佛殿像……"可知明正德、嘉靖、隆庆、万历年间陆续修建。从明弘治十七年（1504年）起至明嘉靖四十四年（1565

年）止，历时60余年。《重修林县志》"寺观篇"记："金灯寺，县西南共峪山（洪谷山）绝顶，元泰定间建，有丈八铜佛。"宝岩寺又名金灯寺，明代《重修金灯寺碑记》中载："夫以金灯命名者果何，□□昔人于更深夜半，每击钟声响，有灯光遥临明灭当空，神异莫测，此金灯之名由来也。"

宝岩寺坐北面南，依崖壁开凿而成，石窟造在靠北侧岩壁之间，呈东西长、南北窄的布局，崖面平地呈长条形，远观蔚为壮观。站在殿前，有一览众山小之感。全寺由东往西共分7个内院，一院一殿堂，布局紧凑，独具景致。主要建筑包括山门、钟鼓楼、大佛殿、关帝殿、聚仙楼、地藏阁等。寺内殿堂石窟、摩崖造像、碑碣、石塔应有尽有，院内共有大小石窟17个，佛龛30多个，雕像281尊，浮雕像1200余尊。10余个洞窟里面有圆雕佛像、菩萨、金刚、天王、罗汉及佛教故事中的人物造像，佛像形体浑圆，装饰简洁，形态庄重，承唐宋塑像圆润之遗风。殿堂中保存有泰山神、关公像等或木雕、或泥塑的众多道教神像，每个窟都开凿出了木建筑殿堂式的外形门阙，现存明清碑碣40余座。寺外有千佛塔等石塔46座。其中以水陆殿石窟规模最大，保存也最完好。《重修林县志·名胜篇》中记载："谷（洪谷）西北一峰曰金灯峰，金灯寺在焉。下崖上岩，距地三十里，凿石壁为佛殿，深广各数丈，内有井泉，水常与户阙平。"《重修水陆殿及库楼庑记》载："盖周围之坦金如坻，是陆也；中央之潭影澄清，是水也。乃自水而观之，小桥卧乎波心，巨柱擎乎绝顶，是水中有陆也；自陆而观，则宝龛之影倒沉，万佛之影下映，是陆中皆水也。帆不涨于渡口，人尽行乎镜中，水耶，陆耶，不一，而二，二而一耶。"从描述可知，佛殿为寺内水陆殿。窟内雕刻以第5窟水陆殿内外压地隐起的浮雕《水陆图》最有价值，其人物造型具有质朴、憨厚、稚拙、怪诞等民间石刻艺术特点。

学者王加亿在《山西平顺金灯寺水陆殿石刻研究》一文对水陆殿讲道："山西平顺县金灯寺内的水陆殿是为举办水陆法会活动所专门设计建造的建筑空间，殿内墙壁之上以石刻浮雕的形式刻满了诸天神佛形象，均属于水陆画的相关题材，在已知的水陆画遗存中，使用石刻浮雕的艺术形式来制作水陆画的尚只发现此处一例。"[1] 宝岩寺水陆殿殿内一汪清泉不亏不盈，石板架桥，水陆并进，殿内石刻浮雕水陆画90幅，故称其为"水陆殿"名副其实。水陆殿是第四进院落第5窟，殿内面积约125平方米，明弘治元年（1488年）凿造，水陆殿是仿木结构的三间殿堂，殿内明间扇面墙就原岩体凿成，迎面三层石质莲台上，释迦牟尼结跏趺坐，左文殊右普贤，上方是平顶天花，雕凿有方形藻井，下方为清莹的池水，池上凿有田字形石桥，还有连接左右壁、窟门及扇面墙前后约50厘米宽的台阶。殿宽10.2米，内深9.2米，内高4.89米。殿内有一泉潭，潭中的田字形石桥与左右崖壁相连，人在桥上，脚下水光佛影流转，仿佛"行于镜中"。水陆殿四壁用浅浮雕的形式，创作上下两层共计69幅水陆画，"殿内所雕刻的众多神祇人物基本与北水陆仪轨《天地冥阳水陆仪文》召请程序相符"，每幅宽0.6米，高1米左右，刻画了帝释天、大梵天、鬼子母、四天王、先贤后妃、文武贤臣、地狱恶鬼等形象，集儒、道、释的仙佛众神于一堂，汇民间三教信仰于一体，反映了宗教历史上水陆道场盛行时的场面。殿堂内壁几乎布满以各种规格雕刻的佛像、力士、罗汉等。在释迦牟尼背面，有倒坐的三大士像。四周墙面上满是浮雕，画面中，佛祖在向弟子们讲经，天王、菩萨、罗汉等各驻其位。

---

[1] 王加亿. 山西平顺金灯寺水陆殿石刻研究 [D]. 石家庄：河北师范大学，2021.

道教的思想和信仰在汉代之前已初步形成，早期的水陆图可能受到古代地理图和风水学说的影响，主要用于记录重要水域和自然景观。以符号和文字为主，强调自然与人文的关系。唐宋时期，随着道教的正式形成与发展，水陆图开始融入更多宗教元素，描绘与水神、河神相关的故事和信仰。宋明时期，道教达到繁荣，水陆图被广泛应用于宗教活动和民间信仰。石刻艺术和印刷技术的发展使得水陆图的传播更加广泛，许多经典水陆图被制作成册，供信徒使用。水陆图发展到现代，受社会的变迁和外来文化的影响，道教水陆图的使用逐渐减少，其传统形式受到挑战，逐渐被替代。

东西两壁为孝子贤孙与贤妇烈女图像。孝子贤孙通常表现为对长辈的尊敬和照顾，象征着家庭的和谐与传承。孝道是中国传统文化的重要组成部分，这类形象强调了对家族和祖先的尊重。贤妇烈女则体现了女性的美德与坚韧的个性，常常表现出对家庭的支持和牺牲精神，象征着女性在家庭和社会中的重要地位。画中人物所穿服饰或多或少地反映了画作年代民间的着装风俗。画面中的女性形象头梳高髻，身穿襦裙，这些都是明代女性装扮的典型特征。在中国传统文化中，孝道与女性美德是社会稳定和家庭和谐的重要基石。壁画通过细腻的表情和肢体语言，传达出深厚的亲情与责任感，激发观者的共鸣，唤起其对家庭和传统价值观的认同。孝子贤孙与贤妇烈女像在图像学上不仅是艺术形式的展现，更是文化价值观的传递，通过构图、姿态、服饰和色彩，表达了对家庭伦理和传统美德的崇尚。两边壁上各有佛龛9个，里面雕有十八罗汉，采用对称或均衡的布局，使得每位罗汉在视觉上都能得到平衡展示。这种布局不仅增强了作品的整体感，也突出了每一位罗汉的独特性。它们造型各异，形神兼备。通过高低、前后排布，创造出深度感,让观者能够感受到空间的延伸。十八罗汉是佛教中的重要人物,象征着智慧、慈悲和超脱。他们的形象通常表现出不同的性格特征和修行境界,代表了佛教的多样性和包容性,强调修行、解脱和对众生的关怀。壁画通过生动的形象和故事表达,起到了教育信徒和民众的作用,并传递了道德观念和文化知识。《天地冥阳水陆仪文》(以下简称《仪文》)上卷《邀请正位》中列举出十六罗汉姓名,并云:"恭请五百尊者,一十六国大阿罗汉等众。"罗汉信仰始自唐玄奘译《大阿罗汉难提密多罗所说法住记》,其称佛灭度后,十六罗汉传承和护持正法。十六罗汉图像随之出现并流行开来,至迟在宋代,罗汉数量已演变为十八身。《仪文》中所描述的十六罗汉和图像中的十八罗汉为同一罗汉群体。十大明王的图像常用于法会和仪式中,帮助信徒集中注意力,提升宗教体验,用以威慑异教妖魔,维持法会运行秩序。其位于东西壁面,各五幅。人物造型与金刚力士相近,面目憎恶,手持法器,在民间艺人的刀刻下动态十足,富有生活气息。十大明王被视为佛教的护法神,主要负责保护佛法、镇压邪恶和消除障碍。他们的存在体现了佛教对外部威胁的防御和对信徒的庇护。明王的形象通常与力量和智慧相结合,象征着通过内在的修行和外在的护持,实现超越生死和解脱的目标。十大明王的教义强调智慧与慈悲的结合,信徒在追求解脱的同时,也要关注他人的痛苦与需求,体现了佛教的核心价值观。南壁西次间门窗上部刻有四人一马自西而来的浮雕《唐僧取经图》。整套浮雕中四人与一马各自独立成幅,以山石云气相隔成五幅图像,又连为一体成为整个队伍。从人物以及马匹的朝向来看,队伍整体呈自西向东列队前行状,师徒中间以马相隔,前后各有两身人物,马匹前为领队者孙悟空与猪八戒,马匹后方则跟随着唐僧和沙和尚。南壁东次间窗户上端的墙壁上刻有八幅浮雕作品"观音像"。"观音像"依据《法华经·观世音菩萨普门品》，描述观音菩萨的慈悲和救苦救难的能力，强调呼唤其法号的功德。

水陆殿外的悬崖上有如蜂窝般密布的摩崖造像和小型石窟，造像神采奕奕，或是袒腹大笑的"笑弥勒"（又称"布袋和尚"，具有乐观和慈悲的品质），或是慈眉善目的观音，或是质朴稚拙的石狮石虎，各路门神神态各异，栩栩如生。

宝岩寺的石窟艺术具有许多特点，如覆斗藻井四切面较小，而中央斗底是主体，这种设计与早期石窟的做法截然不同，展现了艺术风格的演变，仿佛是一种过渡的美感。随着时间的推移，佛像的排列变得越来越简单统一，通常是一佛、二弟子、二菩萨、二天王，甚至还有二力士，这样的排列方式让人感受到宗教艺术的规范之美。寺内的"案式"和"抽屉式"佛台，不仅实用，还很美观，为信徒提供了方便的礼拜空间。宝岩寺已经形成了较为完整的木构建筑形式，这不仅反映了当时的建筑技术，也为后来的寺庙建筑提供了很好的借鉴。而且，现存的多个窟的规模、体制与内阵布局，与碑文所记载的"四十八愿玉方佛，五十三佛殿像"相呼应，进一步证明了宝岩寺在历史和文化传承上的重要性。可以说，这些特点使得宝岩寺成为研究早期石窟艺术和佛教建筑的宝贵实例。明代民间石刻艺术具有丰富的文化内涵，石刻线画源于汉代画像砖雕刻艺术，我们在西安霍去病墓的"石兽群"中可以看见这种手法的广泛运用，民间艺人在造型的雕刻上手法大胆，使雕像粗犷、率性、憨态可掬，表现了北方民族豪迈雄壮的状态。

第七章

其他地区石窟

第一节　西藏西部古格崖洞

阿里地区，位于西藏西部，境内山系众多，被誉为"万山之祖、万水之源"，以其神山圣湖、土林圣河的壮丽景观吸引着无数旅行者。然而，这片圣地还蕴藏着一种古老文明——象雄文明。在 10 世纪以前，象雄文明曾在此繁荣，留下了独特的文化、艺术和宗教信仰遗产。如今，阿里地区不仅展现着自然之美，也见证了象雄文明的辉煌，成为探寻人类文明起源的重要之地。《唐会要·大羊同国》记，"大羊同，东接吐蕃，西接小羊同，北至于阗。……至贞观末，为吐蕃所灭"，大羊同包括今西藏西部阿里地区全部、日喀则地区西部及藏北的大部分地区，又称象雄国。吐蕃王朝灭亡后，其王室后裔在阿里地区建立古格王朝，历经 16 代君主，公元 10 世纪至 17 世纪曾雄踞一方，强盛时有数十万人口，后被位于克什米尔的拉达克王和兄弟部族内部反动势力联合剿灭。古格王国佛教遗迹位于高耸广袤的土林之上，平均海拔在 4000 米以上，地形高峻险阻。

20 世纪 90 年代考古学家霍巍、李永宪在《西藏吉隆县发现唐显庆三年〈大唐天竺使出铭〉》一文中讲道，1990 年 6 月，他们在吉隆县境内发现了一座额题为"大唐天竺使出铭"的摩崖石刻碑铭。碑铭中记录了一个名叫王玄策的中原人，"王玄策，唐洛阳人，曾经三次出使印度……首次创通了公元七世纪中叶中西交通上一条新的国际通道——吐蕃尼婆罗道（蕃尼古道）。这条道路从西藏西南部越过喜马拉雅山，入加德满都谷地经尼婆罗而入印度"。[1]1992年，他们在考察托林镇东嘎村和皮央村时，无意间在一位牧羊女的带领下发现了中国西藏最大的石窟群，这里曾经是古格王朝的佛教中心。古格遗址规模巨大，这里有广袤的古城遗迹、精美的石窟壁画、寺院建筑遗迹、出土战争文物及墓葬遗物、居所遗址和石刻岩画等。

考古学家霍巍在《西藏西部石窟壁画中几种艺术风格的分析——兼论西藏西部石窟壁画艺术三个主要的发展阶段》一文中将西藏西部石窟艺术发展分为三个阶段，前期为11—13世纪，即"仁钦桑布时期"，代表石窟是皮央-东嘎石窟群，艺术风格为克什米尔样式。中期为14世纪，代表石窟是帕尔嘎尔布石窟，艺术风格为印度-尼泊尔样式，又称波罗样式。后期为15—17世纪，代表石窟为古格故城遗址，本土的卫藏古格样式中出现"沥粉堆金"技法，对现代西藏各派产生重要影响。[2]想要了解藏传佛教的发展脉络，我们要追溯到公元11世纪，古格王益西沃和其弟柯热崇尚佛教，热心佛事，在王都札布让（今古格故城）东郊修建托林寺。托林寺集会殿门廊东壁两侧的十六金刚舞女，是西藏壁画艺术中的杰作。该舞女图左右相对，共两幅，描绘舞女跳舞中的动态，人物面部和身体呈三段式，女性形象带有世俗美，身形丰腴，佩戴华丽美观的璎珞项圈首饰，姿态

---

[1] 霍巍，李永宪，西藏吉隆县发现唐显庆三年《大唐天竺使出铭》[J]. 考古，1994（7）：619-623.

[2] 霍巍. 西藏西部石窟壁画中几种艺术风格的分析——兼论西藏西部石窟壁画艺术三个主要的发展阶段 [J]. 藏学学刊，2004(00)：143-158+303-304.

与神情端庄典雅，颇具风采。采用线性工笔手法和铁线描技法，线形流畅，设色淡薄，色彩华丽。对人物裙摆和飘带的描绘尤其体现画家的技术与功力。人物面貌是印度人种特征，相传画家为阿底峡大师从尼泊尔带到古格王城宣法的随从弟子。通常我们把这样的绘画称为"克什米尔样式"。这一样式属于藏传佛教初传期的壁画风格，带有强烈鲜明的异域风情。后来随着佛教深入发展，画师们和弟子代代传承，逐渐形成了具有本土面貌的壁画风格——"古格样式"。

《阿里王统记》中记载："益西沃得聪慧童子二十一，重金偿其父母，遣译师仁钦桑布率彼等之克什米尔求习译经之法，其十九人者，死于酷暑。惟译师仁钦桑布及小译师勒贝西绕二者得还至吐蕃。"据记载，仁钦桑布曾三次去克什米尔学法，译经108部，是藏传佛教"后弘期"一位佛教高僧，对古格王朝佛教密宗的改革和发展有至关重要的作用。公元1042年，古格王益西沃指派仁钦桑布邀请印度高僧阿底峡来古格弘法，阿底峡在托林寺三年，翻译显密经论，并著《菩提道灯论》等重要经典。自此阿里地区成为佛教复兴之地，该时期在佛教史中也被称为"上路弘法后弘期"。古格王朝佛教复兴在整个藏传佛教史上具有重大历史意义，古格王国佛教有了很大的发展。公元1076年，古格王孜德为纪念这位弘法高僧圆寂，在托林寺举行著名的"火龙年大法会"。

古格王国遗址距离西藏阿里地区札达县西65千米，位于连绵广袤的最为高耸的札达土林之山，北临象泉河，西面和北面是土林断崖，崖下有已经干涸的河床。这里呈现山崖上开窟、山顶上建寺、地面上建塔的分布格局。古格故城城堡分内墙和外墙，城堡200米以外有城墙。城墙分内、外二道，内墙厚1.3米，外墙厚1.5米，两墙间宽1.3米。现在可见到的一段长160米，残高1米。城堡东南方向有一条水渠故道，是引象泉河水所设。各种建筑物依山叠砌，层层而上，房舍、窟室星罗棋布，远看十分壮观。

古格王国故城遗址总面积约为72万平方米，房屋遗迹445座，窑洞879孔，碉堡58座，佛塔28座，大小粮仓11座。石窟挖山而造，平面有方有圆，顶为平顶或穹隆顶，高2.5～3米。还有一些堡式建筑，只保存下来上下两层窗洞。

据《中国美术全集：绘画篇》"寺观壁画"卷的著录，古格佛画分布在白殿、红殿、卓玛拉康、杰吉拉康和曼陀罗殿等遗址之中。古格王国崇尚佛法，在遗址中留存的宗教建筑有塔林、塔墙及殿堂，现发现有5座殿堂保存较好：红殿、白殿、度母殿、大威德殿、坛城殿。其中红殿、白殿面积各约400平方米，虽时代久远，色彩仍鲜艳如初。壁画内容主要分为宗教和世俗两大部分，总面积约800平方米，世俗内容有运输图、习武图、庆典图等。宗教题材为佛、菩萨、度母、金刚、高僧、佛传故事礼佛图等。世俗宗教内容的壁画技法严谨，设色均匀，线条准确，佛像庄严端正，护法金刚凶猛狰狞，呈嗔怒之相。庆典图是红殿中重要的世俗内容，壁画中舞蹈天女、鼓乐、狮子、驴等烘托出热闹的节日气氛，生动真实的生活场景给画面提供即兴发挥的余地。场景用长卷连环式布列，画面整体丰富，似幻似真。

在山脚处有白殿一座，其上有红庙一座，白殿坐北朝南，红庙坐西朝东。立柱上、天花板上、四周墙壁上都绘有壁画。贴墙四周的泥塑大部已毁，仅存门内的四大天王像，保存较好。最重要的壁画是北墙上的《历代吐蕃赞普图》和《历代古格王世系图》。每一幅画像旁有藏文署名，包含从松赞干布到最后一个赞普朗达玛以及古格王国的世系，古格王国的世系包括创建古格王国的吉德尼玛衮及其后代国王的画像，属于历史人物画。这类题材重在歌颂和宣传王权国君。它和肖像画有很大区别，不过分刻画人物面部特征，人物之间会有微妙的面的不同。除此之外，更多的不同体现在发饰、衣饰以及背景设计上。而肖像画的创作是重在表现人物外貌和性格特征，是为了体现人物的精神气质而作。我们可以在吴道子作品《历代帝王图》中体会肖像画中"传神论"的艺术表达。

红殿平面呈方形，今存木雕大门，门框刻卷云纹，中间有梵文六字真言。殿内立30根方形柱，靠西有一平台，宽8米，高1米。方台左侧有残佛塔一座。四周壁面、天花板上有壁画，最重要的是南墙上的《迎请阿底峡图》。这是一幅描绘古格王朝的壁画，画面生动丰富，包含天堂、人间和地狱三个部分，展现了古格王朝的宗教信仰和生活场景。画面中有端坐的国王和王妃，侍女在旁撑着宝盖，贵族、大臣也依次而坐，注视着前下方。击鼓吹号的乐队、翩翩起舞的女子、雄赳赳的马队、驮运的牛队、陈设供桌的妇女，使整个画面充满了神圣、庄严而热烈的气氛。山上有座小经堂，方形，面积约25平方米，中央设方台，四周壁面和菱形藻井绘以壁画。古格红殿壁画上绘有10个妇女手拉手组合在一起跳舞的场景。舞者穿着红白相间的服装，步伐整齐，欢快喜悦。这就是阿里至今仍流传的"宣舞"，与广泛流传在藏区的"锅庄"很接近，可十人、百人或千人手牵手并排或是围成一圈边歌边舞。风俗画的描绘不会遵循宗教壁画的仪轨，首先内容为风俗、习俗等。这幅壁画的艺术手法和风格更加趋于平面化，色彩和线条明确清晰，具有一定的具象表现意识，采用平涂法和线描勾勒法，这种形式和工笔画有异曲同工之妙，但是平面化也说明画师并不是想要表达人物，而是场景。静态的空间氛围体现在平静的衣纹和安静祥和的人物表情上，没有大喜大悲的情绪表达。这和古老的藏族文化有深切关联，佛教的庄严神圣与人们内心深处的理想信仰相呼应。为了表现人物，画师在墙壁上用深色作背景，这样使得人物服饰色彩艳丽。毋庸置疑，画师们是色彩大师。色彩来自画工对自然珍物的探索，比如红色来自土壤和铜矿，黄色来自黄金，白色来自珍珠和贝壳。阿里地区盛产黄金白银，得天独厚的地理环境造就了艺术的辉煌。"宣舞图"的下方是"运输图"，画面形象地记录了当年修建古格王宫时运输木材的场景。木工和牛群是这幅画的主力军，木材被捆绑在牛背和牛肚两侧，木工用前胸拉绳背木材。该画所采用的艺术手法与"宣舞图"一致，以橘色、红色描绘人物的服饰和皮肤，画面人物星罗棋布、排列规整而又有前后左右的空间设计。建造庞大的都城需要大量的木材，而方圆百里内仅生长着玫瑰、沙棘等灌木，像杨柳之类的乔木极少，故大量的建筑木材需要翻越喜马拉雅山从印度、尼泊尔等地运来。雪域的高寒、道路的艰险，使长途运输成为最艰难的劳作。在庄严的佛殿里，人们不会遗忘那些考验人的智慧、毅力和耐心的工作。整壁整堂的构图将壁画横分成四至六层条带状，以中心壁画内容为主，上下条带密集排列垂帐纹、王统图、高僧图、伎乐天人、本生图、地狱变等内容，包容量极大的同时还具有细密美，这种细密美突出地表现为壁画中形象的精细入微、线条的工整细密、装饰纹样的繁复绝妙、色彩的细腻微妙、格调的高雅富丽、风格的独特鲜明，可谓达到了淋漓尽致的境界，在藏族美术中展现出明显有别于先后各时期和周边各地的以细密为特色的古格美术面貌。

　　白殿的主佛为大日如来。大日如来是密宗最高佛，释迦牟尼三身佛之一。造像位于大殿中间主位，主尊头戴五叶金冠，面部与身体饰以鎏金，肩顶袈裟，腰悬薄裙，胸部挂满璎珞串珠。

周围墙壁柱子描绘金刚界和胎藏界的护法，殿内绘制曼陀罗坛城。墙壁布满蓝色金刚护法和红色的背光火焰，营造出金碧辉煌的炫目之感。雕塑家在进行设计时有意拉长了身段的比例，因坐姿会使得观众的视线注视在上半身，故缩短腿部比例，使上半身超出真实的人体比例，头部和颈部则使用艺术化的概括和夸张手法，肩宽、身长、细腰，整体修长挺拔，突出体积感的肌肉但又不失健美表现，既平静祥和，又充满了内在的生命活力。服饰简约紧凑，面部短圆，眉弯眼大，嘴角类似希腊古风的微笑与硬挺的肌肉表现分别构成一种柔美感和力量感。"古格佛像多使用藏西当地出产的黄铜，质地细腻莹润，胎体较薄，多为一次性铸就，一般不鎏金。其镶嵌工艺美轮美奂，常常以白银嵌白毫、眼珠，红铜嵌嘴唇、珠链及衣带，嵌缝往往不露痕迹，故得以'古格银眼'美名闻名于世。"[1]

壁画有《降魔变》《二十七星宿》《佛传图》等内容。"二十七星宿"大多被描绘成天女或舞女形象。天女面部呈椭圆形，眉目因为画了眼线而长至耳郭，耳朵大且垂，佩戴巨型耳饰，头戴华冠，上着半袖紧身衫，袒胸露腹，双手举过头顶做各种手印，下穿拖地长裙，以结跏趺坐或游戏坐，或作舞蹈形，与后来广为流行的度母形象相近。神态与姿势端庄秀丽，繁复的装饰悬挂在丰腴的身形上，形成华丽多姿的画面风格，展现画师对女性至高无上的赞美颂扬。壁画线条或长或短，或抑或扬。在极富视觉冲击和张力的作用下，关于人体的想象是最艺术的理想表达。从造型特点猜测，二十七星宿的女性形象年龄在20岁左右，青春、有活力、个性张扬，她们在诉说女性极致的美。

《降魔变》的图式与汉地所传相近，主佛居中，周围是妖魔

---

[1] 阮荣春，张同标. 中国佛教美术发展史[M]. 南京：东南大学出版社，2011：340.

乱舞。人物形象大致为宽肩蜂腰，造型风格与《二十七星宿图》相近。画法也都是勾线平涂的，线条是用来勾画形体和表示填色界限的，本身不像汉人绘画那样具有审美价值。在青灰色的底色上，用红白为主色填涂，红白两色互相穿插。主佛用红色较多，越往四周所用的白色越多，大致呈现发散状的热闹场景。佛传故事《太子舍身饲虎图》中，太子仰躺于地面，众多动物正在大口嚼食，画面真实而血腥，在虎、豹、大鹅、黑熊的旁边是零散的人骨残肢，端坐在菩提树下的皇妃安详地注视眼前发生的事件。这是一个恐怖的场景，会使人产生胆怯、压抑的心理，同时，观众被场景震撼而无所释放的压迫感、心理落差会驱使其生成更加强烈的好奇心，这种好奇心让观众探究内容根源。这幅作品和敦煌壁画中各个时期的《太子舍身饲虎图》的不同之处在于尼泊尔画师更注重人被蚕食时的身心挣扎状态。降魔变、天女图和佛传故事中美与丑、善与恶的深度和内涵艺术化的表达是画师们创造壁画的精神动力。

伎乐天女在壁画中呈三排多幅，数量众多，围绕在三头八臂观音周围。古格王城曼陀罗殿的伎乐天女艺术性较高。在描绘吹笛天女、击腰鼓天女和击陶鼓天女的壁画片段中，这三位天女肤色各异，装饰相同，头戴宝冠，长发披肩，耳饰大环，四臂均饰钏镯，前两臂奏笛或击鼓，后两臂执铃举杵。天女全身赤裸，仅在头腰部饰璎珞、珠链，胸乳丰满，腰肢纤细，身体或坐，或站，并在演奏音乐中做大幅度的扭动，跣足踏舞于莲座之上，展示印度舞王湿婆神的舞蹈造型的三身天女，其身体或用黄，或用绿，背光均为大红，底色为青蓝，产生冷暖色调的视觉对比。曼陀罗壁画中也有在红色身光上画白色供养天女的。这种色彩搭配尤为出彩——在满壁辉煌中出现高洁圣雅的天女。这些色彩的搭配组合，显然展现出一种与汉人绘画迥然的光怪陆离的美感，也许这是印度、尼泊尔舞蹈造型中的经典动作。这种猜测是有迹可循的，印度是音乐舞蹈大国，人们都知道宝莱坞。具体来看，神态安详沉静的妙音舞女，左手握琴弦，右手拉琴弓，左腿微屈单立，右腿半屈。头戴花冠，天衣飘带，轻歌曼舞。其中的奏琴舞女、献舞天女、持花舞女舞姿舒展优美，典雅高贵。尤其是壁画中的"献舞天女"，高贵典雅，舞姿各异，或举手过顶，或合掌于胸前，神态娇美，细腰丰乳，轻盈秀丽，腹部微露，长裙飘然，赤足起舞。线条则承袭了西域画法，和公元3至5世纪流行于西域于阗、柏孜克里克与克孜尔石窟等地的铁线描技法类似，其特点为线条流畅，精细准确，设色淡薄，柔媚轻盈。采用这种绘画技法的人物壁画在西藏极为少见，此和当地人的性格特点不符，必然来自尼泊尔样式。这些生动的舞蹈壁画，极其生动地继承了古印度舞蹈与绘画美学思想，为我们提供了一场公元15世纪前后古格王朝时期最直接的宫廷舞蹈视觉盛宴，画师带着观众穿越时空。

意大利藏学家罗伯特·维达利根据古格高僧阿旺扎巴所著《古格普兰王国史》对西藏西部古格王系史、宗教史作了深入研究，据《古格普兰王国史》所提供的线索，皮央、东嘎曾是古格王室举行婚姻庆典、加冕等重大活动的主要场所，特别是在古格王室引进基督教，进而引起王室分裂时期，还一度成为与"札布让"（王宫所在地）相对峙的主要宗教、政治中心。皮央、东嘎一度是王国都城"札布让"之外集宗教、政治、文化、军事、商贸为一体的"陪都"，也是吐蕃王朝之后振兴佛教、抵御外敌的要冲，同时也是藏传佛教与相邻地区佛教文化的交流融汇之所。

皮央村、东嘎村位于札达县城以北65千米处，皮央-东嘎遗址由东嘎扎西曲林寺遗址和皮央石窟群组成。东嘎石窟位于东嘎村北面的断崖上，分布范围长达 2 千米，共有 170 多个石窟，其中保存有精美的壁画。皮央石窟位于东嘎石窟以北 1.5 千米的皮央村山上，分为前山区和后山区，目前已确认的洞窟遗存达 872 个，规模罕见。这两处石窟遗址都是珍贵的文化遗产，反映了当地悠久的石窟艺术传统。考古学家霍巍、李永宪发表了《西藏札达县皮央－东嘎遗址 1997 年调查与发掘》报告，指出皮央－东嘎石窟总数将近一千座，包括礼佛禅窟、僧房窟、仓库窟、厨房窟等各种类型的石窟。礼佛禅窟内绘有壁画，内容有佛、菩萨、飞天、比丘、供养人像、佛传故事、礼佛图、说法图、密宗曼荼罗、动物、植物、装饰图案，艺术风格绚丽、自由、浪漫。

东嘎石窟代表作品《十一面观音像》被学界认为是 11、12 世纪时期的作品，壁画中观音通身白色，身姿健美挺拔。头部由垂直五段共十一面组成，从背部伸出六臂，每只手执以莲华、水瓶、数珠等法器，观音的身躯呈"S"形的三段式扭曲状，身后有长圆形的红色背光。两侧站立二胁侍菩萨，她们的头饰已被破坏而看不清楚，但她们的身躯却极为丰满而富于动感。尤其是观音左侧的一尊胁侍菩萨，上身穿一件紧身的窄袖小衫，项下佩戴项饰，丰满的胸部呈圆球状隆起，腰部紧缩，下身系有一与上身同样色彩的帛带，双腿修长，浑圆而结实，不柔媚。这种造型和风格不能不让人联想到波罗王朝时期那些姿态优美、极富女性特征的菩萨尊像。

皮央遗址杜康殿的释迦坐像为 12 世纪克什米尔风格作品。造像呈金色，在殿内正面居中位置，面向石窟门，当光芒照射进殿室内部时，释迦像金光灿灿，更加打动礼佛僧众的心。这种视觉冲击力是色彩和自然作用的结果。但它总能给人惊喜，因为不是每个僧众都能随意进出大殿。大殿是高等地位的法师的居所，具备统领的地位。释迦像四肢结实，颇有肌肉感，面部圆鼓，双目低垂，神态典雅，肉髻呈半球状，经打磨处理。身着袒右肩袈裟，衣纹呈波谷状，左肩领口饰以写实花边，束腰须弥座上加坐垫。

第 79 号窟代表作品为"金刚界曼荼罗—坛城"。曼荼罗是密教修行的重要工具，包含四种义理，即大曼荼罗、三昧耶曼荼罗、法曼荼罗和羯磨曼荼罗，体现大圆镜智、平等性智、妙观察智、成所作智、法界体性智等五种智慧。坛城画面中间为大日如来像，其周围绘制 53 尊金刚菩萨，其有多层塔门，为多层构型，饰有法轮与双鹿。这里的双鹿以奔跑姿态朝向法轮而不同于常见的卧躺姿势，展现了藏西艺术强调动态感的表现。双鹿身上经幡飞扬的造型则可能源自波斯。通过在土坛上按照一定规则安置观修的诸天诸尊，形成一个具体的密法、密乘事相。立体的曼荼罗图案在汉传密教和藏传佛教中都有广泛应用。外部为圆形—方形—圆形依次套置，在中间划分出几何方格，每个方格内设置一位护法，一种神圣佛法的图形形成，象征坛城空间或者道场法域。此类图像是密教专属图案，至今在藏传佛教圣地拉萨及青海、甘肃等地流行唐卡坛城。它的艺术表现更加具有装饰性和图案化特点，画面规范精确，需要提前指定精准的步骤画法以做到万无一失。内部的护法造像需要高超的绘画技法，线条和色彩的运用需遵循教义仪轨，应该有传承的法门原理。壁画为尼泊尔画师绘制，体现出尼泊尔样式的艺术风格。

古格壁画具有异常丰富的多元文化色彩，无论是寺院的建筑格局，还是寺院壁画的绘制，尤其是古格艺术家们具有的那种自然神性的审美情韵与鲜明的艺术表现方法，都与之前的寺院壁画形成了艺术手法与审美情态上的强烈差异。观音和天女形象借鉴印度密教神祇造型中多面多臂的造型样式，并结合苯教文化源流中的人身兽首、鸟首等怪异神灵造型和藏传佛教后弘期复兴中诞生的各教派崇信的神祇。

东嘎石窟壁画艺术的风格和古格王国遗址不同，甚至继承尼泊尔艺术风格的元素会更多。这些壁画对修行者而言就如同进入曼荼罗的空间。壁画以蓝色为基调，是佛国净土的投射。西藏古格壁画的人体造型、艺术风格明显受印度阿旃陀石窟艺术及西域等多种文化的影响，但又特别注意体现古格自己娟丽、清俊、精细、质朴、写实的特征。古格中早期的壁画，明显带有吐蕃晚期壁画的风格，仍以红绿色为主调，但也有些变化，主要以橄榄绿为底色，人物衣服以红色平涂为主，布局舒放，色彩凝重简约。这种色调可能是因年代久远而氧化，但看上去并没有跳脱和刺激的不舒服感，反而有斑驳别致之美。壁画多半在红底色上进行白描，以方块或分割构图。佛像的脸部呈椭圆形，即鹅蛋脸，佛像的眉眼，如柳叶眉，在线条、敷色上都舒展大方。壁画作者不仅有熟练的绘画技巧，还通过对生活的深入观察塑造出有血有肉的鲜活人物形象，赋予艺术以生命力。

古格壁画中有大量供养人、菩萨、明妃、天女的形体描绘。佛本生故事以及世俗画中出现的女性，腰肢纤细，身段扭曲，丰臀修身，呈三折枝式的优美造型。和天女相比较，古格壁画飞天造型就逊色很多，注重写实表现，没有飘带装饰，色彩沉着，更符合大众面貌。画面布局对称均衡，人物表情安详静穆，头戴花卉装饰，上身赤裸，下身着短裙，双手持花环，其身边绘有莲花卷草纹、云纹等图案。飞天造型颇具本土化特色，与敦煌壁画飞天、克孜尔石窟的极乐飞天又是另一番风格创造。壁画不仅构图饱满紧凑，形象密集精微，色彩变化细腻繁复，线条勾勒也以精细、繁密、秀丽、工整、刚健、圆柔为特点，以墨线为主，色线为辅，金线点缀，强调线条的自由舒展，流畅刚柔，讲究笔力的虚实张弛，节奏变化更注重线描精细如微、毫发必爽的禅功笔力，显示出高超的艺术水准。"以线造型"的特殊技法，成功地表现了壁画中各种形象的形体、质感、动态，人物的神情意趣、喜怒、善恶，环境的情调、韵致等。此外，古格壁画在用线上与伊斯兰细密画堪称异曲同工。伊斯兰绘画以画幅小巧、刻画精微、造型密集的细密绘风格为特征而著称于世。公元前4世纪，波斯帝国走向覆亡，大批伊朗人东迁至塔里木盆地和吐鲁番。古波斯文化更直接影响着西域及周边地区的文化。地处古丝绸之路和横跨欧亚大陆的东西交通要道"麝香之路"的阿里古格，其壁画再度吸收了中亚风格和古波斯细密画风格，并按自身的特点进行创造性的融汇发挥，将它应用于大幅的壁画中，极大地丰富了古格壁画的表现形式，提升了艺术格调，这在阿里古格殿堂壁画的尊像画、说法图中尤为突出。古格艺术家们娴熟地运用典雅的线条、色彩、造型、构图、装饰等方面的艺术技巧与艺术想象，完美地传达和展示了古格文化所拥有的一种自由精神，一种文化涵养，一种宗教美学理想。古格艺术创造了一种藏族美术史上新的古典美学观念，并使其后来者难以企及和超越。

阿里古格佛教壁画艺术在悠久的形成发展历程中，继承和弘扬了藏族优秀的民族民间艺术传统，同时又是吸收和融合着多种外来艺术的精髓而创造出来的艺术珍品，它反映了苯教和密教融合发展形成藏传佛教的过程，又反射出藏传佛教艺术在本土发展的历史脉络。阿里古格佛教壁画艺术不愧是西藏悠久历史文化发展进程中的恢宏画卷。

第二节 内蒙古阿尔寨石窟

在历史的长河中,阿尔寨地区以其独特的地理位置和深厚的文化底蕴,成了西夏时期的一颗璀璨明珠。它坐落在内蒙古河套地区的核心地带,东临乌海市,西接准格尔旗,北望陕西省延安市,自古以来便是交通要冲与文化交汇之地。唐代时,阿尔寨作为定南五郡的重要组成部分,见证了拓跋部落在此的兴起与繁荣,为西夏王朝的建立奠定了坚实的基础。步入西夏时代,阿尔寨更是被纳入了夏州的管辖之下,其地位愈发显赫。这一时期,阿尔寨石窟作为西夏皇室的佛教圣地,与远近闻名的黑水城、高台寺以及青铜峡的108座塔遥相呼应,共同构筑了以首都兴庆为中心的庞大佛教文化圈。这些石窟群不仅是宗教信仰的象征,更是西夏文化艺术的瑰宝,展现了那个时代高超的石刻技艺和深邃的佛教思想。尤为值得一提的是,阿尔寨石窟作为内蒙古西部迄今发现的最大石窟群,其规模之宏大、内容之丰富,令人叹为观止。每一尊佛像、每一幅壁画,都仿佛在诉说着那段辉煌而又神秘的历史,让后人得以穿越时空,感受西夏王朝的宗教热情与文化魅力。阿尔寨,这片古老而又神秘的土地,至今仍以其独有的方式,静静地诉说着过往的辉煌与沧桑。

公元1226年,成吉思汗第六次进攻西夏,阿尔寨作为交界之地,成为成吉思汗攻克西夏的据点之一。《蒙古秘史》记载:"冬间,于阿儿不合地面围猎,成吉思汗骑一匹红沙马,为野马所惊,成吉思汗坠马跌伤,就于搠斡儿合惕地面下营。"阿儿不合地域,现今对应鄂尔多斯市鄂托克旗的阿尔巴斯山;而"搠斡儿合惕"这一古名,则指的是现今著名的阿尔寨石窟。历史记载,成吉思汗曾亲赴阿尔寨石窟养伤。时至1229年,成吉思汗的孙子、西路军的杰出统帅阔端，被正式册封为西凉王，并受命管辖西夏故地，即今日的张掖地区。《新元史》卷一百十一·列传第八记："乞儿吉思皇后生阔端……乃马真皇后称制，阔端开府西凉，承制得专封拜。用河西人高智耀言。"1240 年，为了实现对西藏的统一，西路军统帅、西凉王阔端派遣其麾下大将多塔纳波，率领精锐部队勇猛地攻入西藏，展现了蒙古帝国的赫赫军威。经过数年的军事行动与筹备，到了 1247 年，阔端为了进一步加强对西藏的控制，并寻求和平共处的途径，决定采取政治谈判的方式。于是，他诚挚地邀请了西藏萨迦派这一具有广泛影响力的宗教领袖——萨迦班智达，前来凉州进行会谈。此时的西藏，吐蕃王朝早已名存实亡，各地割据势力纷争不断，国家四分五裂。加之面对蒙古帝国这一强悍的外敌，西藏内部更是陷入了深深的内忧外困之中。萨迦班智达深知，唯有通过和平谈判，才能为西藏争取到最大的利益，避免更多的战乱与苦难。因此，萨迦班智达毅然决定接受阔端的邀请。他率领着自己的侄子八思巴、恰那多吉以及众多萨迦寺的僧侣，携带了大量的佛教经典与卷帙，不远千里地踏上了前往凉州的征途。在凉州，他们与阔端进行了深入的会谈，双方就西藏的归属、宗教信仰、文化传承等问题达成了广泛的共识。这次会谈，历史上称为"凉州会盟"，它标志着西藏与蒙古帝国之间和平共处的开始，也为后来的西藏历史书写了新的篇章。《凉州会盟碑记》详细记载此事，萨迦班智达从此在凉州传教再未返回西藏。藏传佛教传入蒙古，被忽必烈定为国教，萨迦班智达的侄子八思巴为"帝师"。明人萧大亨所著《北虏风俗》一书记载了蒙古族普遍崇佛的盛况："比款贡以来，颇尚佛教。其幕中居恒祀一佛像，饮食必祭，出入必拜，富者每特庙祀之，请僧讽经，捧香瞻拜，无日不然也。"

阿尔寨石窟，位于广袤的荒原之上，是一座高约 80 米、长约300米的红色砂岩石小山,外观雄伟壮观。山顶曾有三座寺庙,现已不存,仅留残垣断壁。石窟群依山势分三层凿出,形态各异,远观如"百眼窟"。每一石窟均蕴含丰富的历史与文化,内有佛像、壁画和经文,展现古人的智慧与匠心。阿尔寨石窟集自然美景与人文历史于一体,见证了西夏王朝的兴衰,承载着信徒的信仰与追求,是一部待人品读的历史长卷。

阿尔寨石窟,这一古老而宏伟的佛教艺术宝库,共计拥有108个窟室,其中65个石窟与22座精美的浮雕佛塔至今仍然保存完好,向世人展示着其独特的魅力。在这些佛塔中,覆钵式佛塔与密檐式佛塔无疑是最为典型的两种塔形,它们各自以独特的艺术风格,诠释着佛教文化的深邃与博大。覆钵式佛塔巧妙地嵌入石洞之中,工匠们精心挖凿出塔身,使得整个佛塔与石洞融为一体,显得既神秘又庄严。信徒们将供物恭敬地放置在佛塔前的石台阶上,表达着对佛教的虔诚与敬仰。佛龛的设计则更是别具匠心,它不仅为佛像提供了遮风避雨的保护,还使得整个佛塔在视觉上更加立体、生动,让远观的人们仿佛看到了真实的佛塔,心中不由自主地涌起一股崇敬之情。相比之下,密檐式佛塔则采用了截然不同的雕刻手法。工匠们运用浅浮雕式技艺,在石壁上简洁地勾勒出两条竖线和多条横线,形成了纵贯之势,使得整个佛塔呈现出上小下大的仰视视角,宛如一座通往天际的梯子。这样的设计不仅展现了工匠们的巧妙构思,也寓意着佛教信徒们追求精神升华的无尽之路。然而,关于这些修建佛塔的技艺精湛的工匠来源,至今仍然是一个未解之谜。他们的身份、技艺以及创作过程,都成了后人研究和探寻的课题。值得一提的是,阿尔寨石窟的密檐塔与辽宁锦州北镇的崇兴寺双塔在造型上颇为相似,而覆钵式佛塔则与山西代县的阿育王塔有着异曲同工之妙。这些相似之处不仅体现了佛教文化的广泛传播与影响，也见证了藏传佛教在不同地区的独特表现与融合。

在阿尔寨石窟的 14 个窟室中，共存有一千多幅壁画，总面积达到了 600 余平方米。这些壁画兴建于北魏中晚期，历经西夏、蒙元等朝代的延续，直至明代仍有所增补。然而，公元 1632 年的一场战火却使得这些珍贵的壁画遭受了严重的破坏。尽管如此，现存的壁画仍然以西夏、蒙元时期的作品居多，它们内容丰富、风格独特，大部分都属于藏传佛教密宗的风格，为后人提供了研究佛教文化与艺术的重要资料。

阿尔寨石窟的壁画艺术展现出了鲜明的阶段性特征，其表现内容可精细划分为两个阶段：初期阶段以佛教显宗题材为主导，而后续阶段则转变为以藏传佛教密宗题材为核心。

在第一阶段，壁画主要描绘了释迦牟尼佛、明王及其眷属等显宗重要人物与场景，体现了佛教初传时期的信仰特色与艺术风格。进入第二阶段，随着藏传佛教的兴盛，壁画内容转向以密宗题材为主，其中尤为突出的是"萨迦派八思巴帝师像""格鲁派宗喀巴大师像"等密宗高僧大德的肖像，以及菩萨像、十一面观音像等密宗神祇形象，充分展示了藏传佛教密宗的独特魅力与深厚底蕴。除上述宗教人物与神祇外，壁画还广泛涉及佛教本生故事、经变相故事、宗教历史传记故事以及史实故事等，通过生动的画面与情节，传达了佛教的教义与思想。同时，壁画中还融入了山水画、装饰图案以及生活场景等元素，如蒙古包、骑射、狩猎场景和丧葬习俗等，展现了当时社会的风貌与民俗。此外，在石窟壁面上，还发现了蒙古族古老宗教萨满教的印记，以及早期回鹘式蒙古文、梵文、藏文、古汉字等多种文字的题记。这些题记不仅为研究阿尔寨石窟的历史与文化提供了宝贵资料，也进一步证明了该石窟作为佛教艺术宝库的独特地位与价值。其中,"二十一度母"的榜题更是成了研究佛教文化与艺术的重要线索。

阿尔寨石窟是一座集寺庙、石窟建筑、摩崖石刻造像、壁画、榜题为一体的综合性佛教艺术宝库。它不仅展示了佛教艺术的独特魅力,也见证了佛教文化在不同历史时期的传播与融合。

第 10 窟与第 28 窟,作为北魏时期的代表遗存,展现了中心柱窟的独特形制。在这两座窟中,中央雕凿出的方形窟柱巍然屹立,而于中心柱之后,又巧妙地开凿出了主佛龛,使得整个窟室空间既显得庄重肃穆,又充满了神秘的宗教氛围。特别值得一提的是第 28 窟右侧的壁画——《成吉思汗黄金家族受祭图》。这幅蒙元时期的杰作,以其生动细腻的笔触,将一段历史永恒地定格在了石壁之上。壁画中,大小人物百余个,栩栩如生,仿佛穿越时空,将我们带回了那个辉煌的时代。第一组人物,是一个正在接受祭祀的大家庭,共有 8 人之多。男主人身着盛装蒙古礼服,头戴四方帽,盘腿坐于正中,显得威严而庄重。在他的左侧,一位蒙古贵妇同样身着礼服,头戴高高的姑姑冠,坐姿与男主人如出一辙,透露出她的尊贵地位。在贵妇的左侧,又绘有 4 名年轻的蒙古男子,他们年少无冠,只盘左腿,右腿收回半立,双手合十于胸前,显得既虔诚又恭敬。而在男主人的右侧,则有 2 名盛装女子,她们头戴姑姑冠,双手合十,与左侧的年轻男子共同构成了这个大家庭的祭祀场景。这 8 人同坐于白色高台之上,背后则以写实之笔,精妙地绘出了平台状的阿尔寨山及山顶上的寺院红墙和小白塔。这样的背景处理,不仅使得整个画面更加立体生动,也巧妙地将自然景观与宗教文化融为一体。除这组核心人物外,壁画中还绘有第二组、第三组、第四组人物。他们均穿着蒙古礼服,队伍浩大,或跪坐于祭台之下,或向高台行礼。这些人物的形象各异,神态逼真,仿佛都在用自己的方式表达着对成吉思汗黄金家族的崇敬与敬仰。整幅壁画生动细腻地描绘了成吉思汗黄金家族受祭的盛况。它不仅展示了蒙古民族的服饰文化、礼仪习俗和宗教信仰，也反映了当时社会的风貌与民俗。绘于第28窟主龛左侧的元代壁画《各族僧俗人等礼佛图》，是一幅展现元代社会宗教生活与文化交融的瑰丽画卷。此壁画长约1米，高45厘米，虽尺幅不大，却蕴含了丰富的历史与文化内涵。画面中央，格鲁派宗喀巴大师正襟危坐，宣法讲道，其身形高大，穿黄色袈裟，头戴黄色僧帽，显得庄严而神圣。僧俗人众罗列整齐，或坐或站，围绕在宗喀巴大师周围，认真礼佛听法，气氛肃穆而虔诚。光秃的山峦将僧俗人众巧妙地分割成若干排列，地势起伏连绵，形成了山高于人的视觉效果。这种构图方式不仅增强了画面的层次感与空间感，也使得整个画面更加生动逼真。艺术家采用线条的精致画法，其与工笔画有异曲同工之妙，突出线条的明晰感与流畅性。色彩上则与北方黄土高原的固有色相协调，注重写实与写意相结合的方式，使得画面既具有真实感，又富有艺术美感。画中人物众多，民族各异，服饰和发式各有不同。第二排17人，均为光头，披红、黄袈裟，显然是蒙、藏两族的高僧。他们神情专注，仿佛完全沉浸在宗喀巴大师的讲法之中。第三排9人，其中第一位僧侣披红袈裟、戴方帽，第二位僧人披黄袈裟、戴方帽，第三人则蓄短须，披黄袈裟、戴尖形帽，形象各异，栩栩如生。特别引人注目的是第四人，他身为汉族官吏，头戴幞头，身穿红色官服，上面绣有碎花团，与《元史》卷七十八《舆服志》中的记载相吻合。在官吏身后，绘有5名汉人，均为官吏的家眷随从。他们或站或立，神情各异，但都透露出对佛教的崇敬与信仰。第四排则为21名蒙古人，他们均肃立向前，仿佛也在认真聆听宗喀巴大师的讲法。这幅壁画不仅展现了元代社会各族各界崇佛的实际状况，也记录了元代各族相互交融、人民友好相处的历史情况。从壁画中的人物可以看出，有藏族、蒙古族、汉族等多个民族，其身份也有高僧、官员、一般僧人和侍从等多种。他们共同聚集在这里，聆听宗喀巴大师的讲法，共同表达对佛教的信仰与崇敬。此外，壁画还生动地反映了宗喀巴大师的修行次第与佛教思想。他强调修行要先显后密，显密并重，提倡苦行僧侣的生活方式。僧人不结婚、戒杀生、禁饮酒、断绝世俗交往等规定，在壁画中也得到了生动的体现。《各族僧俗人等礼佛图》《成吉思汗黄金家族受祭图》具有极高的艺术价值，也是研究元代社会历史、宗教文化、民族交融等方面的重要资料。

第31窟的"供养菩萨像"，是西夏早、中期佛教艺术的杰出代表，展现了当时壁画高超的技艺水平与审美追求。这两尊供养菩萨像分别绘于佛塔的左侧与右侧，遥相呼应，共同营造出一种庄严而神秘的宗教氛围。位于佛塔左侧的供养菩萨，其形象温婉而典雅。菩萨束高髻，眉眼细长，透露出一种超凡脱俗的气质。上唇轻绘小八字胡须，更添几分神秘与威严。其袒露着胸膛，身穿一袭绿色紧身衣裙，腰束带宽大，裙下摆呈喇叭状，颜色为浅红色，宛如一朵盛开的莲花，既展现了菩萨的端庄秀丽，又寓意着佛教的纯洁与高尚。菩萨身段优美，比例协调，赤足站立在圆台上，显得轻盈而飘逸。头后绘有圆形光环，象征着菩萨的智慧与神圣光芒，照亮着信徒的心灵。而佛塔右侧的供养菩萨，虽然因发生化学变化，肌肤色彩呈现出了一种独特的黑色，但这并未减损其艺术魅力。相反，这种色彩的变化为菩萨像增添了一种历史沧桑感，使其更加具有韵味。这尊菩萨同样袒露着上身，绿色飘带轻盈地搭在胸前和两臂间，随风飘动，仿佛带着一种超脱世俗的仙气。下身穿浅红色紧身裙，与左侧的菩萨相呼应,形成了和谐的色彩搭配。菩萨赤足站于圆台上,体态优雅,宛如一位正在翩翩起舞的仙子。头后同样绘有环状光环,与左侧的菩萨相互映衬,共同彰显出佛教的庄严与神圣。

第33窟的《西夏官兵渡河图》是一幅生动展现西夏士兵英勇风姿与草原骑兵驰骋送捷报壮观场景的壁画。在这幅作品中,画家以精湛的笔触和丰富的想象力,将西夏士兵身穿盔甲的外形特征刻画得淋漓尽致,令人仿佛能穿越时空,目睹那段辉煌的历史。画面中的骑兵,姿态矫健,英勇无畏。他身穿厚重的盔甲,却丝毫未减其灵动与敏捷。飞扬飘动的衣带,如同战旗般在风中猎猎作响,滚动的云气则增添了几分神秘与壮阔。而那匹白马,更是画中的点睛之笔。它轻盈有力,身体精瘦,奔跑起来神采奕奕,仿佛能够踏破时空的界限,将捷报迅速送达。骑兵与白马相映成趣,共同构成了一个动人心魄的画面。背景是蓝绿色的草原,广袤无垠,与前景的人物和马匹形成了鲜明的对比。这种深色系的背景处理手法,不仅突出了人物和马匹的形象,也使得整个画面更加具有层次感和立体感。值得一提的是,这幅壁画与北齐忻州九原岗壁画《狩猎图》在构图和人物马匹的描绘上有着惊人的相似之处。除发饰、衣服和帽子等表现少数民族特征的物品不同之外,下垂的腿和脚描绘得几乎一模一样。这种相似性并非偶然,而是反映了当时壁画创作艺术手法的共性和意象性写实的艺术审美追求。北齐是由鲜卑部落建立起来的政权,其民族性格好弋猎骑射,与西夏、蒙古等马背上的少数民族有着深厚的文化渊源。因此,在壁画创作中,他们都不约而同地选择了以马为背景,以骑兵为主角,通过生动的画面和细腻的笔触,展现了各自民族的英勇与豪迈。北齐《狩猎图》总面积达70平方米,是我国现存面积最大的墓葬狩猎图壁画。画面中描绘了墓主人带领部下狩猎的场景，他们手持弓箭、长矛和旌旗，驰骋于山水之间，围猎练兵，威武勇猛。这幅壁画不仅展现了北齐人的尚武精神和狩猎文化，也为我们提供了研究当时社会历史和文化的重要资料。综上所述，《西夏官兵渡河图》与北齐《狩猎图》虽然分属不同的历史时期和民族背景，但在壁画创作艺术手法上却达到了意象性写实的艺术审美高度。它们共同展现了古代壁画艺术的魅力和价值，也为我们提供了研究古代社会历史和文化的重要窗口。

《萨迦派八思巴帝师宣法图》是一幅融合了宗教、历史与艺术的壁画，它不仅展现了萨迦派八思巴帝师的崇高地位与宣法盛况，还深刻反映了元朝时期藏传佛教与蒙古族文化的紧密交融。画面中，暖色调与青绿山水的巧妙穿插，共同营造出一种宁静祥和、超凡脱俗的氛围，仿佛将观者带入了远离尘嚣的佛教净土。八思巴作为元朝时期藏传佛教的重要人物，被尊为帝师，其形象在画中位列中央，显得高大威武，头戴五叶冠帽，象征着其崇高的宗教地位与智慧。他的面容庄重而慈祥，仿佛正在向众生传授无上的佛法，引领着信徒们走向心灵的解脱。在八思巴帝师的两侧，是身着蒙古服饰的官员，他们皆作听法状，神情专注而虔诚，显然被帝师的宣讲深深吸引。这些官员的存在，不仅彰显了八思巴帝师在元朝宫廷中的影响力，也体现了藏传佛教与蒙古族文化的深度融合。画面左右下方，是两列整齐划一的听法僧侣。他们人数众多，前来听法，庄严肃穆，恭敬虔诚。这些僧侣的形象，虽然被简洁、生动地勾勒出来，但他们的神情与动作却塑造得恰到好处，让人能够感受到他们内心的虔诚与对佛法的渴望。画面的艺术处理轻松随意，类似于一种速写的形式，这种风格使得整幅画作显得更加生动自然，富有生活气息。山水部分用青绿色系敷彩，带有中国古典山水画的特征，不仅增添了画面的美感，也进一步强化了作品的文化内涵与艺术价值。《萨迦派八思巴帝师宣法图》不仅是一幅艺术作品，更是历史的见证者。它记录了元朝时期藏传佛教的兴盛与八思巴帝师的卓越贡献，也展现了藏传佛教与蒙古族文化在相互交融中共同发展的历史进程。这幅画作不仅具有极高的艺术价值，更是研究元朝时期宗教、历史与文化的重要资料。

阿尔寨石窟壁画以其独特而生动的方式，深刻地记录了元朝帝师八思巴与忽必烈之间的几段重大史实，具有不可估量的历史意义与文化价值。其中，最为引人注目的壁画有：一是《八思巴灌顶授戒图》，形象描绘了八思巴为帝王、妃子及王族成员主持庄严的灌顶仪式，展现了其在元朝宫廷中的崇高地位与宗教职能；二是《八思巴与道教辩论图》，生动再现了佛教与中原道教之间的一场思想交锋，反映了元朝时期宗教文化的多元与交融；三是《八思巴宣讲佛法图》，通过细腻的笔触展现了八思巴作为佛教高僧的宣讲风采，传递了佛教的深邃智慧与广博教义；四是《各民族僧俗人等礼佛图》，描绘了来自不同民族的僧俗人众共同礼佛的盛景，体现了元朝时期宗教信仰的广泛普及与民族团结。这些壁画不仅是艺术的瑰宝，更是历史的见证。它们以图像的形式，生动再现了元朝时期的真实历史与现实情节，为我们提供了研究元朝宗教、文化、社会等方面的宝贵资料。尤为重要的是，阿尔寨石窟是唯一一个用图像形式表现元代历史事件题材的石窟，其独特的历史地位与文化价值不言而喻。这些壁画不仅展现了元朝时期佛教的兴盛与八思巴的卓越贡献，也为我们揭示了元朝时期社会文化的多元面貌与宗教信仰的深刻影响。

第三节　辽宁义县万佛堂

辽西走廊，作为一条历史悠久的交通要道，宛如一条纽带，紧紧连接着中原与东北地区，其地理位置得天独厚，背靠着巍峨的山脉，面朝浩瀚的大海，不仅自然风光旖旎，更承载着深厚的文化底蕴。这一区域，作为佛教东传路径上的最北端，见证了佛教文化从西域经由丝绸之路北线，逐步渗透并影响东北亚地区的历程，成为佛教文化传播与交流的重要节点。辽西文化圈，一个以辽西走廊为核心，辐射周边的广阔文化区域，其范围大致界定在医巫闾山以西，北界延伸至西拉木伦河两侧，南则抵达燕山以北，涵盖了西拉木伦河、老哈河、大小凌河、滦河及其众多支流流经的广袤地区。这片土地上，河流纵横交错，滋养了肥沃的土壤，孕育了丰富的生态与多元的文化。从古代的游牧文明到后来的农耕文化，再到佛教文化的融入，辽西走廊及其文化圈内的历史变迁，如同一部活生生的历史教科书，记录着不同民族、不同文化相互交融、共生共荣的壮丽篇章。在这里，可以探寻到古代城址、佛教石窟、墓葬群等丰富的文化遗产，它们静静地诉说着过往的辉煌与沧桑。同时，辽西走廊也是民族迁徙与融合的重要通道，不同民族在这片土地上留下了各自的印记，使得辽西文化圈呈现出一种包容并蓄、多元共生的独特风貌。无论是从历史学、考古学，还是从文化研究的角度来看，辽西走廊及其所属的辽西文化圈，都是研究中国北方乃至东北亚地区历史文化不可或缺的重要一环，其价值与意义深远而重大。

义县，自古便是军事交通要地，先秦时为辽西郡治所，行政建制悠久。北魏初，为巩固边防，于义县设军镇，归营州管辖，紧邻龙城，战略位置关键。此举不仅强化了军事防御，也促进了当地经济文化的繁荣，为后世留下了丰富的历史文化遗产。《魏书·地形志》载："营州治和龙城，太延二年（436年）为镇，真君五年（444年）改置，永安末（529年）陷，天平初（534年）复。领郡六。"所辖地域主要为今朝阳、锦州、义县、葫芦岛、阜新及河北承德北部地区。义县，这座拥有两千多年悠久历史的古城，自古以来便是东北地区璀璨的文化重镇，见证了无数历史风云的变迁。在这座古城的西北隅，静静地伫立着著名的万佛堂石窟，它与古城东北隅的奉国寺通过水路巧妙相连，构成了一幅独特的历史文化画卷。向东眺望，可见中国古代五大镇山之一的医巫闾山巍峨耸立，其雄伟身姿仿佛在诉说着千年的沧桑故事。而古城的西南方向，则是城内辽代建筑广胜寺塔，城郊的八塔山上，同样矗立着辽代建筑八塔，它们共同见证了辽代文化的辉煌与繁荣。这些古迹不仅丰富了义县的文化内涵，也后人提供了宝贵的历史研究资料。在奉国寺中，最为引人注目的当属其主体建筑"大雄殿"。这座大殿以其宏大的规模和精湛的工艺，成了我国古代建筑中最大的单檐木构建筑之一，堪称辽代建筑技艺的巅峰之作。大雄殿不仅代表了辽代建筑的最高水平，更是中华民族悠久历史和灿烂文化的生动写照，每一位前来参观的游客都能深刻感受到古代工匠的智慧与匠心。万佛堂石窟开凿于北魏孝文帝晚期，为营州刺史元景为孝文帝及自己并眷属祈福，并由国师县曜法师主持修建，和龙门石窟、云冈石窟齐名，并称"北魏三大石窟"，它是我国东北地区最大的佛教石窟。

《义县志》中记载了一处令人叹为观止的历史遗迹——万佛堂。据载，此堂位于治城西北约十五里之处，其地倚山而凿，洞窟内佛像密布，数量难以尽数，展现了一幅佛教文化的盛景。大凌河南岸，石刻佛像大小不一，错落有致，正如《盛京通志》

所描述的那般壮观。万佛堂的石窟构造独特，东侧有一高地，高两丈余，上面刻有"大魏"字样的碑文，尽管岁月流转，字迹已多模糊，但仍可通过拓帖照片窥见一斑。西侧洞窟中同样立有"大魏碑"，碑文字迹虽存，词句却不完整，同样留有珍贵的拓帖照片作为历史见证。步入正洞，阶石错落，疑似为古墓之所在，碑文上镌刻着"教谕恭将马公尔氏之墓"的字样，透露出此地的深厚历史底蕴。洞窟东侧，以灰土为基，以石为顶，构建出一间南向的石房，宽敞而坚固。据碑文记载，万佛堂的石窟开凿工程始于魏太和十一年（丁卯年）。公元523年爆发的六镇起义，使得这一宏伟的石窟开凿工程逐渐走向没落，成了历史的遗憾。万佛堂石窟，坐落于辽西走廊的终点，风景秀丽的锦州市义县福山大凌河畔，其地理位置得天独厚，背北面南，依山傍水，沿福山南麓自西向东蜿蜒排列，全长约85米，蔚为壮观。石窟群被巧妙地分为东西两个区域，西区保存有10个窟，东区则有7个窟，每一窟都蕴含着深厚的历史文化底蕴。这些窟龛均始凿于北魏晚期，并在同一时期完工，历经唐、辽、明、清等多个朝代的修补或改动，见证了历史的沧桑变迁。石窟内大小造像共计500余尊，形态各异，栩栩如生，展现了古代工匠精湛的雕刻技艺和无尽的创造力。在石窟内，现存有两座珍贵的碑刻。其中一座位于西区5号窟，为太和二十三年（499年）营州刺史元景所立的造像碑。另一座则位于东区4号窟，是景明三年（502年）"慰喻契丹使"韩贞造窟的题记。此外，还有清代重修碑5座，共同构成了万佛堂石窟丰富的历史文化遗产。特别值得一提的是，《元景造像记》作为万佛堂开创石窟的最早题记，具有极高的历史和艺术价值。《义县志》中详细记载了此碑的样貌："此碑在义城西北十数里万佛堂之石窟中，当时系就石壁上斫成长宽约一尺许之碑形。年代久远，风雨剥蚀，又因石质非佳，地处僻塞，复被牧竖瞳凿稷尽，皆毁灭瑰。仅碑身残余之一百十数字，约有百七十字尚完好。字体雄伟遒劲，可与张猛龙诸碑相韵赋也。"这段描述生动地展现了此碑历经风雨侵蚀后的残破景象，但同时也凸显了其字体的雄伟与劲健。康有为曾对此碑给予高度评价，称其为"元魏诸碑之极品"，而梁启超也盛赞此碑"天骨开张，光芒闪溢"。这些赞誉不仅体现了"元景造像碑"在书法艺术上的卓越成就，也彰显了其在历史文化中的重要地位。元景作为北魏元氏皇族的一员，据学者曹汛考证，他竟是孝文帝的叔叔。这一身份背景更使得"元景造像碑"具有了深厚的历史内涵。此碑采用官方书体"洛阳体"，与龙门十二品书法艺术风格一脉相承，展现了北魏时期书法艺术的独特魅力，具有极高的艺术价值和研究意义。

西区第6窟内，一尊高达3米多的弥勒佛像巍然屹立，堪称中原北方石窟中交脚佛主像之孤例，其艺术价值与历史地位不容小觑。这尊弥勒像有独特的波纹发髻，其细密有序，线条流畅，即便是与名闻遐迩的云冈石窟中的造像相比，也毫不逊色。其身旁的两尊菩萨像，梳高发髻，优雅挺立；力士像则束发紧实，发纹密而不乱，展现出工匠们精湛的雕刻技艺。在面部表情的刻画上，工匠们更是下足了功夫。无论是慈祥、端庄，还是微笑、腼腆，抑或是威武、文静，每一种表情都被细腻地捕捉并生动地呈现在佛像上，仿佛它们真的拥有了生命。然而，与面部表情的精细刻画形成鲜明对比的是，佛像的衣纹被概括得简略而大方。弟子、千佛、菩萨、侍者等人物的服饰，仅通过几条阴线来巧妙表现，既突出了人物头部的特征，又使得整体造型显得更为简洁明快。这种突出刻画人物头部而相对疏于服饰的雕刻手法，似乎成了龙城地区的一种独特做法，为当地的石窟艺术增添了几分别样的韵味。而交脚弥勒佛作为洞窟的主像，其高大的造型和精美的雕刻，更是同时期北方石窟中所罕见的。袈裟与身体融为一体，这种效果得益于浅浮雕的线条运用，即所谓的阴刻线。这种雕刻技法也被誉为"曹衣出水"，是北魏雕塑风格的典型代表。它既能精准地体现出身体的形状和结构，又能巧妙地展现衣服薄透的质感，使得佛像看起来既真实又灵动。在这尊佛像上，我们看不到繁复的雕凿痕迹，只有身心合一的淡然祥和。工匠们对作品的真挚情感和对技术的严格要求，使得这尊交脚弥勒佛在丝缕阳光中仿佛释放出了强大的艺术魅力，让人不禁为之肃然起敬。

第1窟作为一处典型的佛殿窟，其设计巧妙，布局严谨。窟内中央矗立着一座威严的中心塔柱，使得整个空间呈现出一种庄重而神圣的氛围。窟的整体结构为方形平面，不仅空间宽敞，而且巧妙地通过甬道与相邻的第2、3、4窟相互连接，形成了一个紧密相连、互为补充的石窟群。在中心塔柱的正壁、左壁以及右壁，各开凿有一龛，这些龛内原本都供奉着精美的佛像。西区总共有11个这样的龛，然而岁月流转，如今仅有5龛还残存着造像的痕迹，见证着历史的沧桑。在这5龛之中，除一龛仅仅凿出了一个佛的石胎，尚未完成雕刻外，其余的龛内则或供奉着一佛二菩萨的组合，或展示着释迦、多宝并坐的庄严场景，每一尊造像都蕴含着深厚的宗教意义和艺术价值。在这些造像中，色彩的运用也极具匠心。红色，作为慈悲和热情的象征，被巧妙地运用在佛像的衣饰和背景上，营造出一种温暖而热烈的氛围。而蓝色，则代表着宁静与智慧，与红色形成鲜明的对比，使得整个石窟的色彩层次更加丰富多变。后期彩绘的红色分割线，更是为整个石窟增添了几分富丽堂皇之感，使得新色与旧石在岁月的洗礼下，呈现出一种独特的韵味。石柱的细密雕刻，展现了工匠们精湛的技艺和无尽的匠心。每一刀、每一凿，都凝聚着他们对佛教的虔诚和敬畏。而窟顶的斑驳，则见证了岁月的流转和历史的变迁。新色与旧石，仿佛是两个不同时空的印记，在这里交汇、融合，共同诉说着这座石窟的悠久历史和深厚的文化底蕴。

第5窟，其功德主乃营州刺史元景，此人名垂青史，皆因窟内现存之"元景造像碑"，此碑不仅是石窟艺术之瑰宝，更是历史研究之珍贵资料。碑顶之飞天造型，与龙门古阳洞之飞天遥相呼应，展现出相似的艺术风格与审美追求；而力士之形象，则与宾阳中洞之力士造型不谋而合，彰显出古代工匠们在艺术创作上的传承与创新。

转至东区，第4窟内藏有北魏景明三年（502年）之题记，记录了"慰喻契丹使"韩贞等人"建造私窟"的壮举。韩贞，出身于昌黎韩氏，这一家族与汉之乐浪王氏，魏晋辽东李氏，柳城李氏（唐代名将李光弼即为柳城李氏之后裔）、王氏等，皆为东北之地赫赫有名的望族。韩贞在此造窟，其举动似乎有意效仿文明太后在故里立思燕佛图之举，既彰显了家族之荣耀，又体现了对佛教文化的崇敬与传承。

第3窟则为内设双耳室的三室窟，其平面布局呈品字形，别具一格。窟内有甬道、耳室与主室相连，结构严谨，空间利用巧妙。甬道两侧各开一耳室，耳室为方形平面，平顶设计，简洁大方。主室位于后部，同样为方形平面，三壁各设一龛，作穹隆顶设计，使得整个空间显得庄重而神秘。

第6窟则是整个石窟群中面积最大的一窟。窟内主尊为高达3.2米的释迦坐佛，其形象庄严，气势恢宏。窟顶饰浮雕莲花，寓意着佛教之纯洁与高尚。藻井位于窟顶中间位置，由巨大的莲花瓣与圆形的莲蓬巧妙组合而成，构成了一幅美轮美奂的画面。工匠们的艺术灵感在此得到了充分的展现：六身伎乐飞天环绕于莲蓬外围，体态丰腴，身形矫捷，既富有空间重叠之纵深美，又体现出飞跃环绕之玲珑动态。莲花与飞天，皆为女性之象征，寓意着美好与善良。而大莲花外围，又对称环绕着飘带飞天与小莲花，工匠们更是在每一个小莲蓬上巧妙地嵌入了一个小沙弥以替代莲子，这一设计不仅增添了整体的艺术美感，更寓意着接引与诞生的生命轮回之哲理。第1窟东侧小龛为三壁三龛，原应为三佛。东4窟东侧小龛内原为一佛二菩萨。龛像皆面相清瘦，双肩略削，身体修长，呈"秀骨清像"之姿。佛着通肩袈裟，胁侍菩萨着长裙，下摆稍外张，帔帛在腹前交叉，观者可在粗犷的刀法中体会人神交汇之精神面貌。高浮雕"笑佛"被称为"北魏的微笑"。佛像被雕凿于一个甬道出口敞开的壁面上，距离地面大约一米，因为风化严重，现在我们只能看见他的头部及肩颈，虽然周身不完整，但面部却依旧保持"千年的微笑"。合唇微笑是北魏佛像的独特之处，坚硬的石料和暖暖的笑意，在刻板与柔软之间拉扯，不禁令人深思。

万佛堂石窟的造像艺术，深受平城洛阳"云冈模式"的影响，这一影响不仅体现在造像的风格与技巧上，更在于其背后所蕴含的佛教文化理念上。云冈石窟，作为佛教艺术的一座丰碑，其独特的艺术风格和深厚的佛教底蕴，为万佛堂石窟的造像提供了丰富的灵感和借鉴。同时，佛教的宣传力量也为万佛堂石窟的造像艺术增添了无尽的光彩，使得这里的每一尊造像都显得神圣与庄严。在佛教艺术文化的强大影响下，万佛堂石窟的造像特点得以形成并独树一帜。这些造像不仅形态各异，栩栩如生，更在细节上体现了佛教文化的精髓。云冈石窟的万佛洞与万佛堂石窟，在内容和佛教含义上呈现出较为统一的特点，这不禁让人推测，万佛堂石窟或许正是依据万佛洞来建造的，两者之间的渊源和联系，为后人留下了无尽的遐想。北魏时期，万佛堂石窟的营造时间虽然不长,但却在佛教艺术史上留下了浓墨重彩的一笔。从太和十九年(495年)始凿建,至正光四年(523年)以后不久,因故中辍,后延续了十多年。在这段时间里,万佛堂石窟的工匠们以精湛的技艺和无尽的匠心,创造出了一批批令人叹为观止的造像。率先开凿的是有中心柱形制的大窟,这一形制不仅使得石窟空间更加宽敞,也为后续的造像提供了更多的可能性。随着大窟的开凿,中、小窟龛也相继出现,形成了万佛堂石窟独特的造像群。这些窟龛大小不一,形态各异,但都以佛教文化为主题,展现了北魏时期佛教艺术的繁荣与兴盛。

值得一提的是,万佛堂石窟始凿之时,正是北魏政权迁洛不久。迁洛后,龙门石窟和云冈三期石窟都采用了改革后的新服制,这是北魏政权更加汉化的政策体现。然而,在万佛堂石窟的造像中,我们却可以看到新旧服饰并存的现象。这一现象不仅反映了北魏时期佛教艺术的多样性和包容性,也为后人研究北魏时期的服饰文化提供了宝贵的实物资料。此外,万佛堂佛装交脚弥勒像更是北魏时期的特殊实例。这尊造像以其独特的造型和深厚的佛教内涵,成了万佛堂石窟中的瑰宝。它的存在,不仅证明了北魏时期佛教艺术的高超水平,也为后人提供了研究北魏时期佛教文化的珍贵资料。

第八章

文明的遗珠

第一节　中国石窟艺术的审美观

人性与神性

石窟中的佛像和壁画常常表现出一种超然的神性。这种神性通过细腻的雕刻、庄严的姿态以及色彩的运用，传达出一种超越世俗的力量。这些作品不仅是信仰的象征，更是对理想境界的追求，体现了人们对精神世界的向往。艺术家在创作过程中，注入了对宗教信仰的虔诚，使得每一尊佛像和每一幅壁画都散发出一种神圣的光辉，激发信徒的敬畏和崇拜。与此同时，石窟艺术也反映了人性的一面。许多作品描绘了人类的情感、生活和社会关系，展现了对现实世界的关注。通过生动的表情和细腻的场景，艺术家捕捉到了人们的喜怒哀乐，使得这些宗教艺术作品不仅仅是信仰的载体，更是对人类经验的真实反映。"从本质上来看，其量在佛而质在人，所描绘的佛界其实是人间百态。"[1] 这种人性的体现使得信众能够在宗教崇拜中找到共鸣，感受到自身与神灵之间的联系。人性与神性的交融在石窟艺术

---

[1] 刘海宁. 神性下的人性光辉——浅析宗教与艺术的关系 [J]. 江苏陶瓷，2018，51(1)：7-9+12.

中形成了一种独特的张力。艺术作品既传达出超越世俗的理想，又不失对人类情感的关注。这种张力不仅推动了艺术的发展，也使得石窟成了文化交流的场所。在宗教信仰的同时，僧侣可以在这些艺术作品中找到对现实生活的理解与认同，从而实现一种精神与物质的和谐。

自然作为人类原始社会中的最初崇拜形态，以日、月、山、河等自然物，风、雪、雷、雨等自然力被视为与人一样具有生命、意志和巨大威力的神圣存在。人类对自然产生敬畏和依赖之感，将其视为信仰对象而加以敬拜或祈求。这种自然崇拜是人类最早的宗教崇拜形式，反映了人类在自然面前的渺小与无力，以及对自然的敬畏和渴望与其和谐共处的愿望。宗教文化是人类对自然界的认知与敬畏的产物。在宗教仪式和信仰中，人类通过祭祀、祈祷等方式，表达了对自然界的感激与尊重，同时也寻求自然界的庇护与恩赐。这种宗教文化中的自然元素，不仅体现了人类对自然界的认知与理解，也反映了人类与自然界的紧密关系，是对人类早期社会和自然界强大力量的一种直观感受和朴素的沟通表达，同时也是对自然界规律的尊重与学习。然而，宗教文化并未止步于对自然的简单模仿与崇拜，它更是人类创造力与艺术灵感的璀璨展现。在宗教建筑的宏伟设计、雕塑的精细雕琢、绘画的色彩运用，以及宗教文学、音乐、舞蹈的创意表达中，我们都能看到艺术家们如何巧妙地将宗教教义与个人的艺术灵感相结合，创造出既富有宗教神圣性又兼具艺术美感的作品。这些宗教艺术作品不仅蕴含着深厚的宗教情感与教义精神，更体现了艺术家们对于形式美、意境美的追求与探索。他们通过独特的艺术视角和表现手法，将宗教教义转化为可视可感的艺术形象，使得宗教文化在传承中得以不断创新，展现出更加多元与丰富的面貌。在艺术灵感的驱动下，宗教文化的创造不仅体现在宗教艺术的发展与繁荣上,更体现在宗教思想的深化与拓展上。艺术家们通过艺术创作,不仅传达了宗教的教义与精神,更激发了人们对宗教文化的深入思考与感悟,推动了宗教文化的交流与融合。

繁复与诗意

　　石窟艺术以其丰富的形式和细腻的雕刻技法著称。每一处雕刻、每一幅壁画都蕴含着大量的细节,展现出艺术家的精湛技艺与丰富想象力,石窟中的佛像往往具有多层次的装饰,细致的衣纹、鲜活的神态以及清幽的周围环境,构成了一幅幅生动的宗教画卷。这种繁复的艺术风格不仅反映了当时社会的宗教信仰,也体现了工匠们对美的追求与对信仰的虔诚。同时,石窟艺术的繁复还体现在其主题的多样上。除了佛教核心的教义与故事,许多石窟还融入了道教、儒家思想以及民间信仰的元素,使得作品具有更广泛的文化背景和历史深度。这种多元化的主题使得石窟艺术在表现上更加丰富多彩,形成了独特的文化交融现象。石窟艺术的诗意则体现在其所传达的情感与意境上。许多壁画和雕塑不仅仅是宗教叙事的再现,更是对人类情感和精神世界的深刻探索。艺术家通过细腻的表情、优雅的姿态以及富有韵律的构图,将信仰的庄严与人性的柔和结合在一起,营造出一种超越现实的诗意氛围。例如,石窟中的菩萨像常常展现出慈悲与智慧的双重特质,其优雅的姿态和温和的面容传递出内心的宁静与力量。这种诗意不仅让观者感受到宗教的庄重,更引发了其对生命、存在和宇宙的思考。石窟艺术的意义"不只是就它本身而被意识到,而是明确地看作是要和用来表达它的那个外在形式区别开来的。……意义与形象之间的联系……取决于诗人的主体性,取决于他的精神渗透到一种外在事物里的情况,以及他的聪明和创造才能……主体(艺术家)对于他选作内容的那个意义的内在本质,以及他用来以比喻方式去表达这内容的那个外在显现形式的性质,都认识得很清楚,而且自觉地把所发现的二者之间的类似点摆在一起来比较"[1]。

"从无数古代雕塑艺术中我们不难看出,无论作者是古代工匠还是著名艺术家,几乎都看不出作者当时的个人'私念',他们所表现的,几乎都是强烈的同一种民族审美及其所处时代的各种信息,以及作者对佛教或道教的虔诚。顾恺之的《女史箴图》也不是为表现他自己之'逸气'而作,他所表现的是当时社会所赞颂的所谓有民族美德的人。由此我们可以看到代表那个时代的民族审美精神和时代特征。南朝时期留下巨大的'辟邪'雕刻,我们看到的同样是一种民族精神的象征,而看不到作者个人的恩怨喜好。所以古代的艺术家,不管是工匠还是画师,他们的作品都是以民族精神为指导思想、以时代特质为风格个性来创作,是站在一个民族的立场来表现的。"[2]

石窟艺术的繁复与诗意并非对立,而是相辅相成的。在繁复的装饰与细致的雕刻中,蕴含着深厚的情感与哲理,使得每一件作品都充满了生动的故事与深邃的意境。这种交融不仅丰富了艺术的表现形式,也使得石窟成了文化传承与精神寄托的重要载体。

---

[1] 黑格尔. 美学 第二卷 [M]. 朱光潜, 译. 北京:商务印书馆,1979:98-99.

[2] 张总. 当代中国佛教艺术的传承与发展 [J]. 法音,2013(1):40-42+73-76.

风化与消亡

山石并非不朽，不少佛像被自然剥蚀，面目模糊，肢体残缺。首先，多数石窟之所以选择在红砂岩石质的山体上进行雕刻，完全是因为它松软且容易雕刻。这恐怕又成为一个脆弱的缺陷。这种岩石由石英、长石、方解石、伊利石构成，中间夹杂部分层状泥岩。层状泥岩的加入使得岩石内部力学强度变低，遇水后强度更是大幅度降低，容易发生严重的风蚀现象，岩体自下而上存在大量纵向和横向交错的裂隙，将整个崖体分割为大小不一的单元，崖体下部有大量的落石，说明崖体结构非常脆弱。伊利石和绿泥石是岩石的主要黏土矿物，此外还有少部分石膏。泥面由加入动植物纤维的泥土和细沙组成，有些泥面含有大量的羊毛或者头发，在表层也加入了一定量的麦秸、丝麻和一定量的石灰以增强其强度。其次，当年精雕细刻的艺术砾石随风被再次"雕琢"，"洞窟环境受外部大环境主导风向西风、西北风影响，窟外气流进入洞窟，受洞窟形制的影响，洞窟内外空气交换以及窟内空气流动和热量交换造成局部壁画较易产生病害"[1]。再次，零下30摄氏度低温与60摄氏度高温相互交替的锤炼与锻打，使石料产生热胀冷缩的化学反应之后变得疏松斑驳，岩石中的钾、钠、镁等离子会遇水形成可溶性盐，浓缩结晶造成岩石内部晶体挤压。另外，空气中雨水酸性物质的清刷及鸟类粪便中酸性和碱性成分的腐蚀会加剧佛像风化。最后，造像采用的石料属于就地取材，这虽然很便利，工匠对材料也很熟悉，但是熟悉的材料既有优势又有缺陷，温度和湿度以及材质的孔隙度不同，透水性有较大差异，崖体孔隙度越小，

---

[1] 傅鹏,于宗仁,张文元,等. 内蒙古阿尔寨石窟壁画材质分析及保护建议——以第28窟为例[J]. 南方文物,2022(2): 258-267.

水分扩展速度越慢，由内部到达壁画表面的水分量越小，使得溶解的盐分越少，容易形成大范围空洞。吸水性和渗透性强的特质使造像受潮后遇寒结冰，体积增大，形成壁画酥碱。石质产生物理性结构变化，随岁月流失与沉淀，石制佛像的裂隙从无到有，从小到大，由少变多，直至石质纤维断裂而崩解坍塌。

涅槃与重生

《金刚经》所言："凡有所相，皆是虚妄。"世间万物，境遇多变，无常乃其本质，恒常难寻，正是在这无尽的变迁与不确定中，孕育出了不朽的真理。艺术，犹如广袤宇宙中闪烁的星辰，以其独有的光芒，映照出永恒的辉光。昔日辉煌的帝国，曾借自然山石之力，将佛像塑造得栩栩如生，供世人顶礼膜拜，以表敬意与信仰。然而，无论这些石像多么坚固，终究难逃时间的侵蚀，即便工匠技艺如何高超，佛像如何巍峨壮观，壁画色彩如何绚烂夺目，所描绘的天国景象如何令人神往，它们都将在漫长的岁月中，归于尘土。在此情境下，理想与现实、艺术的信仰，均在佛法的无常理念中找到了永恒的归宿。从这个角度来看，信徒们所雕刻的佛像，其逐渐腐朽的过程，反而成了佛陀教诲正确性的见证。残缺不全的手势、裸露的木胎、断裂的佛像手臂、剥落的菩萨面容，这些看似破败的景象，实则透露出一种无畏的洞察，即真正的佛，并非外在形象的永恒，而在于面对足以使山石化为尘土的无常时，所展现出的那份无畏与觉悟。所谓佛，乃是觉悟之人；而觉悟，便是在无常的洪流中，保持内心的坚定与无畏。

第二节　符号与范式的文化意蕴

马克思在《政治经济学批判》导言中认为："人类掌握世界的方式包括理论、宗教、实践和艺术等多种形式。宗教艺术作为艺术的一种形式，具有想象性、典型性和形式性等特殊性质，是人类掌握世界的重要方式之一。""马克思充分意识到传统宗教艺术中宗教对于艺术效果的抑制，却并没有因噎废食，而是指出了宗教艺术在艺术领域的正面成就。他自鲁莫尔《意大利研究》一书中摘录道：'如果我们去接近古希腊艺术的英雄和神灵，但是不带宗教的或美学的迷信，那么我们就不能领会他们身上那种在自然界共同生活范围内未得到发展的或至少能够在其中得到发展的任何东西。因为这些形象中属于艺术本身的一切，是具有人类美的习性在美好的有机构成物中的映像。'马克思此时的基本思路是将艺术从它所附属的宗教中剥离，排除宗教对其内涵的遮蔽。纯粹从艺术本身的角度来理解，它的内涵无外乎是人自身之本性在外在生命现象中的映射，古典英雄和神灵形象反映的不过是人自身所蕴含的美德。青年马克思在希腊艺术中看到的不是幻想的宗教王国，而是充满创造力的人之国度，他引述格隆德的论述道：'荷马认为描绘的能力主要是人。'在马克思看来，虽然希腊艺术采用了宗教的形式，但它的内核是将人性之自由与美好作为追寻目的的艺术，这就使它同贬抑人的东方宗教艺术区分开来。"[1]

结构主义作为研究艺术的一门方法，认为文化意义的产生与再造是通过各种实践、现象与活动作为表意系统（systems of signification）而实现的。在石窟艺术中，建造石窟、雕

---

[1] 聂清. 马克思宗教艺术观的多维视野 [J]. 世界宗教研究，2018(3)：1-7.

塑佛像和绘制壁画等宗教艺术活动不仅是物质文化的体现，更是深层精神文化意义的承载和再造。建造石窟的文化意义在于其建造过程不仅是一项工程，更是去恶扬善、济度众生、慈悲为怀的宗教信仰、文化认同和社会结构的体现。石窟作为宗教活动的场域，其设计和布局反映了宗教仪式的需求，成为信仰的象征。石窟的空间布局不仅考虑美学，还满足宗教礼仪的实际需求。石窟通常位于远离尘嚣的自然环境中，营造出一种超脱世俗的氛围。内部空间的是其宗教功能的基础。中心塔柱是洞窟艺术中常见的结构，它模仿了中原地区的木构建筑，形成了一个具有象征意义的核心空间。这种设计不仅增强了空间的稳定性，还为信众提供了一个集中礼拜的场所。中心塔柱分隔了信众的礼拜区域与绕行通道，使得礼拜活动能够有序进行，保障了宗教仪式的庄重与神圣。前部与后部空间的功能划分在洞窟设计中起到了重要作用。礼拜殿堂式空间通常位于前部，供信众进行集体崇拜和仪式活动，而后部的绕行甬道式空间则提供了个人冥想和静思的场所。这种空间的安排不仅满足了不同类型崇拜的需求，还增强了信徒在宗教活动中的参与感和归属感。石窟内的神秘氛围和艺术表现能够触发信徒的情感共鸣，使他们在崇拜中与神灵建立深层的心理联系。这种心理联系不仅是对神灵的敬仰，更是对个人内心世界的探索。僧侣在石窟内的体验反映了理想与现实的结合，展现了信仰如何渗透到日常生活中。这种体验使信徒能够在宗教与世俗之间找到平衡，形成一种独特的信仰实践。同时，石窟内部的空间布局，如窟室的形状、大小、高度以及造像与壁画的排列组合等，都经过精心设计，旨在通过空间的限制和引导来增强宗教仪式的神圣感和庄严感。这种空间布局不仅为信徒提供了冥想和祈祷的场所，还通过视觉和心理上的暗示，使信徒更加专注和虔诚。在文化认同与历史记忆上，石窟的建造往往与特定的历史背景和社会环境密切相关。石窟不仅是宗教信仰的表达，也是地方文化和历史记忆的载体，体现了区域的文化认同。

雕塑作为石窟最为重要的主体部分之一，通过形态、表情、手势等细节来传达佛教的教义信仰和文化价值。例如，佛像的各种手势手印和坐姿体态都代表着特定的佛教含义，如禅定、说法等。这些符号的设计和创作都遵循着宗教教义的规范和传统。这也应和了马克思的那句话："充分意识到传统宗教艺术中宗教对于艺术效果的抑制。"匠人通过对形态、线条和色彩的精心设计，将宗教信仰的抽象概念具象化。这种创造的目的是丰富符号的表现形式，也使得石窟艺术在视觉上更具吸引力和感染力。佛像的慈悲、智慧和力量与信徒的情感产生共鸣，通过对佛像的观察和礼拜仪式，信徒能够在心理上获得安慰和支持，从而形成一种精神寄托。

在雕刻和绘画过程中，艺术家们对符号的形态、线条、色彩等进行精心设计和安排，以营造出特定的氛围和效果。壁画往往描绘佛传故事、净土世界等场景，这些场景中的符号共同构成了一个个生动的故事情节，并为佛像提供背景和情境，使信徒在观赏时能够更好地理解和感受佛教的精神内涵。这种造像与壁画的结合方式，不仅丰富了石窟艺术的表现形式，还通过视觉上的连贯性和叙事性，增强了作品的感染力和说服力。色彩和线条是壁画艺术中不可或缺的元素。它们通过特定的组织结构和艺术形式来营造特定的氛围，表达特定的情感。例如，石窟壁画中的色彩往往鲜艳明快、对比强烈，这种色彩不仅增强了作品的视觉冲击力，还通过丰富多彩的矿物质材料赋予其象征意义来传达佛教的教义和信仰。同时，线条的运用也至关重要，流畅的线条能够表现出造像的柔美和生动；而刚劲的线条则能够表现出造像的威严和庄重。这种色彩与线条的结合运用，使得石窟艺术在视觉上更加具有艺术吸引力和感染力。壁画作为石窟艺术的重要组成部分之一，叙事性和教育性使其成为文化传播的媒介。壁画通常描绘宗教故事、历史事件，通过视觉叙事传达宗教教义。它们不仅为信徒提供了宗教知识，也为后人留下了丰富的文化遗产。壁画的存在使得宗教教义能够以直观的方式传播，尤其是在文字不能普及的历史阶段，壁画图像成了重要的教育工具，帮助信徒理解和践行宗教信仰。

　　石窟艺术中符号的功能和意义是通过多种方式构建和传达的，这一过程深刻体现了人的智慧和创造力。石窟艺术常常通过象征和隐喻的手法来传达深层含义。例如，"莲花"这一符号在佛教中象征着纯洁、高雅和超脱世俗的精神境界；而"千佛"则寓意着无量无边的智慧和慈悲。这些符号和象征元素通过雕刻和绘画等艺术形式被巧妙地融入石窟作品中，使得作品具有更加丰富的内涵和更加深远的意义。同时，这些符号和象征元素还通过重复、对比、排列等手法来强化其视觉效果和表达力度，使信徒在观赏时能够更加深刻地感受到佛教的精神力量。石窟艺术中的符号还具有引发观者文化与心理共鸣的功能。当观者置身于石窟之中，面对那些历经千年风雨却依然栩栩如生的佛像和壁画时，他们不仅能够感受到宗教的庄严与神圣，还能够进行一种穿越时空的文化交流，产生心理共鸣。这种共鸣使得石窟艺术成为连接过去与现在、传承文化与精神的桥梁。石窟艺术与观者之间的互动关系主要体现在以下几个方面，这些方面共同展现了石窟艺术的深度和广度，并对观者的情感、认知产生深远影响。石窟艺术作品中的布局、色彩、线条等视觉元素，能够引导观者的视线，使其按照一定的顺序和节奏欣赏作品。例如，敦煌莫高窟中的壁画，通过精心的构图和色彩搭配，将观者的注意力引导至画面的中心或高潮部分，从而增强其观赏体验。石窟艺术作品中的人物形象、故事情节等，往往能够触发观者的情感共鸣。观者在欣赏过程中，会不自觉地将自己代入到作品所描绘的场景中，感受其中的喜怒哀乐、悲欢离合。这种情感共鸣不仅加深了观者对作品的理解和感受，也使其更加珍视和尊重这一文化遗产。现代科技手段的应用，如数字绘制技术、3D Mapping 影像、VR/AR 技术等，为观者提供了更加沉浸式的观赏体验。通过这些技术，观者仿佛置身于石窟之中，能够近距离地观察壁画和雕塑的细节，感受古代艺术家的匠心。这种沉浸式的体验极大地增强了观者的参与感和互动性。一些石窟艺术展览还会设置互动环节，如亲手绘制壁画、集章打卡等，让观者在参与中更加深入地了解石窟艺术的魅力和价值。这些互动环节不仅增强了展览的趣味性，也提高了观者的参与度和满意度。

石窟艺术是中华文化的瑰宝之一，承载着丰富的历史文化内涵。观者在欣赏石窟艺术作品的过程中，可以了解到不同历史时期、不同地域的文化特色和艺术风格，从而拓宽自己的文化视野和认知边界。石窟艺术作品中所蕴含的佛教思想、道德观念等，往往能够给观者带来心灵上的启迪和感悟。观者在欣赏过程中，会不自觉地思考人生的意义和价值，寻求内心的平静和安宁。这种心灵启迪对于现代社会的快节奏生活和高压力环境来说，具有非常重要的意义。随着时间的推移，石窟艺术的文化意义被不断解读与重塑。不同历史阶段和社会背景下，新的信仰和文化元素的融入，使得石窟艺术保持活力。这种动态特性表明，艺术作品并非静止不变，而是随着社会和文化的变化而不断演进，继续在当代发挥着重要的文化价值。在当代社会，石窟艺术的保护与研究不仅有助于文化遗产的传承，更为我们理解自身的文化认同和历史记忆提供了重要的视角。

第三节　丝绸之路上的明珠

信仰与权力的交响

石窟艺术的创作,从来都不是孤立的艺术行为,而是深深植根于宗教、政治与经济的土壤之中。石窟艺术的他律性体现在创作与宗教、政治、经济等外部因素的关系上。石窟艺术通常与佛教、道教等宗教信仰密切相关,石窟艺术作品的风格和主题往往受到宗教教义的指导。同时,石窟的建设常常得到当时统治者的支持,反映了政治与宗教的结合。在敦煌莫高窟这座被誉为"沙漠中的美术馆"中,其壁画与雕塑不仅是艺术家们心血的结晶,更是当时社会政治、经济繁荣的生动写照。每一笔每一画,都仿佛在诉说着佛教教义如何与统治者的意志相融合,共同绘制出一幅幅既神圣又世俗的画卷。这种艺术的他律性,让石窟艺术不仅仅是美的展现,更是权力与信仰的交响。

信仰的变迁与生活的镜像

石窟是承载着千年文明的瑰宝,如同一部厚重的、展现几千年文化脉络的历史长卷,缓缓展开在我们眼前,它不仅记录了宗教的兴衰更替,更深刻地反映了不同历史时期社会的信仰变迁与生活镜像。在盛唐的辉煌岁月里,石窟艺术以其无与伦比的魅力,成了那个时代的文化象征。那时的石窟,不仅是宗教信仰的圣地,更是社会繁荣与开放的缩影。敦煌莫高窟的壁画,以其生动鲜明的色彩和细腻入微的笔触,描绘了一幅幅栩栩如生的佛教故事画。那些翩翩起舞的飞天,仿佛正穿越时空,向我们展示着盛唐时期人们追求自由、向往美好生活的精神状态。壁画中,无论是宏大的佛国景象,还是生动的宫廷世俗生活场景,都透露出一种难以言喻的和谐与宁静，让人仿佛置身于那个辉煌的时代，感受到那份由衷的自豪与喜悦。然而，历史的车轮滚滚向前，当战乱与动荡取代了曾经的和平与繁荣，石窟艺术也发生了深刻的变化。在这个时期，石窟的壁画和雕刻更多地流露出一种对安全与安定的渴望。艺术家们用更加细腻和深沉的笔触，刻画出人们对战争的恐惧和对和平的向往。那些描绘战争场景的壁画，虽然充满了悲剧色彩，但却也让我们更加珍惜眼前的和平与安宁。而那些描绘日常生活和劳动场景的作品，则更加贴近人心，让我们感受到在艰难困苦中，人们依然保持着对生活的热爱和坚持。石窟艺术，就是这样一种神奇的存在，它不仅能够穿越时空的界限，让我们感受到历史的厚重与沧桑，更能够深入人心，触动我们心里最柔软的情感。在那些静默的石窟中，我们仿佛能够听到历史的回声，看到那些曾经鲜活的生命在时光的流转中留下的痕迹。而这些痕迹，正是我们理解历史、感悟生活、寻找自我的重要线索。

集体意识的共鸣

中国石窟艺术的文化心理结构和积淀，深刻体现在其集体意识的共鸣之中，这一特点与西方艺术强调个体表现的传统形成了鲜明对比。石窟艺术不仅仅是宗教的表征，更是中国文化心理与集体情感的深刻反映。艺术家们通过符号化的手法，将复杂的哲理和宗教思想转化为直观可感的图像与形象，使观者在凝视中感受到一种超越时空的共鸣。中国石窟艺术似乎更为刻意地强调集体意识和宗教信仰的表达。这种文化心理体现在艺术作品的主题、风格和表现手法上。符号化手法在石窟艺术中运用得极为广泛且深刻。佛像、菩萨、神祇，这些形象都被赋予了丰富的象征意义。例如，佛像的坐姿、手势乃至面部表情，都严格遵循佛教经典中的规定，成为信徒们心灵寄托的具象化表达。菩萨的慈悲形象，则通过柔和的线条、温婉的姿态以及慈爱的眼神体现。这些符号化的手法，不仅使石窟艺术具有了高度的识别性和象征性，更使观者在欣赏过程中能够深刻感受到其中蕴含的宗教情感和哲理。艺术家们通过巧妙的构图和色彩运用，将宗教故事、历史场景和日常生活等丰富的内容融入壁画和雕刻之中，使这些作品成了时代精神的缩影。例如，敦煌莫高窟的壁画中，不仅有佛教故事的生动描绘，还有音乐、舞蹈、饮食等世俗生活的场景展示。这些场景不仅反映了当时社会的风貌和人们的生活状态，更通过象征性的手法传达出人们对美好生活的向往和追求。石窟艺术往往通过符号化的手法传达深刻的哲理和宗教思想，反映了中国人对宇宙、生命和存在的思考。这些石窟往往是由地方统治者或信徒资助兴建的，因此它们不仅仅是艺术创作的成果，更是社会、宗教和文化共同作用的产物。在创作过程中，艺术家们吸收了不同的文化，形成了独特的风格。同时，这些石窟也成了信徒们聚集、祈祷和交流的场所，他们的信仰、情感和愿望在这里得到了共鸣和升华。因此，当我们站在这些石窟面前时，我们不仅能够感受到艺术的魅力，更能够感受到那份跨越时空的集体意识共鸣所带来的震撼与感动。中国石窟艺术是一种丰富多彩的艺术形式，展现了深厚的文化底蕴与历史积淀。无论是佛像、菩萨，还是各种神祇，都通过符号化的手法传达出深刻的哲理和宗教思想。这些图像和形象，不仅仅是宗教的象征，更是中国人对宇宙、生命和存在深刻思考的体现。在凝视这些艺术品时，我们仿佛能听到千年前信徒们的低吟浅唱，感受到那份跨越时空的共鸣与感动。

视觉的盛宴

石窟中的雕刻和壁画，是视觉艺术的极致展现。线条的流畅与变化、色彩的鲜明与对比、构图的精巧与深远，共同构成了这些作品的独特魅力。敦煌的壁画尤为引人注目，其生动的色彩和细腻的线条交织在一起，形成了一幅幅绚丽多彩的画面。鲜艳的红、绿、蓝等色彩在壁画中被大胆运用，既展现了佛教的神秘与庄严，又散发出浓厚的生活气息。这些色彩不仅冲击着观者的眼睛，更深深触动着人们的心灵。中国石窟艺术的风格多样，每个时期和地区的石窟都有其独特的艺术特征。早期如北魏时期的云冈石窟，受印度艺术影响，佛像形象庄重，线条简练，展现出早期佛教艺术的严肃性。这些作品线条流畅，造型准确，体现了艺术家们对佛教艺术的深刻理解和精湛的技艺。随着历史的演进，石窟艺术的风格也在不断变化。到了盛唐时期，敦煌莫高窟的壁画和雕塑水平达到了巅峰。此时的艺术风格更加开放与包容，色彩鲜艳，人物形象栩栩如生。壁画中的佛像、菩萨像以及各种神祇的形象，不仅体现了对神圣的崇敬和对信仰的表达，还展示了当时社会文化的多样性和审美情趣。而到了晚期，如元明清时期，石窟艺术更大程度地受到地方文化和民间艺术的影响，风格趋于细腻写实，具有极富装饰感的程式化表现。这些作品在继承传统的基础上不断创新，形成了具有浓厚民族特色的艺术风格。

集体协作的结晶

石窟艺术的创作过程，无疑是一段汇聚了智慧与汗水的壮丽篇章，它深刻体现了集体协作的力量与魅力。这一过程不仅要求艺术家们具备卓越的技艺与无尽的创造力，更需工匠的精湛工艺、赞助者的慷慨资助以及僧侣尤其是高僧大德的精神引领，从而共同编织出一幅幅跨越时空的艺术长卷。在创作的每一个环节，都充满了合作与沟通。艺术家们作为创意的源泉，构思着作品的主题、构图与情感表达，将内心的感悟与对宗教的虔诚转化为生动的形象与符号。而工匠们则以其灵巧的双手，将这些构思变为现实，通过雕刻、绘画等技艺，赋予一块块冰冷的岩石以生命与灵魂。他们的精湛技艺，使得石窟中的佛像、菩萨像及各种神祇形象栩栩如生，仿佛能够穿越时空，与观者进行心灵的对话。赞助者的角色同样不可或缺。他们往往是地方统治者和虔诚的信徒，出于对宗教的信仰或对艺术的热爱或是政治目的，慷慨解囊，为石窟的建设提供了必要的资金与资源。这种资助不仅是对艺术的尊重与支持，更是权力与信仰相结合的生动体现。它使得石窟艺术不仅仅是艺术家的个人表达，更成为社会、宗教与文化的共同象征。宗教领袖的参与，则为石窟艺术注入了深厚的精神内涵。他们不仅为艺术家们提供了创作的灵感与指导，更通过宗教仪式与崇拜活动，赋予了石窟以神圣的意义与功能。在宗教领袖的引领下，石窟成了信徒们祈求平安、寄托希望的精神家园，也成了传承与弘扬宗教文化的重要载体。尤为值得一提的是，随着丝绸之路的开通，外来文化与本土文化的交融为石窟艺术的创作带来了前所未有的机遇与挑战。艺术家们在吸收外来文化精髓的同时，也保留了本土文化的独特魅力，形成了独具特色的艺术风格与表现形式。这种多元化的交融与碰撞，不仅丰富了石窟艺术的内涵，扩展了其外延，更使其成为中外文化交流与互鉴的重要桥梁。综上所述，石窟艺术是集体协作的结晶，它汇聚了艺术家、工匠、赞助者与宗教领袖等多方的力量与智慧。正是这种集体协作的精神与力量，才使得石窟艺术在历经千年风雨后依然能够焕发出勃勃生机与无穷魅力,成为人类文化遗产中一颗璀璨的明珠。

希望在未来的岁月里,我们能够继续珍视与保护这份宝贵的文化遗产,让其在新的时代背景下继续焕发出更加绚丽的光彩与魅力!

第四节　失落的文明

石窟是人类历史上一个独特而重要的文化现象,承载着古代文明的智慧与信仰。然而,随着时间的流逝,许多石窟逐渐被遗忘,成为"失落的文明"的象征。以下将从多个角度扩展这一主题,探讨石窟作为"失落的文明"的意义和价值。

历史的见证

石窟的建造始于公元 3 世纪,尤其是在佛教传播的过程中,石窟成为重要的宗教场所。它不仅是宗教信仰的体现,也是当时社会、经济和文化的缩影。许多石窟内的壁画和雕塑记录了历史事件、社会生活和宗教仪式,成为我们理解古代文明的重要窗口。石窟艺术常常反映出不同文化的交融,尤其是在丝绸之路沿线,东西方文化的碰撞使得石窟艺术呈现出多样性。这种文化的交融在今天看来,仿佛是一个"失落的文明"在历史长河中留下的痕迹。

宗教与信仰的遗产

石窟不仅是艺术的结晶,更是信仰的寄托。无数信徒曾在这些神圣的空间中进行礼拜和冥想,石窟内的佛像和壁画承载着他们对神灵的崇敬和对超越现实的渴望。

失落的信仰

随着时间的推移,许多古老的信仰逐渐淡出人们的视野。曾经繁荣的宗教活动和信仰体系在历史的变迁中消逝,留给后人的只有那些静默的石墙与斑驳的壁画,仿佛在诉说着一个个失落的故事。

艺术的遗忘与再发现

石窟艺术的独特性在于其融合了建筑、雕塑和绘画等多种艺术形式,展现了古代工匠的精湛技艺。然而,许多石窟因自然侵蚀和人为破坏而面临消失的危险。近现代的考古学和艺术研究使得一些"失落"的石窟重新被发掘。通过对这些遗址的研究,学者们不仅重建了古代文明的面貌,还为现代人提供了反思历史和文化的机会。

文化遗产的保护与传承

面对石窟艺术这一"失落的文明",保护成为当今社会的重要任务。我们对石窟进行保护和修复,不仅是在维护一项文化遗产,更是在延续一种历史记忆和文化认同。在全球化日益加深的今天,石窟艺术的保护与传承不仅是对历史的尊重,也是对多元文化的珍视。它提醒我们珍惜和保护那些可能被遗忘的文化符号,促进人类共同的文化认同。

石窟作为"失落的文明",不仅是历史的见证,也是文化的载体。石窟艺术作为不可再生的文化遗产,承载着古代人类的信仰、艺术和智慧,尽管许多石窟面临消失的危机,但它们在历史长河中留下的痕迹依然值得我们去探索与珍视。通过对石窟艺术的保护与研究，我们能够更好地理解人类文明的发展与变迁，并在现代社会中重新审视与传承这些宝贵的文化遗产。同时，人们要树立保护与传承的责任意识。观者在欣赏石窟艺术作品的过程中，要深刻感受到这些作品的珍贵和脆弱，从而增强保护意识，关注石窟艺术的保护现状和未来发展趋势，并积极参与相关的保护活动。作为中华文化的传承者和发扬者，观者在欣赏石窟艺术作品的同时，也肩负着将其传承下去的责任，要通过各种方式，如学习、传播、捐赠等，来推动石窟艺术的传承和发展，让这一文化遗产得以永续传承。在未来的发展中，我们应该继续加强石窟艺术的保护和传承工作，让这一文化遗产永远焕发光彩。

参考文献

图书

[1]索绪尔. 普通语言学教程[M]. 刘丽,译. 北京：中国社会科学出版社,2009.

[2]莱昂内. 宗教的文化符号学[M]. 魏全凤,黄蓝,朱围丽,译. 成都：四川大学出版社,2018.

[3]巫鸿. 全球景观中的中国古代艺术[M]. 北京：生活•读书•新知三联书店,2017.

[4]苏西玛•K. 巴尔. 印度艺术5000年[M]. 张霖源,欧阳帆,译. 成都：四川美术出版社,2017.

[5]汪永平,徐燕,王锡惠. 印度佛教城市与建筑[M]. 南京：东南大学出版社,2017.

[6]常任侠. 印度与东南亚美术发展史[M]. 上海：上海人民美术出版社,1980.

[7]吕澂. 印度佛学源流略讲[M]. 上海：上海人民出版社,2018.

[8]郑炳林,沙武田. 敦煌石窟艺术概论[M]. 兰州：甘肃文化出版社,2005.

[9]夏皮罗. 艺术的理论与哲学:风格、艺术家和社会[M]. 沈语冰,王玉冬,译. 南京：江苏凤凰美术出版社,2016.

[10]马德. 敦煌莫高窟史研究[M]. 兰州:甘肃教育出版社,1996.

[11]敦煌研究院. 敦煌石窟内容总录[M]. 北京：文物出版社,1996.

[12] 敦煌研究院. 敦煌石窟全集 第1卷 莫高窟第266～275窟考古报告[M]. 北京：文物出版社，2011.

[13] 杜斗城. 北凉译经论[M]. 兰州：甘肃文化出版社，1995.

[14] 中国敦煌壁画全集编辑委员会. 中国敦煌壁画全集 3 北周[M]. 天津：天津人民美术出版社，2021.

[15] 麦积山石窟艺术研究所. 麦积山石窟研究论文集[M]. 兰州：甘肃人民出版社，2006.

[16]《丝路之魂：敦煌、龟兹、麦积山石窟》编辑委员会. 丝路之魂：敦煌、龟兹、麦积山石窟[M]. 成都：四川人民出版社，北京：商务印书馆，2018.

[17] 增勤. 首届长安佛教国际学术研讨会论文集 盛世乐章：长安佛教的多边交往与融合[M]. 陕西：陕西师范大学出版总社，2010.

[18] 汪小洋. 汉魏晋南北朝宗教美术史料文献[M]// 中国宗教美术史料辑要. 上海：上海大学出版社，2011.

[19] 潘玉闪，马世长. 莫高窟窟前殿堂遗址[M]. 北京：文物出版社，1985.

[20] 胡同庆. 敦煌佛教石窟艺术图像解析（上）[M]. 北京：文物出版社，2019.

[21] 宿白. 中国石窟寺研究[M]. 北京：生活·读书·新知三联书店，2019.

[22] 新疆龟兹石窟研究所. 克孜尔石窟内容总录[M]. 乌鲁木齐：新疆美术摄影出版社，2000.

[23] 赵昆雨. 不可错过的云冈[M]. 南京：江苏凤凰美术出版社，2022.

[24] 梁思成. 中国雕塑史[M]. 天津：百花文艺出版社，

1998.

［25］夏生平，卢秀文．敦煌石窟供养人研究述评［M］．杭州：浙江大学出版社，2016.

［26］张景峰．敦煌阴氏与莫高窟研究［M］．兰州：甘肃教育出版社，2016.

［27］新疆龟兹石窟研究所．库木吐喇石窟内容总录［M］．北京：文物出版社，2008.

［28］樊锦诗，关友惠，刘玉权．莫高窟隋代石窟分期［M］//敦煌文物研究所．中国石窟 敦煌莫高窟 第二卷［M］．北京：文物出版社，1984.

［29］李其琼．莫高窟壁画艺术 隋代［M］．兰州：甘肃人民出版社，1986.

［30］宁强．敦煌石窟艺术：社会史与风格学的研究［M］．北京：文物出版社，2020.

［31］荷加斯．美的分析［M］．杨成寅，译．北京：人民美术出版社，1984.

［32］阿恩海姆．艺术与视知觉：视觉艺术心理学［M］．滕守尧，朱疆源，译．北京：中国社会科学出版社，1984.

［33］段文杰．敦煌石窟艺术研究［M］．兰州：甘肃人民出版社，2007.

［34］姜伯勤．敦煌艺术宗教与礼乐文明：敦煌心史散论［M］．北京：中国社会科学出版社，1996.

［35］伯希和．伯希和敦煌石窟笔记［M］．耿昇，译．兰州：甘肃人民出版社，2007.

［36］姚建杭．敦煌书法名品选编 官方文书［M］．天津：天津人民美术出版社，2018.

［37］王冀青．斯坦因敦煌考古档案研究［M］．兰州：敦煌

文艺出版社, 2020.

[38] 罗宏才. 佛教艺术模式与样式 [M]. 上海：上海大学出版社, 2017.

[39] 胡同庆, 安忠义. 佛教艺术 [M]. 兰州：敦煌文艺出版社, 2004.

[40] 汪小洋, 姚义斌. 美术考古与宗教美术 [M]. 上海：上海大学出版社, 2008.

[41] 四川省社会科学院, 大足县政协, 大足县文物管理所, 等. 大足石刻内容总录 [M]. 成都：四川省社会科学院出版社, 1985.

[42] 刘长久. 中国西南石窟艺术 [M]. 成都：四川人民出版社, 1998.

[43] 赵超. 中国古代石刻概论 [M]. 北京：中华书局, 2019.

[44] 马衡. 中国金石学概论 [M]. 长春：时代文艺出版社, 2009.

[45] 马世长, 丁明夷. 中国佛教石窟考古概要 [M]. 北京：文物出版社, 2009.

[46] 胡文和, 胡文成. 巴蜀佛教雕刻艺术史 [M]. 成都：巴蜀书社, 2015.

[47] 赵立春. 响堂山石窟艺术 [M]. 北京：中国文史出版社, 2010.

[48] 王林. 雕塑艺术论：王林论雕塑 [M]. 重庆：重庆大学出版社, 2018.

[49] 梁思成. 中国雕塑史 [M]. 北京：生活·读书·新知三联书店, 2011.

[50] 敦煌研究院. 敦煌石窟艺术全集 密教画卷（10）[M].

上海：同济大学出版社，2016.

[51] 彭金章. 神秘的密教 [M]. 上海：华东师范大学出版社，2010.

[52] 李锡厚，白滨. 辽金西夏史 [M]. 上海：上海人民出版社，2020.

[53] 张宝玺. 瓜州东千佛洞西夏石窟艺术 [M]. 北京：学苑出版社，2012.

[54] 史伟. 东千佛洞西夏壁画研究 [M]. 兰州：甘肃文化出版社，2021.

[55] 韩儒林. 穹庐集 元史及西北民族史研究 [M]. 上海：上海人民出版社，1982.

[56] 索南坚赞. 西藏王统记 [M]. 刘立千，译. 北京：民族出版社，2000.

[57] 申树森. 三晋石刻大全 长治市平顺县卷（续）[M]. 太原：三晋出版社，2016.

[58] 阮荣春，张同标. 中国佛教美术发展史 [M]. 南京：东南大学出版社，2011.

[59] 阿木尔巴图. 蒙古族美术研究 [M]. 沈阳：辽宁民族出版社，1997.

[60] 鄂·苏日台. 蒙古族美术史 [M]. 呼伦贝尔：内蒙古文化出版社，1997.

[61] 法布里. 印度雕刻 [M]. 王镛，孙士海，译. 北京：文化艺术出版社，1987.

[62] 巫鸿. 早期中国艺术中的佛教因素（2—3世纪）[M]// 礼仪中的美术：巫鸿中国古代美术史文编（下）. 北京：生活·读书·新知三联书店，2005：289-345.

[63] 刘玉权. 西夏学文库：西夏石窟艺术研究（第三辑）[M].

兰州：甘肃文化出版社，2022.

[64] 敦煌研究院. 段文傑敦煌研究五十年纪念文集 [M]. 北京：世界图书出版公司北京公司，1996.

[65] 吴焯. 库木土拉石窟壁画风格演变与古代龟兹的历史兴衰 [M]// 新疆龟兹石窟研究所. 龟兹佛教文化论集. 乌鲁木齐：新疆美术摄影出版社，1993：332-355.

学位论文

[1] 李娜. 试论麦积山石窟早期塑像的语言元素及其内在意蕴 [D]. 兰州：西北师范大学，2011.

[2] 汪旻. 瓜州东千佛洞二窟壁画《水月观音》的艺术特色——通过临摹感悟西夏绘画风格 [D]. 兰州：西北师范大学，2009.

[3] 李鹏. 响堂山石窟艺术研究 [D]. 南京：南京大学，2012.

[4] 王加亿. 山西平顺金灯寺水陆殿石刻研究 [D]. 石家庄：河北师范大学，2021.

[5] 青阳卓玛. 论查拉鲁普石窟的发展历史及其文化价值 [D]. 北京：中央民族大学，2011.

期刊

[1] 高燕. 浅谈"曹衣出水"[J]. 艺术探索，2006(1)：20-21.

[2] 孙晓峰. 麦积山石窟北朝造像艺术源流浅析 [J]. 石河子大学学报（哲学社会科学版），2023，37(2)：93-100.

[3] 马世长. 中国佛教石窟的类型和形制特征——以龟兹和敦煌为中心 [J]. 敦煌研究，2006(6)：43-53.

[4] 杨亦舒. 克孜尔石窟第 38 窟、171 窟《天相图》的异同 [J]. 书画世界, 2023(1): 71-72+75.

[5] 任平山. 克孜尔石窟龛像的形式与象征 [J]. 美术学报, 2023(1): 69-74.

[6] 姚律. 克孜尔石窟第 110 窟及其佛传壁画研究 [J]. 文化艺术研究, 2023(6): 99-111+116.

[7] 关友惠. 敦煌壁画中的供养人画像 [J]. 敦煌研究, 1989(3): 16-20+123-124.

[8] 赵丽娅. 龟兹石窟佛像的艺术风格及其特点 [J]. 敦煌学辑刊, 2020(1): 98-111.

[9] 沙武田.《汉唐佛教造像艺术史》出版 [J]. 敦煌研究, 2009（6）: 49.

[10] 耿昇. 论《伯希和敦煌石窟笔记》及其学术价值（摘要）[J]. 敦煌研究, 1988(2): 64-65+71.

[11] 庄吉. 叶昌炽与敦煌藏经洞文献保护 [J]. 钟山风雨, 2020(4): 46-48.

[12] 杨雄. 大足石窟与敦煌石窟建筑形式的比较 [J]. 重庆三峡学院学报, 2004(6): 100-104.

[13] 俞伟超. 东汉佛教图像考 [J]. 文物, 1980(5): 68-77.

[14] 八木春生, 姚瑶. 四川广元千佛崖武周至开元时期佛教造像研究 [J]. 敦煌研究, 2020(2): 34-48.

[15] 陈菊霞, 曾俊琴. 莫高窟第 217 窟东壁供养人洪认生平考 [J]. 敦煌研究, 2018(4): 45-50.

[16] 李瑞哲. 龟兹石窟中的回鹘风格石窟问题 [J]. 敦煌研究, 2019(5): 43-51.

[17] 郑炳林教授主编《丝绸之路石窟 4 艺术丛书·瓜州东

千佛洞》由安徽美术出版社出版[J].敦煌学辑刊,2023(4):221.

[18]谢继胜,咸明.藏传佛教艺术东渐与汉藏艺术风格的形成[J].美术,2011(4):94-99.

[19]魏平,杨富学.瓜州东千佛洞第2窟元代风格觅迹[J].西夏研究,2022(4):93-100.

[20]德吉卓玛.茹雍萨嘉姆尊与扎拉鲁普石窟[J].世界宗教文化,2002(2):29.

[21]霍巍,李永宪.西藏吉隆县发现唐显庆三年《大唐天竺使出铭》[J].考古,1994(7):619-623.

[22]霍巍.西藏西部石窟壁画中几种艺术风格的分析——兼论西藏西部石窟壁画艺术三个主要的发展阶段[J].藏学学刊,2004(00):143-158+303-304.

[23]李逸友.内蒙古巴林左旗前后昭庙的辽代石窟[J].文物,1961(12):38-41.

[24]丹森,布仁巴图,巴图吉日嘎拉.阿尔寨石窟佛教文化遗址概述[J].内蒙古社会科学(文史哲版),1991(3):87-91.

[25]刘海宁.神性下的人性光辉——浅析宗教与艺术的关系[J].江苏陶瓷,2018,51(1):7-9+12.

[26]张总.当代中国佛教艺术的传承与发展[J].法音,2013(1):40-42+73-76.

[27]傅鹏,于宗仁,张文元,等.内蒙古阿尔寨石窟壁画材质分析及保护建议——以第28窟为例[J].南方文物,2022(2):258-267.

[28]聂清.马克思宗教艺术观的多维视野[J].世界宗教研究,2018(3):1-7.

中国石窟发展轴线

中国石窟

十六国北朝

北凉：以敦煌莫高窟"北凉三窟"268、272、275窟和金塔寺石窟为代表，壁画采用西域式凹凸晕染法的表现手法，承袭"龟兹样式"艺术风格

北魏：以麦积山石窟74、78窟和云冈石窟"昙曜五窟"为代表，流行中心柱窟，"薄肉塑"影塑飞天，塑像沿袭犍陀罗的面部雕刻手法和秣陀罗的"湿衣佛像"的艺术风格

西魏：以莫高窟285窟和麦积山石窟43、44窟"寂陵"为代表，是南朝风尚的展开期，塑像呈"褒衣博带"的佛装和"秀骨清像"的艺术风格

北周：以莫高窟428窟为代表，采用"扁平线描式"的艺术手法，塑像写实化，体现出敦厚、稳重之感，呈现中原传统风格和西域风格兼容的艺术形式

隋 | 唐

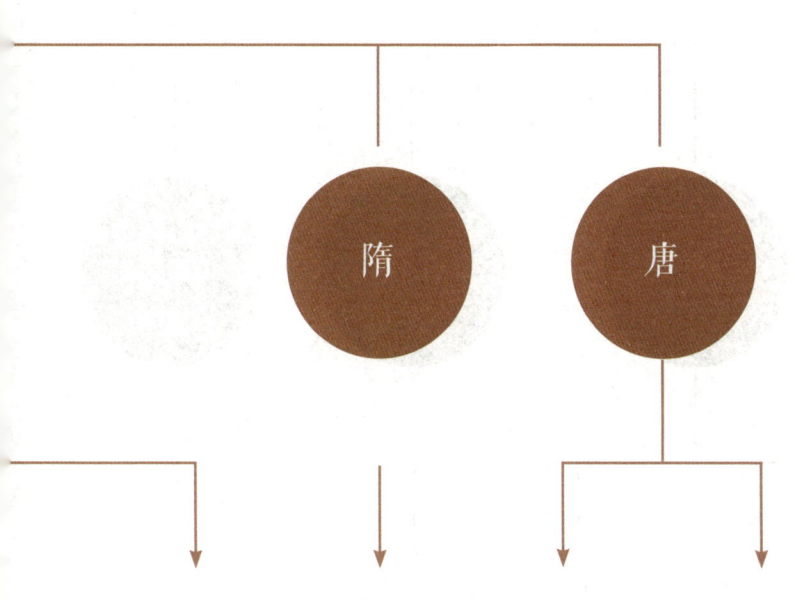

北齐：以南北响堂山石窟为代表，塑像呈"曹衣出水"的艺术风格，具有极高的艺术审美价值

以莫高窟427窟为代表，承袭北周塑像古朴、单纯、衣物装饰简练的风格，是承上启下的过渡阶段

初唐：以莫高窟332窟为代表，艺术风格延续隋代，走向写实化

盛唐：以莫高窟328窟和龙门石窟奉先寺摩崖大龛为代表，体现出工匠的精湛技艺和国家经济的强盛，造像表现为雄伟瑰丽、气魄宏大、富有活力的面貌

中国石窟

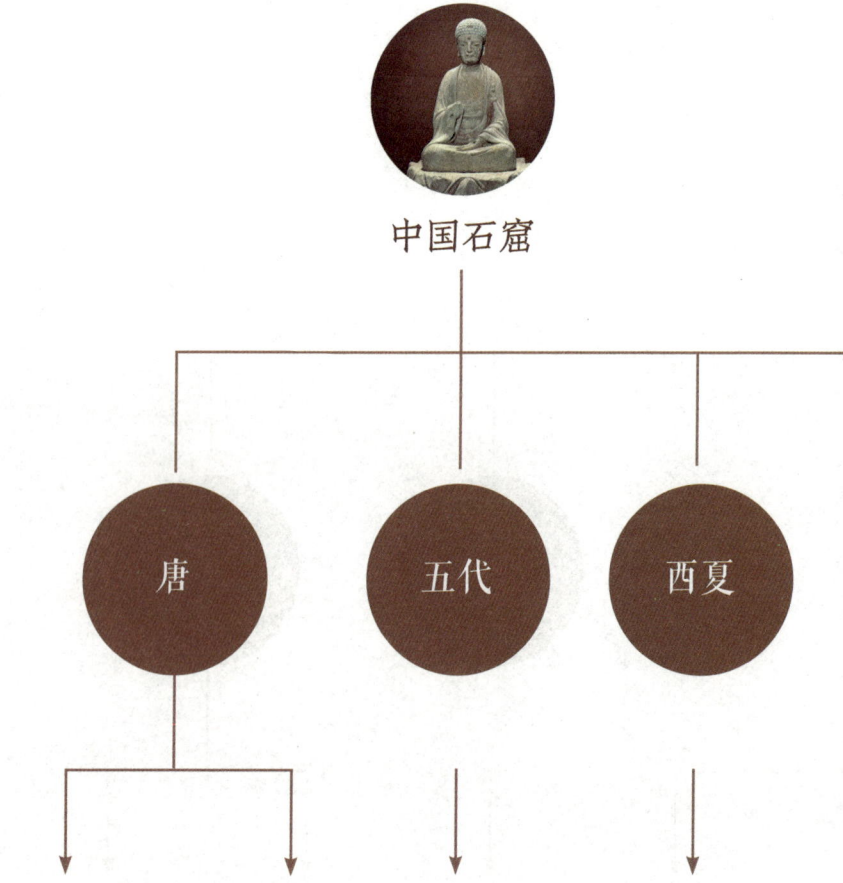

唐

中唐：以榆林窟25窟为代表，艺术风格进一步中国化，呈现周昉"周家样"，用中国式审美创造壁画艺术

晚唐：以莫高窟156窟为代表，壁画人物敷色简淡，突出线描，承袭盛唐吴道子画风，密教内容多样

五代

以安岳石刻为代表，对唐代的宏伟博大和雍容华美有所继承，但逐渐减弱，呈现出平实和亲近的风格

西夏

以东千佛洞2窟为代表，密教内容丰富，造像呈卫藏波罗式样，"水月观音"女性形象承袭唐代周家样风格

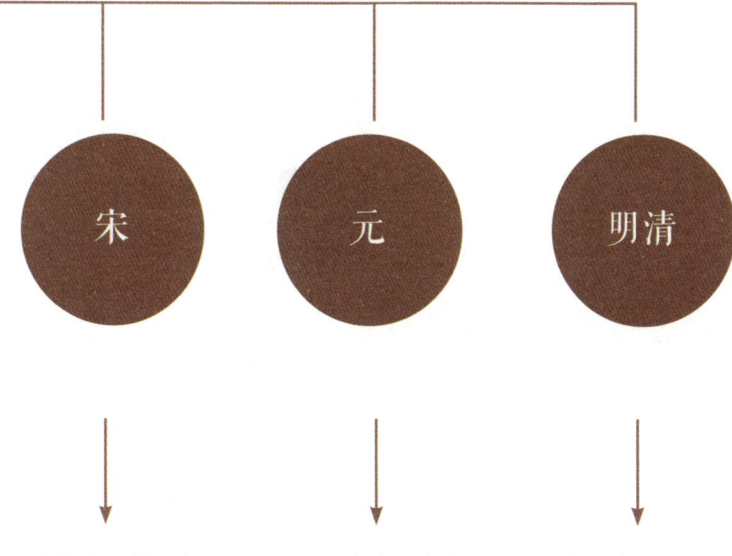

宋	元	明清
以大足石刻和安岳石刻为代表,密宗道场,造像题材丰富,造像数量繁多,造像雕刻精致,写实特征明显,造像风格呈本土化和世俗化,制作程式化明显	以飞来峰石窟为代表,尼泊尔艺术大师阿尼哥创造的"西天梵相"为主要代表风格	以宝岩寺水陆殿为代表,水陆法会兴起,寺庙壁画和雕塑艺术走向兴盛,造像呈世俗化和程式化,石窟艺术衰落

中國符號